经济法文库（第二辑）

Economic Law Library

经济法前沿问题(2021)

The Economic Law Herald 2021

◎ 顾功耘 罗培新 主编

北京大学出版社
PEKING UNIVERSITY PRESS

图书在版编目(CIP)数据

经济法前沿问题.2021/顾功耘,罗培新主编.—北京:北京大学出版社,2022.7
（经济法文库.第2辑）
ISBN 978-7-301-32924-5

Ⅰ.①经…　Ⅱ.①顾…②罗…　Ⅲ.①经济法—研究—中国—2021
Ⅳ.①D922.290.4

中国版本图书馆 CIP 数据核字(2022)第 038572 号

书　　　　名	经济法前沿问题（2021）	
	JINGJIFA QIANYAN WENTI（2021）	
著作责任者	顾功耘　罗培新　主编	
责 任 编 辑	尹　璐　吴康文	
标 准 书 号	ISBN 978-7-301-32924-5	
出 版 发 行	北京大学出版社	
地　　　　址	北京市海淀区成府路 205 号　100871	
网　　　　址	http://www.pup.cn　　新浪微博:@北京大学出版社	
电 子 信 箱	sdyy_2005@126.com	
电　　　　话	邮购部 010-62752015　发行部 010-62750672　编辑部 021-62071998	
印 刷 者	天津中印联印务有限公司	
经 销 者	新华书店	
	730 毫米×980 毫米　16 开本　24.5 印张　466 千字	
	2022 年 7 月第 1 版　2022 年 7 月第 1 次印刷	
定　　　　价	88.00 元	

"经济法文库"总序

我国改革开放以来的经济法制状况,可以用"突飞猛进"这几个字形容。仅从经济立法看,在完善宏观调控方面,我国制定了预算法、中国人民银行法、企业所得税法、价格法等法律,这些法律巩固了国家在财政、金融等方面的改革成果,为进一步转变政府管理经济的职能,保证国民经济健康运行提供了一定的法律依据;在确立市场规则、维护市场秩序方面,我国制定了反不正当竞争法、消费者权益保护法、城市房地产管理法等法律,这些法律体现了市场经济公平、公正、公开、效率的原则,有利于促进全国统一、开放的市场体系的形成。

然而,应该看到,建立与社会主义市场经济相适应的法制体系还是一个全新的课题。我们还有许多东西不熟悉、不清楚,观念也跟不上。尤其是面对逐步建立起的完善的市场经济,我们的法制工作有不少方面明显滞后,执法、司法都还存在着许多亟待解决的问题。

改革开放以来的经济法研究呈现出百家争鸣、百花齐放的良好局面,各种学术观点和派别不断涌现。但是,总体来说,经济法基本理论的研究还相当薄弱,部门法的研究更是分散而不成系统。实践需要我们回答和解释众多的疑难困惑,需要我们投入精力进行艰苦的研究和知识理论的创新。

在政府不断介入经济生活的情况下,我们必须思考一些非常严肃的问题:政府介入的法理依据究竟是什么? 介入的深度与广度有没有边界? 政府要不要以及是否有能力"主导市场"? 我们应如何运用法律制度驾驭市场经济?

在国有企业深化改革过程中,我们不能不认真研究这样一些问题:国有的资本究竟应由谁具体掌握和操作? 投资者是否应与监管者实行分离? 国有企业应覆盖哪些领域和行业,应通过怎样的途径实现合并和集中? 如何使国有企业既能发挥应有的作用,又不影响市场的竞争机制?

加入WTO以后,我国经济、政治、社会生活的方方面面发生了重大变化。我们必须研究:市场经济法制建设面临着什么样的挑战和机遇? 在经济全球化的背景下，我们的经济法制如何在国际竞争中发挥作用？国外的投资者和贸易伙伴进入我国，我们提供一个什么样的法律环境？我们又如何采取对策维护国家的经济安全和利益？

面对环境日益恶化和资源紧缺的生存条件，循环经济法制建设任务繁重。如何通过立法确定公众的权利义务，引导和促进公众介入和参与循环经济建设？怎样增强主动性和控制能力，以实现经济发展与环境资源保护双赢，实现利益总量增加？如何发挥法律的鼓励、引导、教育等功能，通过受益者补偿机制，平衡个体与社会之间的利益？

在市场规制与监管方面，如何掌握法律规制监管的空间范围、适当时机和适合的力度？在法律上，我们究竟有什么样的有效规制和监管的方式、方法和手段？对各类不同的要素市场，实行法律规制和监管有什么异同？

············

我们的经济法理论研究应当与经济生活紧密结合，不回避现实经济改革与发展中提出的迫切需要解决的问题，在观念、理论和制度等方面大胆创新。这是每一个从事经济法科学研究的学者和实际工作者应尽的义务和光荣职责。我们编辑出版"经济法文库"，就是要为经济法研究者和工作者提供交流平台。

"经济法文库"首批著作汇集的是上海市经济法重点学科和上海市教委经济法重点学科的项目成果，随后我们将陆续推出更多国内外经济法学者的优秀研究成果。我们坚信，这些优秀成果一定会引起社会各方面的广泛关注，一定会对我国的经济法制建设起到推动和促进作用。

期望"经济法文库"在繁花似锦的法学苑中成为一朵奇葩。

华东政法大学　顾功耘

CONTENTS **目 录**

国企分类改革背景下公共性国有企业出资
监管模式的重构　　　　　　　　　　　　王文君

第五编　涉外经济管制法

跨境资金流动风险防范机制研究　　　　　吕志强

第六编　市场监管法

第一编 经济法总论

科技发展伦理向度之经济法规制

郭 骁[*]

近年来,大数据、人工智能等科学技术蓬勃发展,俨然已成为当下的新浪潮,前所未有地影响着、改变着我们的生活。科技渗透到政治、经济、文化、医疗等领域,一方面创造了极大的效率价值,另一方面也引发了新的社会风险。这一形势迫使我们反思科技发展的伦理向度,以及这种软性要求的具体实施。以习近平同志为核心的党中央领导集体高度重视科技发展伦理的引导,党的十九届四中全会通过的《中共中央关于坚持和完善中国特色社会主义制度推进国家治理体系和治理能力现代化若干重大问题的决定》中明确强调"健全科技伦理治理体制"。随着高新技术时代的到来,科技风险事件发生的概率将会更高,并且一旦发生,往往会给公共安全造成巨大危害。所以,应强化科技发展应然价值观的引导,防控科技发展可能带来的负效应,使得科技发展符合应然的伦理要求,能够安全、健康、持续地发展,进一步提高人民群众的幸福感以及我国在国际中的竞争优势。

综上,笔者立足当下"科技向善"这一热点,以科技发展伦理向度的经济法规制为切入点,研究以下内容:科技发展的伦理向度是什么? 如何实现? 科技发展

* 郭骁,华东政法大学 2019 级经济法博士研究生。

伦理向度与经济法是何种关系？经济法如何回应科技发展的伦理向度？

一、科技发展伦理向度的释义与意蕴

(一) 科技发展伦理向度的释义:科技发展的应然价值目标

科技发展伦理向度由"科技发展伦理"与"向度"两个词构成。"科技发展伦理"是基于伦理学的视角,对微观的科技活动与宏观的科技发展的伦理关切,以及在这一系列研发、决策、生产、运用等过程中发生的关乎伦理原则、规范、价值的总和。[1] 科技发展伦理是科技活动中相关联的人或者活动的行为准则,是协调人与人之间、人与社会之间、人与自然之间的诸多道德原则、规范之总和。[2] 而"向度"一词指的是应然方向,即在对某件事进行多层次的分析后,对其应然的发展方向进行一个判断与定性的概念。所以科技发展伦理向度,即是对科技发展伦理的应然发展方向进行的考量,也是科技发展的应然价值目标。

可见,科技发展伦理向度是科技发展伦理的"是其所应是"的历史逻辑和理论逻辑的辩证统一。"是其所应是"中的"是",揭示了当下实际环境中的科技伦理实然样态,是实际运行中的科技发展伦理的内容和运行秩序,也即科技发展伦理的"实然逻辑"。而"应是"是价值追求,揭示了实际存在的伦理内容"应然逻辑"的理想样态,是现存伦理关系及内在秩序应当遵守、追寻的价值。但是,科技发展伦理从"实然逻辑"到"应然逻辑",从"是"走向"应是",不仅有内在的理论逻辑,同时也需要我们反思当前科技发展过程中的诸多伦理悖论,追问这些伦理问题的本质,回归科技发展的初心,并在正确伦理向度之下构建科学的现代科技发展伦理理念。[3]

(二) 科技发展伦理向度的意蕴:以人为本

科技发展伦理向度是科技发展的应然价值目标,那么应然价值目标究竟是什么? 对此,马克思、恩格斯从资本主义社会已经发生的科技异化的历史教训中,重新阐释了科技伦理的应然价值,认为科技实践活动应以人为本,造福全人类。[4] 科技这把双刃剑利弊共存,所以人们在进行科技活动时一定要从伦理上

---

① 陈爱华:《科技伦理的形上维度》,载《哲学研究》2005 年第 11 期。
② 肖耀根:《现代科技发展视野下的科技伦理问题探析》,载《理论月刊》2008 年第 3 期。
③ 陈爱华:《论现代科技伦理的应然逻辑》,载《东南大学学报(哲学社会科学版)》2018 年第 3 期。
④ 〔法〕保尔·拉法格等:《回忆马克思恩格斯》,马集译,人民出版社 1973 年版,第 2 页。

检讨自身行为,以正确的伦理向度来规范、引导自身科技实践,做到科技向善。①

第一,以人为本的科技发展伦理向度,应重视人的主体性,以人的发展指引科技发展。科技发展伦理要以"人"为中心,将人的发展作为根本主题。其实,不管何种科技实践活动都是为了人类的幸福而开展的研究和应用。以人为本通过自身内容和特征规避了以往科技发展以资本为主导的不足,契合科技发展伦理的应然诉求,其以"人的根本就是人本身"的含义而将人的价值放到一个新的高度,以人情、人道、人格、人性的具体标准充分体现其主体性,通过自由、平等、安全、公正、幸福的人文情怀昭示其本源价值。②

第二,以人为本的科技发展伦理向度,应强化科技之人本性,让科技发展更好地服务于人。人作为科技的创造者与实践者,是现代科技发展的主体和目的。一方面,科技实践是人们了解、运用规律改造自然的活动,是人们提升生存质量、超越自我的改造过程;另一方面,科技实践应包含服务于人类社会平衡协调可持续的发展以及个人自我完善的目标,这也是人类进行一切社会实践的最高追求。③ 现代科技发展是人类实践活动的产物,是人的工具与手段,所以说科技发展应造福于人、服务于人,满足人的需求、促进人的发展、推动人的解放。④ 具体说来,强化科技之人本性从而更好地服务于人,应包含横纵两个维度的要求。从横向维度上来说,应从广大社会群众、国家社会的利益出发,而不是考虑团体、个人的利益。在经济法调整科技实践过程中,应突出社群主义所要求的"共同的善"。当然,"高科技立法规制对社群主义观点的借鉴尚需一个调整和适应的过程"⑤。理当重视保护个人的价值,同时保护社群主义"共同的善"和人类的共同利益。⑥ 而在纵向维度上讲,更好地服务于人不能仅满足当代人的需求,还应考虑人类社会的长期平衡、协调、可持续发展。此外,更好地服务于人也不应仅局限于对人的经济、物质等本能欲望的满足,更应关注人类本身的精神层面,以及尊严、自由等关乎人之所以为人的幸福价值目标的满足。

第三,以人为本的科技发展应然价值目标,要求在经济价值和人的价值发生

① 李桂花、锡宇飞:《"让科技为人类造福"——试析习近平关于科技伦理的重要论述》,载《学习与探索》2019 年第 11 期。

② 何士青:《现代科技发展的法伦理思考》,载《求索》2020 年第 2 期。

③ 李桂花、锡宇飞:《"让科技为人类造福"——试析习近平关于科技伦理的重要论述》,载《学习与探索》2019 年第 11 期。

④ 何士青:《现代科技发展的法伦理思考》,载《求索》2020 年第 2 期。

⑤ 孟雯、齐延平:《论自由主义在人体基因科技立法领域面临的悖论》,载《学术交流》2015 年第 1 期。

⑥ 源于罗尔斯《正义论》之中社群主义强调个人和共同体之间的辩证关系,该观点能够协调社会关系中诸多利益之冲突。参见〔美〕迈克尔·桑德尔:《反对完美——科技与人性的正义之战》,黄慧慧译,中信出版社 2014 年版,第 76—78 页。

冲突之时,把人的价值放在更高位置。德国学者克劳斯·施瓦布提出:应保障第四次工业革命是以人为本的,是由人类主导并服务于人的。科技的研究和运用一定要尊重人的价值本身,而不能只专注于经济效益。[①] 科技发展与人的价值在科技实践中常常会有冲突,如汽车自动驾驶技术存有低概率的驾驶风险问题,风险没有完全消除,企业若投入生产,获利会远大于因事故所造成的赔偿,此时企业若以经济价值优先就会选择投入生产,但是一旦出事就是车毁人亡,故若不把人的价值放在第一位会引发科技发展对人主体性的僭越。是故,笔者认为科技发展一定要以人的价值为中心,在冲突时将人的价值放在最高位,拒绝有害于人类利益和破坏社会体系的诱导行为,任何损害人主体价值的行为皆应受到法律的制裁。

二、科技发展伦理向度的实现

科技发展的伦理向度是以人为本,那么如何能够实现这一科技发展的应然价值目标呢? 笔者认为,要促进科技更好地为人服务,一方面要促进科技发展,另一方面也应防范科技风险。

(一) 以人为本的伦理向度要求促进科技发展

促进科技发展是科技发展伦理向度中以人为本的价值追求得以实现的基本要求。科学技术是第一生产力,目前全球各国竞争极为激烈,其中最主要的就是科学技术竞争,近些年来伴随着基因技术、网络技术、智能技术等技术的突破式发展,现代科学技术已经在不知不觉中进入社会的方方面面。这些科学技术极大地促进了生产力的提升,提高了人类幸福感。在目前的数字经济形势之下,国家与国家之间的经济竞争也逐渐演变成了数字科技的竞争,所以促进科技发展应当是实现科技发展以人为本伦理向度的必然要求[②],这是基于科技发展提升人类整体幸福,对人类社会的革命性积极作用提出的[③]。

这一点在习近平同志有关科技伦理的重要论述中也多次提及,"人类生存与社会生产力发展水平密切相关,而社会生产力发展的一个重要源头就是工程科

---

① 〔德〕克劳斯·施瓦布等:《第四次工业革命——行动路线图:打造创造型社会》,世界经济论坛北京代表处译,中信出版社 2018 年版,第 10—11 页。

② 张志成:《论科技法学的法理学基础及其二元结构》,载《科技与法律》2005 年第 3 期。

③ 汪正飞:《科技进步和科技安全——对于科技法基本原则的法理学思考》,载《科技与法律》2006 年第 3 期。

技"①。科学技术的每一次质的飞跃,都带来了社会生产力的巨大提高,"都会催发社会生产力的深刻变革"②,并最终促进人类文明各个维度的突破。放眼当下,从汽车轮船到动车高铁,从手工作业到无人超市,从单个作坊到机械一体化办公,从手机电脑到电视机冰箱等,我们的衣食住行都被科技影响着,科技在创造巨大生产力的同时,也方便了人们的生活,继而影响了人们的生活方式。所以说,"工程科技是改变世界的重要力量,它源于生活需要,又归于生活之中"③。科技发展实现了之前我们不能实现的心中愿景,不断地将人类的梦想变成现实,"让明天充满希望、让未来更加辉煌"④。

综上,促进科技发展作为应然的价值目标,具有深刻的意义:其一,能够提升人类的科技意识,更加重视科技;其二,能够更新决策者理念,提出更多推动科技发展的决策部署;其三,能够协调各个部门开展工作,共同实现促进科技发展的价值追求。⑤ 促进科技发展所涉及的环节应该包含如下:对科学技术进行研发的环节;对科研成果进行决策和管制的环节;对科学技术进行应用、改进、创新的环节;对科学技术进行推广和适用的环节;等等。总之要实现对科技发展"一条龙"的促进。

(二) 以人为本的伦理向度要求防范科技风险

与促进科技发展相对,防范科技风险应是科技发展伦理向度应然价值目标得以实现的另一个必然要求。防范科技风险,从大的方面来说,有利于社会的健康、协调、可持续发展;从小的方面来说,意味着个人的财产、生命以及各项权利能够得到保障免于损害。⑥ 在人类历史发展过程中,重大科技发展在带来划时代突破的同时,也引发了新的社会风险,特别是进入 21 世纪以来,以生物技术、人工智能与大数据等未来科技、物联网与云计算等超新网络技术为代表的新技术的运用,前所未有地影响着、改变着人类的未来,但同时这些技术异化可能引发的公共风险也一直在滋生,这需要对其加强风险防范与控制。网络技术、基因技术、纳米技术等高新技术在创造革命性生产力奇迹的同时,也带来了难以控制、无法逆转的安全风险,更有甚者可能被别有用心的组织或个人利用,成为违法犯罪者的武器。如网络安全中的"黑客""隐私泄露"等问题,用户隐私被侵犯、

---

① 习近平:《让工程科技造福人类、创造未来——在 2014 年国际工程科技大会上的主旨演讲》,载《人民日报》2014 年 6 月 4 日第 2 版。

② 同上。

③ 同上。

④ 同上。

⑤ 罗玉中:《科学技术进步法论》,高等教育出版社 1996 年版,第 35—37 页。

⑥ 吴汉东主编:《高科技发展与民法制度创新》,中国人民大学出版社 2003 年版,第 91 页。

重要机密被非法搜集、用户个人数据安全不能得到有效保护。而在基因生命技术领域，则存在"基因编辑""基因复制""器官增强"等伦理问题。在纳米科技领域，纳米材料的研发、生产、运用过程中会产生毒性难题。上述前沿科技都非常容易引发巨大的社会风险，故科技发展以人为本的价值目标应规避、控制这些风险，不能任由其随意发展。

鉴古知今，察往知来。实现科技发展应然价值目标，引导科技向善，我们应该了解科技作恶的源头。技术不存在原罪，技术的问题追本溯源还是人的问题。当一种技术开始产生之时，其自然会有问题，有需要完善之处，但若是在利益的驱动之下草率应用，势必会给社会带来危害。科技对人类而言，一定是充分发挥其天使的那一面而极力控制其魔鬼的另一面，故科技发展以人为本的伦理向度要实现，必须严格警惕科技发展之中的风险。科技发展无论如何都不能跨越危及个人和社会的红线，科技发展伦理向度应然指向才能得以实现。

三、科技发展伦理向度之经济法规制的必要性及可行性

（一）科技发展伦理向度之经济法规制的必要性

首先，科技伦理不具备强制性导致其自律规制失效。道德属于软性制约，其不同于刚性的法律所具有的强制性，这导致个体违反了道德标准只能够受到舆论以及社会评价的制约。故只依靠社会伦理而不通过法律规制的引导，就不能够制约那些无德之人对人类社会的危害。科技发展伦理向度是一种软性的、内化的要求，一旦人们追求功利的欲望压倒道德的约束，科技伦理调整的效果将是有限的。其间关键就在于道德没有强制性要求，也没有责任设定。此外，生活中有些人很多时候只是被动地被灌输了一些道德要求，但是这些人却并没有真正地内化道德于其心，所以不会自觉把道德伦理运用到科技实践活动中去。同时，由于不同的人的成长环境、社会地位、接受教育程度以及性格特征存在差异，仅仅依靠科技发展伦理的软性约束，是不能够真正实现科技发展应然价值目标的，故必须要通过法律规制加以强化。

其次，科技伦理有时候是存在争论的，以法律手段规制能够强化社会共识。科技伦理本身也是一种价值观，即便以人为本是其终极要求，但是对于具体的事项是否以人为本，不同的人可能会有不同的看法。如有人认为机器人伴侣伤风败俗是一种不道德的科技伦理，违背了以人为本，但是也有人认为每个人都有选择自己幸福的权利。如果不对类似争论进行法律规制，那么社会就难以形成共识，而让歹人获利。是故当一种新观念试图冲击原有核心价值理念的时候，为了

解决争议,弥补道德与法律的漏洞,需要法律规制进行最终定性,从而强化社会共识。

最后,科技伦理监管活动繁杂,决定了其需要进行法律规制。伦理道德不能够像法律那样形成一整套的规制模式,其调整范围相对简单、线性。但是科技实践却是纷繁复杂的,不要说高科技技术本身层见叠出种类繁多,仅科技企业、科研院校就不胜枚举,而科技产品从研发到生产到应用,整个产业链都是一个非常复杂的过程,此时若是通过伦理向度对这些繁杂的过程进行调整必然是无序、混乱的。此外,科技发展要实现应然价值目标,也必然要对科技活动进行监管,监管是使得科技发展以人为本价值落地的关键手段,而监管需要法律赋予政府部门监管权,还需要多个部门进行协调与联动,这些都需要一个系统的法律规范进行安排。

(二) 科技发展伦理向度之经济法规制的可行性

1. 法律伦理学的学理支持

"法学伦理学"的概念,最早是由何勤华在其《法学伦理学》一文中予以提出,"专门把法律关系和伦理关系(道德关系)结合起来研究,并从法学和伦理学中独立出来的学问,就是法学伦理学"①。而后其在《法律伦理学体系总论》一文中,把"法学伦理学"一词规范为"法律伦理学"。② 此后,学界对这一问题的研究不断细化。③

这其中有关法律道德化和道德法律化的问题一直是法律伦理学的研究热点。主要有四种观点④:第一种观点,提出法律道德化或道德法律化。持该观点的学者认为伦理与法相辅相成,当道德不能够很好地约束规制缺德行为时,就需要把软性的道德要求上升为硬性的法律条文。⑤ 第二种观点,主张不完全反对法律道德化或者道德法律化。但是两者有优先顺序,坚持"法律优先论"⑥或"道德优先论"⑦。第三种观点,对前述第二种观点"法律优先论"或"道德优先论"持

---

① 何勤华:《法学伦理学》,载《文汇报》1984 年 7 月 20 日。
② 何勤华:《法律伦理学体系总论》,载《中州学刊》1993 年第 3 期。
③ 法律伦理学从理论体系上应包括五个方面的内容:(1)道德与法律的关系及其变化走势;(2)立法伦理;(3)执法伦理;(4)司法伦理;(5)守法伦理。参见李建华、曹刚:《法律伦理学》,中南大学出版社2002 年版,第 15—21 页。
④ 张志丹、孙洲:《开拓与反思:中国法伦理学 70 年》,载《新疆师范大学学报(哲学社会科学版)》2019 年第 5 期。
⑤ 徐桂兰:《道德法律化的新思考》,载《道德与文明》2012 年第 4 期。
⑥ 郭晓冉:《当前我国社会道德法律化的必要性、可能性与方向性分析》,载《理论与现代化》2017 年第 2 期。
⑦ 戴茂堂、左辉:《法律道德化,抑或道德法律化》,载《道德与文明》2016 年第 2 期。

有谨慎看法。认为道德法律化和法律道德化兼而有之,两者应该一视同仁、同等对待。① 第四种观点,质疑法律道德化或道德法律化。提出若是把一些道德责任化的话,那么实际上就没有了道德选择的自由,也就是没有了道德,同样把法律道德化,通过道德来评价法律会导致法律失去确定性。②

笔者赞同第一种观点。道德和法律都是以在国家和个人之间形成的市民社会的结构为基础的,这表明法律与道德作为市民社会的生活秩序形成了一种统一和关联的状态。虽然法作为外部的强制性规范存在于社会之中,而伦理作为内在要求存在于每个人内在之中,法律和伦理两者的具体功能、调整方式、影响范围不同,但是两者都作为重要的社会调整方式存在于生活秩序之中。③ 综上,发展伦理与法的规范都是引导人们行为的手段,同时在两者的关系之中,具体的法律法规要合乎伦理道德,道德是源头活水,而法律规范的本质也不过就是道德的极端形式,是道德在特定情形下无法发挥作用而通过强制手段维护社会秩序的强制手段。

所以,法律产生于伦理之后,是伦理道德得以保证实现的一种强制手段。法律制定与实施的过程也是社会伦理的要求得以保障落地,从伦理向法制进行转换的过程。不管何种法律制度,都需要一定的伦理道德作为积淀,缺乏道德根基支持的法律极易和社会价值相冲突,这样也就失去了其规范引导社会的意义,成为没有价值的法。④

2. 经济法的价值考量与制度取舍

科技发展的伦理向度要求促进科技发展和防范科技风险。一方面,对于科技创新带来的极大生产力,满足人类幸福生活的面向要积极引导保护;另一方面,对于可能会发生的各种社会风险也要加以防范规制。但是,这种既要发展又要规制的要求,有时会使得科技实践陷入矛盾,所以就要对科技实践可能带来的正面效用和负面效应进行权衡取舍,从而能够用最科学、合理的手段达到科技发展的应然价值目标,让那些可能会引致的负面效应降到最低,在规范发展的基础上尽最大努力保障积极效用的实现。由此可见,效用权衡便成为科技发展伦理向度的首要理念。⑤ 而这种效用权衡、价值考量的理念正好和经济法不谋而合。经济法就是效用平衡法,经济法能够通过对效率、公平、安全、秩序等价值的考量来实现促进科技发展和保障科技安全的科技发展价值目标。

---

① 范进学:《论道德法律化与法律道德化》,载《法学评论》1998 年第 2 期。

② 徐桂兰:《道德法律化的新思考》,载《道德与文明》2012 年第 4 期。

③ 王建国:《市场经济法律的伦理性研究》,载《商丘师范学院学报》2007 年第 1 期。

④ 张晨、王家宝:《道德法律化与法律道德化》,载《政治与法律》1997 年第 5 期。

⑤ 刘长秋:《论生命科技立法的理念与原则》,载《法商研究》2007 年第 4 期。

首先,促进科技发展体现的是科技本身的效率价值,这种效率价值需要保护,而这恰好也是经济法非常关注的。经济法学第一层次的要义就是解决效率问题,促进经济发展,此处就与科技发展所追求的解放生产力带来的高效率相一致。经济法在促进科技进步、促进经济发展、促进社会"全面、协调、可持续发展"保障方面,以维护社会整体利益的最大化为最高使命,形成了一整套的法律法规制度。可以说经济法促进经济发展的功能,得益于其中包含了大量发展导向型的法律规范,有学者称之为"发展型经济法制度"①。例如,关于中小企业、循环经济、农业经济等各个领域的促进法,这些都是经济法的重要组成部分,也都充分彰显出经济法推动和保障发展的法理。其实,从广义上来说,经济法中存在的各种制度和立法,都与促进经济发展有着重要关联,所以经济法本身就包含促进发展的重要理念。② 正如有学者把经济法包含的发展理念归纳成协调发展、共享发展等,同时以具体的单行法促进发展的具体表现形式生动形象地揭示了经济法是促进发展之法。③

其次,以人为本的科技发展伦理向度也要求防范科技发展中的风险,此时需要在保障效率价值的基础之上进行权衡,而经济法就是平衡多元价值之法。经济法不仅关注效率价值,还关注其他需要平衡协调的价值。所以,对于科技发展提高效率带来生产力的那一面,经济法自然需要进行鼓励和引导,但是对于科技发展可能引发的各种负面效应,经济法也应当进行平衡、限制、禁止。例如,随着数字经济时代的到来,可能会出现互联网企业利用技术手段侵害消费者权益,进行垄断获利危害市场公平的现象,这时候就需要经济法通过竞争法的规定营造公平竞争的市场环境。再如,科技发展会带来客观上的分配不公,先掌握科技者能够形成事实上的科技优势,从而可能引发贫富差距,此时需要经济法介入进行经济调控缩小差距保障公平。④ 面对科技发展可能产生的一系列的安全问题,经济法在促进发展之时,应特别关注经济和人的安全。历史的教训表明,科学家虽然都善于进行科技创新,但有时却难以控制其发明的安全运用,如科学家怀着美好的意愿进行核试验,但最终却无法阻止核武器的引爆。这需要经济法赋予政府以监管权,从而科学合理地控制风险。另外,经济法还能实现发展和秩序价值的平衡,科技发展有时候会对社会秩序造成影响,典型的如对克隆人的争论、安乐死的评定,这可能会导致原有秩序被破坏,需要经济法做到促进科技发展与

---

① 张守文:《经济法学的发展理论初探》,载《财经法学》2016 年第 4 期。
② 张金艳:《经济法视域下我国技术创新的国家干预研究》,华东政法大学 2019 年博士学位论文,第 77 页。
③ 张守文:《论促进型经济法》,载《重庆大学学报(社会科学版)》2008 年第 5 期。
④ 张守文:《人工智能产业发展的经济法规制》,载《政治与法律》2019 年第 1 期。

稳定社会秩序之间的平衡。在促进科技发展和科技创新的背景下,需要更加重视经济法的防范科技风险功能,而理性的国家干预是在保障发展的基础上规避风险的核心所在。关于这其中的取舍,可参照控制国家权力的妥当性、必要性和相称性的"皇冠原则",合理取舍发展和防范的干预限度。①

四、科技发展伦理向度之经济法规制的具体路径

(一) 促进科技发展的经济法规制

1. 促进科技发展的经济法规制原则

第一,合法性原则。合法的概念包括了权力法定和程序法定。具体体现在:首先,合法性涵盖了原有的行政方式调控手段和经济方式调控手段。其次,调控程序方面的合法性,主要指的是科技发展方面的宏观调控需要沿用法定的程序、步骤,采取合法的调控手段和调控方式。最后,调控主体方面的合法性,主要指的是进行宏观调控的主体必须是法律规定的具有相应权力的政府机构。

第二,适度性原则。宏观经济调控必须把适度干预作为首要的经济调控原则,适度性同时包括了干预手段和干预范围的适度,实务中应当强调干预方法和干预范围的合法性,如此才能最大限度地不伤害市场调控机制进行适度调控,从而有效地避免国家干预的随意性。政府干预应当在市场经济发挥作用的基础上开展。政府主导的宏观经济调控,应当是在市场经济的基础上对社会利益进行分配和调整。

第三,科学性原则。科学性原则要求必须严守宏观经济本身的内在运行规律,在此基础上的特定宏观调控措施的调控效果才能彻底展现。经济法的具体制定一定要遵循科学合理的要求,务必符合事物发展的客观规律,从而尽量避免产生不合理的制度设计,对社会造成危害。

第四,维护科技发展整体利益原则。在科技发展方面必须坚持以人为本、全面协调,具体体现在关注人类与自然界和谐共处的界限,关注科学技术对于人类未来发展的意义,要对现代科学研究和技术创新中的风险进行评估,做好保障社会安全与科技进步的平衡。

2. 促进科技发展的经济法规制路径

(1) 完善科技发展计划相关法律制度

科技发展计划法律制度,指国家为了能够实现科技发展的协调、可持续发展

---

① 闫海:《论经济法的风险规制范式》,载《法学论坛》2016 年第 1 期。

的要求,对科技发展的各个方面进行战略性的规划所形成的法律制度。完善科技发展计划相关法律制度,能够合理利用现有各种资源、手段来促进资源的合理配置,进行总量调控;能够科学确定战略目标,集中必要的人力、财力、物力,进行核心环节的重点攻克。所以,制订科学的、前沿的、"接地气"的科技发展计划法律制度有其必然性。具体应该包括以下两方面:

第一,应具备科技发展计划的战略思维。科技发展是一个宏大的战略工程,高新技术的突破往往需要持续的研究攻关,所以科技想要发展得好,一定要有计划、有战略,否则很难实现从量变到质变的突破。在人工智能技术的发展方面,我国就体现了这种战略思维。例如,2015 年国务院出台了《关于积极推动"互联网+"行动的指导意见》,其中第一次正式提出要促进我国人工智能产业发展;而后在 2016 年,于《"十三五"规划纲要》和《"十三五"国家科技创新规划》两份重要规划中先后又重申要加强人工智能产业的发展;2017 年,国务院更是首次在政府工作报告中写入了人工智能技术,而后正式载入"十三五"规划之中。[①] 从整个过程来看,人工智能技术的发展可以说是循序渐进,充分表明了我国对该技术发展的重视,以及对于该技术发展规划、促进目标、实现方法的清晰思路,体现出了国家对该技术发展计划的战略布局。

第二,应对科技发展计划进行评估。科技发展计划评估是专门机构和专业人员根据大量事实、客观数据、专门规范、科学程序,遵循科学原则、科学标准,运用科学方法对与科技发展计划进行的专业化判断活动。科技发展计划评估在科技工作中十分重要,是衡量具体的科技发展计划是否成功的重要方法。世界上多数发达国家均已认识到科技发展计划评估的价值,并对其越来越重视。如有学者认为韩国在之前的科技发展进程中,之所以能够在电子、汽车、通信等领域获得快速发展,得益于韩国政府在科技发展计划评估和检测方面下了很大功夫。韩国的科技发展计划评估包含两个阶段:首先是计划制定前的评估,这是为了制定国家的中长期科技发展目标;其次是评估科技发展计划的实施情况,包括每年都要发布科技计划的年度具体计划、对上一年度的检讨与反馈等,最终形成了一整套监测评估系统。[②] 我国月前的整体科技计划评估机制还需要完善,有学者提出构建我国的科技发展计划评估系统应包含以下内容:一要能够适应我国科技发展、科技创新的需要;二要能协调好科技发展计划评估中的效率问题和公平问题,从而能够更好地开展宏大的科技发展计划评估;三要坚持事实层面和价值层面的统一,在通过现代大数据等技术对事实层面进行分析的基础上,也要关

---

① 张守文:《人工智能产业发展的经济法规制》,载《政治与法律》2019 年第 1 期。
② 陈炳硕:《韩国科技计划评估模式分析》,载《全球经济瞭望》2017 年第 10 期。

注科技发展计划的科技价值、文化价值、政治价值和社会价值；四要让我国的科技发展计划评估具有中国特色社会主义的文化烙印，在国际上彰显中国智慧。[①]

（2）完善促进科技发展的财政相关法律制度

财政制度对促进科技发展影响巨大，政策上的倾斜往往会对某一行业的发展起到显著的促进作用，高新科技产业也不例外。比如，对于科技发展事业是否应当给予更多的财政支出倾斜，特别是对于科技产业是否应当给予更多的财政性补贴；又如在政府采购方面是否应当赋予其优先权，在各类政府性基金和行政事业性收费方面是否应当对其予以减免，这些问题都需要政府进行制度取舍，直接关乎实践中的科技活动之开展。

以政府采购的方式为例，很多国家和地区都通过此种方式来解决科技创新成果早期市场需求不足的问题。例如，美国早在 1933 年国会颁布的《购买美国产品法》中，就以"扶持和保护工业"为重要目的，明确要求联邦政府在进行国际采购的时候，必须购买半数以上的美国产品，而如果该产品国内没有，那么也要选择那些零部件有半数以上来自于美国的外国产品。[②] 这样的做法是在法律层面明确了国内产品的政府优先采购权，据此美国先后扶持了德州仪器、惠普等著名企业。再如，考虑到中小科技创新企业一般在政府采购中处在不利位置，美国以及我国台湾地区不同程度地提高了中小企业在政府采购合同中占有的份额。美国每年特意留出约占总金额 20% 的政府采购合同给中小企业，从而切实保护其发展壮大。德、英等欧洲国家也高度重视政府采购政策方面的倾斜，有学者认为，要不是得到了来自政府采购政策的保障，阿里斯通的高速铁路公司、空中客车公司、阿里亚娜商务火箭发射公司都可能早已破产。[③] 我国台湾地区的政府采购法也有相关规定，通过专门的管理办法规定了在政府采购合同方面要保证一定中小企业的比例额。

（3）完善促进科技发展的税收相关法律制度

税收优惠政策的施行对于促进科技事业发展的效果极为显著，尤其是企业所得税、个人所得税、增值税的税基、税率、税收减免方面的优惠，对推动科技产业发展效果更加明显。

首先，应不断加强科技企业的税收优惠力度。近些年，我国陆续出台了针对性的提高高新技术企业研发费用加计扣除比例、软件开发企业的企业所得税减

---

① 翟亚宁、李昂：《科技计划评估理论研究回顾与展望》，载《世界科技研究与发展》2020 年第 6 期。
② 李方旺：《发挥政府采购对战略性新兴产业发展的扶持作用》，载《财政研究》2015 年第 12 期。
③ 邓乐元、成良斌：《技术创新取向的政府采购》，载《中国科技论坛》2003 年第 3 期。

免、中小高新技术企业和初创型高新技术企业研发人员的个人所得税优惠的政策,从各地反映的减免税金额和产业发展情况来看,政策效应已初步显现。

其次,应多层面、多形式地进行科技创新的税收优惠。税收优惠能够很好地促进科技发展,但是要合理地平衡各方主体的利益,合理设置具体规则,才能将税收的促进推动作用释放出来。其一,应加大对于风险投资的税收优惠力度,当前税收优惠政策的着力点应强化风险投资的优惠,对于风险投资在科技活动中的收益应给予税收优惠或退税优惠。① 科技发展尤其是高端前沿项目特别需要资金的支持,所以需要政府采取多种措施吸引资本进行投资。其二,提高加速折旧优惠力度。加速折旧优惠政策是全球范围内众多国家为鼓励技术创新广泛采取的税收优惠措施,加大企业的折旧数额,可以极大地降低企业的税负压力。其三,强化成果转化的税收优惠。具体可以借鉴欧洲国家"专利盒"制度,在该制度的刺激下,科技企业利用其发明在全球的获利在符合法定条件下能减少10%公司税负。相比之下,我国有关成果转化税收优惠程序烦琐,同时能够达到其要求的企业数量也很少,刺激作用有限。但事实上减免转化之税,能够很好地刺激技术的运用和商品化,进而推动科技发展。其四,制定激励产学研合作的税收优惠法律制度。产学研是促进科技发展的一种多方协作形式,其中"产"指的是科技产业,"学"指的是高等院校,而"研"指的是科研机构。此种模式,可以很好地将科研机构和高校的人才优势与企业的资本优势结合。应加强产学研支持力度,具体包括对委托研发实施加计扣除政策、鼓励企业与高校和科研机构协作研究以及明确高校横向科研收入税收优惠政策等。②

(4) 完善促进科技发展的金融相关法律制度

现阶段,我国科技新兴企业在从事科技研发和生产过程中普遍面临融资困局,这主要源于以下几个原因:其一,我国风投公司规模较小,普遍只有几百万、上千万的规模,所以偏好投入产出短平快的项目,而对于大型科技研究的风险投资就会力不从心;其二,我国企业依旧主要依靠间接融资的方式获得资金支持,融资方式的匮乏依旧是企业贷款困难的主要缘由③;其三,高新科技产业风险较高,发展所需资金较大,科技公司初期往往自有资金不足,又无法获取贷款担保,而商业银行的放贷却对资金安全、流动、效益有较高要求。④ 面对上述问题,为了促进科技发展,政府应采取多种措施增加融资模式多样性。

---

① 包健:《创新驱动发展战略下我国科技税收政策分析》,载《税务研究》2019年第10期。
② 陈林峰:《我国现行激励企业技术创新税收政策评析》,载《税务研究》2017年第3期。
③ 李文君:《完善科技型小微企业融资法规的紧迫性研究》,载《淮阴工学院学报》2017年第4期。
④ 徐文:《科技型小微企业专利权质押融资模式研究——以四川省为例》,载《西南科技大学学报(哲学社会科学版)》2016年第3期。

一方面,提升风险投资水平。金融业的不断创新客观上能够降低科技新兴企业面临的融资难问题,金融工具多样化可以便于企业进行风险控制,为促进高新科技产业发展,我国应加大对主板市场的整合力度,规范创业板市场发展,考虑发展柜台交易,大力发展产业投资基金、创业投资基金。我国还应完善债券市场体系,鼓励合格发债企业进入债券市场,加快债券期限、品种、风险结构的多样化发展,调整当前企业债券发行的额度制、行政审批制,从而进一步满足高新科技企业的筹资需求,力求构建功能互补、协调发展的多层次资本市场。① 另一方面,政府应注重间接融资方式的促进,具体可以通过省级政府部门和投资公司合作成立高科技投资公司,基于我国当前高新科技发展现状,政府对推动风险投资行业的发展至关重要,应当以政府注资的形式尽快地扶持风险投资市场,从而满足我国现阶段科技事业发展的需要。同时积极促成各类"债券投资"与"股权投资",培育孵化或者直接引进本地天使基金投资机构,此外对于那些给予科技公司以金融服务的金融机构予以法定政策优惠,从而解决科技公司的融资难题。②

综上所述,在科技发展的金融促进方面,可以通过政府、银行、企业等多方主体共同参与来增加融资多样性,从而解决科技发展面临的资金瓶颈问题,我国还需要进一步加强关于科技企业融资问题的融资模式革新,开拓更多的直接融资渠道,为科技发展做好资金保障。

（二）防范科技风险的经济法规制

1. 经济法规制科技风险的类型

第一,规制科技危害社会公平的风险。现代高新技术,如人工智能、纳米技术等大多都是极具颠覆性的革命性技术,所以一旦先用者取得事实上的优势就能迅速形成技术垄断,而后带来的不仅仅是社会财富的分配不公,甚至还有可能异化为极端的赢者通吃。那些后用者因为种种原因被排除在了新兴技术的掌控者之外,慢慢从技术上的弱势群体转变为社会中的弱势群体。高新技术产生的最大的赢家往往都是科技研发者、投资人,这些都是社会的精英,而大多数的劳动者、消费者甚至是小的生产者则都会成为输家。③ 过往社会中,很多人财富的积累往往需要自己一辈子或者家庭几代人的共同努力,但是在技术经济时代,通

---

① 毛永红:《科技发展宏观调控立法问题研究》,山西大学 2007 年硕士学位论文,第 50 页。

② 朱清贞、徐书林、胡丹:《促进江西省科技型中小民营企业发展的金融支持创新研究》,载《金融教育研究》2019 年第 3 期。

③ 龙卫球:《人工智能立法的"技术—社会＋经济"范式——基于引领法律与科技新型关系的视角》,载《武汉大学学报(哲学社会科学版)》2020 年第 1 期。

过"技术＋资本"的组合就能够迅速实现难以想象的财富暴增,如阿里巴巴、腾讯等各大互联网科技公司即是如此,这就很容易产生社会贫富极化现象。① 经济法价值理念包含公平价值、社会整体利益最大化等,应在坚持上述理念的基础上综合运用宏观调控手段规制。

第二,规制科技危害社会安全的风险。其一,规制科技带来的信息安全风险。科技与人类在不知不觉中已经形成了一种难以割舍的纽带,如手机软件对用户位置的跟踪、手机存储的语音和文字聊天记录,当这些现代科技产品记录下每个人的隐私而后上传远程终端之后,如何保障个体的信息和隐私安全就成了一个社会问题。② 其二,规制科技带来的自动驾驶风险。谷歌、特斯拉等品牌汽车因其无人驾驶技术致人死亡的事件已相继发生,但是智能驾驶由于不存在驾驶员的主观过错,那责任该落到何处? 如果责任主体设置不妥当,就极易引发责任规避与转嫁。其三,规制科技带来的生物技术风险。2020 年 2 月,瑞士科学家发表论文提出,能够运用科技手段构建出活的新冠病毒。这表明即便我们消灭了新冠病毒,若是有不法分子滥用也会危害人类安全。面对这些危害安全的风险,政府不能任由技术肆意妄为,要坚持经济法的国家安全原则,同时发挥市场监管的作用,进而促进社会平衡协调可持续发展,以求实现社会整体利益最大化。

第三,规制科技引发的替代排挤问题。高新技术发展会产生替代排挤作用,典型的如伴随着人工智能技术的深入发展,在未来非常容易出现"无人超市""无人生产""无人银行"等多种"无人"模式,以人工智能为代表的高新技术会对社会中的简单劳动力进行替代,这势必会造成大量劳动者失业。③ 人工智能科技对就业的影响也绝非只是就业岗位的减少。换句话说,人工智能科技快速地改变了原先的就业模式和行业结构,但是劳动者却不能够迅速地适应这种变化。而有些劳动者本身学习能力有限,一旦不能跟上很容易就自暴自弃,导致其永久性失业。④ 能不能解决技术带来的失业问题,直接影响到经济的稳定增长,为了"保障经济与社会的良性运行和协调发展"等经济法目标的实现,既需要社会法等部门法的调整,也需要经济法的有效规制。⑤

---

① 马长山:《人工智能的社会风险及其法律规制》,载《法律科学(西北政法大学学报)》2018 年第 6 期。

② 闫坤如:《人工智能的道德风险及其规避路径》,载《上海师范大学学报》2018 年第 2 期。

③ 龙卫球:《人工智能立法的"技术—社会＋经济"范式——基于引领法律与科技新型关系的视角》,载《武汉大学学报(哲学社会科学版)》2020 年第 1 期。

④ 程承坪、彭欢:《中国人工智能的经济风险及其防范》,载《人文杂志》2020 年第 3 期。

⑤ 张守文:《人工智能产业法制的经济法规制》,载《政治与法律》2019 年第 1 期。

2. 经济法规制科技风险的路径

（1）事前预防：构建准入评估机制

事前准入制度具有独立的规制价值。考虑到科技发展可能会造成巨大的社会风险，故科技发展不能等到发生危险的时候再进行救济，相反应转换观念强化事前预防。[①] 市场准入制度决定了哪些市场主体能够进入到该市场之中，进而能够规避不当进入到科技研发和运用中的有着强烈负能效的科技行为冲击现有的法律和秩序。[②]

一般来说，准入制度包含登记和许可两大类。登记的要义在于只要符合法律要求即可获得从事特定活动的资格，而许可的关键是要获得行政机关的批准。所以，从对主体的要求来说，许可显然要严于登记。那么，对于新兴科学技术的准入评估如何设定？若是过于严格，虽能防范科技风险但却会阻碍科技发展；若是过于宽松，即便会促进科技发展，却会忽视可能产生的巨大风险。

所以，应该基于不同的科学技术的特点，进行科技风险等级评估，可以设立一个评审委员会，对不同的科学技术进行考核认定。对于一般的、不会引发系统风险的技术，只需要符合法律的一般要求即可，但对于存在系统风险的前沿科技，就应当设定高标准的市场准入要求，从而保障科技的促进发展和防范风险的要求都能实现。具体说来，可成立专门的评审机构，评审机构对于不同的科学技术进行整体、全面的评估，然后进行等级划分，具体可以借鉴自动驾驶技术所采用的 SAE 分类标准。SAE 分类标准把自动驾驶技术划分为 6 个等级，分别是无自动化（L0）、驾驶支援（L1）、部分自动化（L2）、有条件自动化（L3）、高度自动化（L4）、完全自动化（L5）。[③] 在上述划分中，只有达到 L4 才被认定为自动驾驶。所以，在进行准入评估标准划分时可以进行借鉴，可以在综合考量科技的风险性、前沿性、社会面向性等多个方面后，将不同的科学技术划分为若干等级，而只有在特定等级以上才需要许可，其他登记即可。如此一来，对于那些只要登记的，从效率出发促进发展，但是对于需要许可的，就要明确应该达到的严格的技术标准和质量要求，进而在准入评估环节形成明确统一的标尺，通过准入环节严格把关从而使得科技风险被有效控制。

（2）事中持续：构建研发与应用的风险防控机制

在科技发展的研发和运用过程中，要做到持续和全面，所谓持续就是要将防

[①] 侯东德、田少帅：《人工智能应用中的政治风险及其法律应对》，载《学海》2021 年第 2 期。

[②] 胡元聪、廖娟：《人工智能的负外部性及其经济法规制》，载《大连理工大学学报（社会科学版）》2020 年第 3 期。

[③] 腾讯研究院、中国信通院互联网法律研究中心等：《人工智能——国家人工智能战略行动抓手》，中国人民大学出版社 2017 年版，第 84 页。

范风险持续地贯穿到整个研发和运用之中,而全面就是要防范其中科研人员、科研产品、科研过程三个环节可能引发的科技风险。

第一,就持续防范科技风险来看。随着科技革命性和自主性越来越强,不可控的风险将会贯穿在整个科技实践的研发和应用过程之中。欧盟在"地平线2020计划"中提出了责任式创新概念,其中尤其强调要对科技创新进行短期和长期的持续监测,从而能够及时给予正确的策略回应。①那么,如何做到持续呢?一方面,可以通过不定期抽查的方式让各方主体都能时刻警钟长鸣,对于在抽查中不合格、存在风险的情况要及时修补并举一反三;另一方面,应形成常态化的记录和备案机制,通过各种跟踪方式来加强监管。

第二,就全面防范科技风险来看。在科技研发和运用过程中,可能出现的风险涉及科研人员、科技产品以及科研过程。其一,对于科研人员的风险防范,主要是要防范科研人员从事违背伦理道德的科技活动,对此一方面要进行伦理引导宣传;另一方面,可进行适当监管,一旦发现科研人员有违背科技伦理的行为应立即终止研究、销毁数据,并追究责任。其二,对于科技产品的风险防范,可在立足传统监管的同时采用预先强制性保险等措施。比如,对于科技产品自动驾驶汽车,可以把汽车销售和责任保险结合一起,这样可以通过保险方和用户对自动驾驶这一科技产品加强外部监督,从而在一定程度上控制科技风险。②其三,对于在科研过程中的风险防范,可从以下几个方面入手:首先,可通过创设科技安全预警机制进行防范,通过搜集和追踪科技研发、运用过程的实际情况,然后进行分析进而提前预防;其次,在科研过程中,可以引入紧急制动系统,即在科技研发过程中,一旦发生安全隐患,就能够随时中止系统运行;最后,可以配套完善相关保险制度,即便对于科技领域进行了十足的监控,也不能保证在任何情况下都不会发生任何风险,所以可以通过引入保险制度来进行一定保障。

(3)事后妥当:构建科技产品退出市场的机制

科技实践的整个流程应当包含科技退出,因为很多报废的科技产品并非一般的垃圾物品,处理不好轻则引发环境污染,重则产生社会危害。科学技术越前沿,对人们的生活影响越深刻,其中的风险就越难测,或许有些科技产品在研发、运用的过程中都没有问题,但是没有正确地退出市场也会产生风险事故,所以对

① 梅亮、陈劲、吴欣桐:《责任式创新范式下的新兴技术创新治理解析——以人工智能为例》,载《技术经济》2018年第1期。
② 胡元聪、廖娟:《人工智能的负外部性及其经济法规制》,载《大连理工大学学报(社会科学版)》2020年第3期。

于报废的科技产品这种特殊垃圾应重视其退出制度的建设。① 笔者认为,对不同的报废科技产品可以通过类别划分为四类:第一类属于鼓励回收类,这种产品回收过后有着重要价值,那么政府应主动设立回收渠道并进行回收奖励;第二类属于不需要特别退出处理安排的,对于这种产品不需要过多设定;第三类属于不进行合理退出会造成轻微的不良影响,这类产品可以在其进入市场之时就要求交纳保证金,如果其合理退出就可取回保证金,若不合理退出,可以将保证金作为处理的成本;第四类属于必须要进行严格管控退出的,主要是针对那些不合理退出可能产生重大不良影响的科技产品,对此应该进行严格备案登记,通过严格退出管理制度进行责任追究,并将不良记录与个人或公司诚信记录挂钩。

五、结　　语

科技发展的伦理向度是科技发展的应然价值目标,具体来说就是要科技向善,以人为本。为了实现这一目标,要求人们在具体的科技实践活动中不断促进科技发展,同时防范科技风险。由于伦理向度是软性要求,所以要最终实现其目标,落实促进科技发展与防范科技风险的具体要求就必然需要法律的保障。而巧合的是,无论是法律伦理学的支持,还是经济法本身的特性都决定了其能够很好地使科技发展伦理向度落地。法律伦理学为科技发展伦理向度的经济法规制提供了学理解释,即道德和法律在调整范围、价值诉求上具有契合性,当道德自身的非完满性凸显时,把道德的要求上升为法律的规制就成了历史的必然。而经济法价值权衡取舍恰恰能够平衡科技发展与风险的矛盾。经济法对科技发展应然价值目标的实现,一方面是促进科技发展,在价值考量的基础上综合运用发展规划、财政、税收、金融等诸多经济法制度;另一方面是要防范科技风险,坚持人本主义、科技风险与监管一体化、行为治理与技术治理协同,并在风险分类的基础上实现对症施策,构建事前、事中、事后的一体化科技风险防控机制,从而实现科技发展伦理向度的要求。最后,除了实践意义之外,研究科技发展伦理向度的经济法规制,还能很好推动"科技与法学""伦理与法学"等交叉领域研究的深入。

---

① 胡元聪、辛茹茹:《人工智能对法律监管带来的挑战及制度因应》,载《人工智能法学研究》2018年第2期。

新发展理念下区域经济协调发展的经济法建构

"撇开社会生产不同发展程度不说,劳动生产率是同自然条件相联系的。"[①]地区间经济发展差异在很多国家经济发展过程中都存在,从某种程度上说,其是经济发展的内在特性,同时也会受到政府政策等因素的影响。我国作为一个幅员辽阔、自然环境复杂的大国,各区域间的经济发展水平容易呈现出不平衡的状态。加之改革开放初期,我国实施"非均衡发展战略"[②],东部沿海地区集聚了大量资金、人力等要素资源,区域间经济发展差距不断扩大。世界银行曾在一份研究报告中指出,中国的多样性是异常显著的。[③] 它是一个地区之间、城乡之间发展极不平衡的大国。在某些阶段,出于整体发展的考虑,可以把区域经济发展不平衡的问题暂时搁置。但随着经济社会的进一步发展,特别是进入新发展阶段,区域经济发展不平衡对整体经济的掣肘作用开始显现,经济发展后劲不足,有可能导致经济发展遭遇较长的疲软期,亟须构筑起一套完备的治理系统,从根源发力,为区域经济的协调发展提供路径和保障。

一、法律供给不足之下的区域经济发展现状

"没有权威的法律法规来调节各级区域利益主体之间的关系,就会造成各级

---

[*] 徐芙蓉,华东政法大学 2018 级经济法博士研究生。
[①] 〔德〕马克思:《资本论(第一卷)》,人民出版社 1975 年版,第 560 页。
[②] 王娟娟:《新中国成立 70 年来区域经济发展战略的三次飞跃及其启示——基于问题导向原则的梳理》,载《新视野》2019 年第 4 期。
[③] 卡尔·J.达尔曼:《中国与知识经济:把握 21 世纪》,熊义志等译,北京大学出版社 2001 年版,第 44 页。

区域利益主体陷入无休止的讨价还价和恶性竞争之中。"①改革开放以来,我国经济发展与法制建设的关系愈加密切,一些经济方面的立法极大地促进了我国市场的进一步开放和深化发展。但这些立法的侧重点往往在于推动经济的高速发展,而非各区域经济间的协调和平衡,使得区域经济发展不平衡加剧。

(一) 我国区域经济的历史演进

新中国成立以来,根据不同时期的发展侧重点和发展情况来看,区域经济发展演进大致经过了四个阶段。第一阶段是低水平的平衡状态。为了改变新中国成立初期工业主要集中在沿海大城市的状况,我国区域经济采取了以建设内地为主的平衡布局战略。在区域布局上划分一线、二线、三线地区,并把发展重点放在三线地区。该阶段,大多数地区的发展没有明显差距,处于低水平的平衡。

第二阶段是非均衡发展阶段。政府决策者受梯度推移理论影响,引入市场机制。梯度推移理论认为,技术本身的发展快慢不一,客观上已形成一种经济梯度,要从梯度的实际情况出发,让高梯度地区优先引进、适用技术提高生产力,然后逐步依次向二级梯度、三级梯度的地区转移。② 该阶段,形成了京津冀、长三角、珠三角等新的经济增长极。

第三阶段是协调发展阶段。1992 年十四大报告提出要充分发挥各地区的比较优势,进行优势互补。之后,政府出台多个区域发展规划,提出"东部率先、西部开发、中部崛起和东北振兴"的方针。2000 年开始实施西部大开发战略,2002 年开始实施振兴东北老工业基地的战略,2004 年开始实施中部崛起战略,使得中西部和东北地区的经济发展获得了一定的推动力。

第四阶段是新协调发展阶段。十八届五中全会提出"创新、协调、绿色、开放、共享"的发展理念。十九届五中全会再次强调了该理念,要求加快构建以国内大循环为主体、国内国际双循环相互促进的新发展格局。虽然明确了区域经济协调发展的导向,也采取了相应措施,但现阶段的区域经济发展差距很难在短时间内消除。近年来,各经济大省之间,以及经济大省与经济小省之间的差距都在拉大。广东、江苏、山东三个东部省份的 GDP 之和,约占全国 GDP 总量的 1/3。中国百强县排行榜前十名中,有八成位于东部地区。③ 不平衡的经济状况成了整体经济深入发展的障碍,且有可能引发严重的社会问题。

---

① 陈宣庆、张可云主编:《统筹区域发展的战略问题和政策研究》,中国市场出版社 2007 年版,第 170 页。

② 殷洁:《区域经济法的学理解析及其体系构架》,载《社会科学》2008 年第 7 期。

③ 资料来源:http://www.mnw.cn/news/cj/2135059.html;http://cx.xinhuanet.com/2018-10/11/c_137525087_3.htm。

(二) 区域经济发展不平衡的负效应

1. 形成了地区发展的"马太效应"

"马太效应"由美国科学史研究者罗伯特·莫顿在 1968 年提出。罗伯特·莫顿将其归纳为:任何个体、群体或地区,在某一个方面(如金钱、名誉、地位等)获得成功和进步,就会产生一种积累优势,就会有更多的机会取得更大的成功和进步。[①] 此术语后为经济学界所借用,其在我国的一个突出表现就是中西部和东部产品之间的价格剪刀差。一般来说,我国中西部地区初级产品的价值和价格严重背离,价格远低于价值,而东部地区工业制成品的价格往往高于价值,这就形成了初级产品和工业制成品之间的价格剪刀差。剪刀差最初源于"超额税",产生于 20 世纪 20 年代的苏联。"苏联在 1921 年初走上和平建设轨道后,国家为加快积累工业化资金,人为地压低农产品收购价格,使得部分农民收入在工农业产品交换过程中转入政府支持发展的工业部门,当时人们把农业和农民丧失的这部分收入称为'贡税'或'超额税'。"[②] 我国在新中国成立初期借鉴了苏联的发展模式,在这种分工格局下,大量的价值自西向东流动,削弱了中西部地区自身的发展能力。"根据计算,西部地区的甘肃省每年因低价调出 11 种主要矿产品和高价调入加工业产品,损失达六七十亿;中部地区的安徽省近十年中仅粮食平价调出即损失 17 亿元,粮食机会成本损失 10 亿元。"[③] 这在某种程度上反映了区域间经济发展差距的扩大。

2. 弱化了整体经济的再生能力

不平衡发展某种程度上是由于政府没有兼顾到部分与整体,没有处理好效率与公平之间的关系。这种偏颇,最终会制约整体经济的发展。如欠发达地区政府为了保护本地企业的资源和产品市场,可能运用行政手段实施市场封锁,限制本地资源流出和外地产品进入,制约了生产要素的自由流动,妨碍了全国统一市场的形成。用经济学上的"木桶原理"来解释一国综合经济实力,可以看出经济发展的长板区域固然重要,但占全国经济体量较大部分的短板区域,如能尽快发展、由短变长,才是增强整体经济实力的根本。"不公平是具有边际性的,一旦超过了限度,社会整体效益将呈现负增长而无法达到可持续发展,这是公平对效益的牵制。"[④]

---

① 陈国权、王勤:《论政府公平悖论与社会责任》,载《政治学研究》2008 年第 1 期。
② 黄锡生:《矿产资源生态补偿制度探究》,载《现代法学》2006 年第 6 期。
③ 章惠峰:《我国区域经济发展不平衡问题研究》,中共中央党校 2004 年硕士论文,第 11 页。
④ 顾功耘主编:《经济法教程(第三版)》,上海人民出版社 2013 年版,第 35 页。

3. 埋下了引发其他社会问题的隐患

改革开放以来,人们逐渐接受了"先富和共富"的观点,明确了先富是共富的必经阶段,共富是先富的目的和归宿。先富阶段产生的地区利益不平衡,在先富地区的经济发展水平达到一定程度后,需要从整体上重新规划利益格局,制定有针对性的带动欠发达地区经济发展的措施。如果先富没有带动共富,随着差距的加大,超过人们的心理承受能力,就会引起欠发达地区的不满情绪,正常的差距有利于竞争,调动积极性,但差距过大且长时间得不到解决,则易引发社会问题。

二、经济法介入区域经济发展的必要性

区域经济发展失衡问题的研究始于 19 世纪末 20 世纪初,弗朗索瓦·佩鲁提出"增长极"理论,认为实现平衡发展只是一种理想,现实中的经济增长通常是从一个或数个"增长中心"逐渐向其他部门或地区扩展。[①] 随后,缪尔达尔针对古典经济学中对市场竞争的"赞誉"提出区域累积因果理论,认为区域经济发展的不平衡主要是市场力量发生作用的结果。由于市场力量通常是递增而不是递减的,因而会导致地区不均衡的加剧。[②] 阿尔伯特·赫希曼的观点与缪尔达尔相似,也主张通过政府的行政干预改变地区之间的差距和不平衡结构。弗里德曼则发展了佩鲁的理论并将空间地理引入不平衡理论中,提出著名的"核心—边缘"理论,即核心地区增长迅速,边缘地区增长缓慢,边缘区对核心区具有很大依赖性,核心和边缘之间形成差距。[③] 经济学对区域经济发展的理论贡献,初步阐述了不平衡发展的动因,也为法学介入治理提供了理论上的参考。

(一) 介入的理论基础

1. 区域经济中的市场失灵

经济自由主义者认为,市场经济在"看不见的手"的作用下,各要素充分流动,市场机制具有使要素价格和要素收益均等化的作用,当发达地区的水、土地、劳动、能源、环境及其他资源价格上涨,收益下降时,资金必然会流向这些要素价格较低的欠发达地区,从而促进欠发达地区的发展。但完全竞争市场结构只是一种理论上的假设,现实条件下,一方面,生产要素的流动受利益的驱动,总是向

---

① 〔法〕弗朗索瓦·佩鲁:《略论增长极概念》,载《经济法译丛》1988 年第 9 期。
② 王圣云、沈玉芳:《区域发展不平衡研究进展》,载《地域研究与开发》2011 年第 1 期。
③ 包卿、陈雄:《核心—边缘理论的应用和发展新范式》,载《经济论坛》2006 年第 8 期。

效益比较高的发达地区流动,这就使区域的发展差距不断扩大,市场对此问题无能为力;另一方面,随着我国东南沿海各项生产要素价格的上涨,资金确实是流向了要素价格较低的欠发达地区,但就现状来看,其流向的是东南亚的一些经济稍微落后的国家,而不是我国亟须发展的中西部,所以说市场解决相对发达地区与欠发达地区的资金流动性问题较为宏观,解决不了一国经济体内部的经济发展不平衡问题。

2. 区域经济中的政府失灵

市场会失灵,政府的干预就有了合理的基础。但政府是由具体的人来实施干预活动的,在干预的过程中,由于忽视经济规律、注重眼前效益等短视行为,易使政府干预不到位或者干预过度。一方面,"市场主体在利润最大化目标的驱使下,必然会寻求租用政府权力的机会,而有些政府机构或官员经不起利益诱惑,将拥有的权力出租获利。这不仅降低了政府配置区域资源的效率,而且往往牺牲了区域整体利益。"[①]另一方面,"国家或政府并不一定代表全社会的具有完全理性的实体。政府的行为既可能推进,也可能抑制或破坏市场制度的成长。"[②]此外,在区域经济发展中,由于地方政府作为理性的"经济人",以追求地方利益为目标,往往只具备区域理性而忽视整体理性,并且由于相关制度供给不足,不可避免地加剧了地方政府间在追求各自利益最大化时的矛盾与冲突,从而导致利益主体之间合作的失败,进而陷入利益博弈的"囚徒困境"。[③]

综上所述,经济活动中,自由市场最终导致无序,而政府为了控制无序,又可能导致政府权力的滥用。此时,制定相关法律制度在两者之间寻找到平衡,成了一个选项。

(二) 介入的现实需要

党的十八届三中全会提出推进国家治理现代化,十八届四中全会提出全面推进依法治国,十九届三中全会作出"深化党和国家机构改革是推进国家治理体系和治理能力现代化的一场深刻变革"的重要判断。由此,我国开启了具有里程碑意义的新一轮变革,即国家治理体系与治理能力现代化的变革。法治是国家治理现代化的优选方式。法治国家和国家治理具有共生性、同构性与统一性。[④]推进国家治理现代化的实质是在现代法治理念的基础上如何治理一个现代中国

① 殷洁:《区域经济法论纲》,北京大学出版社 2009 年版,第 25 页。
② 姜德波:《地区本位论》,人民出版社 2004 年版,第 109 页。
③ 张紧跟:《浅论协调地方政府间横向关系》,载《云南行政学院学报》2003 年第 2 期。
④ 蔡文成:《良法和善治:法治视域中的国家治理现代化》,载《理论探讨》2015 年第 4 期。

的问题。① 区域经济发展的立足点，不仅是一省、一市或各个经济区域的经济利益，更要从全国经济的整体利益与大局出发，才符合区域经济发展的宗旨。因此，对区域经济的法律调整应具有社会公益属性。基于目前我国法律体制的现状，对于区域经济的法律调整，仅仅依靠传统的以个体利益为本位的民商法来构建平等的市场交易关系和纠正破坏这种平等性的行为，或者仅仅依靠以国家利益为本位的行政法确认和规范行政权力，都无法达到区域经济的快速发展与国民经济健康发展的最佳平衡点。社会公共利益日益重要，使以社会利益为本位的经济法备受关注。② 综上可见，在规范区域经济发展方面的法律规范缺失，导致区域经济发展差距有愈加严重之势。区域经济发展是一个全局性问题，需要以社会效益最大化为目标的经济法介入，来缓解不平衡的现状。

（三）经济法介入的原则

1. 适度倾斜，整体协调

平衡发展不是追求一样的发展水平。经济的本能是追求密度，美国三大城市群（纽约城市群、五大湖城市群和洛杉矶城市群）占美国国土面积 0.5% 左右，但集聚的人口占美国总人口的三分之一，GDP 占全国 GDP 总量的一半以上；日本围绕东京一小时交通圈内的人口占日本总人口的三分之一，90% 的日本大企业在这里设置总部。③ 这种经济增长极的集聚效应会培育出一系列新的经济形态；其辐射效应会带动相关产业链和周围区域产生联动增长的效果；其示范效应为后启动的城市建设提供了参考样本。所以一定程度的倾斜发展是有必要的，但这种倾斜的力度不应过大，时间不应太长，以不导致两极分化为上限，地区间差距的幅度要控制在较低的水平。整体协调的成果要达到，每个区域都有适合自身的发展模式，有独特的吸引力和核心竞争力，个体在选择发展区域时，成本不至于太大，也不需要额外的补偿，就基本上算初步协调了。

2. 经济效率优先，兼顾发展公平

在经济法的语境下，公平和效率都要放入经济法的价值前提下去考量。一方面经济法作为促进社会整体效益最大化的法，以效益为导向，它不会也不可能以牺牲社会财富增长机制为代价来换取所谓的公平。美国里根总统受法律经济学思想的影响，要求所有的公共政策都要经过成本收益分析。"对于发展中国家来说，缩小与发达国家的经济发展差距是任何时候都不能放松的发展目标，区域

---

① 李慧、裴育萍、韩璐：《推进国家治理现代化的法理分析》，载《科学社会主义》2015 年第 4 期。

② 骆天健：《有关经济法在社会公共利益中社会性的探讨》，载《经营管理者》2011 年第 7 期。

③ 资料来源：https://m.igetget.com/share/course/article? id=7NqeGmE2w4bnK4AEoVP3llv5WZ9rjY。

经济协调发展应有助于而不是妨碍国家整体发展目标的实现。"①另一方面,要把效益放在整个人类社会生存和发展的大环境中历史地、辩证地看待和处理,让法律最大程度地涵摄公平。"用牺牲效率来发展中西部地区的经济,从长期来看会损害人民群众的利益。"②

3. 竞争中协作,协作中发展

既要充分调动区域间的竞争,给整体经济发展注入强心剂,又要适当考虑区域间的合作分工,形成发展合力。在我国经济连续高速增长的过程中,由于财政税收体制、考核机制等方面的原因,许多地方政府急功近利,纷纷在附加价值高、利润大、周期短的加工工业领域展开激烈竞争,结果出现了低水平的重复建设、盲目引进、盲目搞大项目、区际间无法形成分工、区域产业结构趋同的现象。③今后可尝试建立优势互补的机制,就共同的区域问题进行跨界合作,使区域整体优势充分发挥,实现资源在空间中的优化配置。欧盟各成员国之间注重跨界、跨区域层面的合作,在既定的目标范围内,确定未来需扶持的地区,对于符合扶持条件的地区可以联合其他地区进行项目及资金申请,促进了地方合作的积极性,激发了更多跨界的合作项目,可资借鉴。④

三、区域经济协调发展的规制困境

改革开放以来,我国发布了一系列区域经济发展规划、办法、意见等,但区域经济发展基本法律缺失,许多特定事项,如政府投资、经济激励、地方就业、教育投资方面也缺少立法,加之缺少专门的组织协调机构以及政策执行异化等因素,导致推动区域经济协调发展面临困境。

(一) 缺少区域经济发展立法,导致落实随意化

现阶段,我国区域经济发展主要靠政策治理。以西部大开发战略为例,国务院先后颁布了《关于实施西部大开发若干政策措施的通知》《关于进一步做好退耕还林还草试点工作的若干意见》《国务院关于进一步推进西部大开发的若干意见》等文件。西部 12 个省市及自治区也制定了一大批与之相配套的意见、通知

---

① 陈计旺:《地域分工与区域经济协调发展》,经济管理出版社 2001 年版,第 46 页。
② 陆铭、向宽虎:《破解效率与平衡的冲突——论中国的区域发展战略》,载《经济社会体制比较》2014 年第 4 期。
③ 景体华主编:《中国区域经济发展报告(2003~2004)》,社会科学文献出版社 2004 年版,第 151 页。
④ 孙久文、石林:《我国区域经济发展不平衡的表现、原因及治理对策》,载《治理现代化研究》2018 年第 5 期。

和规划等,形成了庞大的、多层次的政策体系。① 这些政策一定程度上适应了实践的多变性,兼顾了地方特色,但长远来看,还是过于粗线条,且政出多门不利于执行的统一性和稳定性。如区域政策调整手段多体现为"政策承诺",很容易在具体实施时留下主观随意性和讨价还价的空间。中央政府制定的政策,不仅容易被地方政府以各种手段变相执行或任意添附和修改,而且与地方政府的发展政策在利益分配上的矛盾和冲突将直接影响区域决策的有效性。② 我国 2004年 10 月出台了《西部开发促进法》征求意见稿,并把该法列入全国人大五年立法规划,也纳入了国务院当年的立法计划,其中对西部大开发的指导方针、战略目标、重点任务、组织领导机构、开发资金渠道、开发与保护的关系等进行规定。但是十多年过去了,始终未见该部法律的推进情况,导致很多开发中的正面经验不能及时入法,没能发挥复制和推广的作用;负面经验没有得以规制,不少地区重复着发展中的类似错误,导致了社会资源的极大浪费。

(二) 缺乏专门的区域经济协调机构,导致组织无序化

在国家层面,很多国家机构职能都涉及地方发展援助,但由于没有统一协调行动的部门,实践中常呈现出"事事有人管,事实无人管"的状态。我国 2001 年成立了西部地区开发领导小组,2003 年成立了振兴东北地区等老工业基地领导小组,但这两个小组均属非常设机构,组织松散,法定职责不明,难以发挥掌舵者的作用。在地方层面,缺少立法意义上的区域经济管理机构。目前涉及区域经济事务的管理或协调机构主要有两类:一类是由区域地方政府或行业组织自发组成的带有区域经济工作会议与协商平台性质的组织,如长江三角洲中心城市经济协调会、泛珠三角区域合作首长联席会议等;另一类是在区域地方政府机构内设立的职能机构或部门,如广东省发展改革委员会下设区域经济处、天津市设立人民政府经济协作办公室等。③ 地方自发组成的区域经济协调机构更是缺乏权威,没有约束机制,难以担当区域经济管理之责。④ 在我国区域一体化中地方政府各自为政,缺乏常存化的区域一体化领导集体组织,无法形成长期有效的合作机制,无法发挥有效的组织领导作用。因此在区域发展中,还需中央政府协调地方政府,可让各个地方政府出让一体化中事项的部分管理权限,建立起区域经济发展的领导协调机构。

---

① 马玉祥、马志鹏:《西部大开发的基本法——〈西部开发促进法〉》,载《西北民族研究》2013 年第 2 期。
② 罗泽胜、罗澜:《区域经济协调发展的经济法基础》,载《经济研究导刊》2008 年第 3 期。
③ 殷洁:《区域经济法论纲》,北京大学出版社 2009 年版,第 50 页。
④ 同上书,第 52 页。

（三）宏观调控政策与实践相背离，导致执行扭曲化

在协调区域经济发展方面，财政补贴和税收政策是最常用到的宏观政策工具。目前的问题是缺少促进发展的长效机制，靠优惠政策来维持资本和劳动的高收益，当优惠政策到期时，资本和劳动力又会流失。现存制度对各生产要素的吸附能力不强，表现之一为我国各地政府间财政汲取能力差异很大，中央试图通过加大转移支付力度，弥补地方财政汲取能力不足，进而引导和激励地方政府提升对公共服务的投入行为，实现经济发展成果的共建共享。但是在财政分权背景下，地方政府不仅希望实现财政收入最大化，同时还希望通过支出最大化实现官员晋升的目的。在财政汲取能力和官员晋升双重压力下，地方政府的支出更容易转向生产性领域，因为生产性领域能够创造更多的税源和政绩。中央和地方目标的非一致性，导致政府层级之间激励不相容。[1] 表现之二为财政补贴的分配在一定程度上取决于地方政府，这无疑会引发企业寻租。[2] 企业将会面临一个博弈问题，是选择通过扩大再生产的方式还是通过寻租的方式来获得超额利润（财政补贴）。如果企业能够获得的财政补贴收入高于同等寻租资金能够带来的正常收益，企业更愿意选择寻租活动。企业进行寻租的过程中，这部分非生产性支出可能会对企业研发等实体投资产生挤出效应，进而减少研发创新活动。显然，补贴强度越高，挤出效应就会越大。同时，企业的寻租行为会使得企业形成寻租惯性，弱化企业进行研发创新的动力，使得企业陷入通过寻租获取超额利润的恶性循环中。[3] 表现之三为现在西部大开发税收优惠政策主要集中在国家规定的鼓励类产业和新办交通、电力、水利、邮政、广播电视等基础产业领域，但由于鼓励类产业的适用范围面向全国，未将具有地区特色优势比如西部的农牧业及加工业、旅游产业等产业纳入其中，能够适用鼓励类产业税收优惠的企业数量较少。且优惠条件中对鼓励类产业收入占比的要求门槛较高，部分多元化经营企业因收入占比不达标被限制在优惠政策之外。

（四）教育培养模式不健全，导致人才分布失衡化

经济学家舒尔茨把人力、人的知识和技能都认定为人力资源，认为这一资本

---

[1] 付文林、沈坤荣：《均等化转移支付与地方财政支出结构》，载《经济研究》2012 年第 5 期。
[2] 余明桂、回雅甫等：《政治联系、寻租与地方政府财政补贴有效性》，载《经济研究》2010 年第 3 期。
[3] 季永宝、吴辉航等：《西部大开发政策影响企业生产率的财税效应研究》，载《产业经济评论》2018 年第 3 期。

形态在经济发展中起着决定性的作用。① 经济学家丹尼森通过精细的分析计算，论证出 1929—1957 年间美国的经济增长，有 23% 的份额要归因于对教育的投资。地区生产力水平的提高与人口受教育程度息息相关，高素质的人口资源可以提高区域科技创新能力，增强区域核心竞争力。② 在我国，自然资源有限的东部地区，利用区域内外人才的溢出效应，依靠创新型和技术型人才，通过较强的吸纳和转化能力，提升科技创新能力，从而使区域经济持续增长。而中、西部地区自身人口受教育水平低，加上经济发展落后，人才的净溢出现象严重，使得中西部地区创新资源匮乏，可持续发展动力不足，可能导致未来区域间发展差距进一步加大。③ 从整体来看，我国高等教育资源的空间分布特征为由东部向西部递减、沿海向内陆递减。④ 高校数量方面，东部地区的高校普遍较多，大多省份的高校数量大于 100 所，仅小部分省份的高校数量在 80～100 所之间，其中山东、江苏和广州等沿海地区的高校数量甚至大于 120 所。中部地区省份的高校数量大概在 60～120 所之间，省份之间差距较大。西部教育资源较为薄弱，除了四川，其他省份高校数量大多低于 60 所。⑤

（五）经济发展与环境保护没有一体推进，导致发展短视化

西部地区生态环境状况整体较脆弱、敏感，由于经济社会发展起步较晚，对环境影响相对较小。但当前发展任务艰巨，经济社会发展的资源能源消耗强度与负面影响明显高于中、东部地区。尤其是东部经过了长时期的高速发展，正逐渐向绿色发展阶段迈进，重化工等相关产业已有自东向西转移趋势⑥，将进一步加大西部生态环境保护的压力。虽然我国已加强了在环境保护方面的立法，但目前走的仍然是高耗能、低产出、污染严重的"工业文明"之路。"当代人恣意索取资源为己所用，而破坏环境、资源的恶果则更多地由下代人来承担，这本是一种极大的不负责任，是一种代与代之间的不公平。"⑦ 1991 年著名经济学家波特提出了"波特假说"理论，从行业的国际竞争力角度进行考察，认为环境规制通过

---

① 〔美〕加里·S. 贝克尔：《人类行为的经济分析》，王业宗、陈琪译，格致出版社 1995 年版，第 233 页。
② 程宇：《中国职业教育与经济发展互动效应研究》，吉林大学 2020 年博士论文，第 41 页。
③ 王大伟：《多重视域下中国区域社会经济不平衡发展指标对比与分析》，载《东北农业大学学报》2014 年第 2 期。
④ 贾云鹏：《我国高等教育资源地域分布的现状、特点及成因》，载《江苏高教》2009 年第 2 期。
⑤ 姜照勇、文心雨、韩宇：《我国高等教育资源空间分布特征分析》，载《兰州教育学院学报》2019 年第 1 期。
⑥ 陈吉宁：《以改善环境质量为核心全力打好补齐环保短板攻坚战》，载《环境保护》2016 年第 2 期。
⑦ 顾功耘主编：《经济法教程（第三版）》，上海人民出版社 2013 年版，第 36 页。

激发国内企业寻求技术创新,改进生产工艺和技术,可以利用比较优势地位在国际竞争中处于领先位置。区域经济发展逻辑与此类似,我们需要找寻一种对环境负外部性最小的经济发展方式,这是一种时代使命。

四、区域经济协调发展的经济法诉求

十九大报告中指出,新时代我国社会主要矛盾是人民日益增长的美好生活需要和不平衡不充分的发展之间的矛盾。这种发展“不平衡不充分”的重要表现之一,即为区域经济发展不平衡。在推进区域经济协调发展的过程中,法治思维应该贯穿各项制度举措始终,其通过把不确定性转变为确定性、把边界模糊转变为边界清晰、把权责混淆转变为权责一致,来进一步树立标准,放大制度效果,从而建立有法律规制、有实施主体、有操作方案以及有外部制衡的结构框架,有助于区域经济发展从不平衡、不协调状态向平衡和协调状态转变。

(一) 制定规范区域经济协调发展的法律

对欠发达地区的开发是一个长期的过程,为了确保开发举措的一贯性和连续性,不少发达国家在开发过程中,都做到了法律建设先行。制定法律的益处颇多,其一是摆明国家高度重视的一种姿态,增强社会信心;其二是增加确定性,提供固定的参照标准和行为指引;其三是增加可操作性,提供权利救济渠道,将负面行为予以规范并规定惩处措施,可以有效防止经济发展走回头路。同时,法律的制定过程也是对现有区域经济政策的梳理,有助于具体做法的体系化和科学化。以美国西部大开发为例,早在 1862 年,美国国会就通过了《太平洋铁路法》。1933 年,为了综合开发治理水土流失地区,美国国会通过了《麻梭浅滩与田纳西河流域开发法》,并依法成立田纳西河流域管理局,由其负责管理田纳西河和密西西比河中下游一带的流域综合开发利用。1961 年为促进贫困地区发展,美国国会通过了《地区再开发法》,并依法成立了地区再开发管理局。1965 年,美国商务部又在地区再开发管理局的基础上成立了新的经济开发署,目的是通过财政援助、规划指导和技术服务等措施,刺激区域经济发展,从而增加对贫困地区的经济援助。1965 年美国国会通过了《阿巴拉契亚地区发展法》,并依法成立了阿巴拉契亚区域委员会以及一些其他的州际开发委员会,并由其负责制定地区发展的总体规划,以促进落后地区的经济发展。[①]

在欠发达地区的治理过程中,立法虽不是唯一的方式,但却至关重要,其在

---

① 田扬戈:《美国的区域政策及其对我国西部开发的启示》,载《世界地理研究》2000 年第 2 期。

条理性、逻辑性和强制性方面的优势，是其他方式无法比拟的。我国一方面要加快出台《西部开发促进法》等区域性法律，以此来规范各区域开发中的政策措施、投资融资、财政税收以及政府法制等方面的关系，使之有章可循、有法可依。另一方面要把制定区域经济协调发展的基本法纳入考量。基本法一方面可以规定宏观调控的基本目标和手段，另一方面还可以解决单行法解决不了的区域发展整体与局部、局部与局部之间的矛盾。如对中央和地区区域事务管理关系进行界定，明确划分中央和地方的权限，实现国家区域宏观管理的规范化、有序化，避免地方政府通过博弈导致国家政策执行异化。

（二）设立专司区域经济协调发展的机构

"世界各国在对落后地区进行开发的过程中都先后成立了各种不同性质的专门开发组织机构。设立专门组织机构的意义主要在于三个方面：一是贯彻和执行政府有关政策和措施并对其实施有效的监督；二是负责沟通和协调各级各部门之间的权责分工，促进分工合作；三是组织各方面力量，研究和解决开发过程中面临的各种问题和困难，以便及时有效地提出贴合落后地区区情的政策建议，同时发现现有政策措施的不足并提出修正意见。"①

美国、日本、法国等国家的区域政策或者统一由专门的部门行使或者由几个联合的职能部门来行使，专门的职能部门模式可使区域政策行动高度统一协调，而联合的职能部门模式既可在一定程度上保持政策的统一与协调，又可充分发挥有关部门与地区在区域政策决策中的作用。② 我国改革开放以来实施的分权改革，使更多的经济发展管理权力由中央政府向地方政府转移，中央与地方的关系处于不断博弈的状态，地方政府成为一个拥有自我主体意识的地方利益代表者。③ 同时，地方官员因此获得了治理地方经济的权力，特别是由于中央与地方信息不对称，地方政府成为一个地区经济和社会发展的主导者。改革开放以来，中央政府开始向沿海地方政府"放权让利"，沿海地区政府凭借中央赋予的种种优惠政策和灵活措施，优先发展了地方经济。这些经济优势的逐步积累为这些地方的发展获得了重要的政治资源，导致了地方利益和地方权力的进一步扩大。官员晋升的激励机制，使得地方领导借助于政治力量直接介入并推动当地经济增长，优先发展起来的地区，由于经济实力上的优势，而享有更高的政治影响力，从而为地方经济发展带来更多经济资源，相反那些落后地区的领导，由于经济实

① 张丽君等：《地缘经济时代》，中央民族大学出版社 2006 年版，第 561 页。
② 张可云：《区域经济政策》，商务印书馆 2005 年版，第 118 页。
③ 薛晴、任左菲：《美国城乡一体化发展经验及借鉴》，载《世界农业》2014 年第 1 期。

力相对较差而影响力较弱,很难争取到同样的经济资源。因此,官员的这种"晋升锦标赛"在一定程度上也拉大了我国区域间的经济发展差距。[1] 这就需要考虑在中央层面,设立独立的区域管理常设性机构,将目前各机构中涉及区域管理的事项统一纳入,避免多头管理和职能重叠,防止利益冲突和信息封锁,形成联动和快速反应机制。地方层面,设立由中央和地方代表组成的区域联合管理机构,在对区域综合规划工作负责的同时,承担受理有关地方政府对区际利益冲突的申诉、调查、组织协调和提出协调意见的职责。[2] 这种联合管理机构在职能上独立于地方政府,直接对中央层面的机构负责,这样既保证了中央的权威性,又体现了地方的代表性。

地方区域经济一体化的协调机构在性质上,相当于一种基于地方权力让渡而形成的部门,应当拥有关于区域经济发展的政策制定权限,可以根据区域经济一体化发展的需要,制定符合本区域发展的规章制度,且其效力高于区域内各个地方政府出台的相关政策。在确保落实和推动积极性方面,一方面地方政府要主动转换政府角色,将政府定位为有限政府、服务型政府。划定政府行为边界,从"负面清单"走向"正面清单",最大可能释放市场潜能,推动要素市场一体化建设。在转换角色的过程中,也伴随着政府行为的有退有进。退是指政府从一般竞争性领域中退出来,实践证明,该领域中,市场配置资源的能力远远高于政府。进是指政府要扮演好公共秩序的维护者和公共产品的提供者角色,要不断增加公共品的供给,营造良好的营商环境。另一反面可以考虑在地方长官的绩效考核方面,将地方政府对区域经济一体化发展的贡献率加入政绩评价项,提高地方政府落实区域经济一体化的积极性。

小范围的区域一体化过程,可以作为全面一体化的过渡阶段。长三角地区属于我国区域一体化程度较高的地区,2018 年设立了长三角联合发展办公室,从 4 省市抽调了 15 名工作人员协同工作,重点任务就是解决行政区位带来的集团式发展障碍,减少区域内各城市的同质化发展,减少不必要的竞争,协同发展,各自攻克自身重点,最终让长三角城市群发展成为世界第六大城市群,匹敌美国东、西海岸城市群,日本东京湾城市群,伦敦城市群等世界著名城市群。在涉及区域发展事项时,我国可尝试设立相应法院或者指定法院来专属管辖该类纠纷,使其独立于区域中各个地方政府,用有效的司法纠纷化解机制促进一体化顺利发展。通过地区有效分工、基础设施联通共享、制度合作和协调性干预等政策组

---

[1]　周黎安:《中国地方官员的晋升锦标赛模式研究》,载《经济研究》2007 年第 7 期。
[2]　牛慧恩:《国土规划、区域规划、城市规划——论三者关系及其协调发展》,载《城市规划》2004 年第 11 期。

合，有效地降低制度成本，从而实现由松散柔性的协商式一体化组织向多层次多主体联动决策一体化组织转变。

（三）寻找调控政策与实践连接的新角度新方式

转换政策的调控思路和发展的动力机制，从依靠优惠政策吸引企业，转向以基础设施、公共服务和提供良好外部环境来吸引企业。财政补贴方面，加大对企业创新力度的扶持。用一般性财政拨款和专项性资金拨款的方式，增加企业的可支配利润，解决企业资金约束问题，部分转移或降低企业研发的风险和成本[①]，以此来增强资本和劳动力的粘性。税收优惠相对于财政补贴具有更多优势。一是税收优惠政策对市场造成的影响较小，企业拥有决策权，政府机构不参与研发，所以税收激励在刺激长期研发支出中更有效；二是税收优惠政策需要的官方文件较少，且不需要额外的执行机构，不需要年度评审等烦琐的流程，该政策的执行成本较低；三是相对于财政补贴而言，税收优惠政策一般采取法律法规的形式，符合其规定的企业都能享受优惠，主观认定的成本较少，从而减少了"寻租"行为的发生。[②] 目前对欠发达地区的税收优惠政策的覆盖面和优惠力度，仍不能达到其实现政策目标的需要，应该进一步落实产业性优惠和民族区域优惠政策，加大对适合该地区发展产业的优惠力度，对将该项政策实施对象从鼓励类产业扩展至区域内国家限制行业和特定行业之外的所有企业，实行"普惠制"。

同时，在进行传统的财政转移支付等宏观调控措施时，要有所侧重。美国在实施阿巴拉契亚地区发展计划时，经过研究达成一致意见，即通过把公共投资投向有增长潜力的地区，在落后地区形成增长极，并强化增长极对周边落后地区的辐射作用。[③] 这是因为如果为了照顾最困难的地区，平均分配公共投资，由于投资效益相对较差，很难形成带动"经济起飞"的增长极，落后地区缺乏长期稳定发展的动力。[④] 所以联邦政府在实施阿巴拉契亚发展计划时，按照地区增长潜力的大小，确定了 125 个增长点给予重点投资。这些增长点通常由多个或单独社区组成，它们主要发挥为周围地区提供就业机会、社会文化和商业服务等功能。位于增长点周围的地区，则主要是通过公共卫生、建设职业教育和培训，提高当地居民的健康与就业能力，以满足增长点创造的就业岗位需要。[⑤]

---

① 毛其淋、许家云：《政府补贴对企业新产品创新的影响——基于补贴强度"适度区间"的视角》，载《中国工业经济》2015 年第 6 期。

② 季永宝、吴辉航等：《西部大开发政策影响企业生产率的财税效应研究》，载《产业经济评论》2018 年第 3 期。

③ 田扬戈：《美国的区域政策及其对我国西部开发的启示》，载《世界地理研究》2000 年第 2 期。

④ 沈强：《美国区域经济发展特点及启示》，载《现代企业》1999 年第 7 期。

⑤ 魏后凯：《美国联邦政府对地区经济的干预与调节》，载《中国工业经济》1996 年第 7 期。

(四) 人才培养的内生模式与输入模式相互结合

欠发达地区特殊的经济规律,决定了其不能简单地模仿发达地区的人才开发、培养与适用模式,必须探索出一条具有本地区特色、与地区经济发展配套的人才战略。经济欠发达地区的人力资本投资结构应主动适应本地区在发展初期的人才需求结构,大力发展职业技术教育,这是全世界许多国家和地区的成功经验,如瑞典、新加坡、美国等。按照世界各国的发展经验,一个部门或地区能够满足经济需要的合理人才结构应呈金字塔形,初中学历人才位于金字塔中下部,人数众多。对于人数众多的初中级人才,是无法依赖于外调的,只能依靠本地进行教育培训,经济欠发达地区在发展初期,应将有限的社会公共教育投资较多地投向初中等职业教育,形成科学的、符合经济欠发达地区经济发展实际的教育结构,提高人力资本投资效益,实现人才本地化。①

我国在西部教育问题上,首先要对在艰苦地区工作的教师加强培训,提高教学质量,提高其工资标准和改善生活待遇。在引进师资较为困难的地区,可施行教师轮岗制度。对去艰苦地区工作的教师给予生活和晋级的优惠政策。② 其次,应该打开思路,鼓励国内企业、社团或个人到西部办学,或设立教育基金;也可允许退休教师或西部地区文化程度较高的个人设立有特色的家庭学校等。这不但可以加速西部教育发展,同时也有利于西部教育的多样化、社会化和教育理念教学方法更新。另一方面构建合理的人才引进机制。与发达地区相比,欠发达地区的发展缺乏足够的人才支持,这是一个客观事实,但这并不意味着只有等经济发达起来了,才能解决人才问题,在教育和经济相对落后的地区,同样可以通过人才开发机制来吸引和培育高层次人才,并以此带动当地企业和经济的发展,在这一点上,硅谷就是很好的例子。硅谷因自由的创业体制,吸引了大批科技人员聚集在斯坦福大学周围,进行大量的科技开发和转化活动,从而使当地经济迅速发展。有学者将"硅谷栖息地"的特点归纳为:良好的游戏规则,知识密集,流动的高质量劳动力,以结果为导向的精英体制,鼓励冒险,容忍失败的氛围,开放的创业环境,企业、政府与非营利机构间的合作,高质量的生活,专业化的商业服务机构。③ 我们在欠发达地区的开发过程中,同样可以依托企业这一载体,加强人才回归,用完善的企业制度吸引人才回归,用企业技术创新为人才回归提供创业平台。

---

① 黄莉平:《我国欠发达地区人才回归的策略研究》,中南林业科技大学 2004 年硕士学位论文,第34 页。

② 隋鹏飞:《美国区域协调管理方法及借鉴》,载《山东工商学院学报》2015 年第 4 期。

③ 李钟文等主编:《硅谷优势——创新和创业精神的栖息地》,人民出版社 2002 年版,第 8—15 页。

（五）明晰环境规制是区域经济发展的题中之义

我们在欠发达地区开发过程中的后发优势之一，就是可以汲取相当多的经验教训，比较重要的一条是"不能走先污染，再治理的老路"。要尝试通过合理的制度设计，实现经济效益、环境效益和社会效益的协调发展，从环境功能性价值的角度去思考西部开发的对策。

一是根据区域自然禀赋，因地制宜发展新型产业，这是我国欠发达地区开发的核心。孟德斯鸠认为，法和一个国家的气候、土壤、生活方式、政治制度、民族精神都存在着密切的联系。"法律应该和国家的自然状态有关系；和寒、热、温的气候有关系；和土地的质量、形势与面积有关系；和农、猎、牧各种人民的生活方式有关系。法律应该和政制所能容忍的自由程度有关系；和民族的宗教、性癖、财富、人口、贸易、风俗、习惯相适应。"[①]东西部环境资源禀赋的最显著差异就是西部地区承载着对我国整体环境的特殊功能，如西部地区特有的珍稀濒危动植物、水土保持、江河源头、沙尘暴起源地、盐碱地及荒漠化治理、自然遗迹、缓释亚洲内陆不利气象危害等特殊环境生态功能。[②] 我国贵州近几年依托大数据产业和旅游业，走出了一条绿色的发展道路，已经连续 30 个季度，GDP 增速居全国第一。

二是建立流域上中下游地区、资源开采区与利用区之间的生态利益补偿机制。生态补偿作为一种新型的环境管理手段，以保护和可持续利用生态系统服务为目的，旨在调节生态环境保护中各种利益关系。生态环境问题的出现很大程度是由生态环境保护的利益相关主体间利益分配不合理所造成的，主要表现为两点：其一，生态环境的保护者与受益者之间的利益分配不合理，即受益者无代价地占有生态环境保护的生态效益，而生态环境的保护者却得不到相应的回报。其二，生态环境的破坏者与受害者之间的利益分配不合理，即生态环境的破坏者不承担其破坏行为的成本和责任，受害者也得不到相应的补偿。从根源来看，生态资源具有外部性和公共物品的特征。不能将生态保护的外部效应内部化，就不能进行有效的生态环境治理。[③] 为维持和增强这些特殊环境生态功能，西部地区要比东中部地区承担更多的环境生态维护义务。从公平正义的角度出发，对西部地区基于自身环境资源禀赋而多承担的这些特殊义务，不仅要激励，更需要建立一种生态补偿机制，如"对长江、黄河、珠江等大江大河，根据上游地

---

① 〔法〕孟德斯鸠：《论法的精神（上册）》，许明龙译，商务印书馆 1961 年版，第 7 页。
② 李永宁：《生态利益国家补偿法律机制研究》，长安大学 2011 年博士论文，第 3 页。
③ 张成考、聂茂林、王春雨：《生态供应链管理：21 世纪企业可持续发展的新模式》，载《科学学与科学技术管理》2004 年第 7 期。

区生态建设的投入以及中下游地区获益大小和经济总体实力,制订补偿的标准和方法;调整目前对资源开采区征收资源税和资源补偿费的办法,中央征收的资源税应专项用于资源开采区的生态修复,资源补偿费应向资源利用区的资源加工企业征收,专门补偿给资源开采区用于生态修复。"①

五、结　　语

美国从十八世纪末制定促进区域经济发展的法律以来,已有两百年的欠发达地区治理历史,日本促进区域经济协调发展也历经了五十多年的过程,我们用了多少年产生的不平衡,就需要用多少年甚至更长的时间来重新达成平衡状态。这个过程中,经济法一方面要及时固定有益做法,从整体上把协调发展推上法治化的道路。另一方面也要未雨绸缪,提前谋划协调发展的思路。认识到经济发展在呈现共性的同时,每个国家又都有各自的特点,我国经济高速增长几十年,被称为国家经济发展的奇迹,因为其本身可能已经超出了现有理论的解释范围。所以,做学术研究的时候,我们除了要能拉长镜头,获取全局的大视野之外,还要学会对焦局部,做精细分析,发现研究对象的特定品格,发展出新理论,树立新标准,助推国家发展不断蜕变升级。

---

① 国家信息中心经济预测部宏观政策动向调研组:《区域合作"大幕"拉开,要素市场化步伐需加快》,载《中国证券报》2006 年 11 月 8 日。

上海临港新片区政府职能限度研究

季　洁[*]

一、引　　言

　　在政府与市场的互动模式下,二者间的界限是一种运动着变化的价值评判结果。市场失灵是政府管制的必要条件而非充分条件,其以进入壁垒、外部性和内部性为基本要素,在此基础上政府的管制行为必须解释为对财产法、民法契约法等普通法的一种补充而非无限扩张的权力。[①]"行动者—系统动力学"理论进一步限缩了此种权力界限作为社会规范的空间特征,其表现为偏向性和特定性[②],它在特定的领域或范围内组织、协调、规范社会互动,为行为的恰当性提供标准,包括进入预设的参与者角色——在规则发生作用范围内的活动和互动,而行为限定则是制度限定的必须与必然的结果(对偶原则)。[③] 上海自由贸易区临港新片区(下文简称为新片区)正是此处所言的特定区域,其肩负着政府职能转型与推动建立特殊经济功能区的双重任务,并对市场运行与政府行权提出了全新的、更高的要求。

　　面对"全方位高水平开放"的政策定位,有形之手与无形之手处于此消彼长的规律之中,过于强劲的政府职权将迟滞市场发育。故相较于其他特定经济区(已有的自贸区及上海自贸区原有片区),新片区在政府职能限度上应设置更为严格的规则,以此服务于高度自由化的市场需求,避免行政权力对投资贸易自由化便利化形成掣肘,降低资源配置的效率。现代社会的法律天生蕴

---

　　* 季洁,华东政法大学 2019 级经济法博士研究生。
　　① 〔美〕丹尼尔·F. 史普博等:《管制与市场》,余晖等译,格致出版社 2017 年版,第 2、7—8 页。
　　② 〔瑞典〕汤姆·R. 伯恩斯等:《经济与社会变迁的结构化——行动者、制度与环境》,周长城等译,社会科学文献出版社 2010 年版,第 228 页。
　　③ 同上书,第 10—11 页。

含控权因子:民法对于私权利实施平衡与调整,行政法等公法对于公权力的干预无须赘言,经济法区别于前者在经济环境中促进政府与市场形成良性互动,该种控权基因由其保护的法益(社会整体利益)引申,并因其体系的包容性、解释力与控权功能实现协调。[①] 为打造新片区市场环境,经济法对于政府的控权应体现于市场规制、国有经济参与、涉外经济管制与市场监管四个方面,以政策为起点,以法治为目标,力求最大程度、全方位减少政府权力与市场之间的相互损耗。

二、自由化市场:临港新片区的政策定位

2019 年 8 月 6 日国务院印发《中国自由贸易试验区临港新片区总体方案》(下文简称为《总体方案》),该文件成为新片区正式设立的指导性文件,从指导思想、发展目标、规划范围等方面对新片区总布局进行勾勒,其中"自由"一词在《总体方案》中共出现 30 次。随后,上海市政府发布《中国(上海)自由贸易试验区临港新片区管理办法》(下文简称为《管理办法》),以政府规章的形式,明确临港新片区的管理体制机制,衔接《总体方案》中国家授权改革的举措。《临港新片区高质量发展实施特殊支持政策的若干意见》更清晰地指出新片区的战略性定位。相关文件呈环状体系,从特殊性到重点性,从目标到内容,对新片区自由化市场的构建提供全方位的政策支撑。(如表 1)

表 1   临港新片区重要文件汇总

序号	文件重点	文件名称
1	指导性文件	中国(上海)自由贸易试验区临港新片区总体方案
2		中国(上海)自由贸易试验区临港新片区管理办法
3		中共上海市委、上海市人民政府关于促进中国(上海)自由贸易试验区临港新片区高质量发展实施特殊支持政策的若干意见
4	人才计划	中国(上海)自由贸易试验区临港新片区支持人才发展若干措施
5	服务计划	关于支持临港新片区园区平台提升创新服务能力工作的实施意见
6	境外仲裁机构管理	境外仲裁机构在中国(上海)自由贸易试验区临港新片区设立业务机构管理办法

① 陈云良:《从授权到控权:经济法的中国化路径》,载《政法论坛》2015 年第 2 期。

（续表）

序号	文件重点	文件名称
7		中国(上海)自由贸易试验区临港新片区支持金融业创新发展的若干措施
8		进一步推进中国(上海)自由贸易试验区外汇管理改革试点实施细则(4.0版)
9	重点产业发展措施	中国(上海)自由贸易试验区临港新片区促进产业发展若干政策
10		中国(上海)自由贸易试验区临港新片区集聚发展航空航天产业若干措施
11		中国(上海)自由贸易试验区临港新片区集聚发展集成电路产业若干措施
12		中国(上海)自由贸易试验区临港新片区集聚发展人工智能产业若干措施
13		中国(上海)自由贸易试验区临港新片区集聚发展生物医药产业若干措施

资料来源:根据公开资料整理。

    制度构建的逻辑往往体现为从"目标"到"工具"的过程,制度是实现既有目标的显性工具,对于其设计的分析往往起步于对目标需求的解读。[①] 对于新片区"目标"的讨论与定位并非完全脱离现有的区域经验,从地缘关系、政策定位、战略功能等多角度分析,新片区立足于"上海自贸区""旧片区"的基础之上,被赋予新的政治、社会和市场要求。当执行相关规则体系可产生足够的回报(质量、数量和多样性)来维持和再现系统时,规则常常因其可适用性而被复制。[②] 因此,对于新片区市场需求的讨论必须处于政策体系与制度比较之间,立足已有的外部制度环境,并在原有片区的实践经验之上确定新片区的实质定位,形成"参照物"与"参考系"的关系。无论是区域定位、资源供给抑或制度要求,新片区的政策定位与已有的片区和自贸区均存在交叉,这也为三者之间的比较研究提供了可能性。

(一) 新片区的特殊政策导向

    新片区的设立源于国际背景与国内背景的双重需求,主要是对于自由贸易的需求以及域内产业链的延伸需求。《总体方案》将新片区对标国际上公认的竞争力最强的自由贸易园区,并提出投资、贸易等五方面的自由化与数据跨境安全(如表2),实现由"便利"向"自由"转变的发展目标与政策导向,此举体现出我国在全球贸易保护主义阴霾下所保持的自由化贸易态度,以及促进全球新型国际

---

    ① 〔美〕利奥尼德·赫维茨、斯坦利·瑞特:《经济机制设计》,田国强等译,格致出版社2014年版,第46—54页。

    ② 〔瑞典〕汤姆·R.伯恩斯等:《经济与社会变迁的结构化——行动者、制度与环境》,周长城等译,社会科学文献出版社2010年版,第22页。

贸易的努力。

表 2　临港新片区政策导向对比

便利	自由	
投资便利 贸易便利 融资便利 监管便利 突出政府放权	"5+1" 投资自由、贸易自由、资金自由、运输自由、人员从业自由 + 互联网数据跨境安全有序流动	"6+2" 投资经营便利、货物自由进出、资金流动便利、运输高度开放、人员自由执业、信息快捷联通 + 具有国际竞争力的税收制度 全面风险管理制度
自贸区发展重心	新片区总体方案指导思想	新片区管理办法发展重心

资料来源:根据公开资料整理。

在自由化要求不断提高的过程中,各项自由化要求之间同样存在着一种次序与结构关系(如图 1),投资、贸易、资金、运输、人员从业的自由化以投资者贸易自由化便利化为中心,前者提供资金、人员、技术等相关要素的支撑,强调运用市场手段进行资源配置,并使新片区的政策导向在已有的大方向上明确重点领域,突出对于"自由化市场"的构建需求,更好地服务对外开放总体战略布局。在此政策导向之下,为充分发挥市场调整贸易、培育国际交易环境和资源供给能力,政府应进一步控制其在市场中的调节强度,并且这一权力收缩的过程在各个产业和领域应有区分,应从程序和实质上降低企业成本以营造便利的营商环境,增强政府配置能力加强基本公共设施建设,为域内外企业、人员提供公共产品,提升制度吸引力。

图 1　五大自由化要求的结构层次关系图

资料来源:《中国(上海)自由贸易试验区临港新片区总体方案》

(二) 相较于上海自贸区的高度自由化

上海自贸试验区已经为政府职能转变提供了"试验田",经过七年的调整与提升,上海自贸区作为政府管理创新的"展示窗口"为新时代下自贸区试点工作奠定基础。相较于上海自贸区的任务与定位,新片区的"新"和"特",并非简单的空间扩容和政策平移,而是根本的制度创新,从而形成对外开放的新体制、新功能、新产业、新经济,是深化改革开放的再升级。[①] 其专注于为国际市场形成具有巨大推动作用、强大竞争力的经济特殊功能区,此点与自贸区"建设开放型经济新体制—以开放倒逼改革"的设立目标形成对比,与自贸港"激活国际离岸贸易和服务—带动内地经济发展的制度创新试验田"[②]的开放功能相比更具有全面性和丰富性。具体而言,新片区与上海自贸区的高度自由化体现在设立背景的自由化需求、战略定位的高度性要求、重点产业的创新性特点等方面。

1. 设立背景的自由化需求

机制选择取决于类似技术可能性或偏好等环境制约因素,或机制设计问题的重要"已知"因素,该类重要因素称为(经济)环境集或环境空间。[③] 国际贸易升级、我国改革进入深水区、人民群众对于更高层次经济的需求等经济要素集群直接影响着对于上海自贸区、新片区的具体要求,二者之间所体现出的需求升级同时反映了世界经济环境的变动性发展,以及我国为适应国际双边、多边贸易的灵活性所做出的制度努力。上海自贸区设立动因主要源自三个方面:一是 TPP(跨太平洋伙伴关系协定)谈判规则的变化;二是 TTIP(跨大西洋贸易与投资伙伴关系协定)的制定;三是中美 BIT(中美双边投资保护协定)谈判的推进。[④] 在此背景下中国积极寻求参与国际贸易的契机,尤其是 BIT 中的负面清单设置严重冲击了中国的行政审批制,促进了我国的改革增速。新片区的设立立足于国际贸易形势创新发展与贸易保护主义蔓延的双重背景,开放与自由的观念将更加有助于我国在世界贸易体系中获得良好的评价。

2. 战略定位的高度性要求

战略定位的作用在于奠定相关区域的发展基调。2013 年,上海自贸试验区

---

① 张志昂、徐家明:《开放视域下临港新片区的深远雄心》,载《第一财经日报》2019 年 8 月 15 日第 A11 版。

② 黄庆平、袁始烨:《自贸港的未来:基于负面清单管理的国际经验》,载《经济体制改革》2018 年第 3 期。

③ 〔美〕利奥尼德·赫维茨、斯坦利·瑞特:《经济机制设计》,田国强等译,格致出版社 2014 年版,第 9 页。

④ 刘玉海、高莹:《上海自贸:TPP 规则逼近下的中国棋局》,载《21 世纪经济报道》2013 年 10 月 21 日第 15 版。

立志于打造"国际高标准自由贸易园区",2019 年,新片区强调打造"更具国际市场影响力和竞争力的特殊经济功能区"。"高标准"与"影响力""竞争力"的差异性在于"高标准"应为"创造影响力、提高竞争力"的基础前提,在逐步与国际自由化贸易对接的基础之上不断形成本国的市场竞争力,这样的战略定位符合事物发展的基本规律。"特殊经济功能区"作为城市发展的增长极,为"城市—国家—国际"的制度探索提供了一个微缩的区域创新体系,其在空间载体、产业带动、科技资源的磁力反应中具有特殊的集聚能力。① 新片区同样具有对内进行辐射带动的重要作用,新片区位于长三角金融中心——上海,并具有"临港"优势,以及带动长三角新一轮改革开放的动态目标。因此,新片区在上海自贸区发展的基础之上具有更高水准和更高要求的战略定位。

3. 重点产业的创新性特点

新片区聚焦人工智能、生物医药、民用航空等重点产业和创新性产业,致力于搭建产业高地,形成产业聚集度高、产业链齐全的发展区域。该产业集群以核心技术为突破口,新片区特别强调人工智能领域的研发和生产,其中包括吸引跨国企业在新片区开设离岸研发中心和制造中心,在该领域的市场上以开放的态度吸引域外市场主体的参与,以此吸收域外先进技术和设备,并在此基础上配套一系列政策措施,如支持国内外人工智能企业来新片区落户、优先扶持人工智能优势企业(单位)、实施人才优惠计划等。② 创新性产业对于开放的市场环境和政策环境需求更为旺盛,此种产业布局与上海自贸区形成对比,一方面源于现在市场环境对于智能化产业的需求,相关产品在医疗、制造等领域培养了巨大的市场潜力;另一方面源于创新性产业可以最大化地降低原有产业在生产、运输过程中的成本,提升企业交易和区域联动的效率。

(三) 相较于原片区的深度融合性

上海自贸区原有 5 大片区,各片区基于自身地域特色被赋予不同的政策定位(如图 2),其中保税区片区依靠上海港实现外高桥保税区与外高桥保税区物流园区的联动,同时依赖亚太航空复合枢纽港——浦东国际机场,打造临空功能服务产业链;陆家嘴片区是上海市的金融中心,聚集了众多跨国银行的大中华区或东亚总部,成为长三角地区的金融风向标;金桥片区作为生产性服务业集聚区,汇集了高附加值、高技术含量的制造企业;张江以高科技企业为核心,最早和

---

① 仉培宏、韩增林:《特殊经济功能区在城市创新体系中的作用》,载《国土与自然资源研究》2012 年第 1 期。

② 相关措施见《中国(上海)自由贸易试验区临港新片区集聚发展人工智能产业若干措施》(沪自贸临管经〔2019〕14 号)。

上海自贸区实施"双自联动"计划;世博片区致力于打造城市中央的世界级生活区域,即世界级中央公共活动区(CAZ)。对比发现,新片区的政策定位融合了五大片区的主要功能定位,并形成更高层次的区域间联动(其中囊括跨省联动,即基于小洋山岛实现上海与浙江的合作)。

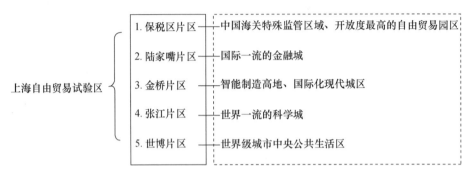

图 2 上海自贸区五大片区政策定位图

资料来源:根据公开资料整理。

上海自贸区临港新片区相比上海自贸试验区其他片区有明确的更高定位,通过加快建立与国际通行规则相衔接的制度体系,对改革试点内容提出了更高的发展标准,能够更好地满足由"商品要素流动型开放"向"规则制度型开放"转变的要求。[①] 同时在发展目标中,新片区融合了各片区的政策定位,如新片区推进跨境金融制度构建,力求借鉴国际通行的金融监管规则优化跨境人民币业务办理流程,实现跨境金融服务的便利化,此点目标与陆家嘴片区的制度要求相耦合;再如新片区将基础产业与制造业等实业相结合,注重新兴产业的智能化发展和生产,以提高新片区内部的整体运作效率,这一点与张江片区、金桥片区的目标存在交叉,等等。在此基础上,新片区可借鉴旧片区对于相关定位的措施制定配套机制,实现跨越式提升,减少试错成本。

三、有限型政府:政策指向背后的应有之义

政府与市场作为社会资源配置的两个重要子系统,二者在双向的互动过程中形成一种对立的关系。面对"自由"与"规制"问题的抉择,学者们给出了不同的基础理据,或是支持市场对于专业分工的推动作用,以此强调充分发挥市场在

[①] 夏旭田、缴翼飞:《临港新片区四大提升:定位更高、融入长三角、突出产业、监管创新》,载《21世纪经济报道》2019年8月7日第2版。

资源配置中的重要作用;或是坚称市场存在天然的缺憾性,公共产品供给与公平问题无法通过市场自身进行调整,以强调政府有形之手在市场发展中的不可或缺性。为补足政府与市场的缺陷之处,应实现一种"辩证施政",既充分发挥市场机制的重要作用,又要通过政府宏观调控弥补市场失灵的问题,并基于市场和政府的"两个失灵",实施有效的治理和动态的调整。① 正如《史记•货殖列传》所言,"善者因之,其次顺之,其次利导之,其次整齐之,最下者与争。"强调政府应尊重市场的基本规律实现平衡,随后遵从"顺之—利导—整齐—与争"的行为顺序,形成"有限且适度"的指导与监管。

新片区的政策导向是我国政府在立足特殊经济功能区定位下对于"善因论"的进一步延伸,一方面它涉及对于新片区市场环境(如投资贸易、跨境资金流动、产业制造等领域)的宽松限制,推进相关产业市场在国际贸易市场下实现价值自判;另一方面也进一步释放了政府对于片区外固有的管制,如简化优质企业跨境人民币业务办理流程、放宽注册资本和投资方式等限制。② 为提高政策期待下的市场能动性,有限型政府则应成为应有之义,政府应当完善其基础管理职能,明确区域内市场主体对于公共产品,尤其是基础设施的需求,构建起"以安全为核心的服务型"政府监管模式。与此同时,立足于自由贸易的逐利性和金融载体特性,有限型政府也应体现为高效型政府,以适应国际市场环境,高效服务并且高效决策。

(一) 政策对于新片区政府的特殊性期待

基于特殊的政策期待与战略定位,新片区主要管理机构与原片区管理机构形成差异(见表 3),新片区无论是在机构性质还是在机构等级及人员分配等方面均具备更高的自主性。为实现市场创新业务的发展,新片区主管机构被赋予更大的权限,即"在风险可控的前提下授权新片区管理机构自主开展贴近市场的创新业务"③。此举与其他自贸区形成对比,新片区虽名为"片区",但更深层次来说,其相对于上海自贸区管理主体具有特殊性,相对于旧片区具有更大自主性。

---

① 张守文:《政府与市场关系的法律调整》,载《中国法学》2014 年第 5 期。
② 相关措施见《中国(上海)自由贸易试验区临港新片区总体方案》(国发〔2019〕15 号)第二部分。
③ 相关措施见《中国(上海)自由贸易试验区临港新片区总体方案》(国发〔2019〕15 号)第五部分。

表3　各片区管理机构设置对比

	设立时间	片区名称	机构设置	机构性质	功能定位
上海自由贸易试验区	2013年9月	保税区	管理局	市政府派出机构，委托浦东新区管理	中国海关特殊监管区域、开放度最高的自由贸易园区
	2015年4月	陆家嘴	管理局	区人民政府派出的行政机构，承接市、区两级政府授予或委托的事权	国际一流的金融城
	2014年12月	金桥	管理局	区人民政府派出的行政机构，根据授权和委托承担区域开发的政府职能	智能制造高地、国际化现代城区
	2014年12月	张江	管理局	市政府派出机构＊	世界一流的科学城
	2014年12月	世博	管理局	区政府派出机构	世界级城市中央公共生活区
	2019年8月	临港新片区	管委会	市政府派出机构	对标国际上公认的竞争力最强的自由贸易园区

资料来源：根据公开资料整理。

注＊：2018年4月，上海市委、市政府批复同意：将上海张江综合性国家科学中心办公室、上海市张江高新技术产业开发区管理委员会、上海市张江高科技园区管理委员会、中国（上海）自由贸易试验区管理委员会张江管理局机构职能整合，重组上海推进科技创新中心建设办公室（简称"上海科创办"），为上海市人民政府派出机构。

1. 新片区政府主体的界定

根据《管理办法》第5条，"中国（上海）自由贸易试验区临港新片区管理委员会（以下简称管委会）作为市人民政府的派出机构，负责具体落实新片区各项改革试点任务，承担新片区经济管理职责，统筹管理和协调新片区有关行政事务"。此举形成了以"管委会"为核心，市有关部门和相关区人民政府为协作主体的新片区行政体系。在此要求上，第一阶段对于管委会的性质研究和职权内容限定就更为重要，只有在严格划定管委会的权力清单和内容的前提下才能便于市有关部门和相关区政府在此范围内负责相关事务；第二阶段则是对于市有关部门与相关区政府的职权匹配，即相关职能机构的职权边界，尤其是注重区分相似机构属性的主体职权，避免出现"监管重叠"和"监管空白"。

根据规定，管委会是负责新片区相关行政事务的主管机构，也是本文所涉及的"新片区政府主体"，其性质是上海市人民政府的派出机构，主要职责在于根据《总体方案》与《管理办法》的内容推进落实新片区中政府的经济职能，主要表现为六个方面：（1）政策制定和实施；（2）投资贸易、金融服务等工作（特别强调与投资金融相关的贸易性行政工作);(3)驻区部门间协作行政与执法联动;(4)产业培育;(5)"互联网＋政务"服务于企业;(6)统筹新片区内、外(其他所辖镇)社会事务管理。① 为确保职责细化落实,管委会内设 15 个常设机构,其特色机构包括:制度创新与风险防范处、特殊综合保税区处(航运处)、高新产业和科技创新处与金融贸易处,分别承担实现风险压力测试、推动国际航运业务口岸对接、推动前沿产业集群成果转化与招商引资推动金融开放等方面的行政工作。因此对于政府职权限度的研究应着重于管委会,尤其是各常设机构的职权界定。

2. 相较于上海自贸区管委会的特殊性

主管机构的职能设置严格遵从该区域的目标定位,新片区虽属于上海自贸区的一个片区,但并非是原有领域的简单扩充。从区域目标来看,上海自贸区致力于"探索"与国际贸易相适应的开放制度,以及"进一步推进开放"投资管理体制,促进贸易转型升级;新片区则立足于更高的基点和资源,强调"对标"国际公认的影响力与竞争力强劲的自由贸易园区,通过"风险压力测试"划定区域所能承受的风险界限。从"探索"向"对标"的转变,从"推进"向"测试定压"的发展,体现出我国对于自身经济实力、资源储量、治理理念的自信,同时也为政府管理能力提出了更高水准的要求。

对比新片区管委会与上海自贸区管委会性质,二者均为上海市人民政府派出机构,并且新片区机构组成人员的级别较五大旧片区更高。在机构职能设置上,新片区无论贯彻"一网通办"实现"互联网＋"的管理模式抑或是对于"金融管控与推动"都较上海自贸区管委会优势更明显,并且新片区管委会拥有"自主革新权"②并能够"设定试点赋权机构"③以提高片区内公共服务提供的效率和水平。自主革新理念的明确使得新片区在面对国际新型贸易业务和新兴市场时能够更为灵活地调整,试点赋权机构的设置将有助于管委会将管理触角深入基层,并实现系统化专业化管理,形成"专业的人做专业的事"的高效格局。新片区管委会的特殊性体现在:(1)网络扩大化,技术的高层次辅助;(2)更大的自主权,管委会在安全的基础上可享有更大的自主发展和自主改革的权限;(3)赋权力度加大,在风险可控的前提下,管委会可设立授权机构;(4)创新性增强,管委会拥有更大的自主创新管理的权力。

3. 相较于原片区管理局的管辖领域多元化

虽然临港与保税区、陆家嘴等五大区域同为上海自贸区"片区",但它们在政

---

① 详见《中国(上海)自由贸易试验区临港新片区管理办法》(沪府令 19 号)第 6 条。
② 详见《中国(上海)自由贸易试验区临港新片区管理办法》(沪府令 19 号)第 8 条。
③ 详见《中国(上海)自由贸易试验区临港新片区管理办法》(沪府令 19 号)第 10 条。

策导向和管理机构性质等方面均有差异(如表3)。作为上海市政府派出机构的新片区管委会与金桥、世博、陆家嘴管委会的机构性质存在差异,后三者是区政府派出机构。保税区管委会虽为市政府的派出机构,但实际上由浦东新区代管,因为上海自贸区最初扩区时原上海自贸区管委会直接变更为现保税区管理局,名称改变但是其管委会性质并未发生改变;张江管理局因为机构职能整合,后与多家机构共同成立"上海科创",管理局因此为市政府派出机构。与此同时,新片区管委会的管辖领域较旧片区各管理局更为多元化,旧片区管理局的管理重点与其区域定位具有很强的结合性,而新片区管委会基于自身更为便利自由的战略定位,蕴含着促进投资贸易市场发展职责(该点与保税区管理局具有相近性),同时具有跨境金融的审批和推动作用,促进片区内部金融业态的进一步开放(此点与陆家嘴管理局重点近似)等。因此新片区除了在机构层级上具有特殊性,其职权内容同样具有多元化。

(二) 政策对于新片区政府有限性的需求

1. 高度自由化设计于政府的需求

以"自由"为关键词再次梳理《总体方案》和《管理办法》将更加明确政府对于哪些领域具有自由化要求。《管理办法》中涉及"自由化"的要求主要分布于四章5条中,分别为总则章、贸易自由章、金融开放章和财税支持章,具体表现在:为确保投资贸易自由化便利化应实现货物进出自由和人员自由执业;保证资本技术密集型服务贸易自由化发展;区内资本自由出入以及兑换;自由贸易账户的税收探索。《总体方案》中涉及自由化安排的共计7条,区别于《管理办法》,《总体方案》特别提出要确保联合创新资金在长三角地区实现自由化流通,其关注通过新片区实现对于长三角地区的资金辐射作用以及创新产业的带动作用。

对于上述政策中的高度自由化设计,新片区政府尤其是其管委会,作为片区内行政体系的核心机构应对促进市场自由化提供保障,限制权力越界并做好以下回应和准备:完善高速便捷的片区基础设施,为域内外市场主体投资贸易提供硬件保障;积极与金融机构、税务部门探索自由贸易账户的设定和特殊税收政策的底线,以自由贸易账户的便捷开设、安全保障吸引国内外投资资金流入;放宽人员执业限制,尤其是对于新片区急需的产业人才,利用政策优势和硬件保障吸引人才主动投身新片区的建设。为保证安全,新片区也应沿用和发展负面清单制度。负面清单制度具有自由与管制的双重属性,作为一种市场准入管理模式,其奉行"法无禁止即自由"的法治理念,既是私法自治精神的具体落实,又是私法自治精神的重要保障。① 负面清单以限制反向行为从而规范自由，节约了市场主体的决策成本以及提高了管理主体的管制效率。

2. 创新性机制引入于政府的需求

政府创新环境要素是与政府创新主体发生关联与互动、鼓励或制约创新主体行为的内外部各种条件要素的集合，主要涉及社会生态环境、政治生态环境与市场生态环境等要素。② 《总体方案》强调新片区投资贸易的自由化应建立在适用已有自贸区创新措施的基础上，可见自贸区的建设以创新性作为园区内容建设的一大重点，并且在已有的建设过程中形成相关的措施和经验。但新片区的创新性又有不同，一方面体现在对于创新性技术的产业生产的扩大化，以及对于创新性企业，如人工智能企业的扶持；另一方面体现在对于政府行政管理体制的自主创新性，《总体方案》明确指出赋予新片区政府自主创新自主改革行政管理体制的权力，积极探索适应新片区定位需求、与产业发展相适应的行政管理模式，同时从侧面也体现出建设服务型政府、有限型政府的要求。深层次原因在于服务型政府建设的基本途径就是政府创新，即通过政府改革、发展和创新的途径，逐步实现服务型政府的目标。③

为使创新性的要求更为具体并具有可操作性，政府创新可从组织结构细分为二元模式，相继表现为主要层面与次要层面的结构创新，其主要层面指区分具体政府主体、相关组织间的创新措施；次要层面则是深入机构内里，各部门之间的创新。④ 对于新片区而言，主要层面的政府创新则体现为管委会与市有关部门、区政府之间的职权界限，避免形成职权交叉，以防止形成管理真空；次要层面的政府职能创新应注意管委会下设 15 个常设机构之间的职能区分，并且结合新片区社会和市场的新需求进行灵活调整，适当增强金融管理等特色重点区域的专业人才储备。

3. 域外因素扩大参与于政府的需求

新片区相对于我国各地的自贸区而言，因其自由化程度更高，对于域外因素（如域外资本）的吸引力将更加强劲，与此同时域外因素进入该区域将更为频繁。面对域外因素所带来的挑战和新问题，政府应该具有更为灵活的管理机制，此种管理机制不仅通过创新的机构设置实现，更需要政府具有面对新问题提出新办

---

① 王利明：《负面清单管理模式与私法自治》，载《中国法学》2014 年第 5 期。
② 董健、李兆友：《系统论视野中的政府创新》，载《系统科学学报》2019 年第 2 期。
③ 谢庆奎：《服务型政府建设的基本途径：政府创新》，载《北京大学学报（哲学社会科学版）》2005 年第 1 期。
④ Selwyn W. Becker, Thomas L. Whisler, The Innovative Organization: A Selective View of Current Theory and Research, 40 *The Journal of Business* 462 (1967).

法的能动性,具有主动发现问题、研究问题、思考问题的主动性,而非被动解决问题,这将制造因行政效率低下而产生的新成本,侧面打击域外资金、企业投向新片区的积极性,影响新片区战略性目标的实现。

除去市场中参与主体的域外因素扩大进而影响资金的域内外流动,此次新片区的一大改变在于增加了"信息快捷变通"这一目标要求。信息便捷互通具有辩证性,信息所产生的安全问题可分为内在系统安全问题(即程序性技术问题)、信息内容的安全性问题和信息解读后所引发的社会安全问题三个方面。针对技术性问题,政府部门应提高对于技术部门的要求,实行专岗专业人才招聘负责制,以确保技术问题不会对日常交易形成威胁;针对信息内容的安全性问题则需要进行网络管理员的初次、再次辨别和筛选工作,具体标准应结合不同类型的内容信息区别规定;针对信息解读后的隐性问题应在前两阶段进行基础性监管,在事前事中形成监管网,并建立严格的事后惩处机制。

四、秩序对自由的回应:新片区政府职能限度规则

新片区所提及的自由化目标是一种相对性的自由化,并非是不受管控、不受边界限制的自由。自由的享有源自对自由的约束,其实质经由自由之规训与文明之规训进化而来。[①] 秩序相对于市场自由而言具有两面性,一方面市场秩序的界定可以限制市场自由的无限扩张,避免市场在资源配置中所造成的外部性缺憾,即最基本的约束作用;另一方面,秩序的明确有助于维护自由的享有,在秩序范围内防止自由受到侵犯,即扩充下的保护作用。新片区政府的存在意义在于制定、实施相关规则,并形成、维护秩序,以明确市场自由与政府职权的边界,保障市场秩序中各主体能够依照意思自治完成贸易往来。

此种秩序对自由的回应是一种弹性回应,需要在遵循基本原则的前提下根据市场需求进行灵活调整,并且此种秩序不仅仅规制市场,同时也规制着政府主体,能够进一步明确政府合理的职能限度。为顺应《总体方案》《管理办法》中对于新片区的职能定位和市场环境建设要求,新片区政府职能行使应遵从公共性、创新性、中立性、效率性和法治性原则,其中法治性原则应为核心原则。在基本

---

① 〔英〕弗里德利希·冯·哈耶克:《法律、立法与自由(第二、三卷)》,邓正来等译,中国大百科全书出版社 2000 年版,第 512—514 页。

原则的指导下,立足于政府实现经济职能的领域①,实现新片区政府在市场规制、国有经济参与、涉外经济管制、市场监管下的权限设定。

(一) 新片区政府职能行使的原则

1. 公共性原则

公共性原则要求还原政府权力的公共性属性,是服务型政府的应有之义,同时强调政府有形之手应在保障公共产品质量的基础之上,形成对市场秩序的管理。目前,我国公共服务体系已初步形成政府主导、社会参与、公办民办并举的公共服务供给模式,面对新片区自由化、开放化的进一步提高,形成"需求—资金—服务—评估—需求"的良性循环系统更是重中之重。② 域外自贸区在建设过程中同样强调对于政府公共性的要求,主要表现在政府提供基本且充足的基础设施。

但公共性原则并非强调政府是唯一的公共产品提供者,其旨在确保政府应更多关注公共产品的提供,此为最基础的政府职能之一。实际上,随着市场化改革的深入和多元化社会的形成,市场经济环境中的公共服务体系至少包括四个供给主体:政府、公民、市场主体(企业、其他市场主体)和社会团体组织。③ 区别于其他三类供给主体,政府具有天然的权力优势,其基于法律授予的行政权对于公共产品的调动和提供更具有权威性和强制性。新片区的公共性主要体现在以下三方面的要求:首先,针对信息快捷变通这一特殊要求,政府应会同相关部门和企业设置、规范、监管相关技术,并确保信息能够真正实现便捷流通;其次,针对人才和人才引进问题,政府应就就业、住房、落户及子女保障等方面进行政策保障,形成软公共产品的供给;最后,要加快落实以金融基础设施为重点的金融网络、技术内容等,确保推动贸易增速。

2. 创新性原则

创新性原则要求政府积极适应快速变化和提升的国际贸易模式,并勇于利用高新科技服务社会经济。例如,政府可利用城市居民垃圾处理行为大数据,结合感知的行为成本、社会效用、垃圾分类技能等变量实现对居民垃圾分类行为模

---

① 对政府经济治理职能比较全面准确的概括应是五项,即宏观调控、秩序规制、国有参与、涉外管制和市场监管。参见顾功耘:《政府在经济治理中的职能》,载《经济法研究》2015 年第 1 期。本文聚焦于新片区范围内政府权限研究,因此并未涉及宏观调控视域下政府职能讨论,仅集中于后四个职能进行探讨。

② 陈奇星、容志:《自贸区建设中政府职能转变的突破与创新研究》,上海人民出版社 2017 年版,第 27—28 页。

③ 同上书,第 171 页。

式的塑造,从而指导相关政策的制定与执行等。[①] 在大数据支撑下,结合行为模型等基础分析结构,可便于政府掌握片区内市场主体对于政府的期待,明确已有问题的改进思路。

除此之外,创新性原则对于行政管理体制提出了自主革新的要求。《管理办法》与《总体方案》中提出,新片区政府应"在安全风险可控的前提下,注重自主创新、自主改革、创新行程管理模式,以最大限度服务于新片区市场需求,完成新片区行政管理职能任务"。该要求把创新性原则作为政府治理的基本理念,落实到日常部门的工作方式方法、行政技术应用、决策调整之中,将创新性原则体现在实际的工作之中。

3. 中立性原则

中立性原则要求政府在运用经济权力干预经济运行的过程中要像法官一样居中裁判,不偏袒任何一方市场经济主体。在新片区的职能范围内,政府应公平对待域内外市场主体,严禁形成行政垄断等影响国际贸易的问题,避免新片区国际影响力受到冲击。政府运用经济权力要注重维护社会经济总体效益,兼顾社会各方经济利益公平。企业的影响力应由其市场竞争力决定,而非依赖于东道国内部的政策或法律优势,否则此举将成为短视的制度陷阱。《管理办法》中强调的"促进各类市场主体公平竞争"与中立性原则的逻辑相吻合,新片区竞争力的释放前提是公平的市场竞争秩序,而政府作为市场环境中的巨大影响者,其中立的位置和政策规范将更有利于竞争性市场环境的培育。

《总体方案》强调"实施公平竞争的投资经营便利",通过放宽注册资本、投资方式和投资资金等条件的限制,减少行政机关对于事前准入的限制,将市场主体交由市场进行筛选,通过企业等市场主体的自我判断、调整来适应新片区提供的国际贸易环境,当市场主体无法适应市场发展,则应提供便捷的退出途径,而非进行不当的行政干预,尤其是针对域内企业不公平的特殊政策,应确保实现新片区市场的优胜劣汰。为防止行政机关对市场的干预,以及对国际贸易的行政影响,新片区还提出"允许境外知名的争议解决机构和仲裁机构在新片区设立业务分支机构",此举也是为了保证中立性原则的实现,用国际市场的方式裁决交易行为的合理性、合法性,辅助形成对政府部门的监管。

4. 效率性原则

在行政效率低下的背景下,行政成本将成为社会交易成本的主要组成部分,

---

① 相关案例见樊博、朱宇轩等:《城市居民垃圾源头分类行为的探索性分析——从态度到行为的研究》,载《行政论坛》2018 年第 6 期;樊博、杨文婷等:《应急资源协同对联动信息系统构建的影响机理——基于 IS 成功模型》,载《系统管理学报》2017 年第 5 期。

懒政、腐败、寻租、监管套利通常是对于产权成本的变相窃取,亦牵累产权效率与制度效率。这些现象得不到有效制止,将损害诚实守信的经营者的利益,并且导致"劣币驱逐良币"的扭曲后果,从而伤害整个经济健康发展。① 效率性原则要求政府充分释放市场自身的活力,通过取消不必要的政府监管事项审批、审批改为备案、实行告知承诺等方式提高行政效率,进而加速适应新片区快节奏的贸易活动,并结合国际投资贸易的新需求提供充分的制度保障。

新片区对于政府高效的要求体现在金融管理、国际运输监管以及企业准入管理等方面,具体而言,《总体方案》提及"建立起高效的金融管理机制",建议用高科技手段辅助实现高效的行政管理。面对国际金融市场的高速发展,新片区要求集中搭建一个高效便捷的服务平台系统,为跨境金融服务提供更加高效的资金融通渠道,便于新片区内资金融通,为新片区开展企业间离岸转手买卖业务的实现提供高效的政府服务。针对集装箱货物等国际运输的基本要素,效率性原则要求政府吸收国内外先进的运输技术,简化国际运输审核程序,在确保安全的基础上简化可重合的审批步骤,实现国际货物在新片区内的便捷流通。除此之外,"证照分离"是承继自贸区后已实施的高效行政审批措施,为企业进入市场提供了更便利的通道,避免企业陷入"准入不准营"的困境。

5. 合法性原则

资源的固有属性决定了"政府—规则—市场"三重主体需互相协调:资源的稀缺性依赖于市场配置以体现出真实的价值;资源的公共性决定了资源配置方式的法治化和政府介入的合理性,即行为必须在法律框架内依照一定的标准、程序和规则进行。② 法治性原则要求政府职权应做到"法无授权即禁止",基于法律的权威性和强制性严格规范职权限度。在新片区政府的赋权力度增加的情况下,合法性原则的落实主要应体现在以下三个方面:其一,遵守我国宪法、行政法等法律对于政府权力的限定,并以此为基础构建新片区内行政管理机制,尤其是限制人身权、财产权的行政处罚应严格依据法律规定行使;其二,《总体方案》提出加大对新片区政府的赋权力度,此举看似给予了片区政府主体更多的权力内容,但是又强调在适当性条件满足的前提下,可以引入具有专业性的第三方机构对新片区内的管理进行辅助工作,实则是一种分权;最后,应注重实质与程序的双重合法性,新片区的后续政策制定应符合内容与形式的法治条件,应严格保障程序合法,并建立完整便捷的社会监督程序,方便域内外市场主体均能在权利受

---

① 顾功耘:《经济法治的战略思维》,载《法制与社会发展》2014 年第 5 期。
② 贺大伟、肖国兴:《资源配置市场化改革的法律边界与制度抉择——基于经济法视角的分析》,载《上海行政学院学报》2017 年第 5 期。

到限制的时候获得权利救济。

公开性要求应作为合法性原则的应有之义,既包括法律法规及相关政策面向社会的及时公布(针对新片区的特殊性,多语言环境下的政策转译,以及相关国家规定的中文译本同样应该提供),同样包括行政机关行政过程中的工作留档以及行政行为的适当透明。公开透明的行政执法同样会实现社会、司法对于行政权力的监督。目前,新片区已经构建网上"临港新片区一体化信息管理服务平台",实时公布相关政策消息,并且新片区官网上也发布了详细的文件内容。

(二) 新片区政府职能的合理限度

行政权力决定市场资本结构和市场边界,合理的行政权力界限将促进经济与社会存量不断增长。纵观我国市场经济体制发展历程可以发现,"我国的繁荣来自政府经济权力的自觉限缩和民营经济的发展壮大,来自对市场的解放和市场自由竞争,这与政府经济权力的强大南辕北辙。"①当下,在市场需求不断溢出的情况下,遵循市场优先原则运用谦抑的干预理念,在新片区重构行政权力的合理限度似乎应成为促进新片区政府对接国内市场需求、探索国际贸易市场战略定位的必然要求。面对"市场失灵",在既有经验和理性无法判断某一领域是否出现市场失灵时,应优先假设市场未发生失灵,而暂不进行政府干预,以实现基本的政府经济职权为基本要求。② 根据政府在市场环境中的调整对象的差异性,并结合新片区作为特定区域所具有的特性,新片区政府的职权限度讨论应在市场规制、国有经济参与、涉外经济管制和市场监管四个角度进行细化。

1. 市场秩序规制角度的合理限度

长期自由竞争的市场环境易形成部分市场资源的高度集聚,在此背景下市场垄断与不正当竞争行为产生,垄断市场主体往往会基于高额利益的强大吸引力强化垄断,并对市场资源和其他市场主体形成威胁,造成微观经济市场的扭曲。面对高度自由化投资贸易背景下的新片区,此种情形应成为制度设计和政府权力介入的关注重点。参照上海自贸区中反垄断相关的法律规范③,我国目前对自贸区实行的是个案授权机制,自贸区管委会具有协调职能而不具有反垄

---

① 孙晋:《经济法视角下政府经济权力边界的审读——以政府职能转变为考察中心》,载《武汉大学学报(哲学社会科学版)》2014年第2期。

② 刘大洪:《论经济法上的市场优先原则:内涵与适用》,载《法商研究》2017年第2期。

③ 对于上海自贸区反垄断行为的规范主要有三则文件,分别为《中国(上海)自由贸易试验区反垄断协议、滥用市场支配地位和行政垄断执法工作办法》(沪工商公〔2014〕308号);《中国(上海)自由贸易试验区反价格垄断工作办法》(沪发改价检〔2014〕3号);《中国(上海)自由贸易试验区经营者集中反垄断审查工作办法》(沪商公贸〔2014〕505号)。

断执法权限。① 可见我国对于市场秩序规制下的政府职能限度持保守态度,其重要原因体现在对于政府失灵的担忧。政府失灵具体指政府对于市场的规制过度或规制缺位将形成行政权力介入的负面效应,其常常体现为行政垄断。针对长期存在的行政垄断行为,《中华人民共和国反垄断法》设置专章(第五章)进行规制。在新片区内,为确保政府实现市场秩序规制角度的合理限度,尤其是针对垄断行为、垄断执法,可仿照上海自贸区,对新片区管委会进行个案授权,以专门领域的规则对行政权力作出限制。

2. 国有经济参与视角下的政府权限

国有经济参与的市场环境中,要求政府实现"经济管理者"与"国有资产所有者"相分离,并对市场主体一视同仁、平等对待。国有经济参与具体指国有资产直接参与到经济活动中,国家以市场主体身份实施、参与市场竞争。囿于市场经济的参与者多为私人属性的商人和企业,其具有强烈的逐利属性,面对获益不高且为社会所必需的公共产品,私人属性的市场主体往往不愿涉及,此时国有经济参与则成为必要。国有企业作为国有经济参与的组织载体,成为与其他市场主体以及政府互动的主要参与者。截至 2019 年 9 月,新片区已与 44 家国有企业签订《产业项目合作战略合作框架协议》。针对国有经济参与下的政府权限探讨主要基于对不同类别的国有企业的差异性管理,国有企业同时具有公益性和营利性双重属性。对于公益性国有企业应该"依据公法,以社会福利最大化为导向,充分发挥其政府工具的作用,追求社会公平,弥补市场缺陷"②。同时也应关注到国有企业作为平等的市场主体,政府应遵循中立性、公平性原则,不可过于偏向性地给予国有企业优惠政策和资源倾斜。

3. 涉外经济管制中的政府权限

涉外经济管制属于经济法范畴内的特别法内容,其基本特征为"涉外要素"。新片区为国际贸易提供平台,其初衷在于吸引域内外市场主体集聚临港,吸引跨境资金带动以上海为辐射中心的长三角地区的经济发展。但严格的政府管制会延缓甚至阻碍这一进程,因此政府应通过"管辖权自我限制、管辖权让渡、管辖权合理划分",逐渐实现放松管辖权。③ 在后 WTO 时代,涉外经济因素对于自由跨境、自由发展的需求更为强烈,为保障新片区涉外市场主体的合法利益,同时确保我国国家安全,可根据市场发展的需求不断调整已有的"负面清单制度",实

---

① 陈兵:《我国地方反垄断执法的机理——从上海自贸区先行先试的视角》,载《法学》2017 年第 10 期。

② 顾功耘:《国有经济法律制度构建的理论思考》,载《毛泽东邓小平理论研究》2005 年第 4 期。

③ 高国柱:《全球化背景下政府管制的冲突与协调——以涉外经济管理规范为视角》,载《清华法学》2009 年第 1 期。

现对于外商投资"非禁即入"的市场准入管控方式,与政府简政放权中"法无授权即禁止"相对。"负面清单制度"自 2013 年 9 月引入上海自贸区,其一改往日"市场准入"模式为"市场禁入"模式,改"行政审批制"为"备案制",将政府部门的监管中心移向事中、事后监管,实际上是对政府权力的明确限定。[①] 负面清单并非一成不变,应当结合区域发展要求和市场成熟度进行增减,以上海自贸区为例,清单内容自 2013 年的 190 条缩减至 2018 年的 45 条,此举大大解放了政府对市场主体的束缚,新片区可结合《总体方案》的指导思想,在重点领域调整负面清单内容,通过限制政府权限以促进市场活力。

4. 市场运行监管下的政府权限

市场运行监管与市场秩序规制看似接近,但其所调整的法律关系和政府介入的时间点并不相同。市场运行监管着眼于市场运行的整体态势,在确保市场运行安全稳定的前提下,由以政府为主体的行政机关对整体市场的参与主体进行监管;市场秩序规制在于维护正当竞争者的利益,保证市场运行的公平性和规范性,并对垄断、不正当竞争等扰乱市场的行为进行规制。除此之外,市场运行监管贯穿市场经济活动的始终,即包括事前准入监管、同步监管、事后监管,而市场秩序规制则强调对于行为当时的规制和惩处。政府作为市场监管法的实施主体,其正当性在于其拥有监管的权力,行政监管权力的来源具有特殊限定,其应来源于特定法律、法规的授权,或者来源于权力机关或上级行政机关专门决议的授权,即"特别授权"[②]。根据《管理办法》的要求,新片区管委会作为上海市政府的派出机构,其权力授权主要来自于市政府[③],并且管委会所设置的全新改革措施也应按法定程序报全国人大或国务院进行授权。以"授权"为前提对市场参与主体进行监管,从根本上确保政府职能不越权、不缺位。

五、余论:限度边界的两面性思考

权力限度并非是完全静止的滞碍,在合理的权力限度之外需存留可持续的政府动力机制,避免"不作为"与"软抵抗"的情况发生。此种动力机制应表现为一个体系化的平衡,既包括对个体的问责机制和考评机制,也包括激励机制、监

---

① 张红显:《负面清单管理模式的法治之维》,载《法学评论》2015 年第 2 期。
② 陈婉玲:《法律监管抑或权力监管——经济法"市场监管法"定性分析》,载《现代法学》2014 年第 3 期。
③ 详见《中国(上海)自由贸易试验区临港新片区管理办法》(沪府令 19 号)第 6 条。

管者声誉机制①，并在行为规划和导向的评估之中不断调整权力限度与权力界限，故限度之边界既强调权力的法定禁止、同时注重边界的合理调整。为此在既有的制度基础上应实现"权力清单"与"负面清单"（此处区别于外商投资负面清单）的对称性、对应性，严格遵循法律保留原则，在一定清单界限的前提下确认"法无禁止即可为"的清单初衷，确保权力的实际落实，对自贸区、新片区的市场行为和活动进行授权范围内、有条件性的、以保障为前提的"设限"监督和管理。

---

① 监管者声誉机制，指在对于欺诈行为有着明确的惩罚措施之下，监管者衡量"不实信息披露"后果与惩处措施的成本后，为维护其自身声誉而对自身加强规制，提高行政实效性的制度体系。该机制根据 Kreps，Milgrom，Robertsand Wilson(1982) 所制作的 KMRW 模型提出。David M. Kreps, Paul Milgrom. Et al., Rational cooperation in the finitely repeated prisoners' dilemma, 27 *Journal of Economic Theory* 245 (1982).

中国经济法体系的架构和完善

李小强 *

一、问题之提出

对于经济法体系的探讨似乎是一个陈旧的话题。自 20 世纪 80 年代开始，学界就兴起了关于经济法体系问题的讨论，在知网上进行搜索可以发现最早讨论经济法体系问题的文章是张士元的《论经济法体系》一文。时至今日，学界仍没有对经济法体系达成共识。关于经济法体系的划分，存在着"二分法""三分法""四分法"等多种划分方式。[①] 随着经济法体系的不断扩大和经济法内涵的不断扩展，特别是对于新出现的法律现象如人工智能等是否有必要将其纳入经济法的范畴之中，有必要进行新的思考和审视。在最新编写的马克思主义理论研究和建设工程重点教材中，《经济法学（第二版）》教材采用了"二分法"的划分方式，我们认为有必要对这一分类进行学理的审视。另外，一些学者对经济法独立部门法的属性地位提出了质疑和挑战，从这个角度来说，对于经济法体系进行研究也显得尤为必要。总而言之，对于经济法体系的研究是一个宏大的议题，但是对于经济法自身来说又是不可或缺的，如果没有对于经济法体系的研究来勾勒经济法的基础，那么经济法学科自身的地位会不断地受到质疑，甚至否认。一直以来，学界关于经济法体系的研究大多聚焦于对经济法体系分类的概览式描述和论证，很少对经济法体系进行全景式的观察，这也是现有关于经济法体系研究的不足。鉴于此，本文试图从经济法体系划分的不同学说谈起，在论证经济法体系应当包含哪些内容之后对经济法体系不同学说进行评析，并对现有经济法体系建构中的不足和难题进行回应。最后，对经济法体系未来的发展路径做一

---

* 李小强，华东政法大学 2019 级经济法博士研究生。

① 张守文：《经济法体系问题的结构分析》，载《法学论坛》2005 年第 4 期。

个学理性的展望。

二、中国经济法体系的不同学说之表达

当下,我国关于经济法体系的学说极其不统一,经济法体系划分没有达成共识。从学科建设的角度来说,这无疑是"有百害而无一利"之事。正是由于这一原因,笔者欲对现有经济法体系的诸多观点进行一个学理上的梳理。具体来说,经济法体系的学说主要包括"二分法""三分法""四分法""五分法"等多种划分方式。

1. 经济法体系的"二分法"

经济法体系的二分法有不同的观点。其一,将经济法体系分为市场规制法和宏观调控法两个部分。[①] 其二,将经济法体系分为计划法和反垄断法。[②]

2. 经济法体系的"三分法"

经济法体系的"三分法"也有着不同的观点,其中,具有代表性的有以下几种。其一,将经济法体系分为宏观调控法、市场管理法和国土资源与国有资产管理法。[③] 持此论者认为经济法就是国家对市场经济运行过程的干预,而这种干预主要体现在以上三个方面。其二,将经济法体系分为市场管理法、宏观经济管理法和对外经济管理法。[④] 持此论者仅仅是在"二分法"的基础上增加了对外经济管理法,从本质上来看,这一分类与"二分法"没有什么本质的区别。其三,将经济法体系分为市场规制法、国家投资经营法和宏观调控法。[⑤] 该论者认为国家投资经营法应当是经济法体系一个独立的组成部分。其四,将经济法体系分为市场秩序规制法、宏观调控法和社会保障法。[⑥] 该论者认为将经济法体系设计得过大不利于经济法理论的研究。其五,将经济法体系分为经济管理法、维护公平竞争法和组织管理性的流转与协作法。[⑦]

3. 经济法体系的"四分法"

经济法体系的"四分法"亦有着不同的学说,主要包含以下几种观点。其一,将经济法体系分为市场主体规制法、市场秩序规制法、宏观调控法、可持续发展

---

① 刘大洪、吕忠梅:《现代经济法体系的反思与重构》,载《法律科学(西北政法学院学报)》1998 第 1 期。
② 邱本:《论经济法体系》,载《法制与社会发展》1998 第 5 期。
③ 王克稳:《行政法学视野中的"经济法"——经济行政法之论》,载《中国法学》1999 年第 4 期。
④ 王保树:《经济法原理》,社会科学文献出版社 1999 年版,第 36 页。
⑤ 漆多俊:《当前世界金融危机与经济法的理论和应用》,载《政治与法律》2010 年第 2 期。
⑥ 杨三正:《对我国经济法体系的检讨与重构》,载《西北师大学报(社会科学版)》2005 年第 2 期。
⑦ 史际春等:《经济法总论》,法律出版社 1998 年版,第 48 页。

战略保障法和社会分配法。① 其二,将经济法体系分为企业组织管理法、市场管理法、宏观调控法和社会保障法。② 该论者将这一划分称为"新经济法体系结构"。其三,将经济法体系划分为国家经济管理法、市场运行法、组织内部经济法和涉外经济法。③

4. 经济法体系的"五分法"

经济法体系"五分法"即指将经济法体系分为五个组成部分,具有代表性的观点包含以下几种。其一,将经济法体系划分为市场主体规制法、市场秩序规制法、宏观调控法、市场竞争法、社会保障法与分配法。④ 该论者认为这一划分方式是建立在我国经济法本土资源的启示之上而得以形成的。其二,将经济法体系划分为宏观经济调控法、市场秩序规制法、国有经济参与法、涉外经济管制法和市场运行监管法。⑤ 该论者认为这一分类是从经验和实践出发而作出的理性分类。

当然,以上几种分类并不能完全对经济法体系进行概括,还有学者提出了经济法体系的"六分法"⑥。但是,相对而言,上文所提到的分类应当是经济法学界比较具有代表性的观点。

三、中国经济法体系的不同学说之评析

对经济法体系的不同学说进行评析,首先要明确经济法体系应当包含哪些内容,在明确经济法体系所包含的内容之后,才能清楚目前经济法体系的不同学说有哪些问题,也才能够明确未来应当坚持哪种经济法体系的学说。

(一) 经济法体系应然内容之证成

经济法体系范畴的构建是经济法架构的基石。⑦ 那么,经济法体系应该包含哪些内容对于经济法学科自身的发展来说至关重要,因为学科体系的建立意

---

① 李昌麒、鲁篱:《中国经济法现代化的若干思考》,载《法学研究》1999 年第 3 期。
② 杨紫烜:《论新经济法体系——关于适应社会主义市场经济需要的经济法体系的若干问题》,载《中外法学》1995 年第 1 期。
③ 刘文华主编:《新编经济法学》,高等教育出版社 1995 年版,第 8 页。
④ 刘超、张昊:《经济法体系建设应充分关注国际性资源与本土资源》,载《广西政法管理干部学院学报》2002 年第 2 期。
⑤ 顾功耘主编:《经济法教程(第三版)》,上海人民出版社 2013 年版,第 17 页。
⑥ 黄进才:《重构中国经济法新体系的基本设想》,载《河南师范大学学报(哲学社会科学版)》1995 年第 3 期。
⑦ 刘红臻、肖乾刚:《走向现代性:中国经济法学发展的历程与启示》,载《法制与社会发展》2003 年第 1 期。

味着学科范围的确定。在笔者看来,经济法体系应当适用"五分法"的观点,即经济法体系应当包括宏观经济调控法、市场秩序规制法、国有经济参与法、涉外经济管制法和市场运行监管法这五个部分。

中国经济法的体系架构 { 宏观经济调控法
市场秩序规制法
国有经济参与法
涉外经济管制法
市场运行监管法

经济法体系中包含宏观经济调控法和市场秩序规制法争议不大,并且多数学者会持赞同意见,因为无论如何对经济法体系进行划分,这两个部分始终都包含在经济法体系之中。因此,对于这二者没有必要进行过多的讨论。最为重要的是对国有经济参与法、涉外经济管制法和市场运行监管法是否有必要单列为经济法体系的组成部分进行理论上的探讨。

就国有经济参与法而言,笔者认为其应当成为我国经济法体系的一个独立组成部分。第一,在我国,国有经济具有独特的性质。我国是社会主义国家,国有经济在国家经济发展过程中发挥着举足轻重的作用。[1] 从经济发展的实践来看,国有经济在助推经济发展的过程中也发挥着不可替代的作用。国有经济贯穿于整个经济法立法、执法和司法过程。[2] 第二,从国有经济参与法的发生学角度来看,国有经济参与法是由宏观调控经济法分化而来,但是随着我国市场经济不断地发展和完善,国有经济参与法已经由原来的计划性质的法开始转向了市场性质的法,将其涵括于宏观调控经济法已经不具有现实性。第三,从国有经济参与法未来的发展趋势来看,其应该成为我国经济法体系的重要组成部分。可以预见的是,国有经济不仅在当下的国民经济中发挥着主导作用[3],在未来也将持续发挥作用。正是基于这种国有经济参与法在国民经济法中的特殊地位,因此有必要将国有经济参与法作为经济法体系的单列组成部分。

就涉外经济管制法而言,将其作为经济法体系的一个组成部分是毋庸置疑的。第一,随着经济全球化的推进,涉外经济已经成了一国经济必不可少的组成部分。[4] 并且,出口作为拉动经济增长的"三驾马车"之一,经济要发展就需要出口,出口要有法治保障,就需要经济法的参与。从这个角度来看,涉外经济管制

---

① 王健:《论经济法体系的基本构成与核心》,载《法律科学(西北政法学院学报)》1996年第6期。

② 顾功耘:《国有经济法律制度构建的理论思考》,载《毛泽东邓小平理论研究》2005年第4期。

③ 李响:《论国有经济的主导力量定位——〈宪法〉第7条的规范诠释》,载《现代法学》2016年第4期。

④ 赵秋雁:《论涉外经济法的地位和作用》,载《苏州大学学报(哲学社会科学版)》2009年第2期。

法不仅是经济法体系的组成部分，而且应该是比较重要的一部分。第二，从当下世界来看，经济发展的竞争是主权国家的竞争，因此经济竞争往往会涉及国家安全，这就需要对涉外经济进行管制，所以经济法体系必然包含了对外经济管制法。第三，从经济法体系的几个组成部分来看，宏观经济调控法、市场秩序规制法、国有经济法参与法以及市场运行监管法都无法将涉外经济管制法包含在内。因此有必要将涉外经济管制法和其他几个单列部分并列为经济法体系的组成部分。

就市场运行监管法而言，学界对市场运行监管法是否可以成为经济法体系的单独组成部分存在着较大争议，笔者认为其应当成为一个独立的经济法体系之组成部分。第一，市场运行监管不属于宏观经济调控法。一般而言，宏观经济调控法强调的是国家对整体经济的宏观性调整，多数情况下是抽象的、非具体性的，而市场运行监管法是国家以具体的行为介入到具体的市场经济活动中去。第二，市场运行监管法也不属于市场秩序规制法。市场秩序规制法调整的是市场的缺陷，在市场良好运行的情况下，国家不需要出现，市场出现问题时国家才会出现，也就是说国家出现往往是被动而非主动的，而市场运行监管法中国家是主动地介入到具体的市场经济活动之中。① 可以说，市场运行监管法既具有宏观经济调控法的性质又具有市场秩序规制法的性质，正是这些特性决定了其应当成为经济法体系的独立组成部分。

基于以上理论和论证，笔者认为经济法体系应坚持"五分法"的学说，具体而言应当包括宏观经济调控法、市场秩序规制法、国有经济参与法、对外贸易管制法和市场运行监管法五个部分。可以说，这种划分方式既涵括了经济法体系的所有内容，又具有逻辑上的一致性和标准上的统一性。可见，"五分法"应当是经济法体系应该坚持的学说。

（二）经济法体系不同学说之评析

在对经济法体系诸种学说进行梳理之后，对经济法体系各种学说进行反思性评析无疑对经济法体系的重构具有重要的作用。② 无论是"二分法""三分法""四分法"，还是"五分法"，可以肯定的是经济法的体系大致包含了市场规制法、宏观调控法、计划法、反垄断法、国土资源与国有资产管理法、对外经济管理法、社会保障法、维护公平竞争法、经济管理法、组织管理法、社会分配法、市场主体规制法、市场竞争法、国有经济参与法和市场运行监管法等诸多经济法的组成部

---

① 郝旭光：《论证券市场的适度监管与主动预防》，载《商业时代》2011 年第 6 期。

② 杨三正：《对我国经济法体系的检讨与重构》，载《西北师大学报（社会科学版）》2005 年第 2 期。

分。不管持何种划分方式,其实质就是将以上这些内容进行有机的整合。

就"二分法"的两种分类方式而言,第一,这种分类方式并不能完全覆盖经济法体系的所有组成部分,从这个角度而言这一分类是不严密的。如经济法的重要组成部分"涉外经济管制法"就不包括在内。第二,这种分类方式陷入了典型的二元对立思维之中,认为经济法的组成部分不是市场规制法就是宏观调控法,不是计划法就是反垄断法。可见,"二分法"的分类方式较为粗糙。

就"三分法"的分类方式而言,第一种分类方式没有将对外贸易管制法(经济法体系的涉外部分)纳入经济法的范畴之内,因此这种分类是不完全的。第二种分类只是在"二分法"的基础之上加入了对外贸易管制部分,并没有避免"二分法"的缺陷和不足。第三种分类将国有经济参与法(国家投资经营关系)单列出来的做法值得肯定,但是仍然缺乏对对外经济管制法内容的涵括,因此这种分类仍然是不全面的。第四种分类方法将社会保障法单列为经济法体系的组成部分的做法值得商榷,一方面社会保障法是否有单列的必要,另一方面社会保障法是否属于经济法的内容都是值得探讨的。① 第五种分类在概念表述上不明确,如果单从三种分类去看似乎不像经济法的体系。可见,从总体上而言,"三分法"的分类方式不符合经济法体系发展的要求和内在机理的统一。

就"四分法"的分类方式而言,第一种分类方式缺乏对外经济管制法的内容,另外,社会分配法似乎包含于宏观调控法的内容之中。第二种分类方式问题在于一方面该分类没有涉及对外经济管制法方面的内容;另一方面这一分类将社会保障法单列一类的做法也并不妥当,如上所言社会保障法的经济法属性仍然存在争论。第三种分类方式从概念上看,"组织内部经济法"的含义并不明确,并且从分类的表象来看,该分类缺乏对宏观调控法的规定,这就使得该分类缺少了经济法体系中最为重要的部分。因此,"四分法"亦不足以成为我国经济法分类的最佳选择方式。

就"五分法"的分类方式而言,前述第一种分类方式(即将经济法体系划分为市场主体规制法、市场秩序规制法、宏观调控法、市场竞争法、社会保障法与分配法)存在着关于社会保障法地位的归属问题,另外,将市场主体规制,市场秩序规制和市场竞争并列是否恰当也是存疑的。因此,"五分法"中的第一种分类方式亦不适合成为经济法体系的分类方式。

---

① 陆三育、李德庆:《试论〈经济法纲要〉的立法价值》,载《法商研究(中南政法学院学报)》2000 年第 1 期。

四、中国经济法体系建构中的不足和难题

在经济法体系的建构之中如何确立一种既在理论上具有说服力,又在实践中具有可行性的体系架构,这无疑是对经济法研究者的一种考验,更是经济法研习者所面临的诸多挑战之一。就当下来看,我国经济法体系理论仍然存在着很多的不足之处,包括体系划分不统一、学说观点林立;过于重视热点前沿,忽视基础理论;法律体系内部碎片化、原子化等方面的问题。另外,经济法体系对诸多新事物也进行了探讨,以确认其是否可以纳入经济法体系的范畴之内,当然这是值得鼓励的,但是在这一过程中一定要有"自断其腕"的勇气,对于那些确实不属于经济法范畴的内容,应当将其放置于经济法体系之外,以使得经济法体系自身能够在逻辑上具有自洽性,体系上具有完整性。

(一) 经济法体系建构的不足之处

就当下而言,我国经济法体系仍处在不断完善的过程之中,考察现有的经济法体系及其组成部分相关内容,不难发现我国经济法体系建构中存在着诸多不足之处。

1. 体系划分不统一,学说观点林立

关于经济法体系的划分,不同的学者坚持不同的划分标准,而不同的划分标准往往得出不同的划分结果,以至于诸多学说观点林立,这似乎已经成为经济法体系中"见怪不怪"的现象。一般而言,如果关于某一个理论存在着几种观点,这无疑是学术争鸣的体现,并且正是因为这种学术争鸣才能推动相关理论迈向更深的层次,但是考察经济法体系的论争,似乎已经有超越学术论争的范畴,更多的是一种理论"盲信"。何以至此? 原因必然是多方面的。纵观经济法的发展过程不难发现,经济法产生之初就存在着一种理论上的扩张性,由于政府的介入使得经济法不得不生来就具有一副"强硬姿态"。在我国,经济法在法治建设的初期发挥了极其重要的作用,特别是在计划经济时代,"大经济法"似乎已经占据了法律的"半壁江山",也正是这一原因,自改革开放以来,随着民法等诸多法律部门的重生,经济法体系问题掀起了热烈的讨论,也正是在这一个时期"埋下"了经济法体系论争的"种子"。可以说,当下经济法体系的诸多争论源头都可以追溯到这一时期。在历时性视角之下,经济法的发展可以说是一个经济法体系不断完善不断明确的过程。经济法体系划分不统一由多方面的原因造成,一则是经济法体系组成部分自身较为繁杂并且体系性不强,二则经济法学界对于经济法体系的学说缺少对话,很难达成有效的共识。除此之外,在经济法体系划分问题

上仍然存在着交叉重叠①的现象。

2. 法律体系内部碎片化、原子化

经济法体系自身所具有的庞杂性决定了经济法体系内部呈现出碎片化和原子化的现象，这是因为经济法涉及了大量的法律规范，且自身具有较强的易变性。与其他部门法不同，经济法的发展变化往往与国家的经济政策和宏观战略息息相关，这也就决定了相比于其他法律而言，经济法没有其他法律那样稳定。另外，经济法体系内部碎片化、原子化的缘由之一是我国的经济立法遵循成熟一部、立一部法的立法策略，以至于经济法整体之间缺少统合性。当然，我国的经济立法多数肇始于改革开放初期，因此多数立法都是在借鉴他国经验的基础之上制定的。从这个角度而言，早期立法技术的不成熟也是经济法体系内部碎片化、原子化的原因之一。针对当下经济法体系内部的碎片化和原子化现象，经济法学界有必要对其进行整合。具体来说，对于经济法律中一些分散或者重复的规定，可以考虑在制定或者修改经济法律之时予以整合，删除部分重复、交叉和多余的条文规定。唯有此，经济法律才能呈现出体系性、整合性的特征。另外，在我国经济法律进行整合和体系化之时，需要注意经济法律制度的本土性特征②，这是由我国的社会制度和具体国情决定的。

（二）经济法体系建构的难题

经济法体系建构的难题是在经济法体系确立过程中的争议话题，一直以来，经济法作为一门独立的法学学科广受非难，法学界一直存在着经济法是否应当是一个独立的法律部门，经济法的体系包含哪些内容等诸多争议话题。

1. 经济法的部门法属性

经济法作为一门独立的法学学科似乎已经是一个不容置疑的问题，无论是从理论的探讨抑或是从实证方面的考察来看，经济法都是一门独立的法学学科而挺立于"法学学科之林"。虽然经济法是一门独立的法学学科早已是一个不争的事实，但是随着我国法学学科整体布局的不断完善和学科内容的不断丰富，对经济法作为独立的法律部门时常有不同的观点予以"冲击"。主要体现在两个方面：其一，否定经济法的学科地位，认为经济法不应当作为一门独立的法学学科。持此论者认为经济法的理论多数是经济学的理论，其自身并没有独特的部分，缺乏基本理论做支撑的经济法不应当是一个独立的法律部门；其二，并不否认经济法曾经是一个独立的法律部门，但是随着经济法体系不断的发展，经济法中诸多

① 张金艳：《我国经济法体系研究现状探析》，载《黄河科技大学学报》2018 第 3 期。
② 王利明：《我国市场经济法律体系的形成与发展》，载《社会科学家》2013 年第 1 期。

内容都有各自的调整对象，应该将经济法进行全面的拆分，从而构筑所谓的"领域法学"。① 持此论者认为目前的经济法像一个"巨无霸"，应该对其进行分解，对不同的调整对象进行法学意义上的重新勾勒。针对以上的质疑与挑战，有必要重新对经济法的部门法属性加以审视，通过学理的论证和实践的回应来对经济法作为一门独立的法学学科存在的必要性进行说明。

众所周知，经济法作为一门独立的法学学科已经是一个"客观存在"的事实，无论是法学院的学科专业设置还是教育部已经确立的法学二级学科门类，都已经无可争辩地说明经济法是一门独立的法学学科。由此可见，经济法的部门法属性不容置疑。

2. 经济法体系建构中的归属问题：以循环经济法为例

在确立经济法的部门法属性之后，紧接着必然要明确作为部门法的经济法涵盖了哪些内容。前文对经济法体系所包含的具体内容已经作了一个较为详尽的说明，下文欲从一个较有争议性的问题入手来探讨经济法的内容，即循环经济法的归属问题。当然，在有关经济法体系的论争中，对于哪些内容属于经济法，哪些内容不属于经济法有多项富有争议性的话题。对于环境与资源保护法、劳动社会保障法以及最新的科技伦理、国家经济安全等内容是否是经济法体系的内容，学者们都进行过激烈的讨论。可见，在经济法体系建构中对于具有争议性的话题进行探讨，具有重要意义。循环经济法到底是经济法还是环境法的范畴，目前仍处于一个尚不明确的状态，各方观点不一。主要有经济法论、环境资源法论和独立部门法论等观点，如唐荣智、蒋毅雄等认为循环经济法属于经济法的范畴②；蔡守秋、孙佑海等则认为循环经济法应该属于环境与资源保护法的范畴之内③；陈泉生则认为循环经济法是一个独立的法律部门。④ 循环经济法属于经济法论者认为，循环经济法是经济法内容的组成部分。⑤ 主要理由如下：其一，循环经济是对传统经济发展模式的新发展，是一种新兴的促进经济发展，应对环境问题，减少资源浪费的发展模式。在传统的经济发展模式之中，人们遵循一种"资源—人—废弃物"的发展程式，而循环经济的发展模式则不然，其遵循的是一种"资源—人—资源再利用"的发展过程。可见，循环经济法就是在传统经济法基础之上发展起来的，因此该论者认为循环经济法属于经济法。其二，从语义学

① 刘剑文：《论领域法学：一种立足新兴交叉领域的法学研究范式》，载《政法论丛》2016年第5期。

② 孙佑海：《循环经济立法的新视野》，载《中国环境资源法学评论（第1卷）》，中国政法大学出版社2006年版。

③ 陈泉生：《循环经济法初探》，载《福州大学学报（哲学社会科学版）》2007年第1期。

④ 陈泉生：《循环经济法研究》，中国环境科学出版社2009年版，第32页。

⑤ 金亚丽：《略论循环经济法与经济法的关系》，载《山西省政法管理干部学院学报》2013年第3期。

的视角分析,循环经济法似乎表明其属于经济法,因为在这一表达之中循环只是一个手段,而真正的目的是发展经济。因此,从这个视角来看,循环经济法应该属于经济法的范畴。其三,从调整对象来看,循环经济法调整的对象是经济发展方式的转变,也即从以前"线性经济发展模式"发展成为"循环经济发展模式",于是该论者认为循环经济法应该属于经济法的范畴。最后,从循环经济法的目的来审视,循环经济法是为了实现经济社会的可持续发展,解决在经济法发展过程中资源配置"政府失灵"和"市场失灵"①所导致的缺陷,通过"看得见的手"对"看不见的手"进行干预,而经济法正是政府干预之法,政府通过"看得见的手"保障经济发展。因此,循环经济法属于经济法的范畴。

循环经济法属于环境资源法论者认为,环境经济法是环境与资源保护法的组成部分。主要理由如下:其一,循环经济法的重心不在"经济"二字,而是在"循环"二字,循环经济法的本质不是经济法,而是资源循环利用法。经济法是通过政府对经济进行干预来确保经济平稳发展,而环境法是关于保护、改善和利用环境资源的法律。因此,从这个角度来看,循环经济法应该是环境与资源保护法而不是经济法。其二,从循环经济法的内容来看,在循环经济法中规定的节约资源、保护环境、减少污染以及三 R 原则[减量化(reducing)、再利用(reusing)、再循环(recycling)]等内容均属于环境与资源保护法的内容范畴。因此从这个角度来讲,循环经济法应该属于环境与资源保护法的内容。其三,循环经济法的本位是环境利益本位,从循环经济法产生之初的环境污染和资源短缺的背景以及其目的来看都属于环境与资源保护法的内容。具体来说,循环经济法的直接目的是高效利用资源,最终目的是实现可持续发展,这些都明显伴有环境与资源保护法的特征。② 最后,从比较法的视域进行考察可以发现,世界范围内多数国家都将循环经济法纳入环境与资源保护法的范畴之下。另外,有关循环经济法的主要贯彻实施均由环保部门负责。可见,循环经济法属于环境与资源保护法应是不争的事实。

当然,循环经济法的独立部门法属性和综合法属性也属于循环经济法自身定位的观点,但是这并非本文的主要目的所在。本文主要的目的在于分析循环经济法作为一个新兴的法律领域,是否应当属于经济法体系的范畴之中。根据前文对经济法体系的论述,经济法体系应当包含宏观经济调控法、市场秩序规制法、国有经济参与法、对外经济管制法和市场运行监管法等五个部分的内容。那么,根据经济法的体系之组成部分,很明显的是,现有的循环经济法根本无法包

---

① 盛玉华:《论循环经济法的定位》,载《西部法学评论》2016 年第 3 期。
② 赵海燕:《循环经济法的环境法属性探析》,载《兰州大学学报(社会科学版)》2014 年第 1 期。

含于经济法的体系之中。再者，仔细对循环经济法是经济法的论点进行分析，可以发现，支持循环经济法是经济法的理由并不能成立。其一，认为循环经济法是经济发展的新模式，是在传统经济法的基础上发展起来的。这种观点只看到了循环经济有利于促进经济的发展，但是却并没有看到本质上循环经济法还是为了节约资源，实现资源的循环利用。因此，从这个角度来看循环经济法并不属于经济法体系的一部分。其二，从语义学的角度认为循环经济法就是经济法的观点明显存在主观性色彩，殊不知循环经济法的本质在循环并非在经济，对于一个法律领域的归属应该从本质来分析而不仅仅是停留在语义的表象。其三，从调整对象出发来分析循环经济法归属的方法具有一定合理性，但是断言循环经济法调整对象是经济发展方式的观点未免有失偏颇。究其实质不难发现循环经济法的本质是促进资源的循环利用，减少污染，从这个角度而言循环经济法调整的对象应该是资源利用行为并非经济发展方式。最后，认为循环经济法的目的是为了促进经济社会可持续发展，所以将循环经济法视为经济法的组成部分也不具有说服力，因为环境法也有实现经济社会可持续发展的目的。

总而言之，循环经济法不应当属于经济法体系的范畴而应该属于环境与资源保护法的范畴。除了上文所述原因之外，一方面循环经济法的本质与环境法的本质相同，即节约资源、保护环境，从而实现经济社会可持续发展；另一方面从循环经济法的研究群体来看，大多是环境法学科的学者。职是之故，应当认为循环经济法属于经济法的范畴。

循环经济法的归属问题仅仅是经济法体系难题之一，但是可以看到的是经济法体系的确立仍有很多争论。随着经济法理论研究的不断深入，经济法体系必然呈现出一种清晰化、明确化的特征，这是学科发展的必然。当然，在这一过程中经济法应当具有一种开放、包容的胸襟。对于那些属于经济法范畴的部分应当"收入囊中"，对于那些不属于经济法范畴的内容部分也应该"放开怀抱"。总之，在对经济法体系明晰的过程中既不能"大包大揽"，将经济法发展成为法律领域的"大箩筐"，也不能"固守传统"，使得经济法体系封闭化。应该在坚持经济法原则[①]、理念和本质的基础之上不断地完善和发展经济法体系。

五、中国经济法体系架构的未来发展与完善

经济法体系是一个不断发展、不断完善的过程，像其他部门法的发展过程一样，或许这一过程是漫长的，但是可以预见的是未来的经济法体系必然不断地走

---

① 李中圣：《关于建立和完善我国经济法体系的指导原则》，载《社会科学》1991年第4期。

向成熟。当下的经济法体系,无疑仍处于一个发展的阶段,那么,未来经济法体系的完善应当如何着手,下文予以述之。

(一) 明确经济法的定位及其功能发挥

完善经济法体系首先要从经济法自身谈起,明确经济法在法律部门中的定位是保障经济法体系得以完善的前提。目前来看,关于经济法定位仍然有很多争议,但是谁也不能否认的是经济法是保障经济发展的政府干预之法。[①] 既然经济法是保障经济发展的法,那么对于经济法而言不可回避的问题就是应当如何有效地实现经济发展。诚然,经济发展必然是由多个方面决定的,但是其中最为重要的一个方面必然是法律,而在法律之中对经济发展最为有力的支撑就是经济法。经济法作为与经济发展最为密切的法律部门,不仅肩负着公平公正的法治理念,也承担着经济发展的使命。发挥经济法保障经济发展的功能是发展法治经济,实现依法治国的一个重要举措,在当下实现国家治理体系与治理能力现代化的重要时刻,更加需要发挥经济法对经济发展的保障作用,从而使经济法功能得以有效彰显。如果在经济发展过程中缺失了经济法的保障,那么必然会带来经济发展失序甚至是无序的后果,这无疑会给我国经济发展带来不可估量的损失。因此,在经济发展的过程中要充分地发挥经济法的作用,让经济法真正成为经济发展"保驾护航"之法。只有这样,经济法的功能才能得以彰显,经济法的目的才能得以实现。可见,经济法对于发展经济有其必要性和不可或缺性。

当下,我国经济发展已经从传统的发展理念过渡到了新发展理念,这一理念对经济发展提出了新的要求。新发展理念在传统经济发展理念的基础上演变而来,其内容包含了创新、协调、绿色、开放和共享五大理念。[②] 与传统的经济发展方式不同的是,新发展理念下的经济发展开始从注重经济发展的速度转向了注重经济发展的质量。五大发展理念有着各自不同的侧重点,创新是要求国家在经济发展中将创新作为一项驱动经济发展的动力,通过创新在市场竞争中掌握核心技术力量。协调在我国经济发展中至关重要,就现阶段而言,我国经济发展过程中存在着诸多的不平衡、不协调,包含了贫富、城乡、区域等多个方面的差距,协调就是要在发展过程中减少这些方面的差距,实现经济发展的均衡。绿色是要求我们在经济发展过程中要坚持绿色发展,不能以牺牲环境为代价发展经济,要发展生态产业,实现可协调、可持续的经济发展。开放则表明我国的经济

① 陈婉玲:《经济法权力干预思维的反思——以政府角色定位为视角》,载《法学》2013 年第 3 期。
② 谭晨:《新发展理念的经济法释义:关联、定位及内涵》,载《西安交通大学学报(社会科学版)》2019 年第 6 期。

发展不应当是封闭的,而是和世界一道共同发展,在经济全球化的大背景下,开放包容必然走向共同发展,故步自封必然走向落后倒退。因此,我国经济发展也要坚持开放包容的姿态。共享是经济发展所要达至的目的,发展经济的目的就是为了享受经济发展所带来的好处,惠及全国甚至全世界。从这个角度而言,经济发展需要一种共建共享的价值观。

总而言之,明确经济法的定位并且充分发挥经济法的功能,这是完善经济法体系的重要前提,可能在不同的时期,经济法的定位和功能的侧重点会有所不同,但是总体上来说,经济法作为保障经济发展的政府干预之法的定位和保证经济发展的功能是不会变的,这也是经济法体系在未来发展和完善时首先应该明确并且应当坚持的。

(二) 理顺经济法与其他相关部门法的关系

经济法体系的构筑不仅应当明确经济法自身的定位和功能,还应当处理好与其他部门法之间的关系。经济法自产生到现在总是和民商法、行政法、劳动与社会保障法和环境与资源保护法等法律存在着"暧昧不清"的关系。如何定位好经济法的地位,确立经济法体系,一个重要的方面就是要处理好经济法与其他部门法的关系,这主要包括经济法与宪法、民商法和行政法等法律部门的关系。就经济法与宪法之间的关系而言,宪法确立了我国的基本经济制度,经济法的发展应当遵循宪法作为基本法所确立的原则,不能超越我国社会主义基本经济制度的底线。对于涉及争议的有关话题,应该建立一种合宪性的审查机制。[①] 这有利于保障经济法的发展在宪法所确立的法治框架下平稳运行。众所周知,宪法是我国的根本大法,所有的法律都不得和宪法相抵触,经济法作为一个独立的法律部门自然也不例外。就经济法和民商法的关系而言,经济法与民商法关系的"暧昧"在我国有着历史原因,在新中国成立之后的一段时间内,我国经济发展奉行"计划经济"的发展模式,政府在资源配置中起着决定性作用,这也就造成了经济法较为强势的现象,因此在这一时期人们也将经济法称为"大经济法时代"。但是,随着改革开放和市场经济的展开,人们发现经济法和民商法并非完全相同,经济法调整的是政府对市场经济的一种干预行为,民商法则主要是调整平等市场主体之间的民事行为和商事行为。于是,当下意义上的经济法就产生了。正因如此,在处理经济法体系架构的未来发展和完善时就需要明确经济法和民商法之间的关系。就经济法与行政法的关系而言,经济法与行政法的关系一直具有争议性,特别是在经济法发展的早期,但是经济法学者还是对经济法与行政

---

① 单飞跃:《中国经济法理论研究四十年:反思、转型与再认识》,载《经济法论丛》2018 年第 2 期。

法的差异作了较为清晰的论证。① 就当下而言,不可否认的是经济法和行政法都属于不同的法律部门,具体而言,经济法属于"管理者管理"的法,主要指通过公权力对市场经济发展进行干预,从而保证市场经济平稳有效的发展;而行政法则属于"管理管理者"的法,行政法主要是对公权力本身的规制,通过规制公权力主体的行为来保证公权力合法有效的行使。从本质上来说,经济法是"公权力行使之法",而行政法则是"公权力规制之法"。二者所侧重的"重心"不同。

当然,经济法和其他法律部门的关系远远不止上文所述,但是可以肯定的是,经济法体系要想明确和完善,处理好与其他部门法的关系无疑是重中之重。只有理顺经济法和其他法律部门之间的关系,经济法体系才更具有学科主体性和广泛的认同感。

(三) 体系化:整合经济法体系的未来路径

就目前来看,经济法是一门法律体系较为庞杂,调整范围较为广泛的部门法学科。那么,如何才能实现该部门法的有效整合呢? 体系化无疑是一个最为有效的路径选择。所谓的经济法体系化,就是要将现有的诸种分散的经济法律门类进行全面的整合,对部分重复、悖反的规定进行重新规定。对于经济法的体系化问题主要有赞同说和反对说。赞同说立足于法教义学视角,认为法学应当是一门规范的学科,要注重规范的方法,而体系化就是经济法体系以一种规范的方式得以进行整合;反对说则立足于社科法学视角,秉承一种开放包容的姿态,认为经济法的发展应当充分吸收政治学、社会学、管理学、经济学等其他学科的相关理论,从而使经济法保持一种多元视角。② 很明显,经济法作为一门规范的法学学科,应当通过规范的方式进行学科的建构,从这个层面来讲,经济法当然有必要进行体系化。具体而言,经济法的体系应当至少包含三个层面的内容,第一个层面就是宪法中有关经济法内容的规定,这部分内容应当是经济法体系中最为根本、最为基础的规范;第二个层面应当是经济法法律部门自身的体系化,这部分内容前文已经涉及,不再赘述;第三个层面应该是其他法律部门中所包含的经济法律的内容,如经济刑法、经济行政法等。由此,基本构成了经济法体系化的全部内容。

当然,众所周知,法律体系化的最高程度必然是法典化。③ 那么,随着我国

---

① 钱叶芳:《论经济法的司法问题——从行政法与经济法的区分开始》,载《东南学术》2018 年第 4 期。
② 甘强:《体系化的经济法理论发展进路——读〈欧洲与德国经济法〉》,载《政法论坛》2018 年第 5 期。
③ 薛克鹏:《法典化背景下的经济法体系构造——兼论经济法的法典化》,载《北方法学》2016 年第 5 期。

经济法体系的不断发展和完善,法典化也可成为经济法体系化未来发展的一条可选择的路径。

六、结　　语

诚然,对于一位经济法的初学者来说,驾驭"经济法体系"这一宏大的命题无疑是一种挑战,或许文中有关论点还值得商榷。但是,作为一名经济法的初学者,对于经济法体系这类命题进行探讨无疑极具价值。经济法体系本身就是经济法范畴内一个基础理论命题,在当下学界对于经济法基本理论研究相对较少的背景下,尤为需要对经济法基础理论加强关注。就经济法学界整体而言,有关经济法体系的话题一直以来都是一个颇有争议的话题,也许文中提出的经济法体系划分的范式并不能被主流观点所接受,但是即便如此,正如张明楷教授所言,法学研究者应当向"主流学说"发起质疑。如果真达至这一目的,亦是本文志趣之所在。

《经济法通则》制定的问题思考

刘　源[*]

改革开放以来,我国的经济体制历经了由计划经济到市场经济的转变,经济体制变迁的过程也是政府与市场在资源配置中相互博弈的过程。经济法作为中国特色社会主义市场经济的法治保障,其自身的发展也深受经济体制的影响。当前,经济法的各个单行法规不断完善,经济法的各个部门法如财税法、金融法也出现了统合的趋势。作为市场经济基本法之一的《民法典》已经得以制定并生效,经济法是否也应当制定出一部统率全局的经济法典? 在此情形下学界对于《经济法通则》的制定展开了思考。在近几年的经济法年会上开展了以制定《经济法通则》为主题的讨论,有学者提出了《经济法通则》建议稿。[①] 然而法律的制定过程不是一蹴而就的,在当前各个部门法法典化热潮的背景下,对《经济法通则》的制定仍应保持理性思考。《经济法通则》制定的必要性、可行性、其自身的定位以及其他应当考虑的因素都应当深入探讨,本文将针对这些问题进行思考。

一、《经济法通则》制定的历史回顾及评述

《经济法通则》的制定是近几年来经济法学界讨论的重要话题,然而该主张并非首次被提出,对于早期学界关于制定《经济法纲要》的主张进行回顾仍有必要,其能够为当前讨论《经济法通则》的制定提供重要参考。

(一) 1986 年《经济法纲要》建议稿内容及评述

1986 年经济法年会上,李昌麒、杨紫烜等学者提出了《经济法纲要》建议稿。

＊　刘源,华东政法大学 2019 级经济法博士研究生。
①　程信和:《经济法通则原论》,载《地方立法研究》2019 年第 1 期。

从内容上看,1986 年《经济法纲要》建议稿一共有十章,其体例遵循主体、行为、权利义务、责任这一法律的基本范式进行编排。主要包括经济法的任务、基本原则、经济法主体及经济权利与义务、经济管理关系与经济协作关系、经济责任、涉外经济活动等内容。①

一方面,从《经济法纲要》建议稿的提出背景来看,在当时政府对资源配置起主导作用的经济体制下,其以政府的经济管理权力为主要调整对象,对政府的调控权力、义务以及责任作出了详尽规定,这对于规范国家对经济的宏观调控行为、防范政府失灵具有重要作用,在立法理念上具有先进性。我国当前《经济法通则》的制定应当借鉴这一立法理念,注重防范政府过多干预市场。在当前经济体制深化改革的背景下,防范政府权力干扰经济运行仍是主要任务。对此应当借鉴该建议稿的基本理念。此外,该建议稿将涉外经济关系部分单设一章纳入经济法的调整范围,在改革开放初期,就注重国家涉外经济安全的保障,在回应时代需求的同时也具有前瞻性。事实上,将涉外经济安全纳入经济法的调整范围,对当前《经济法通则》的制定也有一定启发,当前学界对于涉外经济部分的关注仍有不足,除了部分学者注重涉外经济安全外②,一些学者提出的《经济法通则》建议稿中,对该问题并未予以充分重视。1986 年提出的这一纲要对当前的《经济法通则》的制定具有重要参考价值。

另一方面,应当认识到经济法学者提出制定《经济法纲要》的目的,是为了应对《中华人民共和国民法通则》(以下简称《民法通则》)制定后,经济法作为部门法受到质疑的问题。1986 年《民法通则》的制定,将平等民事主体之间的法律关系作为调整对象,规定了"中华人民共和国民法调整平等主体的公民之间、法人之间、公民和法人之间的财产关系和人身关系"③。这实际上对"纵横统一说"产生了冲击,将"纵横统一说"中的横向协作关系的大多数内容归属到《民法通则》的调整范围。④《经济法纲要》建议稿的提出,对于回应民法与经济法调整范围的区别、突出经济法调整对象的独特性具有重要意义。尽管当前经济法与民法、行政法等部门法的区分已经在理论上达成了共识,《经济法通则》的制定仍应突出与民法、商法、行政法等部门法的不同。最后需要说明的是,1986 年提出的《经济法纲要》建议稿在内容上不能与我国当前的经济体制相符合,具有一定的

---

① 编撰经济法典第二研究小组:《我国编撰经济法典的评估》,载《南华大学学报(社会科学版)》2015 年第 1 期。

② 顾功耘主编:《经济法教程(第三版)》,上海人民出版社 2013 年版。

③ 参见《民法通则》第 1 条。

④ 纵横统一说认为经济法调整国家机关、企业、事业单位和其他社会组织内部及其相互之间以及它们与公民之间在经济活动中所发生的社会关系。参见陶和谦主编:《经济法学》,群众出版社 1983 年版。

历史局限性,当前制定《经济法通则》,应主要借鉴其理念和基本原则。

(二) 1999 年《经济法纲要》建议稿及评述

1999 年,程信和、王全兴等学者再次提出了《经济法纲要》的学者建议稿。[①] 在建议稿中,构建了《经济法纲要》的基本框架和内容,提出了具体的方案和设想,其主要内容包括国家财产及其他共有财产、宏观经济调控、国家与地区、市场规制、对外经济关系和活动、经济调控、规制程序、附则等章节。[②]

从内容上来看,学界第二次提出的《经济法纲要》建议稿的体例与第一次提出的建议稿存在部分差异,其体例的编排按照经济法的基本架构,将其分为总则、宏观调控、市场规制以及对于涉外经济活动的规制,区别于之前按照主体、行为、权利义务和责任编排的基本范式。从具体的条文来看,其更加注重政府对市场经济运行的宏观调控,这实际上顺应了当时国家提出的"国家调控在对资源配置起基础作用"的经济战略方针,对于规范政府调控市场的行为具有重要意义。在当时符合上层建筑应当适应经济基础这一基本规律,有其现实意义。然而从当下来看,此次草拟的《经济法纲要》建议稿过度注重政府对资源配置的宏观调控权力,其主要是为了强化政府干预经济而作出的立法,实际上不符合当下社会主义市场经济的资源配置要求。经济法是强调市场自由的法律,其注重保障经济主体的自由交易。尽管政府对经济进行调控是市场经济中的必要措施,但经济法不能以强化政府干预经济为主要目标,这不符合现代经济法的基本理念。

从我国 20 世纪 80 年代和 90 年代的两版《经济法纲要》学者建议稿来看,其内容不可避免地受到当时的经济体制的影响,但从具体的调整对象来看,其核心仍然是调整政府与市场的关系,规范政府在经济管理中的调控行为。经济法的这一调整对象是其作为独立的部门法所特有的,区别于《民法通则》所调整的平等主体之间的民事关系。两版建议稿的条文彰显了经济法作为独立的部门法所调整的特殊对象,即国家在对经济进行管理中所产生的法律关系,佐证了经济法与民商法、行政法等传统部门法的不同,具有重要价值。

二、《经济法通则》的定位

与《民法总则》在民事法律规范中的基础统率地位相似,《经济法通则》也应

---

① 商红明:《我国〈经济法通则〉研究的过去,现在与未来》,载《财经法学》2020 年第 1 期。
② 编撰经济法典第二研究小组:《我国编撰经济法典的评估》,载《南华大学学报(社会科学版)》2015 年第 1 期。

当被定位为经济法这一独立法律部门的基本法，对整个经济法律规范体系起到统领作用。从这一角度思考，我国《经济法通则》的定位应当考虑以下几个方面：

首先，从我国改革开放以来经济法立法实践来看，为配合和适应市场改革的需要，立法部门制定了众多的单行经济法规，经济基本法的制定却尚付阙如，这与民法中单行法数量较少，而却有《民法通则》统领各个单行法的情况截然相反。尽管经济单行法的数量众多，但结合其制定背景来看，诸多经济单行法往往都针对具体的问题，呈现出各自为营、相互割裂的状态，缺乏统一的基本法指导。在众多的单行法规中，缺乏共同的基本理念和原则指导。如《中华人民共和国商业银行法》（下文简称《商业银行法》）主要涉及商业银行的设立、运行、监督和管理，却忽视了基本的调控理念和原则。《经济法通则》的制定能够对各个单行法所共同存在的东西进行归纳，如可以在通则中规定政府管理市场的理念、界限和原则，这样一方面能总结各个单行法的共有属性，另一方面对以后单行法的修改和完善提供指导，在此意义上，《经济法通则》是统领各个单行法的基本法。

其次，《经济法通则》的制定应当起到与经济政策对接，对经济政策进行审查的作用。[①] 从我国市场经济的实践来看，对经济运行产生重大影响的实际是经济政策。市场是灵活多变的，法律则具有一定的滞后性，政策能够适应变化的市场，但其效力却较低，《经济法通则》的制定则能起到与经济政策相衔接的效果。具体而言，通过对政府和市场的关系进行原则性的规定，以及规定好政府管理市场的基本原则、理念和界限，在基本制度中规定公平竞争审查制度或其他相类似的制度，一方面有助于提升相关经济政策的合法性，另一方面，也有助于对不合理的经济政策进行筛选，提升其准确性。

最后，《经济法通则》不应当定位为包揽所有经济法律规范的经济法典。当前我国民法典已经制定并生效，其包含了诸多民事基本法律规范。商法学界也多主张制定出一部具备法典性质的《商法通则》。[②] 但是当前对于《经济法通则》的定位应当保持理性，不应当盲目效仿。一方面，政府在管理经济运行中所产生的法律关系众多，涉及到经济运行的各个方面，制定出一部包罗万象的经济法典不切实际。另一方面，经济法的基本理论尽管取得了进展，但学界与实务界对于经济法内部体系的划分等重要问题尚未达成一致，制定出一部统领各个单行法的基本法仍存在诸多困难，更无须提及制定经济法典。且根据一般的法的制定次序，只有当基本法和各个单行法都比较完备时，才会考虑制定法典，因此主张将《经济法通则》定位为经济法典的想法是不合时宜的。我国《经济法通则》应当

---

① 刘凯：《法典化背景下的经济法统合性立法》，载《法学》2007 年第 7 期。

② 赵旭东等：《〈商法通则〉立法大家谈》，载《国家检察官学院学报》2018 年第 3 期。

被定位为统率经济法各个部门法的基本法。

三、《经济法通则》制定的必要性思考

我国经济法学界已经两次提出《经济法纲要》学者建议稿,在全面推进依法治国与经济体制改革的时代背景下,程信和教授提出了《经济法通则》建议稿,并草拟了三百个条文。[①] 然而无法回避的问题是《经济法通则》制定的必要性何在,现阶段我们为什么要制定出一部《经济法通则》。我们应当厘清《经济法通则》的制定究竟是源于经济发展的现实需要,还是受民法典编纂的影响以及商法学界近几年不断呼吁制定《商法通则》的刺激。法律的制定不能简单盲从和随大流,只有对《经济法通则》制定的必要性进行理性思考和充分论证方能回应外界的质疑。笔者认为,我国《经济法通则》制定的必要性来源于以下三点:发展社会主义市场经济的需要、提升国家治理能力的需要,以及完善现行经济法体系的需要。

(一) 发展社会主义市场经济的需要

社会主义市场经济的健康发展,需要经济法作为保障。社会主义市场经济首先要解决市场和政府之间的关系。政府和市场都是资源配置中不可或缺的重要主体,一味主张对市场自由放任则会导致市场失灵,20 世纪 30 年代资本主义世界的经济危机即为例证。政府对经济进行过多干预同样会致使政府失灵,20 世纪 60 年代资本主义市场经济进入滞胀时期、苏联计划经济体制的失败也对此予以证实。对政府和市场关系的调整,只有通过法治手段方能实现市场经济的长期有效发展。

从我国改革开放的历程来看,市场化改革的过程需要法治手段作保障。改革开放初期,我国采取了先改革后立法的方针,以促进经济发展为导向。在"不管黑猫白猫、能抓住耗子就是好猫"的这种实用主义观念指引下,必然导致立法的短平快。在计划经济体制下,制定出的经济法律法规寥寥无几,不存在可以依赖的法律去遵循。当前,"如果仍然'先改革后立法',就极易逾越法律的底线,出现大量违规违法行为,如此,法律的权威、法律的秩序将一扫而空"[②]。当前,我国正不断深化经济体制改革,其主要内容是减少政府对市场的干预,尤其是政府应当在国有经济参与领域简政放权。如果没有法律的强制性作为保障,政府"经

---

① 程信和:《经济法通则原论》,载《地方立法研究》2019 年第 1 期。

② 顾功耘:《论重启改革背景下的经济法治战略》,载《法学》2014 年第 3 期。

济人"的角色不会转变,其基于自身利益最大化的考虑不会主动交出手中所掌握的权力。政府对经济的管理权应当有法律依据,不能恣意妄为。应当通过立法规定政府的责任,只有将责任落到实处,才能为政府不随意干涉经济提供保证。

《经济法通则》是统领经济领域各个单行法规的基本法,完善的《经济法通则》是对市场经济运行规律、基础规则的确认。能够引导市场主体作出最优选择,充分发挥法律的指引功能。[①] 社会主义市场经济的健康发展,需要克服市场经济自身存在的"市场失灵"以及需要防范政府调控中的"政府失灵"问题。事实上,经济法的产生就是为了克服市场失灵和政府失灵。通过制定完善的《经济法通则》,将政府和市场的关系作为调整对象,并确立国家对经济调控所应遵循的基本原则,有助于为我国市场经济的发展提供有力保障。《经济法通则》的制定,源自发展社会主义市场经济的需要,是法治经济运行的重要保障。

(二) 提升国家治理能力的需要

党的十八届三中全会提出,"全面深化改革的总目标是完善和发展中国特色社会主义制度,推进国家治理体系和治理能力现代化"。《经济法通则》的制定,对于提高国家的治理能力,实现国家治理现代化具有重要意义。

首先,从整体层面上来看,《经济法通则》的制定是实现我国经济法治战略的重要举措。国家在经济领域治理能力的提升、促进治理能力的现代化应当建立经济法治战略,即执政者以法治的思维和方式治理经济活动,完善促进经济发展的长期计划与制度安排。[②] 经济法是以社会整体经济利益为本位,调整政府对经济活动管理或者调控所产生的社会经济关系的法律规范。经济法为政府对市场经济进行适度干预和宏观调控提供法律手段和制度框架,克服市场经济的自发性和盲目性所导致的弊端,同时对由政府失灵所产生的弊端进行规制。通则的制定有助于完善我国经济法律体系,实际上是我国经济法治战略思维的体现和具体落实。

其次,《经济法通则》的制定有助于政府职能的转变,从全能、管理型政府向有限服务型政府转变。从改革开放至今的实践来看,尽管我国改革开放取得了诸多成就,但当前政府对于经济的干预和管理仍然受计划经济的思维模式影响。我国部分地区企业营商环境恶劣,政府在企业的注册和运营等方面仍设置较多门槛、运用行政权力实施行政性垄断等问题仍然存在,其根本原因是政府对经济

---

① 单飞跃:《中国经济法部门的形成:轨迹、事件与特征》,载《现代法学》2013年第3期。
② 顾功耘:《论重启改革背景下的经济法治战略》,载《法学》2014年第3期。

管理的理念尚未转变,仍然停留在管理型、全能型的传统思维模式上。[①] 通过制定《经济法通则》,一方面规定政府管理经济的原则,即向服务型有限政府转变;另一方面,对政府管理经济的权力、责任以及各项程序加以规定,有助于倒逼政府职能的转变,以促进治理能力的现代化。

最后,通过制定《经济法通则》,有助于从根本上确立市场在资源配置中的决定性地位,在法律层面确立良好的经济运行模式。尽管我国在宪法这一根本法上确立了实施社会主义市场经济体制,十八届三中全会也提出了让市场在资源配置中起决定性作用的指导方针。然而市场对资源的决定性配置作用却并未得到法律确认。只有在法律上确定了其决定性地位,才能更好地避免经济运行受到过多的政策干扰,从法律上确认正确的资源配置方式,促进经济的合理运行。通过《经济法通则》对政府和市场关系的规范,明确市场对于资源的决定性配置地位,有助于政府职能方式的转变和深入落实法治经济战略。其既有助于经济法律体系的完善,又为经济的平稳运行提供法治保障。

(三) 完善经济法律体系的需要

只有具备完善的经济法律体系,才能为市场经济的运行提供法治保障。自改革开放以来,在不同时期的立法政策下,我国制定了诸多不同的单行法。如在1993 年中央提出加快经济立法,抓紧制订关于规范市场主体、维护市场秩序、加强宏观调控、完善社会保障、促进对外开放等方面法律的要求,我国先后出台了《中华人民共和国反不正当竞争法》《中华人民共和国产品质量法》《中华人民共和国公司法》《中华人民共和国消费者权益保护法》等一系列法规。进入 21 世纪后,立法的重点又转向了保障市场主体权益,规范相关市场主体的权利义务关系,继而出台了《中华人民共和国反垄断法》《中华人民共和国食品安全法》《中华人民共和国企业国有资产法》等法律规范。截止至今已经出台了数十部经济单行法,总体而言经济单行法的制定已经取得一定成果。

然而,应当注意到仅依赖单行经济法规不足以满足经济运行的法治需求,各个单行的经济法规需要遵循总的立法思路。如在宏观调控法方面,我们目前还缺少总的指导原则,只是把宏观调控的各种手段、措施通过税法、金融法等规定下来。此外当前仍缺少促进产业结构合理化的相关法律。[②] 单行法规的调整对象是特定的,并不能涵盖所有的经济层面。单行法无法摆脱自身部门利益最大

---

① 谭培文:《治理能力现代化中的利益机制选择问题研究》,载《南京社会科学》2015 年第 8 期。

② 何平:《试论制定中国〈经济法纲要〉的必要性》,载《温州大学学报》2000 年第 4 期。

化的倾向,数个单行法间甚至可能存在矛盾和冲突。① 需要注意的是,随着经济的快速发展,在 20 世纪 90 年代为了满足时代需要而快速制定出台的部分单行法已不能适应多元化的交易模式,有诸多单行法需要修改。从这个意义上讲,通过制定经济基本法来确认经济法的基本原则、理念和制度,对于现存的、即将修改和制定的相关经济单行法的完善具有重要意义。

此外,实践中对于经济运行起到直接管理作用的更多的是一系列经济政策以及规范性文件。② 经济法律规范的完善不仅在于制定出数量众多的单行经济法规,其应当是由多层次的、门类齐全的,调整市场监管关系和宏观调控关系的规范性文件组成的有机联系的统一整体。③ 制定《经济法通则》,一方面有助于起到统率经济单行法规的作用。另一方面,对政府管理经济的原则、理念作出规定,有助于为单行法规的修改以及效力层级更低的规范性文件的制定提供参考,以更好地对多层次的规范性文件起到统率作用。除此之外,《经济法通则》自身作为经济法律体系的一个部分,其制定也有助于从整体上提升经济法律体系的层级。

四、《经济法通则》制定应考虑的因素

如前文所述,我国有必要制定出统率各个单行经济法规的基本法,然而当前是否已经具备了制定《经济法通则》的条件,仍有待考量。在现行经济法律规范急需修改、经济法基本理论仍存在争议的前提下,《经济法通则》的制定应当暂缓。

(一) 现行经济法律规范的审视

前文已提及,《经济法通则》制定的必要性之一来源于完善我国现行经济法律规范的需要,通过《经济法通则》对政府管理市场的理念、原则进行规定,从而对经济法的各个部门法起到统率作用,这也是《经济法通则》的一种应然功能。不能忽视的是,《经济法通则》不能仅局限于原则性的规定,而应当遵循主体、行为、权利、义务的基本范式将单行法中共有的属性予以提炼。当前仍应当对以下问题进行思考:

首先,经济法的单行法规自身有待修改和完善。《经济法通则》应当是各个

---

① 刘光华、张广浩:《祛魅公共利益:基于"价值——工具"法律利益分类范式》,载《兰州大学学报(社会科学版)》2018 年第 4 期。

② 蒋悟真:《市场化改革与经济法治的期待》,载《现代经济探讨》2009 年第 9 期。

③ 杨紫烜:《关于制定〈经济法纲要〉的若干问题》,载《南华大学学报(社会科学版)》2015 年第 4 期。

部门法的提炼,对各个单行法规提取公因式。但是如果提取的对象存在问题,那么所拟定的《经济法通则》也难以实际发挥功效。我国现行的单行经济法规,大多是当时出于经济体制改革的需要而制定的。随着经济的飞速发展,原有的法律规定很可能与现在的市场主体交易模式不相匹配。如之前制定的《商业银行法》《中华人民共和国中国人民银行法》(下文简称《中国人民银行法》)明显存在着对商业银行管控过多,央行权力过大等问题,这种传统的管控型思维在法律中仍较为明显。相较于制定《经济法通则》,对各个经济单行法进行修改更为迫切。如果通则的制定以不合时宜、需要修改的经济单行法为基础,那么其将很难适应现实需要。

其次,我们将《经济法通则》作为统率各个单行法的基本法,当前面临的一个显著问题在于,经济法自身的外延尚不明确。如作为子部门法的财税法呈现出独立于经济法的趋势。财税法领域的学者认为将财税法学作为宏观调控法的子部门法过于牵强,财税法自身的功能在于调整政府收支的运营,而并非属于政府对经济宏观调控的范畴。[①] 更有学者提出,税法在我国法律体系中地位不明显的原因在于税法的经济法化。基于此,为强调财税法特殊性应当将其予以独立。[②] 那么在经济法的自身法律体系不明确的背景下,必然要面临一个单行法规的筛选问题,即确认哪些单行的经济法规应当属于经济法的范畴,只有将这个问题加以解决,才能切实发挥其统率功能。

最后,制定《经济法通则》需要考量如何对各个单行经济法规存在的共有的内容进行提炼。以商法界讨论制定的《商法通则》为参考,《商法通则》的功能在于对不同商事主体的商事行为进行统一以实现类型化。[③] 如统一商主体的概念、统一商事登记制度、对商事行为进行类型化的概括,以防范各个单行法规对性质相同的制度作出不统一的规定,这种功能的定位是迫于实践中商事登记制度不统一、商事主体内涵不明的需要而进行的讨论。那么当前《经济法通则》的制定能否同样实现这种统率功能,这是我们不能忽视的因素,笔者认为如若实现这种定位,应当注意对于经济单行法中存在的共有问题进行总结,《经济法通则》的核心在于调整政府在管理市场运行中的所形成的法律关系,经济单行法规的主体可以概括为政府管理机关。尽管各个部门的问题不完全相同,但应当总结其存在的共性问题并予以归纳。《经济法通则》应当以问题为导向,只有先找出各个子部门法存在的共通的问题,才能具备实践价值。

---

① 刘畅:《论财税法学的学科定位》,载《辽宁大学学报(哲学社会科学版)》2016 年第 5 期。
② 王茂庆:《税法的经济法化及其反思》,载《政法论丛》2017 年第 5 期。
③ 范健:《论我国商事立法的体系化——制定〈商法通则〉之理论思考》,载《清华法学》2008 年第 4 期。

（二）经济法的学术积累现状

《经济法通则》一定程度上是经济法的基础理论的体现，其制定同样依赖于完整准确的基础理论。因此，我们有必要去审视现有的经济法学科理论，哪些是学界已经达成的共识、哪些是尚未解决的争议，以及厘清《经济法通则》的制定需要何种理论支撑。

首先，我国学界对经济法理论的研究重心经历了由总论转向分论的变化。在经济法的基本范畴、理念、原则、调整对象等方面，已经初步达成了共识。尽管不同时期对于经济法的调整对象以及内部体系划分有着不同的认识，但整体上学界已经公认经济法是立足于社会整体经济利益，调整政府在管理经济运行中所产生的法律关系的法律规范。尽管学者们可能在个别词汇（如协调、干预、调整等）使用上存在差异，但对于经济法作为部门法的独立性以及调整对象的独立性已经作了充分的论证。从这个意义上而言，这也确定了《经济法通则》的核心内容，即以政府和市场的关系为核心调整对象。学界关于经济法的基本理念、原则、社会整体利益本位等问题的阐述为《经济法通则》的制定提供了充足的学术储备。

其次，值得注意的是，尽管对于经济法的调整对象已经基本达成共识，但是对于经济法内部的体系划分，仍然存在不同的学说，且目前尚未形成统一的意见。如漆多俊教授将经济法分为市场规制法、国家投资法、宏观调控法三部分。[①] 杨紫烜教授将经济法分为企业组织管理法、市场管理法、宏观调控法、社会保障法四大类。[②] 刘文华教授将经济法分为经济组织法、经济管理法和经济活动法。[③] 顾功耘教授从现代政府经济管理的不同职能出发，将经济法分为五个部分，即宏观调控法、市场规制法、市场监管法、国有企业参与法，以及涉外经济法五个部分。[④] 可以看出，当前学术界对于经济法的内部体系划分尚未达成一致意见，这种不同的划分方式也会影响着《经济法通则》的结构和条文。

从现存的多元的经济法内部体系学说以及不同学者关于《经济法通则》的不同安排可以看出当前经济法的外延并不明确。尽管有学者认为部分理论问题存在争议并不影响《经济法通则》的制定，但如果经济法的内部体系不能达成一致的话，那么将会诱发诸多问题。以财税法为例，目前诸多学者主张财税法不应当隶属于经济法，其应当独立出来，作为一个独立的二级学科，那么通则的制定是

---

① 漆多俊：《经济法基础理论（第 4 版）》，法律出版社 2008 年版，第 110 页。
② 杨紫烜主编：《经济法》，北京大学出版社 1999 年版，第 30 页。
③ 刘文华、肖乾刚：《经济法律通论》，高等教育出版社 2006 年版，第 12 页。
④ 顾功耘主编：《经济法教程（第三版）》，上海人民出版社 2013 年版，第 23 页。

否应当将国家财税法律部分列入其中就存在争议。此外,涉外经济管理部分以及国有企业资产部分是否应纳入其考量范围等也值得探讨,在通则制定之前,学术界应对这些基本问题达成共识,这实际上决定了经济法的外延。

五、我国《经济法通则》制定的路径

如前所述,在深化社会主义市场经济体制改革、全面促进国家治理能力现代化背景下,通过构建统率各个经济法单行法规的《经济法通则》有其必要性。考虑到当前各个经济法单行法规亟须修改、经济法内部体系划分尚未达成统一的情形,《经济法通则》可暂缓制定。《经济法通则》的制定可按以下步骤进行:

首先,应当对经济法的内部体系做统一划分。对于经济法内部体系的划分影响着《经济法通则》各个章节的编排和体例。如前所述,学界对于经济法的体系存在"二分法""三分法"等不同主张的划分。[①] 多数学者主张将经济法按照宏观调控和市场规制两大体系进行划分。1999 年学者提出的《经济法纲要》专家建议稿也大致遵循了这一基本体例。然而采取"两分法"的方式过于简单,其主要是按照国家调整经济所采取的"宏观调控"和"市场规制"两大手段所做的简单划分。此种分类方法过于粗糙,国家对经济进行管理同样可能会用到其他的综合性经济管理行为,如国有参与行为、市场监管行为。[②] 对于这些行为很难将其直接归为宏观调控或市场规制的范畴。此种分类方法忽视了国有经济这一重要组成部分。当前我国大量国有企业直接参与市场运营,其成为国家调控经济的重要手段。尽管整体上看其属于宏观调控的范畴,但由于当前国有企业参与经济管理的过程中存在与民争利、效率低下等诸多问题,考虑到国有经济在我国经济结构中所占的比例,应当对国有参与关系予以充分重视,并将其作为单独章节予以独立。此外,在当前经济全球化的趋势下,国家的涉外经济安全也应当予以充分重视。国家对涉外经济进行的监督、管理和规制行为也应纳入法治化轨道。基于此,经济法内部体系可划分宏观调控、市场规制、企业监管、国有参与经济、涉外经济管制五个部分。将来《经济法通则》的制定可采取此种模式。

其次,在对经济法的调整对象达成统一认识后,应当对经济法的单行法规进行修订。相较于制定《经济法通则》,更为现实的问题在于对早期制定的诸多单行法律规范予以修正。许多单行经济法规,如在当前金融业体制深化改革背景

---

① 刘大洪、吕忠梅:《现代经济法体系的反思与重构》,载《法律科学(西北政法学院学报)》1998 年第1 期。
② 顾功耘主编:《经济法教程(第三版)》,上海人民出版社 2013 年版,第 9 页。

下，金融领域出现了诸多新问题，原有的《中国人民银行法》《商业银行法》等已经不能适应当前新的形势要求。对于这些单行的经济法规进行讨论、修改是关键，且经济单行法规与经济发展不相符合的问题并非个例，大量的单行经济法规都亟须修改。《经济法通则》是对各个单行经济法中的共有因素的总结，其制定应以各个单行法为基础，基于此，只有在各个单行法相对完善的情形下才能制定出更完善的《经济法通则》。

最后，应当认识到，社会主义市场经济的长久发展需要制定出完整的《经济法通则》，其对市场经济的基本理念、原则予以确认，有助于为政府的经济管理职能发挥提供更好的指引，具有必要性，然而《经济法通则》的制定不应操之过急，在解决基础性问题如经济法体系达成统一认识、各个单行法规修订后，再讨论《经济法通则》的制定更为适宜。

第二编　宏观调控法

结构性减税制度的反思与重构

梁　洋[*]

一、引　　言

始于 20 世纪 80 年代的世界减税热潮呈现降低税率与扩实税基两端并举、简化税制与降减成本两相并重、制度性减税[①]与竞争性减税[②]交相叠加、公平性减税与转嫁性减税[③]相互并存的基本面相,并对各国税收制度与经济发展产生

[*]　梁洋,华东政法大学 2018 级经济法博士研究生。

① 即为实现经济中长期的健康、可持续增长,通过优化税制与税制结构的体系重构方式,大幅度降低税率水平和优化税率结构,大范围丰富和拓展税源基础,大力度简化税制并降低征纳成本的税收操作范式。

② 即在主权国家之间或一国区域之间,为实现本土经济发展的特定目标,通过竞相减税降低辖区内的公共负担水平,营造低负担和相对宽松的营商环境,从而吸引更多优质生产要素的流入,进而提升本土市场和经济竞争力的税收操作范式。

③ 即在特定的条件下,实际减税效果与名义上的减税形成偏差后,导致税负或公共福祉在各阶层之间或代际之间进行不同程度转嫁的税收操作范式。从财政运行的基本原理看,政府会通过财政支出通道,最终将纳税人负担转化为公共福祉。但在现实的财政实践中,由于纳税人阶层的存在和税制结构的差异,以及作为延迟性税收的公债对减税的补位,名义上的减税会在各阶层之间和代际之间实现转嫁。比如,一国在大幅降低所得税税率的同时,实施了提高流转税税率的减税方案。由于所得税减税的受益者主要是高收入阶层,流转税的税负主要由中低收入阶层承担。所以,在政府收入层面被归为减税的方案会实现纳税人税负结构的逆向调整,即对高收入阶层的减税份额在一定程度上转嫁由中低收入者承担。

了极为深远的影响。在国际层面上，国家税制改革的目标不再局限于内部税收诉求，如何通过税收改革提升本国税制的全球竞争力，进而促进本国经济在全球价值链中的地位和优势提升，越发成为影响一国税收决定的重要参考因素。从一国内部看，联邦制国家的州政府可通过法治框架下的显性税收自主权实施减税降负，培育发展本区域的新动能和核心竞争力；单一制国家的地方政府拥有一定范围内的隐性税收权限，可以通过给予辖区内市场特定的税费优惠，进而提升本区域的综合竞争实力。但激烈的国际税收竞争会引发财政功能失灵和资本无序扩张，拉大贫富差距并最终导致社会福利整体受损，新冠肺炎疫情的全球大流行则进一步加剧了其中蕴含的风险与压力。G7 财长会议在 2021 年 6 月初达成的全球税收体系改革协议中，支持了将全球最低企业税率设为 15%、有助于解决数字科技巨头避税问题的提案。但这并不代表全球逐底竞争减税周期的终结。由于各国宏观税负和税率不一，设定最低税率后的影响程度不同，其中存在的利益和立场的分歧会导致全球税收体系转向的相对缓慢。笔者认为，"有增有减"的结构性减税仍将是国际税收体系发展的主流方向。

具体到各国，西方发达经济体立足于直接税税制模式，对所得税进行了优化税率结构、规范课税基础、简化税收制度等一系列重大改革。以美国为例，自 20 世纪 80 年代以来，该国先后实施的税制改革呈现明显的结构性特征。比如，采用供给学派政策主张的里根政府在第一轮税改中对个人所得税率进行了规模全面、力度空前的分期下调，在造成政府税收收入大幅下滑后实施了 2 次增加税收的平衡预算方案，并选择将《经济复苏税收法案》中某些尚未生效或刚刚生效的优惠政策束之高阁；而拜登政府在面临新冠肺炎疫情暴发后实施大规模经济刺激导致的不断加剧的财政压力时，除了在《美国家庭计划》中提出金额约 8000 亿美元、针对弱势群体的税收减免方案，还公布了针对企业部门、资本利得的加税计划。发展中经济体则针对以流转税为核心的间接税税制进行了降低税收负担、规范统一税制、降减征纳成本等制度性变革。以我国的"营业税改征增值税"为例，作为大国、大税、大改的代表，这项税制改革的探索性突破主要包括将金融业纳入增值税体系，对出口服务实施免税和零税率，以及通过引入金税工程、电子发票和大数据技术提升治理能力。期间不断释放的减税红利包括有效降低实体经济成本、激发国内市场活力，引导企业脱虚向实，很好地契合了供给侧结构性改革去产能、去库存、去杠杆、降成本、补短板的迫切要求，同时也对刺激消费需求、促进消费升级产生了积极影响，是促进税收政策制度顺应新发展格局要求、助力畅通"双循环"、催生经济新动能的重要改革举措。

2020 年新冠肺炎疫情的大流行导致世界经济遭遇历史性衰退，我国率先在全球范围内取得了疫情防控和经济社会发展的阶段性胜利。但当前疫情影响还在持续、外部环境依然复杂多变,"十四五"期间的经济工作并非一片坦途,以结构性减税制度为核心的积极财政政策也因此成为新发展格局下平衡"稳增长"与"防风险"的重要路径。所以,笔者认为有必要通过对结构性减税制度效应的全面剖析,在经济法层面上提出优化与落实结构性减税制度的可行措施。

二、结构性减税制度理想效应的一般假设

结构性减税制度是指政府通过调整税种、降低税率和缩小税基,在短期内实现税收总量或其所占 GDP 比重的下降,进而实现长期税收制度优化的措施。[①] 所以,结构性减税制度一方面会改变资源分配的方式,并由此给社会带来某些经济利益;另一方面也需要社会为其实施和监督支出一定的费用。[②] 笔者认为,结构性减税制度在经济法层面上的"帕累托最优"[③]是指通过支出最低限度的成本费用,实现社会整体利益的最大化。

(一)在交易成本为零时的最大收益

结构性减税制度的直接收益主要是指在税负分配上有增有减、以减为主的税收效果,即整体上是减税的结果,但在不同税种、不同类型的纳税人之间呈现税负调增或调减的差异性效果。例如,欧盟委员会在"欧洲 2020 战略"框架下提出的结构性减税制度的核心是保持财政收入的中性。具体是指在减轻劳动税负的同时,适度提高增值税、财产税、环保税的税率。换言之,欧元区国家税制改革的实质是从对劳动课税转向对消费课税,进而更好地避免高债务带来的财政风险。[④] 在我国的增值税税制改革中,与企业的成本结构、可抵扣进项税额、销售额、税务管理能力、行业环境等方面的不同相对应,一般纳税人的税负同样具有税负调减或调增的差异化效应。除此之外,减税制度的直接收益也包括了对国家税制体系的优化效应。例如,我国的增值税改革不仅实现了一般流转税制的规范和统一,而且随着结构性减税制度的持续发力,仍将为降低间接税比重、提升直接税比重等税制结构的优化腾出一定的操作空间。[⑤]

结构性减税制度的间接收益主要是指对一国宏观调控产生的积极影响,即

[①] 薛钢、李淑瑞:《美国税改对我国税制改革的启示》,载《地方财政研究》2018 年第 7 期。

[②] 肖璐:《经济法的成本与效益分析》,载《铜仁学院学报》2008 年第 5 期。

[③] 即给予市场主体的利益大于遵守该立法者所付出的代价,法律制度实施带来的净收益高于具有同类特点的市场手段的理想状态。

[④] 谷成、裴颖、朱冬梅:《特朗普减税、欧洲举措与中国借鉴》,载《地方财政研究》2018 年第 7 期。

[⑤] 徐宪红:《税收及其变动对我国居民收入影响的统计研究》,首都经济贸易大学 2016 年博士学位论文,第 130—133 页。

通过减税政策引导市场主体的投资和消费行为,从而达到对经济结构的调节并最终实现对经济总量的调控。这一点也得到了凯恩斯主义学派与供给主义学派的认同。首先,结构性减税制度能够有效矫正已有税制对要素配置的扭曲,进一步提升社会资源配置的效率,最终实现促进经济稳定和健康增长的目标。例如,我国的增值税税制改革使第二和第三产业之间,以及第三产业内部形成了更为完整的税收抵扣链条,进而促使资源在行业、产业之间的配置更趋合理,这不仅有利于第三产业的要素整合,也将引导资本、技术、劳动力等生产要素的集中。其次,结构性减税制度能够通过降低税负刺激企业投资、扩张市场总需求,缓解经济衰退时期的需求疲软问题。例如,我国的增值税税制改革允许资本密集型、技术密集型企业抵扣其研发过程中发生的包括固定资产在内的进项税额,有效地降低了创新服务企业因从事研发而外购项目的成本费用,从而有助于企业加大自身科技创新投入的决心和力度。而且,无论是从事第二产业的制造企业,抑或是从事第三产业的商业与服务企业,在创业初期产生的不动产和设备支出都可以进行相应的抵扣,这显然会更有利于助推不同行业中的初创企业发展。再者,结构性减税制度也可通过充分发挥税收政策指向性强、调控力度易于控制的优势,达到促进产业结构调整、平衡区域间发展差距的目标。[1] 例如,我国的增值税税制改革避免了企业内部研发、设计、营销、生产和共享服务等不同产业环节上的重复征税,除了能促进企业的分工细化和技术进步,进而更有力地推动现代服务业与制造业等实体经济的对接,还能更好地鼓励服务业和制造业产业的升级,从而进一步增强我国产业链与供应链的自主可控能力。[2]

(二) 影响现实收益的成本构成预设

从成本最优化的视角来看,政府应当充分地利用现有的社会资源,在耗费最少的情况下完成法律制度的既定目标。但这并不意味只能通过与适用边际效益等于边际成本的法律制度。笔者认为,效益大于成本是确定特定法律制度可行性的基本原则。[3] 换言之,只要通过或适用的法律制度所造成的消极影响已经降到足够小,而且这样的负担是必要的即可。当然,如果某项法律制度的实际成本已经超过其带来的收益,就需要修改甚至取消该制度的适用。所以,在制定和实施结构性减税制度时必须考虑支出的费用,具体是指制定结构性减税制度过程中支出的直接成本。如为立法者支付的全部费用,为收集资料、调查研究和征

---

① 申广军、陈斌开、杨汝岱:《减税能否提振中国经济?——基于中国增值税改革的实证研究》,载《经济研究》2016年第11期。

② 杨志安、李宝锋:《产业链视角下各行业营改增减税效应探析》,载《税务与经济》2018年第6期。

③ 张会恒:《规制影响评估研究进展》,载《经济学动态》2010年第1期。

求意见支出的全部费用,以及法律文本本身的费用。[①] 当然,这其中也包括了维持结构性减税制度的正常运行必须支付的各项费用,即国家为保障制度实施机关的日常运转而耗费的人力、物力和财力。

与此同时,在制定和实施结构性减税制度的过程中很可能会产生某些不必要的成本支出。具体包括国家为消除旧制度和变革阻力而投入的费用,以及来自社会公众和纳税主体的额外投入。[②] 例如,以"逐底竞争"为导向的结构性减税制度会导致利润转移和税基侵蚀、加剧资本与劳动收入分配的不平等,进而导致政府陷入财政收入骤减、巨额财政赤字的窘境,并最终造成公共民生福利的大幅削减。[③] 除此之外,鉴于结构性减税制度的实施很可能遭到其他国家的贸易反制,部分进出口企业的收入和成本将相应地受到某些负面影响。当然,这其中也包括了由于地方保护主义、部门利益考虑等因素所造成的制定立法或实施的中断,以及制度供给的相对过剩形成的不利后果等。[④] 其中,制度供给的相对过剩是指制度相对于社会经济生活现实需要的过剩,即制度的内容不合理、可操作性差,过分超前或滞后于经济、文化、政治发展水平而不为社会所需要。这种无价值或低价值的制度供给不仅会浪费立法、执法资源,畸高的守法成本也会加剧私人成本与社会成本之间的差距,并最终导致有悖公平的严重后果。

三、我国结构性减税制度成本的实证分析
——以增值税改革为样本

当然,上述经济学意义上的理想状态是不可能完全达到的。毕竟,这只是基于制度配置效率的静态假设,无法对科学技术发展、生产方式变迁和其他社会经济因素引发的动态变化作出有效的回应。在现实生活中,任一因素的变化都可能导致结构性减税制度的成本发生某种程度的增减。作为我国结构性减税制度体系中至关重要的一环,增值税的深入改革在推进我国供给侧结构性改革、应对新冠肺炎疫情的持续影响、打造"双循环"发展格局等方面发挥了重大积极作用。所以,笔者将其作为分析我国结构性减税制度成本实然状态的主样本。

(一) 增值税税制改革的发展历程

2011 年,经国务院批准,财政部、国家税务总局联合发布了《营业税改征增

---

① 程程:《经济法立法成本和效益分析》,载《甘肃政法成人教育学院学报》2006 年第 1 期。
② 高丹:《经济法的成本分析》,载《行政与法》2004 年第 2 期。
③ 胡怡建:《美国税改法案制度设计、政策导向和减税分析》,载《税务研究》2018 年第 1 期。
④ 刘大洪:《经济法的成本分析》,载《法商研究》1998 年第 5 期。

值税试点方案》(财税〔2011〕110号),营业税改征增值税的改革序幕就此拉开。随后,交通运输业、部分现代服务业、铁路运输、邮政和电信业逐渐在全国范围内实施试点。2016年,国务院常务会议审议通过了全面推开"营业税改征增值税"试点方案,营业税正式地退出了历史舞台。2017年,国务院公布了《关于废止〈中华人民共和国营业税暂行条例〉和修改〈中华人民共和国增值税暂行条例〉的决定》,在法律层面上宣告了营业税的终结并确认了其他增值税税制改革成果。与此同时,以减轻税负为主要目标的税率简并等多项增值税改革也已经逐步开始执行。例如,取消13%的增值税税率,使原适用13%税率的货物适用11%的税率;再次降低部分行业的税率和扣除率、同步调整部分出口退税率;扩大旅客运输服务可抵扣的进项税范围,改变不动产抵扣方式和部分行业的加计抵减。除此之外,我国也对中央与地方财政体制和税收征管机制进行了相应的调整。例如,在央地财政体制方面,将增值税统一纳入中央和地方的共享范围,在中央与地方之间按1:1的比例分享,并以2014年为基数核定了中央返还和地方上缴的基数;在确保地方财力的基本前提下,将中央集中的收入增量通过均衡性转移支付分配给地方,主要用于加大对中西部地区的财政支持力度。在税收征收管理方面,将全面实施"营业税改征增值税"后的增值税统一交由国家税务总局征收和管理。

在我国面临国际经济持续低迷冲击、国内结构调整和动力转换影响等严峻经济挑战背景下,以改善经济供给为核心的增值税税制改革的预期目标主要包括以下三个层次的内容:第一,在微观上直接促进企业"双创"活力释放、多元发展。如借助打通服务业和制造业之间的抵扣链条,对加快专业化分工、推动企业主辅分离,以及增强第二、三产业的融合发展起到更加积极的促进作用;通过规定服务出口企业能够享受出口免税和退税,进而有效降低出口服务贸易的成本费用,最终达到提升出口服务贸易国际竞争力的根本目标。第二,在中观上间接推动产业结构优化、新旧动能转换。如允许制造业企业抵扣在外购服务、不动产等环节支付的增值税,进而有效降低第二产业与第三产业的总体税负,从而将有限的社会资源配置到上述产业领域,在助力高端制造业、现代服务业快速成长的同时,更好地实现服务业与制造业的有机结合、互促共进。当然,相对于第二产业而言,第三产业的减税效应更大,从而对第三产业的推进力度也更大。第三,在宏观上最终实现对经济增长、劳动就业的促进作用。其中,对经济增长的促进作用是指借助税收乘数促进经济增长,即通过消除营业税重复征税的弊端实现社会资源的有效配置。通过扩大固定资产投资的进项税额范围,进一步降低企业投资成本,从而促进企业的投资行为,并最终促进经济的增长。对劳动就业的促进作用是指通过激发经济的带动作用促进居民就业的增长,或在促进产业结构调整的过程中增强第三产业吸纳劳动就业的能力。

(二) 增值税税制改革的阶段成果

一方面,增值税税制改革在推进我国现行税制优化等方面取得了非常亮眼的成绩。首先,增值税税制改革进一步扩大了增值税的征税范围。即由交通运输、邮政电信和部分现代服务业扩大到建筑业、房地产业、金融业和生活服务业等领域,实现了征收范围的全覆盖。其次,增值税税制改革实现了消费型增值税的转型。即将增值税的征税和抵扣范围扩大至不动产领域,并将固定资产抵扣从动产扩大至不动产。再者,增值税税制改革通过双向消除重复征税,为全面减税提供了相应的制度保障;将部分档次税率下调1个点、统一将小规模纳税人标准调整至 500 万元及以下、对部分行业的期末留抵税额一次性退还等后续措施也切实增强了纳税人的获得感。

另一方面,增值税税制改革在一定程度上促进了产出和消费的增加,激发了国民经济的增长潜力。从整体上看,增值税税制改革通过行业和企业的内部减税、上下游环节的税收抵扣机制,基本落实了扩大减税面、增加减税额等预设目标,企业减负率也在全面推开后呈现不断提升的趋势,这无疑会刺激企业加大在设备类固定资产等方面的投资力度。以现代服务业为例,在实行增值税税制改革之后,服务业纳税人的外购设计和运输、设备、技术等项目都被允许抵扣相应的进项税额,从而使之前大量存在的重复征税的问题得到了有效的解决,这实际上为服务业实现专业化、产业化和市场化减轻了税收负担,扫除了税制障碍;制造业外购生产性服务、新增不动产也被允许抵扣所缴纳的增值税额,极大地促进了制造业纳税人外购服务的需求,进而为服务业的发展创造良好的外部需求条件;对纳税人提供的国际运输、研发设计等服务贸易出口实行退税政策,并对技术转让、技术咨询、鉴证咨询等服务贸易出口实现免税政策,在降低了服务贸易成本的同时,事实上也提升了我国服务出口企业的综合竞争实力。[①] 除此之外,原营业税税负转换为可转嫁的增值税税负,不仅对企业生产、提供的产品与服务的价格起到了一定的抑制作用,消费者对于产品价格市场的乐观态度也在某种程度上提高了边际消费倾向,进而起到了拉动内需、刺激消费的积极作用。

---

① 黄碧波:《全面推开营改增对我国经济和税收的影响研究——基于浙江省营改增试点的实证分析》,载《浙江师范大学学报(社会科学版)》2017 年第 4 期。

(三) 增值税税制改革的额外成本

1. 基于制度自身缺陷的成本

我国目前的增值税制度并不完善,具有初期多选择性的典型特征,存在征税范围不到位、类型特殊,税率结构复杂、特殊规定过多等问题,事实上额外增加了纳税人为遵从相关制度要求而导致的成本支出。例如,现行增值税进项税额的抵扣机制在某种程度上并不利于我国实体经济企业的发展。具体而言,将"顺价销售"作为进项税额抵扣前提的制度设计,很可能导致企业注重短期利益、轻视长期投资。只有生产适销对路的产品并尽快地售出,才能相应地抵扣企业在上游产品中承担的增值税税额,其中蕴含的税收沉淀成本显然会影响我国企业进行长期投资的积极性。然而,在扩大战略性新兴产业投资、培育壮大新经济增长极的发展格局下,突破产业升级短板、塑造优势产业亮点与增进产业主体能效等重点任务事实上都属于期限长、见效慢的投资项目。与此同时,增值税税制体系中实行的上下游环环抵扣,也会间接抵消税收优惠政策的部分现实效益。对确实需要政策扶持的行业实行增值税税收优惠后,对应的下游企业可用于抵扣的进项税额将随之减少,这反而会使得前者的产品或服务遭到某种程度的抵制或打压。又如,目前采用的"含税价"报价模式也进一步增加了纳税主体计算增值税以及其他相关税种的复杂程度。具体而言,按照《财政部、国家税务总局关于营改增后契税、房产税、土地增值税、个人所得税计税依据问题的通知》(财税〔2016〕43 号)的相关规定,计征契税的成交价格不含增值税;用于出租的房产项目,计征房产税的租金收入不含增值税;土地增值税纳税人转让房地产取得的收入不含增值税收入。所以,价税分离后增值税的计算过程必须是先做除法、再做乘法;叠加现行增值税税制适用的多档比例税率,也进一步增加了增值税计算的难度。

2. 源于既得利益集团的支出

从纳税人的角度来看,原营业税的税收优惠政策与临时性税收优惠政策的共存,在增加税制复杂性、严重侵蚀税基的同时,从根本上违背了"税收中性""税负公平"等重要原则。[①] 例如,为了防止增值税税制改革导致各行业税负加重现象的发生,财政部、国家税务总局在《关于全面推开营业税改征增值税试点的通知》(财税〔2016〕36 号)中规定了可以选择简易计税方法的多种情形。第一,税务部门出于税制平稳过渡的考虑,防止老项目在"营业税改征增值税"后出现税

---

① 靳东升:《营改增后我国增值税现存问题及改革设想》,载《地方财政研究》2017 年第 6 期。

负激增现象,允许选择采用简易计税方法。例如,2016 年 4 月 30 日之前动工的建筑承包工程老项目、房地产开发老项目允许采用简易计税方法,但这种情形将随着老项目的结束而终结。第二,对于"营业税改征增值税"后抵扣较少造成税负激增的业务模式,同样允许选择采用简易计税方法。如建筑业常见的"清包工""甲供工程"业务模式。这是因为建筑企业(乙方)通常存在建筑材料抵扣较少甚至没有抵扣的情况,允许选择采用简易计税方法能够有效控制此类业务的实际税负率。第三,如果某项业务在营业税制度下能够享受低税率优惠,"营业税改征增值税"后也允许通过采用简易计税方法延续该项优惠税率政策。如县及以下级别的农村合作银行和农村商业银行提供的涉农金融服务业务,可以选择采用简易计税方法,适用 3% 的优惠税率。第四,采取差额计税方式的某些业务也准许选择采用简易计税方法,进而通过控制销售额的办法保证该业务模式不会产生过高的增值税负担。如允许对劳务派遣、人力资源外包服务等业务选择采用简易计税方法进行差额计税。[①] 虽然,这些简易计税方法的应用都存在一定的条件和理由,可以将其视为对特殊事项的例外处理。但增值税税制改革过程中涵盖了如此之多的简易计税方法的应用事项,仍会在一定程度上对增值税制度的实际效益、公平竞争的市场经济秩序造成相对严重的冲击。

从执法者的角度来看,地方政府和主管部门出于自身利益考量,也很可能会对结构性减税制度的实施造成某种程度的负面影响。具体而言,在营业税改征增值税以前,我国中央与地方基本上是按照 4:1 的比例划分增值税收入,营业税则全部归为地方财政收入。但随着营业税改征增值税扩大至全行业、营业税正式退出历史舞台,地方政府的主要税收来源遭到较大的削减。虽然,中央与地方增值税的分享比例也因此调整为"五五分成",但地方政府的税收收入与此前相比仍有明显的下滑。[②] 新冠肺炎疫情的爆发与蔓延进一步加剧了地方政府财政的压力,地方政府落实结构性减税政策的积极性也因此大受影响。根据财政部公布的相关数据,2020 年全国一般公共预算收入 182895 亿元,同比下降 3.9%;全国税收收入 154310 亿元,同比下降 2.3%。其中,有 27 个省市的财政收支缺口超千亿元。[③] 与此同时,行政主导下的税收征管模式也并不利于减税

[①] 即将全部价款和价外费用减去代用工单位支付给劳务派遣员工的工资福利,以及为其办理的社会保险、住房公积金后的余额确认为销售额。

[②] 王佳赫、赵书博:《"营改增"影响地方政府税收努力研究》,载《财经理论与实践》2018 年第 5 期。

[③] 资料来源:http://www.mof.gov.cn/index.htm。

制度的具体落实。具体体现在税收任务的层层加码、税收增长的惯性逻辑导致大量企业承担过重的税负，这显然与我国结构性减税制度的初衷背道而驰。事实上，税务部门在过度强调税收任务的行政体制下，必然会将工作重心放在如何通过加大税收征缴力度完成相应的绩效考核目标。以实践中大量存在的留抵税额不退现象为例①，这种做法实质上占用了企业的流动资金，并因此直接增加了企业的融资成本、严重阻碍了企业的转型升级。② 其中，那些为了增强自身社会竞争力、购销链条稳定性的中小微企业更是深受其害。③ 虽然我国已经规定了留抵税额可以结转下期抵扣④，但实际操作中常发生留抵税额抵扣不完的情况。与此同时，新冠肺炎疫情的暴发实质上也加剧了"征收过头税"等未经或超越法律授权的税收征管行为。根据财政部公布的相关数据，2020 年通过清缴企业历史欠款、加大行政罚款力度等"增收"现象并不鲜见，上述问题的出现也直接导致我国结构性减税制度的落实效果大打折扣。

四、优化我国结构性减税制度的基本思路

从需求角度来看，结构性减税制度有助于增加消费者和企业的可支配收入，进而提升整个社会的消费和需求，并在收入乘数和投资乘数的作用下促进国民经济的增长；从供给层面分析，结构性减税制度可以通过鼓励民众积极工作提高社会总就业水平，从而推动社会总供给的增加，最终实现国民经济的长效发展。所以，有必要从长期制度建设的维度出发，持续推进上述源于宏观调控向度的结构性减税效益。换言之，应该围绕如何减少或避免相关规则体系制定和实施过程中额外的成本支出，对我国结构性减税制度及其配套机制进行相应的设计和调整。

---

① 在增值税多档税率形式同时存在的情况下，很可能造成税率倒挂现象的泛滥。换言之，在当期的进项税额超过当期销项税额进而导致进项税额不足抵扣时，应纳税额就是一个负数。对于这个负数，以往的做法是结转到下期继续从下期的销项税额中抵扣。结转到下期继续抵扣的进项税额就是增值税留抵税额。

② 章军：《对退还增值税留抵税额政策财税处理的探讨》，载《中国注册会计师》2018 年第 12 期。

③ 黄静、李凌秋：《中小微企业增值税留抵税额退税探索》，载《财会通讯》2018 年第 22 期。

④ 《增值税暂行条例》第 4 条第 3 款规定，当期销项税额小于进项税额不足抵扣时，其不足部分可以结转下期继续抵扣。

（一）以"降成本"为中心进行制度规划

1. 强化结构性减税制度的目的性与确定性

自 2016 年开始,我国开始在年度政府工作报告中明确设定当年的总体减税规模。[①] 但从整体来看,我国的结构性减税制度通常只针对减税的主要方向作出模糊的概念性说明,对减税规模的设定也仅限于对每一项减税政策、每一年度减税制度实施后的大致统计。[②] 这并不利于控制国家为消除旧制度影响和变革阻力而投入的总费用,并很可能导致我国结构性减税制度的整体遵从度降低。所以,笔者认为有必要借鉴美国在制定减税政策时,重视减税规模和方向的确定性的做法。在美国实施的历次大规模减税政策中,每一阶段的减税法案均对减税总规模、主要减税方向或具体涉及的各个税种等重要内容预先作出了明确详尽的计划。减税计划的出台须经美国国会同意,即国会将综合考虑当期经济发展情况、政府财政收支情况和民众实际意愿等相关因素,最终作出通过或修改后通过减税法案的决定。所以,针对不同时期存在的不同经济问题,美国各阶段减税法案的实施目的也不尽相同,减税的主要方向也会存在一定的差异(详见表 1)。

表 1　20 世纪 80 年代以来美国各阶段主要减税政策

执政政府	执政时间	减税政策目的	主要减税方向
里根政府	20 世纪 80 年代	刺激经济增长、降低失业率,简化税制	（1）降低所得税税率,提高个人免征额和抚养家属宽减额 （2）降低公司所得税,通过加速折旧条（ACRS） （3）降低资本利得税率,减少遗产税和赠与税
老布什政府	20 世纪 90 年代	刺激经济增长、促进企业投资	（1）降低长期资本利得税的最高税率,扩大相应的免征限额 （2）减轻个人所得税税负,提高儿童扣税额 （3）提高遗产税和赠与税的免征额

---

① 例如,2016 年的政府工作报告提出了减税 5000 亿元的目标,2017 年的政府工作报告提出了全年再减少企业税负 3500 亿元的目标,2018 年的政府工作报告提出了再为企业和个人减税 8000 亿元的目标,2019 年的政府工作报告提出了全年减轻企业税收和社保缴费负担近 2 万亿元的目标,2020 年的政府工作报告提出了在现有基础上新增减税降费 5000 亿元的目标。

② 庞凤喜、张丽微:《我国结构性减税的总体规模、方向选择与效果评价思考——基于美国减税浪潮的分析与借鉴》,载《河北经贸大学学报》2015 年第 3 期。

（续表）

执政政府	执政时间	减税政策目的	主要减税方向
小布什政府	21 世纪初期	刺激经济增长,有效促进就业	(1) 降低个人所得税率,扩大税率 10% 的适用范围 (2) 逐步取消遗产税 (3) 取消对股息的双重征税,鼓励小企业的再投资
	21 世纪金融危机爆发	应对经济危机、刺激经济增长	(1) 降低居民税负,延长最低选择减免、个人所得税优惠与特别税收减免期限 (2) 降低企业税负,延长企业税收的减免 (3) 增加可再生能源、交通与能源安全的税收优惠
奥巴马政府	21 世纪金融危机爆发	刺激经济增长	(1) 降低居民税负,减少低、中等收入者的税负,主张延长工薪阶层的减税措施 (2) 强化企业与能源的税收优惠 (3) 将就业优惠措施永久化
特朗普政府	本国经济相对疲软时期	吸引资金回流,激励本国经济发展	(1) 保持个人所得税七档税率结构,但对税率进行了适度下调 (2) 下调企业所得税税率、废除替代性最低税,对美国企业海外留存收益征收一次性遣返税,并对大部分中小企业实行穿透性税收 (3) 将遗产税的免税额翻倍,并废除 3.8% 的医改税
拜登政府	新冠肺炎疫情持续蔓延	为财政支出筹措资金,进一步缓解美国贫富分化	(1) 降低家庭和工人的税负,提高富人的资本利得与所得税税率 (2) 提高企业所得税税率,对"税收倒置"的企业行为设置更严格的规范和罚款措施 (3) 对企业用于科技研发、低收入可负担住房等领域的投资实行税收减免

资料来源:根据公开资料整理。

除此之外,结构性减税制度仍须严格遵循财税法学中的"税收中性""税负公平"等基本原则。换言之,减税制度的内容应当以维护社会整体利益为核心①,并受到"适当性原则""必要性原则"的约束,不能致使纳税人遭受其他的额外负担或经济损失。一方面,应当以服务我国实体经济发展为根本出发点,调整税收制度支持产业结构优化的实现路径。具体而言,由于作为价外税的增值税并不会给企业带来切实的税收负担,在进项税额能够充分抵扣的前提下,除了最终消

---

① 即禁止基于满足政绩私欲、实行地方保护主义等原因,将税收资源赋予与公益无关的行业或领域。

费环节的免税以外,现行的允许选择简易计税方法等增值税优惠政策并非真正的税收优惠政策,而是实质上的财政补贴措施。[①] 所以,可逐步减少并最终取消相应的增值税优惠政策[②],转而通过所得税等税种和财政支出等政策工具实现确有必要的产业扶持目标。[③] 另一方面,仍需在实践中推行"不含税价"的报价模式,从而更好地实现增值税减税效果。除了有助于简化应纳增值税额和其他相关税收的计算,商品或服务在价格与增值税上的分别列示也能够进一步强化纳税人的依法纳税意识。[④] 这是因为采用"含税价"报价模式的纳税人在日常经营活动中发生了销售货物和服务、加工修理修配劳务、销售无形资产和不动产等业务时,并不会认为自己必须承担相应的增值税,甚至会想方设法地转嫁税负或规避税收;如果采用的是"不含税价"报价模式,不仅销售方会知悉自身必须承担的增值税负担,购买方也会更清楚自己需要付出的增值税额。

2. 适时调整结构性减税制度的范围和力度

从实践的角度来看,结构性减税制度的实施路径是将通过影响相关经济主体的决策,在储蓄、投资等传导机制的作用下,改变原有的收入分配与社会公平格局,并最终达到促进经济增长的宏观目标。[⑤] 所以,就特定目的减税而言,必须对执行期间的征管数据进行评价、比对和分析,进而确认相关减税制度的实际效应,为后续调整力度与范围提供必要的参考。这是因为,根据经济学中边际成本递增、边际效用递减的规律,在相关制度的供给达到社会需求饱和状态之前,每增加制定与实施一项新的政策,会由于法律规范的体系化和内部相互关系,出现边际成本递减与边际效益递增的趋势;但如果这种制度的供给超过了社会需求饱和状态,边际成本通常会随着供给增加呈现递增趋势,相应的边际效益则会出现递减的趋势,进而产生制度规模不经济的现象与问题。[⑥]

以我国宏观税负的下调为例,理论上最优的宏观税负水平在18%—24%之间,中间值约为21%。2020年我国全口径下的实际宏观税负约为32.7%。[⑦] 如果按照理论值和实际值的差距,我国的实际宏观税负水平至少应下调11%左

① 潘义轩:《促进税收负担合理化问题研究——基于结构性减税政策视角》,光明日报出版社2016年版。

② 具体应先逐步清理和取消过渡时期的税收优惠政策,然后在降低税率、取消小规模纳税人的同时,减少并直至取消过多过滥的增值税减免政策。

③ 姜敏:《减税政策效应分析及完善》,载《税务研究》2018年第6期。

④ 蔡昌:《"营改增"的减税效应、政策缺陷与制度重构》,载《商业会计》2017年第10期。

⑤ 丁祖彦、王晓刚:《美国减税政策的公平效应分析》,载《税务研究》2001年第6期。

⑥ 周林彬:《市场经济立法的成本效益分析》,载《中国法学》1995年第1期。

⑦ 冯海波:《供给侧结构性改革背景下的减税逻辑》,载《华中师范大学学报(人文社会科学版)》2017年第4期。

右,但这样的幅度显然是国家财政在短期内无法承受的。所以,降低宏观税负必须在财政可承受范围之内循序渐进地进行,这实际上要求在实施结构性减税过程中精准把握制度实施的效果,从而灵活且适时地调整结构性减税的进度。[①]与此同时,在全球新一轮国际税收体系变局加速推进的现实背景下,更加凸显了我国加快深化税制改革、切实减轻企业税负的紧迫性。但政策制定部门决不能因此过度追求税收优势,而是应当更加注重积累管理经验,根据国际税收竞争的背景、趋势与环境的变化和发展,更好地实现维持国家竞争力与保护公司税基之间的均衡。以 G7 国际税改协议中"至少 15％的全球最低公司税率"条款为例,笔者认为我国应当在坚持"对发展中国家共同又有区别"根本原则的基础上,重点关注上述条款对内陆自贸区与香港地区的企业所得税制度可能造成的冲击与影响。除此之外,鉴于最低税率政策的执行也可能导致现行出口贸易税收优惠政策被计入与实际税率有关的技术性判定,必须通过积极参与有关最低企业税率协议的制定,进而减少全球税改协议对我国出口贸易领域可能造成的不利影响。

(二) 采取"激励相容"的制度执行原则

1. 坚持"利益导向",解决实施过程中的体制障碍

经济学将委托代理关系中的主体的行为目标不一致,委托人无法对代理人的行为施以有效的约束与监督,致使代理人损害委托人利益的现象归为"代理人问题"。在委托人和代理人利益博弈的过程中,前者的利益主张通常处于"阳光"状态;后者的利益主张则十分隐蔽,一般只有其本人明知,委托人和其他人并不知晓。因此,委托人只有提供给代理人足够的激励,才能避免委托代理中极易产生的逆向选择和道德风险问题。"激励相容"理论正是为了尝试解决代理人问题中的这种利益博弈而提出的。根据"激励相容"理论,可通过给予地方政府和主管部门正当的激励,使其效用最大化目标与结构性减税制度的预设目标保持根本一致。这是因为积极引导的方式更有助于地方政府和主管部门适当调整自身的行为选择,进而从根本上防范与减少可能出现的体制障碍。相较于事后的惩罚,这种事前引导的做法也能更好地激发地方政府和主管部门采取内部自律行为的积极性,从而能有效地降低制度实施的成本费用。

对于各级地方政府,首先应通过完善地方税体系充实财力。例如,选择并确

---

① 彭红枫、杨柳明、王黎雪:《基于演化博弈的金融创新与激励型监管关系研究》,载《中央财经大学学报》2016 年第 9 期。

立新的地方税主体税种,具体可适当扩大企业所得税①、增值税等共享税的地方
分享比例②,同时逐步后移消费税征收环节并稳步下划地方。③ 其次是通过调整
事权结构减轻地方财政压力。具体是指中央政府收回本不应该属于地方政府的
事权④,并将地方政府易于把握情况、对区域外影响较小、受益范围地域性强的
事务划归为地方事务,通过法律制度对上述事权的履行提出规范性要求、明确地
方政府的支出责任;将由地方实施、需要较强地域管理信息,但同时具有较强外
部性的项目作为中央与地方共同管理的事务,通过转移支付等方式由中央承担
一定的支出责任。⑤ 再者是加快推进转移支付制度的改革。既有国际经验表
明,在成熟的市场经济国家中,政府间事权与支出责任配置一般以地方政府为主
体,收入划分则以中央或联邦政府为主导,因而形成的政府间纵向财政不平衡通
常由一般性转移支付解决。这和我国目前的财政收支状况颇为类似,可借鉴其
中加快完善一般性转移支付制度建设的做法,根据我国的实际情况建立健全省
以下转移支付制度,并以此保障地方政府支出责任的有序承担与落实。最后是
淡化 GDP 在地方官员政绩考核体系中的重要性。在我国长期经济实践中,地方
政府逐步形成了以 GDP 增长为核心的政绩考核机制,从而促使各地政府围绕经
济增长展开了激烈的竞争。但从长远发展的角度来看,这不仅会加剧财政收支
矛盾、增强政府收入扩张动机,也会挤占企业发展资源、推高企业要素成本,并最
终抵消结构性减税制度带来的政策红利。所以,应当强化对公共服务改善、环境
质量提升、营商环境优化等指标的考核,从而有效降低地方政府的投资冲动、减
少地方财政的支出需求。⑥

从主管部门来看,一方面应确保结构性减税制度中的税率、征税对象、计税
依据等基本要素的法定,并据此进一步明确既定的税收权利与义务。这是因为
税收基本要素的设定或变动(不管是提高税率,还是扩大征税范围,抑或是取消

① 这是因为企业所得税的收入规模、增长速度与营业税几乎是同步的。一方面,"营业税改征增值
税"后,原属于营业税的课税对象并入增值税征税范围,全面实现只对增值部分征税,实际减轻了企业重
复征税的负担,这在一定程度上相当于企业所得的增加,并为扩大企业所得税的分享比例夯实了经济基
础;另一方面,"营业税改征增值税"的减税规模达到一定程度时,会使得企业的利润增加额始终保持在一
定的水平上,企业所得税的收入规模也将因此逐步增大。
② 比如,将增值税的中央与地方分成比例调整为 2:3,进而更有效地保障地方的税收收入、确保地
方政府职能的充分发挥。
③ 蔡天健:《后"营改增"时代完善地方税体系的几点思考》,载《经济研究导刊》2018 年第 24 期。
④ 即将涉及宏观经济稳定和全国统一市场的事务、国家安全和外交明确为中央事权,并将原来在
地方承担这部分事务的机构和人员划归中央,由中央承担相应的支出责任;对于确实需要委托或授权地
方行使的中央事权,必须报批相关部门后制定委托或授权地方行使的法律法规。
⑤ 丁菊红:《我国政府间事权与支出责任划分问题研究》,载《财会研究》2016 年第 7 期。
⑥ 袁红英:《新一轮世界减税潮:特征、影响与应对》,载《东岳论丛》2018 年第 4 期。

税收减免),意味着纳税人税收负担的增加。所以,应当坚持将税率调整权由人大立法行使,继续授权国务院执行税收优惠政策的基本原则[1];在维护中央统一立法与税种开征权的前提下,通过立法授权适当地扩大省级税收管理权限。[2]另一方面,必须进一步压缩税务部门的自由裁量权,改善结构性减税制度的实际执行状况。这是减少结构性减税制度执行过程中的随意性、选择性过强,和"过头税""留抵税额不退"等问题的重要路径。[3] 具体而言,通过建立科学、理性的激励考核机制,引导税务机关转变按指标或任务征税的思维,将税收法律作为征税的唯一依据;完善对税收执法行为的监督和问责机制,切实避免税务部门违反税收法律、行政法规,或超越授权范围侵害纳税人、扣缴义务人以及其他当事人的合法权益。与此同时,仍需紧密围绕"为纳税人服务"基本理念,按照方便且有利于纳税人的原则,重新规划相应的税收征收管理程序与流程,进而更好地实现降低制度性交易成本、加强纳税人权利保障的根本目标。例如,除了全面推进税收信息化工程、不断完善共享涉税信息系统,各级税务机关也可以借助电子化手段,使纳税人可以通过手机轻松完成纳税汇算清缴和退补税等程序。[4]

2. 完善相关配套机制,减少实施过程中的负面影响

如前所述,在结构性减税制度的实施过程中,最直接的负面效应就是政府财政收入的锐减。但自 2008 年国际金融危机以后,我国连续多年实施积极的财政政策,财政风险也因此不断累积。[5] 根据财政部公布的 2021 年政府预算报告,我国赤字规模约为 3.57 万亿元,赤字率拟按 3.2% 安排。与此同时,截至 2020 年 12 月 29 日,以地方政府债券与城投债券为主的地方政府显性债务约为 36.08 万亿元,每年发行规模合计在 10 万亿元左右;根据《国务院关于 2019 年度国有资产管理情况的综合报告》中的地方非金融国企资产负债、2011 年国家审计署发布的《审计结果公告》、社科院提供的地方政府杠杆数据进行估算,地方政府隐性债务规模大致在 35—40 万亿元左右。所以,通过大幅度提高预算赤字率来应对财政压力的回旋余地并不大。综上所述,我国目前只能选择以减少支出为主、适度提高赤字率的方式,克服结构性减税制度的实施带来的负面效应。换言之,应当通过降低压缩公共产品的供给成本、提高公共支出资金的使用效

---

① 孙瑜晨:《美国历次减税的启示与中国减税权问题研究》,载《经济体制改革》2018 年第 6 期。

② 杨灿明:《减税降费:成效、问题与路径选择》,载《财贸经济》2017 年第 9 期。

③ 冯俏彬:《中国制度性交易成本与减税降费方略》,载《财金智库》2017 年第 4 期。

④ 张学博:《基于制度性交易成本理论对〈税收征管法〉基本原则的探讨》,载《税务研究》2020 年第 9 期。

⑤ 冯海波:《供给侧结构性改革背景下的减税逻辑》,载《华中师范大学学报(人文社会科学版)》2017 年第 4 期。

率,从而达到确保预算平衡、缓解财政风险的终极目标。① 从整体来看,我国基本公共服务支出的增势不减。其中,社会保险基金补助、基本医疗和公共卫生服务等方面的支出仍保持高速增长的态势,教育、节能环保、扶贫等刚性支出也将呈持续扩张趋势。但笔者认为,可以考虑对与基础设施建设、行政事业管理有关的支出项目进行适度的压缩。

就基础设施建设相关的支出项目而言,随着政府投资规模的持续扩张,公共投资的边际收益不断下降,持续的大规模政府投资也使公共财政承受着巨大压力。在这种情况下,减少政府投资性支出进而转变经济增长方式已经是一种必然的选择。但减少政府在经济建设领域的投资规模并不意味着全盘否定"新基建"在加快推进"双循环"发展格局中的重要地位与作用。笔者认为,应当通过大力推进 PPP模式,鼓励私人资本进入公共基础设施建设领域,充分发挥其法人治理结构在经营管理、资金运用等方面的效率优势,并最终达到减轻政府的财政支出压力、满足公共项目资金需要的目的。首先,严格按照 2014 年底国家发改委出台的《关于开展政府和社会资本合作的指导意见》的相关要求,在政府提供的公共服务和公共基础设施类项目中采用 PPP 模式②,并在各地新建市政工程和新型城镇化试点项目中优先考虑采用 PPP 模式。③ 其次,制定和实行一整套规范的操作流程,作为鼓励和扶持社会资本进入公共事业领域的重要保障。对项目识别、投资回报,以及项目的准备、采购、执行和移交过程中的各环节进行整体设计,审慎选取竞争性强的准公共事业领域作为试点,并采用以特许经营为主的运行方式,同时以政府购买服务方式保障 PPP 项目营利性和社会性的实现。最后,将评估制度贯穿PPP 项目流程的始终。第一,必须通过物有所值评价和公共财政承受能力论证,判断社会资本方的项目建议书是否可行。第二,在比较两种采购模式的基础上,将最适合 PPP 项目的社会资本方筛选出来并签订规范的项目协议,并通过设立项目公司、促使合理定价,进一步提高其效率。第三,在 PPP 项目实施的各环节进行实效的评估,并据此做好及时的调整与协商。④

在与行政事业管理支出相关的公共服务领域,应当通过政府职能的根本性转变、完善财政编制管理制度,实现压缩一般公共支出的目的。笔者认为,一方

---

① 刘玉平、胡兆峰:《地方财政支出与财政支出结构的优化——兼论我国公共财政改革的途径》,载《中央财经大学学报》2001 年第 6 期。

② 具体包括燃气、供电、供水、供热、污水和垃圾处理等市政设施,一级公路、铁路和城市轨道交通等交通设施,医疗、旅游、教育培训和健康养老等公共服务项目。

③ 曹书:《中国 PPP 模式合作类型与利益结构》,载《牡丹江师范学院学报(哲学社会科学版)》2017年第 4 期。

④ 曹书:《中国 PPP 项目发起与实施程序研究》,载《牡丹江师范学院学报(哲学社会科学版)》2017年第 3 期。

面应不断减少微观管理事务和政府审批事项,最大限度地避免各级政府对市场资源的直接配置、对市场活动的直接干预。如可通过清理和规范各类行政许可、资质资格、中介服务等管理事项,废除妨碍统一市场和公平竞争的相关规定,全面实施市场准入负面清单等基本制度,在重点领域和关键环节不断深入推进简政放权。[①] 另一方面应以财政供养人员制度体系的重构为核心,加大行政编制调整力度并细化其核定标准。首先,结合各地区的工作实际,将机构编制(尤其是近年来简政放权、群团改革后"富余"的机构编制),向政府法制、食品药品监管、生态环境保护、城市管理执法等重点领域倾斜,充分满足人民群众对于城市基本公共管理和服务的迫切需要。其次,加大行政编制在政府层级之间的调配力度,统筹考虑上级机关"瘦身"与基层一线"强身"的问题,并选择重点强化基层的执法部门和岗位,将机构编制这种"稀缺资源"配置到人民群众最需要、最有助于发挥其应有价值的地方。再者,深化事业单位的分类改革。如可逐步将实际承担行政职能的事业单位转为行政机构。即在核减地方政府事业编制的同时,按照"1∶1"或其他标准适度地扩大基层行政编制的规模,确保有足够数量、具备法定条件和资质的行政机关公务员参与公共管理和服务;结合基层行政执法工作的特点,探索设置行政执法专项编制,通过考试等方式实现已有人员的身份过渡。还可结合行业体制改革,将部分事业单位直接转为企业。以机关后勤体制改革为例,可探索在整合资源的基础上建立若干家机关后勤企业,逐步收回机关后勤管理和服务人员的编制,逐步实现政府机关直接向后勤企业购买服务。再如,积极探索将承担行业管理职能的事业单位转为社会团体。即推动目前承担行业管理职能、与有关社团职能存在交叉或重合的事业单位逐步与相关社团进行整合,通过向社会提供服务的方式从根本上解决资金来源问题。最后,建立健全公务雇员制度,在公务员队伍之外配备辅助人员参与公共管理和服务。具体思路是将公务雇员分为专业类、辅助类、基层服务类三类,在符合现有法律和行政法规的前提下,更加科学地界定相应的职责权限。在管理模式上同步实行合同制与员额管理,探索建立员额动态管理制度,即适时根据用人单位职能、日常工作强度等,相应地进行员额的增减;在经费使用上加强财政部门对人员经费的总量控制,即从根本上改变动用罚款返还、专项资金等支付公务雇员工资福利的做法,规定各单位雇用人员的经费总额由财政部门根据人员数额和经费标准进行核定,并依法纳入预算管理和加强相应的审计监督。[②]

---

① 陈谦、方浩伟:《深化简政放权与建设人民满意的服务型政府》,载《湘潭大学学报(哲学社会科学版)》2018 年第 5 期。

② 应松年、潘波:《财政供养人员的范围及制度逻辑》,载《中共中央党校学报》2016 年第 6 期。

五、结　　语

　　总的来说,一个国家税收制度的确立和变更不仅受制于国内的经济状况、政策目标,同时也会受到其他国家和地区重大税收政策变动的影响。具体到我国,在加快推进"双循环"发展格局的现实背景下,适当降低整个国家的宏观税负水平有利于实现经济社会的可持续发展。毕竟,宏观税收负担最终是由企业和消费者个人来承担。就广义的宏观税负而言,居民与企业承担的比例大约是6∶4。即60%的税收是由消费者承担的,企业承担剩余的40%。① 所以,畸高的宏观税负水平很可能产生遏制居民消费和企业投资的不利后果。与此同时,发达经济体针对全球竞争性减税的态度转向事实上减轻了我国实施减税降费政策的外部压力。所以,在继续坚持积极财政政策的新发展格局下,"有增有减"的结构性减税制度仍将是"十四五"时期的关键性政策取向。当然,结构性减税制度的实施无疑会受到不同因素的制约,从而也更需要深层次的制度变革打破其中的阻碍。所以,如何在已有基础上继续优化与落实结构性减税制度,依然是当前我国财税法学理论和实务界共同关注的焦点问题。

　　笔者认为,后续的理论研究应该立足于我国间接税负较重、非税收入占比偏高的财政收入结构,综合考虑深化改革的需要和政府财政承受能力,对结构性减税制度的制定和实施进行更加科学、缜密的整体规划。除了明确我国结构性减税制度必须建立在各级财政可承受范围内的前提下外,仍须深入探索如何更好地实现各项直接减负措施的精准滴灌。应在继续执行降低增值税税率、增值税留抵退税、个人所得税专项附加扣除等制度性减税政策的同时,做好应对新冠肺炎疫情背景下的阶段性减税政策的分类调整、有序退出,并进一步加大对我国制造业和科技创新的税收支持力度。与此同时,应当正确看待结构性减税制度实施过程中遭遇的体制障碍,并充分意识到打破体制性约束是具体减税举措得以落实的关键所在。在中央和地方的关系上,应当研究如何通过完善分税制、建立与新发展格局相适应的政绩考核体系,激励地方政府更好地贯彻实施结构性减税制度;在政府和企业的关系上,仍须探讨如何通过《预算法》及其相关法规强化对地方政府财政支出行为的约束,使其更有助于优化资源配置、维护市场统一、促进社会公平与实现国家长治久安;在企业和个人的关系上,可结合宏观税费负担率持续降低的现实背景,深入分析如何通过受益税的实施适度提高个人税收负担的分摊比例,从而进一步减少征收直接税的阻力,为降低企业税负创造条件。

---

　　① 冯俏彬:《中国制度性交易成本与减税降费方略》,载《财经智库》2017 年第 4 期。

慈善捐赠所得税激励制度之完善

金彬彬[*]

　　慈善捐赠作为国民收入的第三次分配形式[①]，对于缩小贫富差距、促进社会公平起到积极推动作用，这已获得国际社会的认同。[②] 虽然我国慈善捐赠起步较晚，但在不断出台的政策引导[③]及法律保障之下，慈善事业快速发展并逐渐成为国家整体治理体系的一部分。2020 年 10 月 29 日中国共产党第十九届中央委员会第五次全体会议通过的《中共中央关于制定国民经济和社会发展第十四个五年规划和二○三五年远景目标的建议》明确指出，应"发挥第三次分配作用，发展慈善事业，改善收入和财富分配格局"。而税收作为重要的外生变量对纳税人（尤其是企业）慈善捐赠行为产生的影响是不容忽视的。[④] 作为慈善捐赠税收制度的重要组成部分，慈善捐赠所得税激励制度仍存在诸多不足，亟待完善。

一、我国慈善捐赠所得税激励制度完善的必要性

　　慈善捐赠所得税激励制度的导向即为鼓励社会力量参与慈善捐赠活动，增

---

　　* 金彬彬，华东政法大学 2020 级经济法博士研究生。

　　① 我国经济学家厉以宁明确提出三次分配理论，认为收入不应只有市场进行第一次分配，而是要政府加强调节（第二次分配），引导慈善事业的第三次分配。资料来源：https://www.chinanews.com/cj/cj-ylgd/news/2010/06-26/2364603.shtml。

　　② 曲顺兰、许可：《慈善捐赠税收激励政策研究》，经济科学出版社 2017 年版，第 3 页。

　　③ 如 2016 年《国民经济和社会发展第十三个五年规划纲要》明确提出应"大力支持慈善事业发展，健全经常性社会捐助机制，完善鼓励回馈社会、扶贫济困的税收政策"。2019 年《国务院关于加强社会保障体系建设助力打好精准脱贫攻坚战推进社会救助工作情况的报告》同样指出应"完善企业和个人公益性捐赠所得税税前扣除政策，鼓励引导慈善组织等社会力量通过捐款捐物、设立帮扶项目、创办服务机构、提供志愿服务等方式参与社会救助，为困难群众提供多方面救助帮扶"。

　　④ 葛笑春、黄靖、李明星：《中国企业慈善捐赠行为及其税收政策研究》，浙江工商大学出版社 2016 年版，第 27—28 页；龙朝晖：《我国慈善税收政策研究》，中山大学出版社 2017 年版，第 5 页。

强全社会慈善意识。故要论证我国慈善捐赠所得税激励制度完善的必要性,必须要从我国慈善捐赠的现状着手研究,这也可为考察慈善捐赠所得税激励制度之实效、探寻慈善捐赠所得税激励制度完善之路提供实证依据。根据 2020 年 7 月中国社会科学院社会政策研究中心、社会科学文献出版社、中国灵山公益慈善促进会联合发布的《慈善蓝皮书:中国慈善发展报告(2020)》,2019 年,我国社会公益资源总量达 3374 亿元。[①] 慈善捐赠[②]作为社会公益资源的重要组成部分[③],近年来呈现出以下发展趋势:一是慈善捐赠规模逐渐扩大并以现金捐赠为主;二是慈善捐赠主体以企业捐赠为主且个人捐赠增速;三是慈善捐赠对象以基金会和慈善会系统为主;四是网络慈善发展迅速。然而,我国慈善事业在取得长足进步的同时仍存在巨大的发展空间,且与发达国家之间也存在一定的差距,鉴于慈善事业在国民经济中的重要性[④],有必要完善我国慈善捐赠所得税激励制度。

(一) 慈善捐赠规模扩大但仍有巨大发展空间

自 2016 年《中华人民共和国慈善法》(以下简称《慈善法》)施行以来,我国慈善事业正式进入法治化时代,并呈现出慈善捐赠规模逐渐扩大的趋势。根据中国慈善联合会在官网公布的数据,2015 年至 2019 年期间,我国接收款物捐赠总额呈上升趋势(仅在 2018 年有所回落),且 2019 年我国接收款物捐赠总额已达 1509 亿元,为历年最高。[⑤] 尽管中国慈善联合会目前尚未公布 2020 年的全年数据,但可以预见的是,受新冠肺炎疫情影响,企业及社会公众投身慈善活动的积极性高涨,2020 年度接收款物捐赠总额很有可能再创新高,并继续保持增长态势。此外,我国慈善捐赠主要以现金捐赠为主。根据中国慈善联合会官网公布的数据,2017 年至 2019 年,各年度全国接收现金捐赠数额在该年度捐赠总量中的占比都高于 65%。[⑥]

尽管我国慈善捐赠规模呈逐渐扩大趋势,但仍有巨大的发展空间。就慈善

---

① 该蓝皮书将社会捐赠总量、全国志愿服务贡献价值和彩票公益金三者之和设定为全核算社会公益资源总量。资料来源:http://caifang. china. com. cn/2020-07/29/content_41236729. htm。

② 2016 年《慈善法》第 34 条对"慈善捐赠"一词作出明确定义,即自然人、法人和其他组织基于慈善目的,自愿、无偿赠与财产的活动。

③ 《慈善蓝皮书:中国慈善发展报告(2020)》显示,2019 年社会捐赠总量约为 1330 亿元。资料来源:http://caifang. china. com. cn/2020-07/29/content_41236729. htm。

④ 有学者从经济学角度出发,通过构建资源配置模型,佐证了慈善事业在国民经济中的重要性。参见杨博、王艳:《中国式慈善经济思考——从新冠肺炎疫情谈起》,载《财务管理研究》2020 年第 3 期。

⑤ 资料来源:http://www. charityalliance. org. cn/news/14040. jhtml。

⑥ 2017 年我国接收现金捐赠数额占捐赠总量的 66.02%,2018 年该占比为 70.03%,2019 年该占比为 69.20%。资料来源:http://www. charityalliance. org. cn/news/14040. jhtml;http://www. charity-alliance. org. cn/u/cms/www/201909/23083734i5wb. pdf;http://www. charityalliance. org. cn/u/cms/www/201909/18145833j6wo. pdf。

捐赠对经济社会的作用而言,近年来我国境内接收国内外款物捐赠总额占同年全国 GDP 的比率略有下降趋势。该占比由 2016 年的 0.19% 下降至 2017 年的 0.18%,并在 2018 年再降至 0.16%,而同时期我国香港地区年度捐款额占本地 GDP 的比率始终保持在 0.48% 至 0.53% 之间。[①] 此外,虽然我国慈善事业发展迅速,但与发达国家之间仍存在一定差距。根据英国慈善援助基金会于 2021 年 7 月发布的《2021 年世界捐赠指数报告》,近五年来我国整体排名呈明显上升趋势并在 2020 年升至第 95 名(共 114 个国家和地区),而同年澳大利亚列第 5 名、新西兰位列第 7 名、美国位列第 19 名。[②] 由此可见,仍有必要继续完善针对慈善捐赠行为的税收激励制度,借鉴域外经验,使其充分发挥整合社会资源的补充作用。

(二)激发两大慈善捐赠主体的积极性

多年来,企业一直是我国慈善捐赠的主力军,其中民企和国企是领头羊。2019 年,企业捐赠款物总量占该年度捐赠总量的 61.71%。[③] 纵观往年数据,虽然我国捐赠总量在 2009 年至 2018 年这 10 年中有升有降,但企业捐赠在社会捐赠总量中的比重相对稳定,基本保持在 50% 至 70% 的区间内。[④] 从企业类型角度进一步分析可发现,民营企业依旧是慈善捐赠的主力,在参与捐赠的各类企业中持续领先,基本稳定在 50% 左右;国有企业一般保持第二位,外资企业和港澳台企业则次之。[⑤] 与此同时,作为第二大慈善捐赠主体,个人捐赠增速较快。就 2019 年度而言,个人捐赠再创新高,同比增长 10.54%。[⑥]

总而言之,2016 年至 2019 年,企业和个人对捐赠总量的贡献比例始终保持在 85% 以上。[⑦] 就上述两大慈善捐赠主体而言,企业所得税会给企业带来"切肤

[①] 资料来源:http://www. charityalliance. org. cn/u/cms/www/201909/23083734i5wb. pdf;http://www. charityalliance. org. cn/u/cms/www/201909/18145833j6wo. pdf。

[②] 资料来源:https://www. cafonline. org/docs/default-source/about-us-research/cafworldgivingin-dex2021_report_web2_100621. pdf。

[③] 资料来源:http://www. charityalliance. org. cn/news/14040. jhtml。

[④] 资料来源:http://www. charityalliance. org. cn/u/cms/www/201909/23083734i5wb. pdf;http://www. charityalliance. org. cn/u/cms/www/201909/18145833j6wo. pdf。

[⑤] 资料来源:http://www. charityalliance. org. cn/u/cms/www/201909/18145833j6wo. pdf;http://www. charityalliance. org. cn/u/cms/www/201909/23083734i5wb. pdf。

[⑥] 资料来源:http://www. charityalliance. org. cn/news/14040. jhtml。

[⑦] 资料来源:http://www. charityalliance. org. cn/u/cms/www/201909/18145555tcbw. pdf;http://www. charityalliance. org. cn/u/cms/www/201909/18145833j6wo. pdf;http://www. charityalliance. org. cn/u/cms/www/201909/23083734i5wb. pdf;http://www. charityalliance. org. cn/news/14040. jhtml。

之痛",个人也对个人所得税所带来的影响十分敏感。[1] 因此,完善我国慈善捐赠所得税税收激励制度,可更直接地激发两大捐赠主体的积极性。

(三)促进慈善捐赠对象的规范化运转

从我国慈善捐赠对象来看,主要以基金会和慈善会系统为主。2017 年至 2019 年间,我国慈善捐赠的主要流向一直是基金会和慈善会系统。以 2019 年度数据为例,上述两者接收捐赠数额占年度捐赠总量之比总和高达 71.25%。[2] 较之其他社会组织来说,基金会和慈善会系统的资源动员能力较强,而在慈善捐赠所得税激励制度的驱动下,其中取得公益性捐赠税前扣除资格的基金会和慈善会必然更能吸引善款。但与此同时,其也存在与企业假借慈善之名行非法避税之实、破坏公平竞争秩序的潜在风险,故完善慈善捐赠所得税激励制度,有助于促进慈善捐赠对象的规范化运转。

(四)互联网对慈善捐赠的赋能潜力巨大

网络慈善以其超越时空限制和移动支付的优势,推动慈善事业走向大众化。[3] 一方面,网络慈善拓宽了募捐渠道,2019 年上半年,民政部指定的 20 家互联网公开募捐信息平台发布募捐信息达 1.7 万条,募集善款总额超 18 亿元。[4] 另一方面,网络慈善还带动了捐赠形式及内容的创新,步数捐赠、声音捐赠等多种新型捐赠形式层出不穷,激发了众多网友参与慈善捐赠的积极性。

从纵向对比角度来看,不论是网络慈善募捐金额还是其占社会捐赠总量的比率,都表现出迅猛的发展态势。就网络慈善募捐金额而言,2015 年腾讯发起第一届"99 公益日"活动时,三天内所募捐款项总额达 1.2 亿元[5];而在 2019 年,腾讯所发起的"99 公益日"活动在三天内所募捐款项总额已超 17.8 亿元。[6] 就网络慈善募捐金额占社会捐赠总量的比率而言,根据 2020 年 10 月中国社会保障学会发布的《中国网络慈善发展报告》,该占比从 2013 年的 0.4% 直线上升至 2019 年的 4.1%。[7]

此外,互联网技术的蓬勃发展推动了捐赠票据的电子化。在财政部持续助

---

① 〔美〕B. 盖伊·彼得斯:《税收政治学:一种比较的视角》,郭为桂、黄宁莺译,江苏人民出版社 2008 年版,第 31 页。

② 资料来源:http://www.charityalliance.org.cn/news/14040.jhtml。

③ 资料来源:https://www.csgyb.com.cn/news/toutiao/20201102/27663.html。

④ 资料来源:http://caifang.china.com.cn/2020-07/29/content_41236729.htm。

⑤ 资料来源:http://www.charityalliance.org.cn/u/cms/www/201909/18145833j6wo.pdf。

⑥ 资料来源:http://www.charityalliance.org.cn/news/14040.jhtml。

⑦ 资料来源:http://www.rmzxb.com.cn/c/2020-11-03/2703874.shtml。

推财政电子票据改革的背景下[①],2019 年中国残疾人福利基金会在支付宝公益平台正式上线电子捐赠票据开具功能,此后全国各地多家公益性社会组织陆续推出开具电子捐赠票据功能。[②] 2020 年 12 月,财政部对《财政票据管理办法》进行修改,在第 3 条第 2 款中明确承认财政电子票据和纸质票据具有同等法律效力。但目前,电子捐赠票据的开具并未普及全国,其使用管理也有待进一步统一规范。以电子捐赠票据的查验为例,财政部全国财政电子票据查验平台还未实现全国联网,暂不支持湖南、云南、陕西、青海、新疆、内蒙古等地财政电子票据(包括电子捐赠票据)的查询。[③] 这无疑给网络慈善的发展带来障碍,而在新冠肺炎疫情防控常态化的背景下,线上捐赠方式将更受捐赠主体(尤其是个人小额捐赠)的青睐,故有必要充分挖掘互联网赋能潜力,继续推广电子捐赠票据的应用,从而为完善慈善捐赠所得税激励制度提供助力。

二、我国慈善捐赠所得税激励制度的现存问题

(一)与税收法定原则的潜在冲突

税收法定原则是民主和法治原则等现代宪法原则在税法上的体现,被称为税法的最高法律原则。[④] 然而,我国慈善捐赠所得税激励制度存在与税收法定原则相冲突的可能。尽管法律及授权立法层面的慈善捐赠所得税激励制度主要体现在《中华人民共和国个人所得税法》《中华人民共和国慈善法》《中华人民共和国企业所得税法》《中华人民共和国个人所得税法实施条例》《中华人民共和国企业所得税法实施条例》中,但与公益性捐赠全额税前扣除相关的税收激励制度大多存在于部门规范性文件中,立法层级较低。截至 2021 年 7 月底,笔者以“捐赠”“所得税”为关键词在北大法宝法律数据库中进行全文检索,总结检索结果可发现,从法律效力级别及法律法规数量上来看,法律仅有 23 篇,行政法规仅有72 篇,而部门规章、部门规范性文件、部门工作文件等部门文件总数却多达 521篇。由此可见,我国慈善捐赠所得税激励制度仍存在法律层级低的问题,且大部分与公益性捐赠全额税前扣除相关的部门规范性文件是由财政部与国家税务总局或与海关总署、国务院扶贫办(现为国家乡村振兴局)联合发布,未经过严格的

---

① 财政部在 2017 年颁布《关于稳步推进财政电子票据管理改革的试点方案》,并在 2018 年颁布《关于全面推开财政电子票据管理改革的通知》。

② 王勇:《财政部修改〈财政票据管理办法〉,电子捐赠票据时代加速来临》,载《公益时报》2020 年12 月 15 日第 7 版。

③ 资料来源:http://pjcy.mof.gov.cn/#/home。

④ 刘剑文:《财税法专题研究(第三版)》,北京大学出版社 2015 年版,第 187 页。

立法程序。

此外,这些与公益性捐赠全额税前扣除税收激励制度相关的部门规范性文件还体现出一事一规、临时性的特征,多对捐赠情形、捐赠主体、捐赠对象、结转年限作出限定,但却缺乏统一性。就捐赠情形而言,以部门规范性文件形式规定的公益性捐赠全额税前扣除政策主要集中于自然灾害、突发公共卫生事件、国际或全国性运动赛事、博览会、扶贫等五个方面,而自然灾害方面主要集中在地震灾害,如《财政部、海关总署、国家税务总局关于支持鲁甸地震灾后恢复重建有关税收政策问题的通知》《财政部、海关总署、国家税务总局关于支持芦山地震灾后恢复重建有关税收政策问题的通知》《财政部、海关总署、国家税务总局关于支持玉树地震灾后恢复重建有关税收政策问题的通知》《财政部、海关总署、国家税务总局关于支持汶川地震灾后恢复重建有关税收政策问题的通知》,仅有 1 部部门规范性文件是有关支持和帮助遭受特大山洪泥石流灾害的灾后重建,即《财政部、海关总署、国家税务总局关于支持舟曲灾后恢复重建有关税收政策问题的通知》。而对台风、暴雨、旱灾等气象气候灾害,江河泛滥等水文海洋灾害,天然森林火灾等生物灾害,几乎没有任何部门规范性文件对其有所规定,由此体现出典型的应急性特征。[1] 与公益性捐赠全额税前扣除政策相关的一些部门规范性文件对于实施日期即法的溯及力规定不一。举例来说,同样是在捐助地震灾害的情形下,《财政部、海关总署、国家税务总局关于支持鲁甸地震灾后恢复重建有关税收政策问题的通知》的实施日期较发布日期向前追溯了一年多;而《财政部、海关总署、国家税务总局关于支持汶川地震灾后恢复重建有关税收政策问题的通知》的实施日期与发布日期相同。

就捐赠主体而言,与公益性捐赠全额税前扣除政策相关的部门规范性文件也未形成统一。例如,在捐赠情形同为国际性事务时,《财政部、国家税务总局、海关总署关于第 29 届奥运会税收政策问题的通知》《财政部、税务总局、海关总署关于杭州 2022 年亚运会和亚残运会税收政策的公告》将能够享受公益性捐赠全额税前扣除政策的捐赠主体仅限于企业、社会组织和团体,而未涵盖个人;《财政部、国家税务总局、海关总署关于北京 2022 年冬奥会和冬残奥会税收政策的通知》将能够享受公益性捐赠全额税前扣除政策的捐赠主体扩展至企业、社会组织、团体和个人;而《财政部、国家税务总局关于 2010 年上海世博会有关税收政策问题的通知》则将能够享受捐赠全额税前扣除政策的捐赠主体范围扩大,包括企事业单位、社会团体、民办非企业单位和个人。

就捐赠对象而言,与公益性捐赠全额税前扣除政策相关的部门规范性文件

---

[1]　李晶晶、王珊珊:《社会资本慈善捐赠的所得税激励政策探究》,载《税务研究》2020 年第 8 期。

也缺乏统一性。在捐赠情形同为突发公共卫生事件时，《财政部、国家税务总局关于纳税人向防治非典型肺炎事业捐赠税前扣除问题的通知》《财政部、国家税务总局关于防治"非典"捐赠税前扣除优惠政策的补充通知》将捐赠对象限定为各级政府民政部门、卫生部门、中国红十字会总会、中华慈善总会及两个总会下设各省、市、县的地方分会或协会。而《财政部、税务总局关于支持新型冠状病毒感染的肺炎疫情防控有关捐赠税收政策的公告》中所规定的捐赠对象扩展至公益性社会组织或者县级以上人民政府及其部门等国家机关，并可包含承担疫情防治任务的医院。

就结转年限而言，为突出对扶贫攻坚的重点支持，《财政部、税务总局、国务院扶贫办关于企业扶贫捐赠所得税税前扣除政策的公告》准许在计算企业所得税应纳税所得额时据实扣除用于目标脱贫地区的扶贫捐赠支出，而不受年度扣除限额的限制。[①]

综上所述，我国慈善捐赠所得税激励制度存在法律层级较低、内容庞杂散乱、缺乏统一性的问题，与税收法定原则存在潜在冲突。以新冠肺炎疫情防控为例，截至 2020 年 6 月底，全国各级慈善组织共接受社会各界捐赠款物的总额接近各级财政抗疫总投入资金的四分之一。[②] 但其无法为纳税人提供稳定预期，部分具有参与慈善活动意愿的企业和个人也会因文件内容的模糊性和不统一而有所顾虑。

（二）与税收效率原则的潜在冲突

税收效率原则包含两方面内容：一是行政效率原则，即国家征税应以最小的税收成本去获取最大的税收收入；二是经济效率原则，即国家征税应有利于资源的有效配置、提高经济效益，并尽可能不影响市场对资源配置的决定性作用，不应给纳税人产生额外负担。[③] 我国现行慈善捐赠所得税税收激励制度设置多重限制性条件，旨在保证公益目标的实现，防止税收激励政策被滥用于避税等私益。[④]然而烦琐复杂的认定程序很有可能抑制了慈善捐赠主体的积极性，增加征纳成本。

1. 适格捐赠对象的局限性

适格捐赠对象的局限性之一体现在认定标准的不统一。一方面，表现为认

---

① 2021 年 5 月颁布的《财政部、税务总局、人力资源社会保障部、国家乡村振兴局关于延长部分扶贫税收优惠政策执行期限的公告》将该公告规定的税收优惠政策的执行期限延长至 2025 年 12 月 31 日。

② 资料来源：http://www.charityalliance.org.cn/org/14058.jhtml。

③ 张守文：《经济法原理》，北京大学出版社 2013 年版，第 302 页。

④ 聂淼：《应对公共卫生事件公益捐赠扣除研究：中美比较的视角》，载《国际税收》2020 年第 4 期。

定程序标准的不统一。关于公益性社会组织的公益性捐赠税前扣除资格认定，当前的认定程序是分别由中央或省级多部门联合审核，形成多龙治水的局面。而在公益性社会组织中，慈善组织和其他社会组织的公益性捐赠税前扣除资格认定程序比群众团体更为烦琐。根据 2020 年 5 月发布的《财政部、税务总局、民政部关于公益性捐赠税前扣除有关事项的公告》及 2021 年 6 月发布的《财政部、税务总局关于通过公益性群众团体的公益性捐赠税前扣除有关事项的公告》，就中央层面而言，在民政部登记注册的慈善组织和其他社会组织需由民政部对其公益性捐赠税前扣除资格的认定给出初步意见，再由民政部联合财政部、税务总局一同确定适格捐赠对象的名单予以公示；而受中央直接管理的群众团体则向财政部和税务总局报送材料并由两部门联合公布名单。就地方层面而言，在地方民政部门登记注册的慈善组织和其他社会组织，需由省级财政、税务、民政部门参照中央认定程序联合确定适格名单；而受地方机构编制部门直接管理的群众团体则向省级财政和税务部门报送材料并由两部门联合公布名单。

另一方面，存在认定实体标准不统一的潜在风险。尽管《中华人民共和国企业所得税法实施条例》第 52 条及上述两个公告明确了信息报告周期、用于公益慈善事业的支出、往年管理费用、社会组织评估等级等多个具体的认定标准，但公益性捐赠税前扣除资格仍是由中央和省级两个层面分别确定名单予以公示，即地方在资格认定上享有一定的自由裁量权，在关乎税收利益减让的情况下，实务中很有可能导致各地宽严不一，与行政效率原则存在潜在冲突。

适格捐赠对象的局限性之二体现在数量少。鉴于多重约束条件的限制，实务中能够获得公益性捐赠税前扣除资格的公益性社会组织数量较少。截至 2021 年 7 月，全国共登记社会组织 90 多万家[①]，而笔者在"慈善中国"官网中勾选"公益性捐赠税前扣除资格"作为筛选条件，发现仅有 4109 家取得公益性捐赠税前扣除资格。适格捐赠对象数量的局限性也将限制享受公益性捐赠税前激励的捐赠主体的覆盖面，影响该制度的实效性。具体而言，适格捐赠对象被少数公益性社会组织所垄断，限制了捐赠主体的选择，且在缺乏竞争机制和监督机制的情况下，其自身在资源分配方面的专业性有待提升，导致慈善事业第三次资源分配的功能无法完全发挥。例如，2020 年新冠肺炎疫情暴发时公众就表现出对湖北省红十字会所公示的捐赠物资分配合理性的质疑。[②]

适格捐赠对象的局限性之三体现在对直接捐赠的排除。不论是企业所得税

[①] 资料来源：http://www.mca.gov.cn/article/xw/xwfbh/2021/xwfbh_06/index.html。

[②] 杨博、王艳：《中国式慈善经济思考——从新冠肺炎疫情谈起》，载《财务管理研究》2020 年第 3 期。

激励制度还是个人所得税激励制度,都将适格的捐赠对象限定为公益性社会组织和县级以上人民政府及其部门等国家机关这两类。概言之,适格捐赠对象仅限于间接捐赠对象。举例来说,税务总局曾明确答复确认,企业直接向公立学校捐赠不可获得企业所得税前扣除资格。[①] 但值得关注的是,新冠肺炎疫情期间的所得税税收激励政策对于适格捐赠对象的范围有所突破,《财政部、税务总局关于支持新型冠状病毒感染的肺炎疫情防控有关捐赠税收政策的公告》将适格捐赠对象扩展至承担疫情防治任务的医院,由此使得直接捐赠也被纳入所得税激励制度的适用范围中去。然而该公告也存在一定的局限性,即将直接捐赠财产仅限于"应对疫情物品",排除了现金捐赠。也有学者对该公告提出质疑:所谓"应对疫情物品"是否包括防护治疗用品以外的生活用品,以及志愿者无偿接送医护人员等服务能否扣除。[②]

2. 扣除比例缺乏弹性

个人捐赠所得税激励制度及企业捐赠所得税激励制度均以比例税前扣除为主、全额税前扣除为辅。就比例税前扣除而言,现行企业捐赠所得税激励制度所规定的扣除比例固定在年度利润总额的12%,个人捐赠所得税激励制度所规定的扣除比例固定在个人应纳税所得额的30%。而在扣除比例缺乏弹性的情况下,相同的捐赠款物在投向良莠不齐的公益性社会组织时,所获得的所得税激励力度却趋于相同,故资源配置效率有待提高,即与经济效率原则存在潜在冲突。

3. 扣除结转年限的局限性

将个人捐赠所得税激励制度和企业捐赠所得税激励制度相对比,可发现仅有企业才可享受三年扣除结转年限,而个人在从事慈善捐赠行为时,其捐赠总额超出应纳税所得额30%的部分不能向以后年度结转。由此,个人和企业在捐赠同等价值财产时会受到不同的激励政策待遇,很有可能会挫伤个人大额捐赠的积极性。

此外,反观企业捐赠所得税激励制度中的扣除结转年限,如果企业之后三年未盈利,则超出扣除比例部分的慈善捐赠就无法完全用以抵扣企业所得税,无法完全实现激励作用。对经营持保守态度的企业会根据其所预测的经营情况调整慈善捐赠数额,如考虑到来年可能产生亏损而无法获得税前扣除额度,可能会降低来年用于慈善捐赠的钱款金额,从而影响企业大额捐赠的积极性以及捐赠的持续性。

---

① 资料来源:http://www.chinatax.gov.cn/chinatax/n810356/n3255681/c5162867/content.html.
② 聂淼:《应对公共卫生事件公益捐赠扣除研究:中美比较的视角》,载《国际税收》2020年第4期。

（三）与税收公平原则的潜在冲突

税收公平原则意味着税收负担应在纳税人之间进行公平分配，近代学者马斯格雷将税收公平细化为横向公平和纵向公平。① 现行慈善捐赠所得税激励制度除了与税收法定原则及税收效率原则存在潜在冲突外，在制度实施层面也遇到一些障碍，导致其无法完全符合税收公平原则的要求。

1. 非货币慈善捐赠财产的价值评估难

尽管根据《民政部办公厅关于指导督促慈善组织做好捐赠物资计价和捐赠票据开具等工作的通知》规定，慈善组织接受物资捐赠时，其物资入账价值的确定标准和顺序可参照《民间非营利组织会计制度》《〈民间非营利组织会计制度〉若干问题的解释》，但我国非货币慈善捐赠财产的价值评估制度仍有待完善之处。一是上述通知均为部门规范性文件，法律层级较低；二是只有以公允价值作为其入账价值的捐赠物资才可参照《民间非营利组织会计制度》的规定确定其入账价值。虽然，上述通知规定市场价格可根据物资当日捐赠方自产物资的出厂价、捐赠方所销售物资的销售价、政府指导价、知名大型电商平台同类或者类似商品价格等来加以确定，但未规定估价数额发生争议时的处理方法，实务中仍存在公允价值无法可靠计量的情况。故现实中，公益性社会组织和国家机关更愿意接受现金捐赠，即可省却非货币慈善捐赠财产价值评估带来的麻烦。尽管现行法律法规对慈善捐赠的财产类型未加以限制，但现实中现金捐赠与非货币慈善捐赠财产所面临的价值评估难度区别是不容忽视的，由此捐赠主体在以非货币慈善捐赠行为申报所得税前扣除资格时会比现金捐赠面临更多的制度障碍。故应在尊重捐赠主体意愿和考虑适格捐赠对象多元化募捐需求的基础上，完善非货币慈善捐赠财产的价值评估制度，以实现实质意义上的税收公平。

非货币慈善捐赠财产包括货物、股权、债权、有价证券、服务、知识产权等多种形式。2019 年《关于公益慈善事业捐赠个人所得税政策的公告》认定股权和房产捐赠应按财产原值确定，而除股权和房产外的其他非货币性资产，则按照其市场价格确定。而根据 2016 年《财政部、国家税务总局关于公益股权捐赠企业所得税政策问题的通知》和 2019 年《财政部、税务总局关于公益慈善事业捐赠个人所得税政策的公告》的规定，企业在向已获得捐赠税前扣除资格的公益性社会团体实施股权捐赠时，被视为转让股权，而股权转让收入额则以企业所捐赠股权取得时的历史成本确定。尽管这一规定对于公益股权转让的价值评估提供了创

---

① 有关横向公平和纵向公平的概念解析参见刘剑文：《财税法专题研究（第三版）》，北京大学出版社 2015 年版，第 197 页。

新思路,但仍存在一些局限性,如将捐赠主体仅限于企业,并将捐赠对象仅限于适格的公益性社会团体。而以股权历史成本而非捐赠时市场价格作为确定捐赠额标准的合理性也值得商榷。

此外,在自然灾害、突发公共卫生事件等公共危机事件发生时,非货币捐赠可迅速解决捐赠对象物资短缺的实际困难。[①] 例如,在新冠肺炎疫情暴发前期,口罩、防护服、消毒液等医用物品十分紧缺,价格高涨,承担疫情防治任务的医院对上述非货币财产的需求远大于现金。故应重视完善非货币捐赠财产的价值评估制度的必要性,尤其应弥补目前处于制度空白阶段的债权捐赠、有价证券捐赠、服务捐赠、知识产权捐赠等新型捐赠形式的价值评估标准,注重捐赠财产的流通价值而不局限于使用价值。[②] 新冠肺炎疫情暴发后,财政部、税务总局、民政部出台的《关于公益性捐赠税前扣除有关事项的公告》也确定非货币捐赠财产的价值评估标准为其公允价值,由此确定捐赠额,并要求由捐赠主体承担提供注明捐赠非货币性资产公允价值的证明的责任。但由捐赠主体提供的公允价值证明,也可能存在一定问题,因为捐赠主体有可能会对非货币性资产公允价值估值偏高,以此认定较高数额的慈善捐赠,从而获得更多的税前扣除额。

2. 异地捐赠的潜在阻碍多

异地捐赠的潜在阻碍主要来源于公益性捐赠税前扣除资格公示制度和捐赠票据使用管理制度的不完善,实质上可归结为信息不对称。在公益性捐赠税前扣除资格公示制度上,尽管公益性捐赠税前扣除资格在全国范围内有效[③],也有地方财政局明确表示,企业或个人对外地公益性社会团体的捐赠对照财政、税务、民政部门联合公布的名单予以税前扣除[④],但由于目前缺乏统一的公益性捐赠税前扣除资格公示平台且现有公示信息不完善,捐赠主体在查验相关资格时存在阻碍。具体而言,现有公益性捐赠税前扣除资格的公示渠道主要为省级以上税务部门官网和"慈善中国"官网。其中,国家税务总局和省级税务局的公示信息较为全面(包括资格名单和有效时限)但较为零散,即为分批公示且缺乏统一的公示专栏,故捐赠主体需在各个分批名单中进行逐一查找确认;而"慈善中国"官网虽可筛选条件查询,但公示信息不全,例如,湖南省湘雅医学与健康基金会为湖南省 2020 年度公示的第二批适格受赠对象之一且其公益性捐赠税前扣

---

① 李贞、莫松奇等:《我国慈善捐赠税收政策体系的完善研究》,载《税务研究》2021 年第 2 期。

② 葛伟军:《公司捐赠的慈善抵扣——美国法的架构及对我国的启示》,载《中外法学》2014 年第 5 期。

③ 参见《财政部、税务总局、民政部关于公益性捐赠税前扣除有关事项的公告》第 6 条。

④ 资料来源:https://czj. sh. gov. cn/zys_8908/hdjl_9149/rdfk/qt_9158/20180416/0017-177433. html。

除资格时限截至 2022 年 12 月 31 日[①],但在"慈善中国"官网中查询时却未显示其税前扣除资格有效期。

在捐赠票据使用管理制度上,首先,就捐赠票据的开具制度而言,如前所述,目前捐赠票据电子化尚未全面普及,许多公益性社会组织还不具备开具电子捐赠票据的功能,无形中增加了异地捐赠和互联网捐赠的合规成本。其次,就捐赠票据的查验制度而言,根据 2010 年《公益事业捐赠票据使用管理暂行办法》第 32 条,省级政府财政部门可结合各地实际情况制定具体实施办法,由此将税前扣除资格认定的依据——捐赠票据认定的权力下放给地方财政部门。然而,第 32 条所规定的自由裁量权可能会与税收公平原则之间存在潜在冲突。因为根据该办法第 27 条,省级政府财政部门所印制的捐赠票据的核发使用范围一般仅限于本行政区域内而不得跨行政区域。由此有可能产生异地捐赠认定难的问题,以企业作为捐赠主体为例,当企业向注册地以外地区的适格公益性社会组织捐赠并取得该组织出具的捐赠票据后,企业注册地所在税务部门可能会出于地方保护主义或因难以确认外地捐赠票据的真伪(如前所述,目前电子捐赠票据的查验还未实现全国联网)等原因,从而拒绝认定由外地公益性社会组织出具、外地财政部门监制的捐赠票据。[②] 最后,就捐赠票据的留存制度而言,根据现有法规规定,企业和个人均负有留存捐赠票据备查的义务,且个人留存捐赠票据的期限为五年。[③] 然而,现实中捐赠主体(尤其是个人)对捐赠票据的索取和留存意识较弱,且对慈善捐赠所得税激励政策的认知度较低,在捐赠票据电子化尚未完全落实的情况下,难以真正实现捐赠主体对捐赠票据的留存。总之,上述疑虑会使得企业和个人因顾虑异地捐赠(尤其是大额捐赠)产生的额外合规风险或因缺乏异地税务部门的明确答复而放弃捐赠或推延捐赠时间。

三、慈善捐赠所得税激励制度的完善路径

(一) 税收法定原则下提升所得税激励制度的法治化程度

随着财政紧缩的加剧,诸多国家将发展慈善捐赠视为公共支出的替代方

---

① 资料来源:http://hunan.chinatax.gov.cn/show/20210625778392。

② 程辉:《浅谈新冠肺炎疫情下公益性捐赠税收政策的完善》,载《税收征纳》2020 年第 9 期;汤军:《我国公益性捐赠税收政策研究》,江西财经大学 2019 年硕士学位论文,第 26 页。

③ 参见《财政部、税务总局、民政部关于公益性捐赠税前扣除有关事项的公告》第 11 条第 2 款、《财政部、税务总局关于公益慈善事业捐赠个人所得税政策的公告》第 10 条第 2 款。

案。[1] 而在英国慈善援助基金会每年发布的《世界捐赠指数报告》中，美国几乎每年都位列前十（除 2021 年外）。美国蓬勃发展的慈善事业离不开慈善捐赠所得税激励制度的法治化和体系化。美国慈善捐赠所得税激励制度大多规定于《国内收入法典》中，由此可约束征税权力依法行使，为社会公众提供稳定预期，依法引导公众作出慈善选择，满足多元化捐赠需求。我国可在遵循税收法定原则的前提下，借鉴美国的法治化和体系化思维，从以下两方面提升所得税激励制度的法治化程度和体系化程度。

一方面，提升税收实体法方面的法治化程度。如前所述，我国与公益性捐赠全额税前扣除相关的税收激励制度规定存在于大量的部门规范性文件中，立法层级较低且缺乏统一性。但在这些部门规范性文件中，也不乏部分较为稳定的制度。如以部门规范性文件形式规定税前全额扣除的捐赠情形多集中于自然灾害、突发公共卫生事件、扶贫、国际或全国性运动赛事、博览会等五个方面。此外，尤其是针对地震灾后恢复重建的慈善捐赠所得税激励政策，都基本规定允许"企业、个人通过公益性社会团体、县级以上人民政府及其部门向受灾地区的捐赠"，在当年企业和个人所得税前全额扣除。[2] 因此，对于这类已经较为稳定的制度，可提升其效力层级，以保证法律的稳定性。同时，可通过立法形式界定可税前全额扣除的概括性适用范围，统一捐赠情形、捐赠主体、捐赠对象、结转年限等多种限制条件，并以授权立法的形式规定例外情形，如应以扶贫、自然灾害、突发公共卫生事件、国际或全国性运动赛事、博览会等为主。[3] 虽然之前出台的部门规范性文件多采用实施日期回拨的形式，使法律效力可溯及既往，但仍会存在法律滞后性的问题。故提高所得税税收激励制度的法治化程度可为纳税人提供稳定预期。

另一方面，提升税收程序法方面的法治化程度。我国慈善捐赠所得税激励制度相关的现行法律法规，偏重于实体法规则，而对于程序性事项的规定较少，比如实务中申请税前抵扣的流程有待统一。此外，异地捐赠认定难问题的出现也是慈善捐赠所得税激励制度中税收程序性法律规范缺失的体现。

---

① Anthony B. Atkinson, *Charitable Giving and Economics*, in Gabtelle Fack & Camille Landais, *Charitable Giving and Tax Policy: A Historical and Comparative Perspectine*, Oxford University Press, 2016, p. 23.

② 参见《财政部、海关总署、国家税务总局关于支持鲁甸地震灾后恢复重建有关税收政策问题的通知》（财税〔2015〕27 号）;《财政部、海关总署、国家税务总局关于支持芦山地震灾后恢复重建有关税收政策问题的通知》（财税〔2013〕58 号）;《财政部、海关总署、国家税务总局关于支持玉树地震灾后恢复重建有关税收政策问题的通知》（财税〔2010〕59 号）;《财政部、海关总署、国家税务总局关于支持汶川地震灾后恢复重建有关税收政策问题的通知》（财税〔2008〕104 号）。

③ 聂淼:《应对公共卫生事件公益捐赠扣除研究:中美比较的视角》，载《国际税收》2020 年第 4 期。

(二) 税收效率原则下提升所得税激励制度的灵活度

1. 适格捐赠对象认定的统一

多部门联合审核是我国公益性捐赠税前扣除资格认定的特征之一，体现了我国所得税激励制度的谨慎性和严格性，但也使得审核程序复杂化、审核周期长。由于公益性捐赠税前扣除资格的设立是为确保慈善捐赠款项可通过可靠专业的慈善组织流向急需救助的领域，从而保证公益目的的真正实现。故资格的认定与日后纳税人申请所得税前扣除密切相关，而财政部门和民政部门对于税法专业知识的掌握并不如税务部门经验丰富。为落实税收效率原则，建议由省级以上税务部门负责公益性捐赠税前扣除资格的认定，从而精简、统一慈善组织、其他社会组织和群众团体这三类公益性社会组织的公益性捐赠税前扣除资格认定程序标准，以提高行政效率、落实税收公平。同时，还可灵活运用现行慈善捐赠领域相关主体守信联合激励机制[1]，即对于评估等级高的慈善组织可适当简化上述资格的认定程序或设置绿色通道。此外，对于各地可能存在公益性捐赠税前扣除资格认定实体标准不一的潜在风险，则可呼吁慈善行业以出台自律规范的方式进一步强化约束，从而弥补法律法规的不足。

2. 扣除比例的弹性设置

除全额扣除外，我国现行慈善捐赠所得税激励制度所规定的扣除比例均是固定的，缺乏弹性。这种"一刀切"式的做法欠妥，因为在捐赠情形、捐赠主体、捐赠对象、捐赠财产类型不同的情况下都适用固定不变的扣除比例，有违税收公平原则，也无法完全发挥税收激励作用。

与我国不同的是，美国在设定个人所得税可抵扣比例时，根据捐赠对象类型和捐赠财产类型的不同，相应设置高低不同的扣除比例以引导公众的捐赠行为。可总结出以下规律：捐赠对象为公共慈善机构的，扣除比例较高；捐赠财产为现金的，扣除比例较高。笔者认为，这种弹性扣除比例的设置也体现了美国对于个人捐赠群体的重视。与中国以企业为捐赠主体不同，美国以个人为慈善捐赠的主力军，故其对个人捐赠群体再进行细分，设置弹性扣除比例，可针对性地调动社会力量参与慈善事业，引导社会资源流入的偏向。因此，有学者在评价美国慈善税收制度时，认为其凸显出参与式公民和精英主义之间的内在张力。[2]

---

① 参见《关于对慈善捐赠领域相关主体实施守信联合激励和失信联合惩戒的合作备忘录》(发改财金〔2018〕331号)。

② Charles T. Clotfelter, *Charitable Giving and Tax Policy in the US*, in Gabtelle Fack & Camille Landais, *Charitable Giving and Tax Policy: A Historical and Comparative Perspective*, Oxford University Press, 2016, p.35.

所得税激励机制的初衷是在于激发社会公众投身公益活动,调动民间力量而对政府及市场形成有效补充,故应当基于公益性程度的不同,而给予捐赠主体不同的扣除比例。一是,从捐赠主体的角度来看,弹性的扣除比例尊重捐赠主体的意愿,满足了捐赠主体的不同需求,丰富了捐赠形式,提高了公众慈善意识;二是,从公益性社会组织的角度来看,弹性的扣除比例可使不同规模的公益性社会组织拓宽资金来源,并为其保持合规运营提供助力;三是从政府角度来看,在"理性经济人"理论基础上,弹性的扣除比例可以经济效益引导捐赠偏向,实现扶贫等政策目标。

因此,可借鉴美国相关经验,根据捐赠情形、捐赠对象类型、捐赠财产类型设定弹性的扣除比例。例如,可以在间接捐赠和直接捐赠、取得公益性捐赠税前扣除资格的公益性社会组织和未取得前述资格的公益性社会组织、现金捐赠和非货币财产捐赠之间设定不同的税前扣除比例,从而满足公众不同捐赠需求。① 此外,还可与《中华人民共和国突发事件应对法》接轨,根据特别重大、重大、较大和一般四级设置不同扣除比例,全额扣除则可另行规定。②

3. 扣除结转年限的完善

我国现行慈善捐赠税收激励制度中,企业捐赠享有三年的扣除结转年限,而个人捐赠则未规定扣除结转年限。这与税收公平原则存在潜在冲突,举例来说,当个人现金捐赠款项与企业现金捐赠款项数额相同且超过各自扣除额度时,两者捐赠的财产价值实际上是一样的,此种情况下让个人和企业承担不同税负,不符合税收公平原则。因此,为排除大额个人捐赠的制度障碍,应同时为企业和个人设置相同的扣除结转年限。

此外,2019 年发布的《财政部、税务总局、国务院扶贫办关于企业扶贫捐赠所得税税前扣除政策的公告》基于扶贫这一特殊政策,对结转扣除年限规定了例外情形,首次突破了 3 年限期。而放眼世界,美国、澳大利亚、加拿大、法国等国家均规定了 5 年的超额捐赠结转年限。③ 在判断这种例外情形是否有必要予以推广以及是否有必要借鉴域外经验延长结转扣除年限时,需要回归到我国对慈善捐赠所得税激励制度的定位。税收调控法是我国宏观调控法律体系中的重要组成部分。④ 由此,对慈善捐赠行为实行所得税激励实则是发挥政府宏观调控作用的体现:一是补缺性作用,慈善捐赠所得税激励制度实质上是通过诱导性税

① 赵海益、史玉峰:《我国个人公益性捐赠所得税优惠政策研究》,载《税务研究》2017 年第 10 期。
② 李晶晶、王珊珊:《社会资本慈善捐赠的所得税激励政策探究》,载《税务研究》2020 年第 8 期。
③ 侯卓:《税收优惠的正当性基础——以公益捐赠税前扣除为例》,载《广东社会科学》2020 年第 1 期。
④ 吴弘、任超:《宏观调控法学——市场与宏观调控法治化》,北京大学出版社 2018 年版,第 221 页。

法规范促进社会财富的第三次分配,即国家以减让税收利益为代价激励纳税人更积极地参与慈善捐赠,有利于解决前两次分配的失衡问题[①];二是救急性作用,在公共危机中可应急性、间接地引导社会资源的流向,由此保证资源能够充足高效地用于危机应对。[②] 而政府减让税收利益应有所谦抑,以实现均衡保护纳税人、捐赠者和公共消费者的合法权益。[③] 因此,与许多发达国家相比,我国对企业捐赠设定 3 年结转扣除年限虽然偏短,但是否要借鉴域外经验也延长至 5 年,仍需结合我国国情和各地财政收入能力作进一步分析论证,不可盲目照搬域外经验。

(三) 税收公平原则下提高所得税激励制度的包容度

1. 完善非货币慈善捐赠财产价值评估制度

应完善非货币慈善捐赠财产价值评估制度,满足捐赠主体的多元化需求。对多元化捐赠财产的包容与涵盖,可体现出政府对相同财产价值但不同财产形式的捐赠财产的同等对待,有助于在税务征管中落实税收公平原则。

一方面,完善非货币财产价值的评估标准。应明确非货币和货币慈善捐赠代表相同的捐赠价值,只是财产形式不同,故应当享受相同的税收优惠。现行法律法规强调以公允价值为捐赠财产价值评估的原则,并主要适用于实物物资的价值评估,债权、有价证券、服务、知识产权等无形财产的价值评估标准仍有待完善。以服务为例,现行法规主要针对企业、社会组织和团体对国际赛事捐赠的服务支出,实施企业所得税前全额扣除的激励政策。[④] 故可在现有政策基础上,进一步明确将服务支出纳入捐赠财产的范围,如新冠肺炎疫情期间运输公司无偿为承担疫情任务的医院提供医疗物资运输服务、个人为提供志愿者服务所产生的费用支出等。

另一方面,培育第三方专业价值评估机构市场。为防止由捐赠主体提供非货币捐赠财产公允价值的证明具有偏向性,可要求相关证明必须由第三方专业价值评估机构提供。

---

① 叶姗:《社会财富第三次分配的法律促进——基于公益性捐赠税前扣除限额的分析》,载《当代法学》2012 年第 6 期。

② 蔡昌、徐长拓等:《新冠肺炎疫情防控的财税对策研究》,载《税收经济研究》2020 年第 2 期;吴弘、任超:《宏观调控法学——市场与宏观调控法治化》,北京大学出版社 2018 年版,第 1 页。

③ 叶姗:《社会财富第三次分配的法律促进——基于公益性捐赠税前扣除限额的分析》,载《当代法学》2012 年第 6 期。

④ 参见《财政部、税务总局、海关总署关于杭州 2022 年亚运会和亚残运会税收政策的公告》(财税〔2020〕18 号)第 9 条;《财政部、税务总局、海关总署关于北京 2022 年冬奥会和冬残奥会税收政策的通知》(财税〔2017〕60 号)第 3 条。

2. 构建异地捐赠的互认模式

为落实税收公平原则,应当建立异地捐赠互认模式,通过挖掘互联网赋能潜力,以数字信息代替纸质文件,完善公益性捐赠税前扣除资格公示制度和捐赠票据使用管理制度,尽可能减少信息不对称。

一方面,在"慈善中国"官网的基础上建立全国统一的公益性捐赠税前扣除资格公示线上平台,并与省级以上税务部门公示的名单保持信息同步更新,由此方便各地税务部门在受理异地捐赠税前扣除时可快速查验异地公益性社会组织是否具备公益性捐赠税前扣除资格以及该资格是否在有效期限内,提高行政效率,也使得纳税人在向异地公益性社会组织捐赠时能够享受到和向当地公益性社会组织捐赠同等的税收优惠待遇。

另一方面,继续推动慈善捐赠票据在全国范围内的电子化改革,以实现捐赠票据全程动态化管理使用。就捐赠票据的开具制度而言,根据《慈善法》第38条,向捐赠主体开具捐赠票据是慈善组织的法定义务而非权利,故在捐赠主体索取和留存捐赠票据意识较弱的情况下,仍要强调捐赠对象开具捐赠票据的主动性、落实电子捐赠票据开具功能的全覆盖。如深圳市财政局于2020年出台《深圳市财政局关于全面应用捐赠、资金往来结算财政电子票据的通知》并公示当前领用捐赠财政票据的单位名单,具有一定的借鉴推广价值。其次,就捐赠票据的使用查验制度而言,为落实《财政票据管理办法》第6条规定,可依托财政部全国财政电子票据查验平台建立统一的电子捐赠票据查验子平台,实现全国联网,方便各地税务部门在受理异地捐赠税前扣除申请时快速高效查验捐赠票据的真伪。最后,就捐赠票据的留存制度而言,建议未来将慈善组织的电子捐赠票据开票系统与税务部门、财政部门联网,并督促其在开具纸质票据的同时完成电子捐赠票据的存储和上传,减轻捐赠主体留存捐赠票据的负担。由此可构建起异地捐赠互认模式,减少制度障碍,也可便于社会公众的监督,防止诈捐行为的发生。

四、结　语

在《慈善法》实施将满五周年之际,我国慈善捐赠规模不断扩大但仍有巨大发展空间。为激发企业和个人这两大慈善捐赠主体的积极性,促进慈善捐赠对象的规范化运转,挖掘网络慈善的赋能潜力,有必要完善我国慈善捐赠所得税激励制度。我国现行慈善捐赠所得税激励制度与税收法定原则、税收效率原则、税收公平原则存在潜在冲突。故在探寻我国慈善捐赠所得税激励制度的完善路径时,应从实体法和程序法两个角度提升所得税激励制度的法治化程度,统一适格捐赠对象认定标准、弹性设置扣除比例、完善扣除结转年限,完善非货币慈善捐赠财产价值评估制度和构建异地捐赠的互认模式。

政府采购公平竞争问题研究

陈 姝[*]

　　根据《中华人民共和国政府采购法》(以下简称《政府采购法》)的规定,政府采购是指各级国家机关、事业单位和团体组织,使用财政性资金采购依法制定的集中采购目录以内的或者采购限额标准以上的货物、工程和服务的行为。[①] 政府采购因其特殊性而受到专门法律的调整,政府采购的公平竞争问题亦备受关注。虽然 2003 年我国便颁布了《政府采购法》,但目前我国政府采购实践中仍然存在多种竞争问题。政府采购除对商品、服务的使用需求外,因其采购规模巨大(根据财政部 2019 年 9 月 16 日发布的 2018 年政府采购数据统计显示,2018 年全国政府采购规模超 3.5 万亿元)还承担着国家经济的宏观调控等重要职能。也正因采购规模大,足以影响到市场秩序以及市场主体的竞争环境,且由于政策等因素部分市场主体享有政策优惠,因此政府采购之公平竞争成为值得研究的重要问题。本文拟从政府采购的多重功能、政府采购的问题现状、公平竞争的路径选择、政府采购的法律保障等方面对该问题进行研究,拟从法律角度对政府采购的公平竞争问题提供制度供给。

一、政府采购的法律属性及其多重政策功能

　　政府采购因主体特殊以及体量巨大对国家经济发展有着重要影响。"西方实践经验证实,政府采购的政策功能对一国经济与社会发展意义重大,而政府采

---

　　* 陈姝,华东政法大学 2019 级经济法博士研究生。
　　① 《政府采购法》第 2 条第 2 款。

购也从简单的财政支出手段升级为体现国家政策意图的政策工具。"①从宏观方面来说,政府采购涉及国家经济的宏观调控,"通过对规模、结构、需求参数、评价标准等要素的调节,实现对国内需求的总量与结构的调控"②。但就政府采购本身来说,其本质是购买商品或者服务的行为,是与相对方进行交易的过程。由此政府采购与一般的私人采购亦有共通之处,均可称之为市场行为,亦当遵守市场交易规律,以维护市场交易秩序。然因政府采购主体的特殊性、客体规模性、目的多样性、利益复杂性等,政府采购往往具备双重法律属性与多重政策功能,对国家经济发展发挥着难以替代的作用。

(一) 政府采购的双重法律属性

根据《政府采购法》第 2 条,政府采购的买方系各级国家机关、事业单位和团体组织,即承担公共职能的主体。既以公共服务为职责,那么其所承担的社会责任就与私主体不同。虽然其购买系以使用为目的,与私人购买存在同质性,但因其主体身份的特殊性,在采购政策等方面还受到公共决策的影响。由此,政府采购存在双重法律属性。

1. 政府采购的私法性质

费伦认为政府采购与私人采购的根本目的存在一致性③,两者均系因特定需求购买特定商品、服务等。与私人采购相同,政府采购同样追求经济性,即以尽可能低的价格进行符合使用目的和质量标准的商品、服务的购买。现代政府采购以较少支出做更多事的理念,以及以完成交易数量、合同总成本以及集中采购中心运行成本作为评估政府采购绩效指数的测量标准④,都与私人采购行为类似。

政府作为买卖合同方,在该买卖合同关系中与相对方处于同等民事法律地位,并不因其特殊身份而享有特殊权益或承担特殊义务。因此单从买卖行为本身来说,政府采购存在私法属性,如果剥离开采购主体所承担的公共责任,那么其采购行为与私人采购则无甚差别。

---

① 马海涛、王东伟:《对我国政府采购政策功能的梳理——我国政府采购政策功能效应研究(上)》,载《中国政府采购报》2019 年 11 月 8 日第 3 版。

② 同上。

③ Harold E. Fearon, Dobler & Kenneth H. Killen, *The Purchasing Handbook*, McGraw-Hill, 1993, p.819.

④ 白志远:《政府采购政策研究》,武汉大学出版社 2016 年版,第 10 页。

2. 政府采购的公法性质

道布勒认为,政府采购部门履行的是管理人的职能①,因其所支出的资金来自公共财政,因此政府采购需公开透明,并且受到监管。虽然从使用者的角度而言,政府采购与私人采购无异,但是政府采购还承担着其他公共职能,如国家安全、经济政策,等等。因此政府采购的内容、供应商、数量等受到安全政策和宏观调控等多方面的影响。另外,与私人采购双方为纯粹的平等市场主体不同,虽然政府采购在合同履行过程中双方为平等民事主体,但是在缔约之前政府采购的买方在制定合同条款方面享有更强的控制力。

可见,政府采购存在私法、公法双重属性。因政府采购主体所承担的特殊公共职能,政府采购在目标上与私人采购有较大的区别。这也导致政府采购在选择交易对象、决定购买商品或服务上比一般的私人采购需要更多方面的考量。虽然政府采购具备公共服务的目的,但政府采购亦是市场经济中的一个环节,也是市场交易行为,那么就需要接受市场秩序的规范。如果游离于市场规则之外,那么政府采购将对市场秩序造成破坏。由此在进行政府采购制度设计时就需要对政府采购的公共目标与市场经济的秩序维护进行平衡与考量,应当兼顾二者的价值追求,但必要时也要进行位阶排序。

(二) 政府采购的多重政策功能

从上文分析可见,政府采购除了具有与私人采购相同的使用目的和经济效益以外,还承担着多重政策功能。一般认为政府采购存在经济目标和社会目标,经济目标主要为推动本国经济和产业的发展,如自主创新、扶持中小企业等;社会目标主要为促进落后地区发展、促进环境保护等。②《政府采购法》第9条规定,政府采购应当有助于实现国家的经济和社会发展政策目标,包括保护环境,扶持不发达地区和少数民族地区,促进中小企业发展等。由此,政府采购的政策功能应当为创造有效内需、合理配置资源、扶持新兴产业。③ 本文认为政府采购的目标还应当包括维护国家安全。

1. 创造有效内需

政府采购因其体量巨大,对经济发展具有调节作用。可以说政府是市场上最大的买家,其所释放的需求信号足以影响供求关系。当经济低迷时,积极的采

---

① Donald W. Dobler, David N. Burt, *Purchasing and Supply Management: Text and Cases*, McGraw-Hill, 1996.

② 白志远:《政府采购政策研究》,武汉大学出版社 2016 年版,第 60—67 页。

③ 马海涛、王东伟:《对我国政府采购政策功能的梳理——我国政府采购政策功能效应研究(上)》,载《中国政府采购报》2019 年 11 月 8 日第 3 版。

购政策能够通过创造需求,刺激经济发展。当经济过热时,则可通过限缩的采购政策,使经济适当降温。同时政府采购还可以通过采购需求引导产业发展,调整产业结构。通过政府采购的刺激,促进经济向符合国家产业政策的方向发展。如对于国家重点发展的产业,增加政府采购规模,一方面通过直接的购买行为推动产业发展,另一方面通过购买行为给市场以信号,促进社会对该产业的投资。反之,对于不鼓励甚至需淘汰的产业,则通过减少政府购买来实现政策功能。由此可见,政府采购通过其巨大的采购规模,足以创造内需,为经济发展提供导向作用,一定程度上实现宏观调控和产业结构调整的目标。

2. 合理配置资源

一方面,政府采购应当遵守市场规律,其规模性采购对市场秩序有着比私人购买更大的影响,应更加注意政府采购对资源配置的导向作用。因此政府采购应当符合市场竞争机制,通过竞争促进价格发现,提高财政支出的有效性,实现有效的配置资源。另一方面,政府采购作为政府干预市场的调控手段之一,承担着弥补市场失灵,合理配置资源的功能。如促进节能环保,因环保具有较强的外部效应,产品的生产商并无动力花费人力、物力开发节能环保技术。而一般的私人买方,对所购买的产品只有使用效能的要求,外部性的环保因素则很少在其考虑范围之内。此时,市场对于环保这一要素的调节失灵。而政府采购作为一项带有公共职能的购买行为,可以实现这一公共性目标。通过政府采购给节能环保产品以优惠政策,或者对某些产品强制设置节能环保标准,使资源向节能环保方向流动。政府采购还可推动落后地区的发展,协调区域经济发展的不平衡。需要注意的是,政府在采购过程中,所考虑的因素不仅仅是资源的高效配置,还应当考量公平性。

3. 扶持新兴产业

扶持新兴产业和技术创新是公认的政府采购的重要功能,美国在政府采购中推动本国技术创新[①]以及为新兴中小企业提供参与机会等有着成功的经验。新兴产业往往是朝阳产业,其存在前期规模有限、发展空间较大、创新能力较强等特点。新兴产业多从中小创新型企业开始发展,资金需求较大,发展周期难以预估,产品性能有待检验,但一旦创新成功能够给产业以及社会发展带来极大的推动作用。因此政府需要保护新兴产业,鼓励技术创新,可以通过政府采购为新兴产业注入活力。首先,通过政府采购为新兴企业以及其产品进入市场提供便利;其次,通过政府采购为新兴企业提供强大稳定的资金支持,缓解企业融资难题。由于新技术、新产品的开发具有较大的不确定性和风险,但自主创新能力的

---

① 曹蕊:《借鉴美国经验,利用政府采购推动技术创新》,载《中国政府采购》2019年第6期。

提升是一国综合实力的重要体现,因此政府采购应当承担这一公共职能,为新兴产业的发展提供助力。

4．维护国家安全

国家安全不仅包括传统意义上的国土安全,还包括经济、政治、文化、信息等各个方面的安全。一方面,由于公共部门的工作内容以及数据往往涉及保密性内容,一旦这些内容泄露可能危害国家安全。尤其是在信息化和电子政务快速发展的背景下,大多数政府政务均通过电子信息予以保存以及发布。可以说信息化对国家安全有着潜在威胁,因此对于政府采购而言,应认识到大数据时代下国家安全的新要求。尤其是在电子办公产品以及系统的采购过程中,应当注意数据存储的安全性。另外,对于特殊物资的采购与储备,如疫情下医疗物资、能源资源产品等,也会影响到国家安全。另一方面,从采购性质上来说,政府采购系财政职能,而财政职能是体现国家职能的重要手段之一,维护国家安全就是基本的国家职能,因此政府采购亦承担维护国家安全的重担。[1]

政府采购的特殊性质以及所具备的政策功能决定了其与私人采购存在差异,政府采购所体现出来的市场交易规则与一般的市场经济规则亦有所不同。政府采购在遵循一般的市场秩序的同时还要考量政策导向的因素,因此其所面临的竞争问题也存在特殊性和例外情况。政府采购所要实现的效率与公平兼顾、经济有效性与政策功能性互补的任务,给政府采购的竞争问题带来了更为复杂的考量因素。

二、政府采购中存在的公平竞争问题

政府采购的公平竞争问题主要体现在两个方面,一是采购政策的公平性;二是采购行为的公平性。当前我国政府采购公平竞争问题主要表现为:政府采购政策是否破坏竞争秩序;地方政府在政府采购过程中是否存在地方保护主义,给外地企业设置不公平性条件;国企是否能够作为政府采购的相对方,其在政府采购中是否存在特殊优势。前两个问题涉及因政府采购所承担的特殊政策目标(包含了全国性的和地方性的)而导致的采购政策给予特定优惠是否带来破坏竞争的效应;后一个问题主要涉及采购行为的公平性,即一般的公平竞争问题。

(一) 政府采购中的倾向性政策

政府采购的特殊倾向性政策一般体现在维护国家安全、扶持中小企业发展、

---

① 白志远:《政府采购政策研究》,武汉大学出版社 2016 年版,第 59 页。

促进自主创新和推动节能环保等方面。首先，维护国家安全。因国家安全的需要，政府采购会倾向于某类产品或进行某些特殊的采购行为，如办公所用的电脑等电子设备，政府部门为确保数据存储的安全性，可能规定优先采购国产设备；又如对供应商的信用评级有特定要求；再如，在新冠肺炎疫情期间，多地发文明确政府采购"绿色通道"，可不执行政府采购法规定的方式和程序等。其次，扶持中小企业发展。从 2018 年我国政府采购的数据可以发现，2018 年全年政府采购规模超 3.5 万亿元，中小企业合同额占比达 76.7%①，可见在政府采购中，相当一部分资金流向了中小企业。再次，促进自主创新。2006 年我国出台《国家中长期科学和技术发展规划纲要（2006—2020 年）》，提出要"实施促进自主创新的政府采购"，随后出台了相关具体办法。然我国政府采购的自主创新政策一直备受国外关注甚至受到指责，认为我国自主创新政策违反了政府采购的非歧视原则，使国外企业无法公平参与政府采购，并且在我国加入 GPA 协议谈判中施压。最后，关于节能环保，节能环保已经成为政府采购中的重要考虑因素。"财政部门对未实施节能采购、环保采购的政府采购代理机构违规问题要求进行整改或处罚"。② 从数据上来看，2018 年全国强制和优先采购节能、节水产品占同类产品采购规模的 90.1%，全国优先采购环保产品占同类产品采购规模的 90.2%。③

但这些政策所带来的采购倾向都通过人为地设置外在条件打破了原本的自由竞争。因此对于因政府采购的政策因素而可能导致的排除特定商品或生产商、优先购买符合特定条件的产品等行为是否违反公平竞争或非歧视原则，一直备受学术界讨论，也带来了各种利益的交锋。

（二）政府采购中的地方保护

地方政府保护在政府采购中表现得比较突出，为促进本地产业发展，许多地方政府将政府采购作为扩大消费的重要方式，将地方保护列入其中。当时有"政府采购招标时，在同等条件下优先采购省产品"④，"充分发挥政府采购的作用，对采购省产汽车项目，采用协议供货方式采购"等规定。⑤ 又如要求投标人在当地有代理机构或售后服务，即对供应商的所在地提出硬性要求。《政府采购法》

---

① 资料来源：http://gks.mof.gov.cn/tongjishuju/201909/t20190903_3379360.htm.
② 资料来源：http://www.ccgp.gov.cn/jdjc/fxyj/201909/t20190916_12910074.htm.
③ 资料来源：http://gks.mof.gov.cn/tongjishuju/201909/t20190903_3379360.htm.
④ 参见《安徽省人民政府办公厅关于促进当前工业经济平稳较快发展的通知》（皖政办〔2008〕57号）。
⑤ 参见《湖北省人民政府关于努力促进工业经济平稳较快发展的意见》（鄂政办〔2009〕23号）。

规定"采购人根据采购项目的特殊要求,规定供应商的特殊条件",因此地方政府利用该规定,设置有利于本地供应商的条件。如对产品参数、标准、性能、指标等设置要求,实现排除外地供应商的结果。随着政府采购规范性的加强,通过直接发布政策要求政府采购有限选择本地供应商的情况已不多见,然通过人为方式给外地企业设置障碍,以各种间接方式给外地供应商设置不合理条件等方式仍然存在。

由于政府采购体量大,对拉动经济尤其是地方经济、扩大消费有明显作用。选择本地供应商,能给本地供应商以合同机会,促进本地企业的发展,因此地方政府希望提供通过各种方式将这种正面效应留在本地。

(三) 政府采购中国企参与的公平性

在我国以国有经济为主导的经济体系下,如何清晰界定国企与政府的关系,国企是否享受特殊待遇如补贴等一直备受讨论。在政府采购的问题中,政府是否会直接向与之有关联的国企进行采购,从而排除其他企业参与竞争更是引起质疑。在国际上,就国企是否能够作为政府采购相对方参与竞争也有广泛的讨论。在竞争中立原则下,部分国家不鼓励国有企业参与政府采购以避免在参与有管理的竞争过程中出现间接优惠以及其他中立性问题。[①] 经济合作与发展组织(OECD)指出,国企凭借以往的从业经历建立了良好的形象,在投标时优势明显;在服务质量和成本方面具备信息优势;比潜在的进入者拥有更低的初始与转型成本等。[②] 国企源于这些优势,可能严重阻碍竞争对手的进入,从而造成不公平竞争问题。

因此对于国企是否参与政府采购,以及如何保证国企在政府采购中与其他企业保持同等地位,不因其国资背景而享有特殊竞争优势,是政府采购需要探讨的公平性问题之一。该问题同样也是竞争中立原则所讨论的"八大基石"之一。目前我国已明确采取竞争中立政策,对各企业一视同仁,营造公平竞争的市场环境。财政部亦于 2019 年 7 月 26 日发布的《财政部关于促进政府采购公平竞争优化营商环境的通知》中强调要全面清理政府采购领域妨碍公平竞争的规定和做法,重点清理和纠正的问题中包括"以供应商的所有制形式、组织形式或者股权结构,对供应商实施差别待遇或者歧视待遇,对民营企业设置不平等条款,对内资企业和外资企业在中国境内生产的产品、提供的服务区别对待"。[③] 该条即

---

① 经济合作与发展组织编:《竞争中立:维持国有企业与私有企业公平竞争的环境》,谢晖译,经济科学出版社 2015 年版,第 105 页。

② 同上书,第 103 页。

③ 参见《财政部关于促进政府采购公平竞争优化营商环境的通知》(财库〔2019〕38 号)。

包含了国企在政府采购中的公平竞争问题,也表明了我国的态度。

总之,在市场交易中,公平竞争问题一直存在于各个方面,然政府采购因其采购主体的特殊性以及采购政策的多重性,政府采购中的公平竞争问题更为突出。

三、政府采购中实现公平竞争的路径探析

如前所述,政府采购中的公平竞争问题主要涉及政府采购的政策目的与公平竞争秩序的矛盾;政府采购中因特殊主体、商业贿赂、恶性竞争等对公平竞争秩序的破坏。这些问题都有其背后的价值选择,当然有些是正当的,有些则是不合理的,因此需要对政府采购政策的价值理念进行梳理及位阶排序,并且在政府采购活动中要求首先符合高位阶价值的要求。虽然政府采购存在特殊性,也存在排除部分竞争者的情形,但政府采购也是市场交易中的一环,为了促进采购的公平性与效率性,政府采购仍需要遵循市场竞争规则。因此政府采购中公平竞争以及限制竞争的限度该如何平衡或者说政府采购中存在的利益冲突该如何取舍值得探讨。在明确价值取向的前提下,对政府采购公平竞争问题的路径选择亦能进行合理安排。

(一) 政府采购中公平竞争的价值取向

当两种或多种利益存在冲突时,需要明确哪种利益的价值更需要保护,从而明确何种利益处于优先地位。在政府采购中存在着多种利益或者价值,分别为:国家安全维护、公平竞争秩序、其他政策目标。

首先,国家安全维护。现代社会,国家安全既包括传统的国家安全,如军事、政治、外交等方面的安全,也包括非传统的经济安全、文化安全、科技安全、信息安全、资源安全、生态安全等。政府采购虽是一个经济问题,但是其涉及的国家安全问题也很复杂。因政府采购的主体是履行公共职能的政府部门,工作内容涉及国家事务的方方面面,牵涉政治、经济、社会等各类工作。因此采购对象的安全性是基本要求,当然这里所说的采购对象是较为特定的。如网络安全,尤其是政务工作网络系统的硬件、软件、数据,不能遭受破坏、更改、泄露,政务网络需可靠正常地运行。一旦政务网络的信息安全、网络安全得不到保障,政务信息甚至国家秘密将有泄露的风险,很可能蔓延到对国家的经济、政治等多方面安全的破坏。而电子数据的储存是否安全与设备生产商的可靠性有很大关系。因此在关乎国家安全的商品或服务的采购中可根据不同情况选择特定供应商。此时一味强调采购的非歧视性、公平性则可能有碍大局。再如因特殊情况涉及国家安

全问题,对于相关物品的采购程序亦当灵活变通。上文提及在新冠肺炎疫情期间,多地发文明确政府采购"绿色通道",可不执行《政府采购法》规定的方式和程序等。这体现了国家安全在政府采购流程上的至高性,一般而言政府采购需要严格遵守法律规定的方式和程序,以保障采购的透明、公正。然而在疫情期间,国家公共卫生安全受到极大的威胁,此时对于防疫物资的采购应首先保证快速性、充足性。公共安全的价值应当高于政府采购的程序价值,为公共安全之需亦可将市场竞争秩序排列其后。这些都说明因国家安全的需要,可以让渡政府采购的相关要求,公平竞争等也不例外。由此,国家安全在政府采购的价值中当处于首位,因为无论在何时,国家安全都具有至高性。无论是经济政策还是市场秩序,都需要在一个安全稳定的国家体制内发挥作用,而政府采购亦需要在安全的国内环境中进行。

其次,市场竞争秩序。竞争是市场机制发挥作用的重要途径,通过竞争可以发现什么是产品,什么是稀缺产品,这些产品稀缺到了什么程度以及它们的价值。[①] 哈耶克认为市场的自我调节整体上要比政府外在调控更有效。[②] 因为市场能够通过其内在机制影响市场主体的行为,而市场主体行为又促成市场的自我调节,这种自发的调节源自于对利益最大化的追求,结果则是更有效率的市场经济,这往往比政府调控更为有力。政府采购领域也不例外,当政府以采购者的身份在市场中进行购买时,其采购行为亦是一种市场行为,应按照市场经济的规律办事,将政府采购的商业机会平等地给予每一个供应商。[③] 政府采购虽然是政府弥补市场失灵的手段之一,但是其目的是弥补失灵而非代替市场。因此政府采购也首先应当接受市场机制的作用,其次才是在市场机制不能很好地发生作用甚至无法发生作用时,通过行政手段的调节干预市场。同时,在竞争的作用下,供应商能够提供质量更好、价格更低的产品和服务,提高政府采购的效率。因此,市场竞争秩序仍然是政府采购需要遵循的重要价值理念。由于政府采购体量巨大,政府毫无疑问是市场上最大的购买者,供应商对于政府订单的竞争亦是激烈。可以说政府采购是否遵循市场规则对市场经济秩序有着不可忽视的影响。在社会主义市场经济制度下,市场秩序好坏,直接影响着经济环境的优劣以及经济发展的态势。公平竞争是市场经济的核心内容,也是有效发挥市场机制的前提,没有竞争就没有市场经济。从该角度来说,市场竞争秩序应成为政府采购的第二价值目标。

---

① Friedrich August Von Hayek, *New Studies in Philosophy*, *Politics*, *Economics and the History of Ideas*, The University of Chicago Press, 1978.

② 胡晓地:《哈耶克的市场竞争理论及其启示》,载《特区实践与理论》2015 年第 4 期。

③ 张璐:《政府采购理论与实务》,首都经济贸易大学出版社 2011 年版,第 5—6 页。

最后，其他政策目标。政府采购存在公共性，通过"有目的的、导向性的采购，可以在一定程度上成为引导生产和消费的指挥棒"。[①] 但政策目标是为了特定的经济或社会目的而制定的。如促进自主创新，提高国内创新能力与水平，从而带动技术研发和科技进步，最终提高市场竞争力。又如扶持落后地区和中小企业发展，我国市场经济发展至今，效率已得到充分重视，公平需进一步关注，此时需要政府的适当介入，合理调整资源配置，实现区域和中小企业均衡发展。[②] 然政策目标仅是经济全局的一部分，而市场经济的全局发展仍然有赖于以竞争为本质的市场秩序作用的发挥。另外，政府采购的政策目标还包含着弥补市场失灵的功能，正如前文所述，创新企业、落后地区、中小企业之所以需要扶持是因为它们都一定程度上属于幼稚产业以及初创企业，在发展之初，市场对其产品的需求量有限。根据市场优胜劣汰的规则，这些产业以及企业难以获得竞争优势，然而这些产业以及企业的成长对国家经济的持续高效发展有重要作用，在此基础上，政府需要适当干预市场。因此，政府采购的政策目标只能作为市场竞争的例外因素以及弥补市场失灵的手段，是在竞争的基础上兼顾的政策功能，并非高于市场竞争秩序而存在的价值导向，亦不能因此破坏竞争秩序。

（二）政府采购中公平竞争的路径选择

在明确了政府采购的利益冲突以及价值位序之后，对于政府采购中公平竞争问题的路径选择即有了方向。鉴于国家安全的至高性，其应当成为政府采购中需要考虑以及选择的首要价值，较其他利益有排他性地位。市场竞争秩序应仅次于国家安全，因此应对政府采购的市场竞争之基本要求进行深入讨论。政策目标是政府采购中的特殊功能，且对市场竞争有一定的限制性，因此对于其适用条件应当进行明确。

1. 国家安全的绝对排除

国家安全在政府采购的价值位阶中属第一位，因此如果在政府采购的过程中涉及国家安全问题，将不适用政府采购的有关规则。如针对特殊产品或服务，可以对供应商的条件进行限制，要求只能与国内供应商签约；特殊情况下可以不适用政府采购的相关流程性规定。《政府采购法》第85条亦有明确规定，"对因严重自然灾害和其他不可抗力事件所实施的紧急采购和涉及国家安全和秘密的采购，不适用本法。"

另外，虽然涉及国家安全的采购不适用《政府采购法》的相关规定，但对于该

---

① 刘小川、唐东会：《中国政府采购政策研究》，人民出版社2009年版，第26页。

② 白志远：《政府采购政策研究》，武汉大学出版社2016年版，第33页。

类采购仍有必要进行简单的讨论。主要为供应商的选择,应当对供应商资质有严格要求,保证所提供产品或者服务的安全性、稳定性,需考察供应商的履约情况、产品质量、行政处罚情况等,若存在严重违法失信行为记录的,不得作为涉及国家安全采购的交易相对方。对于特定供应商的选择也不受非歧视原则等制约。

2. 公平竞争的基本要求

(1) 公平竞争的基本原则

一般认为,只有在公平竞争的市场环境下,交易行为才是更有效率的。与"理性人"自发的选择更有竞争优势的产品或服务不同,政府采购需要接受外界的监督以实现其效率性与公正性。就公平竞争而言,政府采购应遵循公平对待原则、市场竞争原则、公开透明原则。

首先,公平对待原则要求采购方对市场上的供应商一视同仁,平等地给予潜在供应商以交易机会,不得歧视符合条件的竞争者。"消除任何不公平的障碍,保证选择过程的公平性及非歧视性"①。公平对待原则是保证公平竞争的前提,只有给予市场上的供应商以平等的、非歧视的地位,才能为政府采购提供一个适合竞争机制发挥作用的大环境。公平地对待每一个市场主体,才能使其在竞争中凭借自身实力获得交易机会,而非源自于分配优势。公平对待原则要求不对供应商主体资格设置交易前提,即不得以供应商的所有制形式、组织形式或股权结构区分交易对象。同时不得存在歧视性优惠,即不得对某类供应商提供特殊优惠,或者将优惠措施排除于某类供应商之外。

其次,市场竞争原则要求供应商通过充分竞争获得交易机会,优胜劣汰。政府采购的产品或者服务应当由在竞争中获胜的潜在竞争者提供。在市场经济下,企业的竞争优势应当来源于其自身实力,通过价格博弈的形式获得交易机会,而非权力博弈。这里所说的竞争原则,是指被公平对待的供应商通过其产品或服务的质量、价格、企业综合实力等进行相互竞争,采购方在此基础上选择最合适的交易对象。因此竞争原则必须与公平对待原则相结合,才能向市场释放正确的信号,即所有潜在供应商均在公平的、不享有特殊优惠的基础上进行竞争,采购方亦在同等基础上对比各方出价。只有在竞争原则下,市场中主体才能够将更多的资源投入到竞争力的培育而非致力于特权的获得。

最后,公开透明原则要求政府采购在交易过程中应当公开透明,如采购需求的发布、交易对象的选择等。一方面,只有公开透明,才能保障供应商在参与政

---

① 经济合作与发展组织编:《竞争中立:维持国有企业与私有企业公平竞争的环境》,谢晖译,经济科学出版社 2015 年版,第 104 页。

府采购的过程中获得公平竞争的机会。另一方面，政府采购中，采购方并非资金来源方，其采购行为就应当接受监督，以保证交易的公正性、合理性。且采购资金来源于财政，实际来源于纳税人。加之采购目的系因履行公共职能所需，因此政府采购更应当接受监督。而只有让采购过程能够被获知、被公开、被"看到"才能使监督有迹可循。政府采购的公开透明原则要求采购信息的发布公开，便于市场主体所获得；要求采购行为公开，及时进行信息公示；要求采购结果公开，即公开交易对象、金额、标的等基本情况；还要求投诉及处理结果公开，从而使政府采购完成于"阳光下"。

（2）国企参与的特殊要求

为了保证各类企业在政府采购中能够被公平对待，在同等条件下进行竞争，实现竞争中立，有些国家不鼓励国企参与政府采购。然而，我国国有经济在国民经济中占主导地位，国有企业仍是我国市场经济中的一大主体，政府采购有促进产业发展，提升企业竞争力的功能，国有企业应当公平地成为其中的一部分。这里的公平不仅指不享有不当优惠，同时也包含了国企不受不当排除之意。但基于国企与政府之间的关系，从经济人的角度来讲，国企在政府采购中确实享有天然优势，因此需要对国企的参与行为进行一定的规范，以防止造成竞争扭曲。

为确保国企在政府采购中不享有非公平的竞争优势，对政府采购的透明性要求就更为严格。当政府采购的每一个行为都处于公开透明、接受监管的情况下，不当优惠措施就难以存在。澳大利亚相关法律规定，国企在参与政府采购中，要声明其行为符合竞争中立原则，如果国企竞标成功，必须评估其业务活动是否符合竞争中立。[①] 澳大利亚的相关法律规定虽保证了国企在政府采购中保持竞争中立，然对国企的中标所必须进行的评估环节，加大了国企参与政府采购的成本。采购方亦会因为多增加的流程而没有动力与国企进行交易，可能会从另一层面上限制国企参与竞争。国有企业参与政府采购是我国国情使然，但国有企业公平参与政府采购，也是经济规律的要求。不应当排除我国国企在政府采购中的竞争资格，但是也必须进行严格的制度设计，以保障政府采购中竞争中立的实现。

3. 政策目标的合理运用

政府采购的政策目标具备调整市场失灵，一定程度上弥补市场缺陷的功能。然而正如上文分析，竞争是市场经济的核心内容，政策目标对竞争的调整甚至限制必须存在正当性、合理性与必要性，并且应采取对市场竞争影响最小的方式。

---

① 经济合作与发展组织编：《竞争中立：维持国有企业与私有企业公平竞争的环境》，谢晖译，经济科学出版社 2015 年版，第 106 页。

这就要求政策目标本身是正当的、合理的,如促进节能环保产业的发展被认为是正当目标,而地方政府的地方保护主义往往被认为不具备合理性。同时,因政策目标所导致的竞争限制应当在必要的限度内,不得过分扩大其作用范围以及形式,如为了推动节能环保,应当通过制定节能环保标准等方式加以规范,而不能直接限定交易对象。针对政府采购中常见的具体政策目标,将作如下分析。

第一,扶持自主创新和新兴产业发展。现代社会,高新产品已经成为经济发展的主要动力,而创新能力是高新技术产业发展的基石,因此推动高新技术的发展、为新兴产业发展提供良好环境以促进创新一直是政府采购政策功能之一。为掌握核心竞争力,促进经济持续性、突破性发展,扶持自主创新和新兴产业发展为政策目标存在正当性与合理性。"政府仅仅通过一般性的政策扶持是远远不够的,国外和我国高科技产业的发展历史已经充分证明,通过政府采购予以扶持是一种效果较好的选择"。[①] 因此通过政府采购扶持自主创新和新兴产业发展也有其必要性。

然而对自主创新的扶持应主要适用于高新技术等重点领域,而非所有的政府采购都将自主创新列为优先采购政策,否则便存在利用自主创新政策排除国外供应商参与政府采购之嫌。我国前期出台的自主创新等政策即受到国外的指责,认为该政策给国外供应商设置不公平竞争规则,违反非歧视性原则。因此,对于自主创新,我国应当首先明确适用范围,如航空航天领域、信息技术领域,等等;其次对自主创新设定严格的标准,如果将创新定义得过为宽泛,同样存在排除国外供应商竞争的嫌疑;最后,对于自主创新仅能将其作为采购的优先条件列出,而不能通过设定相关非必要或非正当标准导致最终指向某一特定供应商。关于新兴产业的扶持亦类似,首先应当进行新兴产业认定,符合条件的才可以在政府采购中享受优先权。

第二,推动民族产业和中小企业发展。本国经济的发展需要民族产业和中小企业的发展壮大,尤其是基于国家经济安全的考量,需要在影响国计民生的行业培育国内产业力量。而中小企业的发展体现了国家经济发展的潜力,能够增强经济活力。因此从国家经济发展及安全的角度来说,推动民族产业和中小企业发展有着正当性。

对于民族产业的扶持仍应当区分产业类型,如是否关乎国计民生,是否是国民经济体系中的基础性、必须性产业。在这些特定行业内,除了因本国产品质量不符合标准或采购成本过高,应优先购买本国产品。对中小企业的扶持与民族产业略有不同,民族产业更注重经济的安全性以及发展特定行业的必要性,而对

---

① 刘小川、唐东会:《中国政府采购政策研究》,人民出版社 2009 年版,第 27 页。

于中小企业而言,主要是基于经济发展之未来动力的考量。因此在政府采购中一般可以规定,在同等条件下,可优先采购中小企业的产品或服务,以提供交易机会。

第三,节能环保政策的施行。生态文明建设、节能环保是我国的国家战略,也是我国政府在当下和今后很长一段时间极力倡导的发展主题。节约能源、资源,保护环境虽在短期内提高了产品的成本,但是从长期发展来看是经济可持续发展与协调发展的必经之路,因此必须通过政策引导使市场向节能环保方向发展。然而在节能环保的初始阶段,绿色产品的均衡价格会高于一般产品的均衡价格,因为其需要比一般产品更多的技术和成本。但当产品被广泛使用之后,该产品在技术和生产规模上都将调整到更优状态,成本亦会有所下降。因此在提倡节能环保的初期,首先政府应当以身作则,采购节能环保产品;其次需通过政府采购起到示范作用,引导私人采购行为;最后还需要政府通过采购给予节能环保产品的供应商一定的支持。这是政府调节市场的必要方式也是必须采取的措施。

对于节能环保政策的实际运用,目前的政府采购一般都将节能环保作为优先采购的条件。然而对于节能环保产品的认定不能泛化,此政策目标必须落到实处,给真正开发节能环保产品的供应商以支持。因此首先需制定节能环保产品的标准;其次对节能环保企业以及产品进行认证,严格把关;最后对于某些特殊领域如污染比较严重的以及节能环保技术成熟的产业,可要求必须采购节能环保产品。

第四,关于地方保护政策。为了地方利益的考虑,地方保护主义在政府采购中一直存在。虽然从短期来看,地方保护能够促进地方企业发展,但是从长远来看,地方保护造成的贸易壁垒、市场分割将严重影响全国市场经济秩序,影响整体经济增长。而通过地方政策获得交易机会的供应商亦无动力通过创新技术、改善管理等来提高企业自身实力,不利于企业竞争力的提高以及地方经济的长远发展。同时有限的供应商将产生竞争失灵,导致提供的产品或服务在质量以及价格上有所欠缺。更重要的是分割的市场、有限的竞争会造成整个国家市场的活力不足,竞争力下降,导致政府采购市场混乱。由此,地方保护不应当作为政府采购的合理、正当、必要的政策目标,其实际上对政府采购以及经济发展均存在不利影响。

因此,地方保护主义在政府采购中应当被制止。首先,地方政府不得通过地方立法将某些不合理的采购本地产品的政策制度化,亦不得通过文件、通知等在无合理原因下要求采购本地产品或服务,甚至要求定向与特定供应商交易。其次,地方政府在实施政府采购中,应当平等地对待各潜在供应商,不得在资格条件、产品标准、价格和收费以及行政许可上给外地供应商设置歧视性条件。最后，在监管措施中，亦当公平公正，不得内外有别，不得有意偏袒本地供应商而对外地供应商施加苛刻条件。

四、政府采购中公平竞争的法律应对

因涉及政策目标的实施，对政府采购的规范不仅需要《政府采购法》的调整，还需要与其他法律以及政策相配套。而《政府采购法》应为涉及政府采购的规范之统领，即使因其他政策性因素需对政府采购行为进行调整，也应当有《政府采购法》的依据。因此政府采购的法律规范应形成以《政府采购法》为主，相关规章和规范性制度全面配套的制度体系。

(一) 政府采购中公平竞争审查制度的完善

针对政府采购中的竞争问题，首先应当完善公平竞争审查制度。根据 2016 年 6 月国务院出台的《国务院关于在市场体系建设中建立公平竞争审查制度的意见》，对政策机关制定的政府采购领域的规章、规范性文件和其他政策措施，应纳入公平竞争审查范围。但是该意见同时规定，审查方式为政策制定机关自我审查，这种情况下，政策制定机关既是政策制定方也是政策审查方，对于自身出台的政策的不当之处，往往难以通过自查发现或纠正。

政府采购的公平审查，首先，审查对象为规章、规范性文件和其他政策措施等抽象行政行为，也即本文所讨论的政府采购中政策目标的合理性审查。在政府采购中涉及的政策目标不仅是《政府采购法》所规定的节能环保等，还包括地方出台的规章、文件等，如有省份发文要求优先采购本地产品支持企业生产等。这些政策存在地方保护，破坏全国统一市场的问题。对于政府采购对象的审查，尤其是地方政府的政策措施，应当就其是否隐含排除竞争、地方保护等风险进行严格审查。其次，审查主体，目前公平审查的主体为政策制定机关，该种自我审查的方式难以发挥公平审查的功能。在保留自我审查的基础上，还应当设置第二层审查，可由竞争执法机构即市场监督管理部门进行审查。目前我国市场监督管理总局的职能包含"指导实施公平竞争审查制度"，但是应当实际赋予市场监督管理部门对公平竞争的审查权。最后，审查的内容，第一，应当对政策措施是否限制竞争进行审查；第二，还应当对存在限制竞争情形的政策之合理性进行评估，如果其目的是维护公共利益，促进社会发展，应当认定该政策具有合理性；第三，对于上述具备合理性的政策还应当评估其方式是否符合最小化原则，即政策目标的实现方式以对公平竞争损害最小的方式进行。

（二）竞争中立制度对政府采购公平竞争的启示

我国已明确将采取竞争中立政策，因此对于竞争中立要求的国企不享有特殊竞争优势，保证市场竞争不受外来因素干扰，应当出台相应的制度规则。根据国际上对竞争中立的研究，一般将竞争中立分为八部分，而政府采购是其中之一。因此在《政府采购法》对市场公平竞争做出明确要求的情况下，对于国企参与政府采购的具体问题可在竞争中立的制度中予以明确规范。

我国《政府采购法》第 3 条规定："政府采购应当遵循公开透明原则、公平竞争原则、公正原则和诚实信用原则。"公平竞争原则即为对政府采购市场各主体平等参与竞争的明确要求与制度依据。在此基础上，基于竞争中立的要求，对于国企参与政府采购当有更细致的规定。

首先，对于以招投标方式进行的采购，国企在竞标过程中应当签署公平竞争声明，承诺其在投标过程中的行为符合公平竞争的要求。若国企竞标成功，在不侵犯商业秘密的前提下，对交易过程、交易结果、后续履约情况需在政府采购信息发布平台予以公开，使之行为更加透明，便于更为全面的监督。

其次，对于非公开招标方式采购尤其是单一来源采购，一般不得与国企进行交易，如因特殊产品或特殊情形，可供选择的交易对象有限或者仅为国企，那么必须评估该采购行为的公平性，主要从需求的正当性、产品或情形的特殊性、市场上可供选择的供应商情况、采购流程的合规性、交易价格的合理性、采购结果的正当性以及后续履约情况等方面进行充分评估。如若采取邀请招标的方式进行采购，如受邀请的供应商包括国有企业，则需说明已经将有限的供应商全部列入邀请范围。

再次，关于国企参与采购的监督。《政府采购法》第 13 条规定："各级人民政府财政部门是负责政府采购监督管理的部门，依法履行对政府采购活动监督管理职责。各级人民政府其他有关部门依法履行与政府采购活动有关的监督管理职责。"由于政府采购的资金来源于财政部门，因此由出资方对政府采购进行监督存在合理性。对于国企参与政府采购的行为，监管部门应当进行全面的监督管理。并且注重维护外部监督渠道，对于其他供应商或公众对国企参与的政府采购行为提出的询问或质疑，必须及时审查，并作出回应。

最后，如发现国企在政府采购中存在不公平竞争行为，当予以严格处罚，通过增加违规成本，形成反向激励，指导并调整其行为模式。

（三）采购国货政策的实施与 GPA 非歧视原则的应对

政府采购具备推动本国经济发展、扶持民族产业的功能，因此国货优先已经成为许多国家政府采购的惯例。但是在我国积极加入 GPA 协议,欲打开政府采购国际市场的情况下,对于采购国货就应当有更为完善、可预期的制度规定,否则易受到成员国的施压。

我国《政府采购法》第 10 条规定,"政府采购应当采购本国货物、工程和服务",并规定了例外情形。但是对于本国货物如何定义,有何标准,以及在积极加入 GPA 协议的背景下,对于国货和"无区别对待和评估"协议缔约方产品时该如何把握均没有相关配套细则。导致在 GPA 协议谈判中,缔约方基于贸易保护、歧视性条款等对我国政府采购市场的进一步开放施加压力。同时由于标准不明确,在采购过程中确实易产生执行问题与操作漏洞。由此,我国当完善采购国货的相关规则。

首先,关于国货的范围。由于政府采购国货的目的是刺激本国产业发展,因此这里的国货应当以产地为划分标准。即采购由我国境内生产的产品、国内工程材料及国内的服务。关于境内生产的产品界定,可以参照美国的划分,即在境内开采、生产或制造的最终产品,同时要求最终产品的原料 50% 以上来自于境内,或在境内开采、生产或制造的非最终产品。对于服务则应从服务提供者及服务提供地来认定,即选择由境内供应商提供,关于境内供应商的认定,可以以国内资本占 50% 以上的标准来认定。

其次,对于购买国货的例外。我国《政府采购法》第 10 条规定了例外情形,本文主要讨论在境内无法获取或无法以合理的商业条件获取这种情形的情况下,我国政府应完善细则。关于无法获取,不仅仅是客观上国内无生产商,还包括了无法以合理的商业条件获得,如采购国内产品导致成本过高、质量难以满意等。对于无法获取的认定,可以制定正面清单,即明确清单内的产品可以采购境外货物;对于清单以外的产品如无法在境内获取,可进行单独申请,由政府采购监督管理部门组织认定。

最后,GPA 协定中的非歧视原则。我国正积极进行加入 GPA 协定的谈判,而 GPA 协定要求对于缔约方的产品,应当与境内一样,无区别对待。这就要求政府采购市场需要向 GPA 协定的缔约方开放,缔约方的产品将与境内产品以同等条件参与政府采购的市场竞争。这将对采购国货的政策有所冲击。因此我国政府在 GPA 协定谈判中应当谨慎提出开放清单,如对于涉及国家安全的产品应当排除;对于国家扶植发展的产业应当谨慎开放;对于国内市场已经成熟,具备竞争力的产业则可以开放全球竞争。

(四) 其他政策目标与《政府采购法》的配套与协调

除采购国货之外,对于国内市场,政府采购也有特定的政策目标,主要为上文所讨论的扶植中小企业、推动创造创新、促进节能环保。对于这三项具体的政策目标，上文已经论述其正当性，因此本部分主要讨论在制度层面如何操作，以避免目的正当下的操作不公平。

首先，《政府采购法》应当明确政府采购之政策目标，我国《政府采购法》第 9 条规定："政府采购应当有助于实现国家的经济和社会发展政策目标，包括保护环境，扶持不发达和少数民族地区，促进中小企业发展等。"但是该条规定没有将创新纳入其中，因此我国在提倡政府采购优先考虑自主创新产品的时候，受到了来自国际社会的压力。一方面因为关于自主创新，没有《政府采购法》的依据；另一方面，强调"自主"有排除国外竞争者之嫌疑，对我国加入 GPA 协定带来了一定的阻力。因此应当将创新的政策目标纳入《政府采购法》之中，但是需淡化"自主"一词，而将政策向"创新"倾斜，如"推动创造创新"。

其次，无论是环境保护、促进中小企业发展，还是推动创造创新都是将政府采购政策向一定对象倾斜，是价值选择与利益博弈的过程，在实施过程中应当严谨有据。因此需要明确适用范围、适用对象及具体流程，并制定配套的制度规范。

第一，节能环保存在于经济生活中的方方面面，其应当作为政府采购中的一项全面性规定，即除特殊情况外，可以全面适用于政府采购之中。对于重污染以及资源性行业，还应将节能环保作为采购的必备条件。《中华人民共和国环境保护法》第 21 条和第 22 条①规定，政府采购支持节能环保产业发展并鼓励企业加强环保措施。一方面对节能环保产业予以支持，另一方面对企业的节能环保行为予以鼓励。《国务院关于加快发展节能环保产业的意见》对小排量和新能源汽车、硒鼓、墨盒、再生纸等再生产品的优先采购做出明确要求。财政部、生态环境部每年两次发布环境标志产品采购清单的通知，明确具备相关标准的相关产品为优先采购产品。然而目前我国节能环保的采购仍为优先采购，并无强制采购的要求，但节能环保在政府采购中的"加分"减少，而认证成本高、流程复杂等导致节能环保的政策未能得到有效发挥。因此，应当考虑在清单中增加节能环保的强制采购清单，对于技术成熟、资源密集型、污染严重型产品应当强制采购节能环保产品。

第二，促进中小企业发展。促进中小企业发展旨在培育弱势力量，因此其也具有广泛性，但需要注意的是对中小企业的优惠还应当结合经济发展趋势，对于

---

① 《中华人民共和国环境保护法》第 21 条规定，国家采取财政、税收、价格、政府采购等方面的政策和措施，鼓励和支持环境保护技术装备、资源综合利用和环境服务等环境保护产业的发展。第 22 条规定，企业事业单位和其他生产经营者，在污染物排放符合法定要求的基础上，进一步减少污染物排放的，人民政府应当依法采取财政、税收、价格、政府采购等方面的政策和措施予以鼓励和支持。

需淘汰的落后产能不应再给予政策支持。《中华人民共和国中小企业促进法》第2条①规定中小企业的划分标准由国务院批准,第40条②明确政府采购应当给予中小企业以优惠。并且形成了《中华人民共和国中小企业促进法》《国务院关于进一步促进中小企业发展的若干意见》《中小企业划型标准规定》《政府采购促进中小企业发展管理办法》等一系列配套法规、文件。相比于经济发展的快速性,这些规定存在一定的滞后,尤其是中小企业的划分标准,应当考虑根据经济发展及时更新。同时,目前我国对中小企业参与政府采购的优惠最主要方式为预留份额,对于非专门针对中小企业的项目给予价格优惠。然预留份额虽然能保证一定量的资金流入中小企业,但还应当有具体项目标准的配合,否则可能导致资金份额充足,惠及的企业范围却有限的情况。可以要求特定项目类型如文具采购以及一定项目金额以下的项目,优先考虑中小企业。

第三,推动创造创新旨在发展新技术、新产业。与节能环保以及中小企业有较为直接客观的认定标准不同,创造创新是否存在推动技术进步及业态发展往往是"未来式",因此对于创造创新的适用范围应更注重功能性和前沿性,可以从重点领域创新和实质技术创新两方面来认定。我国出台了《自主创新产品政府采购预算管理办法》《自主创新政府采购合同管理办法》等政府采购自主创新产品的相关规定。但是因为被一些国家认为违反了非歧视原则,这些文件也随后被叫停。因此,我国在政府采购促进创新的过程中,应当弱化"自主""替代进口"等表述,而将重点放在"创新"。至于对国内企业创新能力的培育,则可结合其他政策予以实现,如中小企业扶持政策、购买国货政策等。与节能环保和中小企业扶持一样,对于符合特殊政策扶持的企业或者产品都应当有严格的认证规则,否则将扰乱市场竞争秩序。因此对于推动创造创新的政府采购政策实施,应当首先构建创新产品、技术的认证规则,并且要求创新程度高,对于存在实质性创新并且能够实现成果转化,实际运用到生产之中的新产品、新技术应当通过政府采购予以支持。对于创新产品、技术的认证与评定应当由科技部门牵头组织。同

---

① 《中华人民共和国中小企业促进法》第2条规定,本法所称中小企业,是指在中华人民共和国境内依法设立的、人员规模、经营规模相对较小的企业,包括中型企业、小型企业和微型企业。

中型企业、小型企业和微型企业划分标准由国务院负责中小企业促进工作综合管理的部门会同国务院有关部门,根据企业从业人员、营业收入、资产总额等指标,结合行业特点制定,报国务院批准。

② 《中华人民共和国中小企业促进法》第40条规定,国务院有关部门应当制定中小企业政府采购的相关优惠政策,通过制定采购需求标准、预留采购份额、价格评审优惠、优先采购等措施,提高中小企业在政府采购中的份额。向中小企业预留的采购份额应当占本部门年度政府采购项目预算总额的百分之三十以上;其中,预留给小型微型企业的比例不低于百分之六十。中小企业无法提供的商品和服务除外。政府采购不得在企业股权结构、经营年限、经营规模和财务指标等方面对中小企业实行差别待遇或者歧视待遇。政府采购部门应当在政府采购监督管理部门指定的媒体上及时向社会公开发布采购信息,为中小企业获得政府采购合同提供指导和服务。

时还应当出台政府采购推动创新发展的实施办法等文件,并且注意与中小企业扶持和购买国货政策的配套适用,使政策能激发国内市场的创新积极性。

需要注意的是,无论是何政府采购政策目标,其所给予的政策支持均当面向某类产业、企业或产品、服务,而非通过设定层层条件或设置种种优惠最终将政府采购指向某一特定企业,变相达到排除其他竞争者,与特定供应商交易的目的。虽然政府采购政策一定程度上给予部分竞争者倾斜保护,但是这种保护无论从程序方面还是实体方面都更应当体现出公平、公正和公开,政府不仅需要保证政策本身的合理性,还应保证实施的合法性,结果的有效性。

五、结　　语

政府采购的公平竞争问题一方面影响着国内采购市场的有序高效,另一方面对于我国政府采购运行在国际上的评价,对我国加入 GPA 协定,以及参与国际市场的政府采购有重要意义。政府采购还承担着一系列政策功能,这些政策功能所带来的优惠措施对公平竞争有一定程度的抑制。在政府采购中应当厘清各种利益的价值位阶,以此梳理各项政策与公平竞争之间的关系。鉴于国家安全的首要性,涉及国家安全的采购应当不受公平竞争的规制;从整个市场的角度而言市场竞争的有效性高于政策激励,因此,对于政策性优惠应当结合具体情况平衡其与市场竞争的关系,考虑政策目标的合理性以及对公平竞争的影响,在满足目标合理、竞争损害最小化的范围内可以有一定程度上的政策性倾斜。法律应在维护政府采购公平竞争中发挥其制度作用,以明确的规范以及有力的制度保障政府采购公平、公正实施。由于政府采购涉及多方面政策功能,政府采购相关法律就应当与这些政策措施相配套协调并且形成制约,一方面形成政府采购的体系性规范,另一方面对可能存在的非正当竞争措施予以规制。

突发公共卫生事件中的地方政府职责

郭　宇*

随着社会经济的高质量发展,我国国民基本物质需求得到了极大满足,人们开始越来越关注自身健康。公共卫生作为我国民生保障的重要组成部分,向来受到国家的高度重视,公共卫生服务体系的建设是我国提高国家现代化治理能力的关键所在。由于其公共产品的属性,公共卫生的供给者主要是政府,中央政府通常会根据国内不同地区公共卫生需求,制定相应的政策,优化公共卫生资源,提升社会公共卫生服务水平,这也是应对公共卫生事件的基础。突发的公共卫生事件具有突发性和紧急性,与普通公共卫生事件存在本质的区别。① 针对突发公共卫生事件,《中华人民共和国突发事件应对法》(下文简称《突发事件应对法》)第3条规定了包括公共卫生事件在内的需要采取应急处置措施的紧急事件,并且根据社会危害程度、影响范围等标准将这些紧急事件分为四级,分别是特别重大、重大、较大以及一般。

突发的公共卫生事件是一类复杂的社会事件,不能由某一组织或交由市场自由处理,而应当在政府的主导下,通过"行政+市场"的多元化管理方式,对该类事件进行严格管控。总体而言,突发公共卫生事件的管理可以总结为纵向分级负责及横向分类管理。例如,日本针对突发公共卫生事件的管理在纵向分级负责方面,由首相作为突发事件应急管理的总指挥,内阁会议具体落实指挥政策,负责全国范围的资源调度和分级负责。在分级管理方面,通过协调消防、警察、铁道、医疗协会等政府机构按照内阁会议通过的方案采取紧急措施应对突发公共卫生事件。我国主要是通过国务院协调地方各级政府来应对突发事件,地方各级部门配合政府来采取应急措施,采取"横向+纵向"相结合,地方政府作为

---

* 郭宇,华东政法大学2020级经济法博士研究生。
① 钟开斌:《重大风险防范化解能力:一个过程性框架》,载《中国行政管理》2019年第12期。

主要的权责机构,是应对突发公共卫生事件的关键所在。

一、问题的提出

(一) 财政事权和责任划分不匹配

"事权"是我国政府中特殊的概念,意味着政府有向社会提供公共服务的责任,同时在供给过程中还具有一定的行政权力。公共卫生事权系中央与地方共同事权,地方政府负责区域内公共卫生服务供给和发展,中央政府负责全国公共卫生事权和能力建设的保障,更多承担统筹协调的责任,调节不同区域公共卫生供给的平衡。我国各级政府事权大致按此划分,不过中央政府在出台相关政策时,难免对地方政府负责的具体职责有所忽略,未能细化事权划分。实际上,地方政府通常被要求提供大部分公共产品和服务。① 中央政府通过转移支付来缓解地方财政压力,但仅占地方政府公共卫生支出的 25%—28%,从 2020 年中央财政预算支出统计来看,2019 年地方政府公共卫生支出共计 16417.62 亿元,其中中央政府转移支付 4673.27 亿元,地方政府实际上承担了 70% 以上的公共卫生财政支出。② 这反映出,公共卫生服务供给的财政支出主要由地方政府承担,但公共卫生所产生的正外部效应远超出地方政府管辖的区域,地方政府事权与支出划分并不匹配。目前,虽然《医疗卫生领域中央与地方财政事权和支出责任划分改革方案》将公共卫生事权确定为中央和地方事权,并对事权划分和财政支出责任比例承担方式予以规定,但地方财政管理体制比较复杂,各地省级与市县区政府之间的事权和支出责任划分仍不尽规范。现实情况下,很多政府财政收入不足,且缺乏上级政府的转移支付,导致无法留有充足的应对突发公共卫生事件的预备费,其预备费提取比例往往按照《中华人民共和国预算法》(下文简称《预算法》)最低限额提取。预备费的不足,会导致政府缺少相应的资金处理突发公共卫生事件,使得事权的行使无法得到保障。

(二) 预备费不足

在突发事件发生或社会进入紧急状态下,政府的责任会更加突出,因此不论何种类型的国家,都会针对突发事件建立相应的防控体系。财政事权是国家治理的基础,国家通过财政政策的应用,保障每个居民的生存权、健康权、受教育权

---

① 曹朴:《公共财政视角下财政分权制度优化》,载《中南财经政法大学学报(社会科学版)》2014 年第 4 期。

② 资料来源:http://yss.mof.gov.cn/2020zyys/。

等基本人权,各级政府为公民提供公共产品或服务。对于政府来说,使用财政的权力必须要有法治的支持,因此应当在相关法律条例中进一步明确政府财政权力。当前,我国在紧急事态的处理中,存在财政权上提的现象,下一级政府往往会出现财力不足、财政支出严重不足等问题,难以应对突发公共卫生事件。地方政府在应对突发的公共卫生事件时,通常临时组建"小组",负责协调当地资源,采取应急措施,但是这种临时机制缺乏严谨的事前规划,导致有效性不足。究其原因,各级政府在事权和支出责任上存在一定的错位,且不同层级政府在事权划分上存在重合的情况,同质化严重。我国关于各级政府应对突发事件的支出责任与财政保障,有明确的法律规定。《预算法》中将预备费定义为政府的紧急支出来源,且该费用不得挪作非紧急事件的费用支出,并在《预算法》第 40 条规定一般公共预算应当按照本级一般公共预算支出额的百分之一至百分之三设置预备费,用于当年预算执行中的自然灾害等突发事件处理增加的支出及其他难以预见的开支。根据《预算法》第 69 条,政府预算执行当年发生诸如自然灾害或其他紧急事态等事项时,如有必要可以在财政预算中增加相关支出。在预算支出时,首先动用留存的预备费用,当预备费用不足时,政府可以先调用其他支出,并在预算调整方案中对预备费用予以调增。地方政府对于预备费的管理与预算管理同属于流量管理,预备费用专款专用,只用于应对紧急突发事件。由于各级政府间公共财政留存的预备费用有限,应对紧急事态发生时具有不稳定性,预备费无法满足支出需要,无法有效保障地方政府对于紧急事态的处理,从而无法有效发挥财政保障功能。

(三) 应急管理的缺陷和不足

当前情况下,我国针对突发公共卫生事件的应急管理存在一定的缺陷,主要表现在资金的缺乏、应对机制不完善、相关法律保障缺失等。《突发事件应对法》提出,我国应当针对突发事件,建立一套完整的协调管理机制,由国务院综合协调,国务院各部门分类管理、各个省政府分级负责、地市及县级政府属地管理。突发事件统一管理机制的建立,强调了中央政府在突发事件应对中的统领作用,同时也明确了地方政府在突发事件应对中的具体措施。事实上,中央政府对于某一特定区域的了解程度并不高,如果直接由中央政府负责具体的突发事件管理,可能会造成措施无效化、工作推动无用化的问题,因此应当由中央政府对管理机制进行顶层设计,各地方政府根据当地实际情况及突发事件状态,灵活地对事态进行调整管理,从而提升事态管理的有效性。我国在此次抗击新冠肺炎疫情中取得了显著的成绩,但也暴露出政府在突发公共卫生事件中应急能力不足的问题。当前我国对各级政府事权和支出责任都没有明确的划分,《突发事件应对法》及其他相关应急法律规范中，也没有明确的法条对于事权和支出责任进行划分。并且这些规定条文在涉及事权和支出责任内容时呈现出明显的同质化特征，导致地方政府的应急工作呈现出迟钝缓慢、受限严重的状态，致使最终应急处理效果不尽如人意。①

我国应急法律规范中的统一授权方式在一定程度上导致了各级政府事权与支出责任高度同质化的结果。《突发事件应对法》第 20 条第 1 款规定，县级人民政府应当对本行政区域内容易引发自然灾害、事故灾难和公共卫生事件的危险源、危险区域进行调查、登记、风险评估，定期进行检查、监控，并责令有关单位采取安全防范措施。不仅如此，《突发事件应对法》还要求省级政府也要定期对省一级区域自然灾害、紧急公共卫生事件等紧急事件进行全面管理，通过对危险源的定期调查、登记、评估，实现对重大风险的全天候防控。与地级政府不同的是，省级政府对于此类事件的管理更加倾向于针对"特别重大"事件，因此其在突发事件管理的紧急度方面与地级政府存在本质的差别。虽然管理事件的风险级别存在一定的差异，但是省级政府和市级政府在事权方面的同质化问题仍然存在。事实上，造成事权划分不清楚的主要原因还是在于当前政府事权权责不清，违背了经济发展的规律，同时我国针对政府权力规定的法治化程度不高。在财政支出方面，下级政府受制于上级政府的财政政策，需要上级相关政策出台才能进行财政支出决策，而上级政府的财政政策也要符合中央财政政策的相关规定。

二、地方政府应对突发公共事件的主要职权

（一）本质：政府公共产品的提供

政府间基本公共服务事权划分关乎基本公共服务供给效率。提高基本公共服务均等化水平，首先要求不同层级政府在基本公共服务供给事权配置中遵循信息收集和链接服务对象的经济性原则。根据公共产品理论和财政分权理论，地方政府在供给公共物品时有其独特优势。施蒂格勒的"最优分权"理论认为，地方政府相较于中央政府具备信息优势和灵活性优势，更能够满足居民的需求和效用。奥茨也认为地方政府因掌握当地信息、熟悉地方知识，能够为当地居民提供更符合偏好的公共服务。② 在政府间基本公共服务事权划分过程中，如果违背上述原则，将本应该由基层政府承担的事权划分给省级和中央政府，则难以

---

① 陈体贵：《突发事件中事权与支出责任的法律配置——以抗击新冠疫情为视角》，载《地方财政研究》2020 年第 4 期。

② 欧阳天健：《应急管理事权与支出责任研究》，载《经济体制改革》2020 年第 6 期。

发挥基层政府在克服信息不对称难题、链接服务对象中的天然优势,从而违背基本公共服务供给的经济性和行政效率原则。

公共卫生服务供给是政府履行社会管理职责的重要组成部分,更是国家现代化治理能力的具体体现。抵御风险是亘古不变的议题,2020 年全球新冠肺炎疫情肆虐,对全人类的生命和财产造成了严重的损害,不仅使我国的公共卫生医疗体系遭受了前所未有的挑战,人们更深刻地认识到现代社会是风险型社会。突发的公共卫生事件是对社会制度、经济体制等的考验,严重的突发公共卫生事件会造成社会制度的无序化以及经济体制的崩溃。对于这类突发疫情公共卫生事件如何做好防控,引导社会逐步恢复常态,是国家公共卫生管理服务水平的综合体现。① 公共卫生与人们的健康权、生命权息息相关,但是市场的"趋利性"使其在公共卫生产品的提供上近乎失灵,政府应充分履行公共卫生服务供给职能,财政保障对于各级政府履行职责至关重要。②

公共卫生资源配置合理、公共产品质量品质和公共服务能力有所保障,需要各级政府划分公共卫生事权与财政支出比例时,注重事权与支出责任相匹配。党的十三届三中全会明确指出,事权与支出责任相适应是深化财税体制改革的关键,中央在《国务院关于推进中央与地方财政事权与支出责任划分改革的指导意见》的基础上,进一步对民生领域的支出责任进行权责细分,其中便包含公共卫生领域。③ 自 2009 年新一轮的公共卫生体系改革至今,已基本实现公共卫生医疗服务的城乡居民惠及,公共卫生水平得以显著提高,但随着社会生活的巨大变革,人们对公共卫生医疗服务提出了更高的要求,其中公共卫生应急能力是关键。④ 公共卫生服务体系以及应急卫生管理体系的健全,不仅是疫情常态化防控机制所需要的,更是人民健康权、生命权得以充分保障的核心要义所在,这要求各级政府切实履行公共卫生供给职能,即公共卫生事权,并厘清该领域的职责界定。事实上,公共卫生体系的健全不仅包含公共卫生服务的供给,更需要与之相应的配套能力建设。⑤

(二) 职权的具体表现

在突发公共卫生事件的管理中,政府拥有绝对的主导地位,法律层面的相关

---

① 资料来源:http://www.gov.cn/xinwen/2020-02/24/content_5482502.htm.

② 杨志安、胡博、邱国庆:《政府预算与突发公共卫生事件的应对——以新冠肺炎疫情为例》,《辽宁大学学报(哲学社会科学版)》2020 年第 9 期。

③ 欧阳天健:《应急管理事权与支出责任研究》,载《经济体制改革》2020 年第 6 期。

④ 宿杨:《新一轮公共卫生体系改革与应急能力建设》,载《甘肃社会科学》2020 年第 6 期。

⑤ 陈雷:《传染性公共卫生领域事权与支出责任划分的法治进路》,载《行政法学研究》2021 年第 2 期。

立法,保障了政府在应对过程中行使权力的正当性。我国《突发事件应对法》明确政府在应对突发公共卫生事件时,具有预防和应急准备权、监测和预警权、社会动员权、应急处置权和信息搜集和公示权。《突发事件应对法》对政府的授权主要包括两个类别——应急立法权和应急处置权。

1. 应急立法权

应急立法权为常态下的特殊状态,一般来说,行政部门不具备立法权,而在《突发事件应对法》的框架下,立法机构赋予了行政机关立法权,但是该立法权并不违背相关立法原则,政府在行使相关权力时仍要遵守法律保留原则和法律优先原则。根据《中华人民共和国宪法》(下文简称《宪法》)与《中华人民共和国立法法》(下文简称《立法法》),国务院、各部委及省、自治区、直辖市和较大的市的人民政府都具有法定立法权,但是这些人民政府不一定都具有应急立法权,主要是看行政机构是否受法律保留原则的限制。一般来说,应急行政立法根据紧急事态情况的不同分为常态和紧急状态两种应急立法模式,其根据事态的不同,处理的方式也不尽相同。常态下的应急立法主要是为了更好地预防突发事件发生所进行的立法。根据《突发事件应对法》第16条的相关规定,对于突发事件,应当由国务院制定国家突发事件的总体应急预案,而国务院其他各部门在此总应急预案的框架下,根据各自的职责制定部门应急预案。《突发事件应对法》同时规定行政立法权的主体可以进行常态下的应急立法,只要是县级及以上的人民政府,就可以针对紧急的事态进行应对命令的发布。虽然行政立法权的主体拥有常态下应急立法资质,但是其立法仍应当遵守相关的原则和程序,保证其立法事项在《立法法》许可范围内,遵守法律保留原则。紧急状态下的立法与常态应急立法存在本质的区别,其主要是在紧急事件发生时,为了尽可能控制事态的危害性以及防止危害事件扩大进行的必要立法。紧急状态下的立法通常伴随着严重的突发公共安全事件,紧急的事态往往是不可预知的,且未来事态的发展情况受到诸多因素的影响,很难对该事态进行有效的判断,因此应当通过应急立法及时为紧急事态应对提供指导。

2. 应急处置权

应急处置权是在紧急状态下,政府被赋予的权力。一般来说,应急处置权是伴随突发事件而生的,当该类事件发生时,政府部门被赋予相关权力对于人、事、物采取紧急措施。应急处置权具有优先性、强制性和效率性,这主要体现在紧急事态发生情况下,政府的应急处置权的行政强制措施和行政征用功能才得以发挥。行政强制措施是政府部门的一种控制行为,主要是在紧急事态发生时,为了减少事态危害性,降低事态的影响力度,通过强制措施对公民、财产以及其他事物施行管理的行为。对于政府来说,行政强制措施是最优效率的方式方法,因此在紧急事态下,被广泛应用。我国法律法规中也规定了很多强制措施,并在紧急事态下赋予政府行政强制权。一般来说,行政强制措施可以根据其适用对象的不同分成三种类型:第一种措施的适用对象是人,采取的行为包括强制隔离、限制活动范围等;第二种措施的适用对象是行为,比如限制经营、交通管制等;第三种措施的适用对象是财物,如封锁相关经营单位、查封相关房产、现金等。

(1)行政强制措施

行政强制措施本身具备强制性的特征,会对公民的行为、财物,以及公民本身产生一定的影响,会侵犯公民人身自由权,这就要求政府在施行行政强制措施时,一定要依据相关的法律法规,明确强制措施的内容和执行方式。但是,当前法律法规中针对行政强制措施内容及执行方式的表述较为模糊,执法方式也缺少明确的行为程序,使得行政强制措施在执行时往往缺少法律依据。

(2)行政征用

当公共卫生事件发生后,行政部门因为应急管理的需要,可能会征用一些公民的财产,行政征用就是针对这一类的财产权利进行有偿剥夺或限制。从宪法的角度来看,个人财产权神圣不可侵犯,应用行政征用必须有相应的法律制度依照。从历史角度来看,各国对于公民的财产权都有明确的法律保护,而对于行政征用的法律适用范围也有相关的规定要求。如法国的第一部宪法性文件《人权宣言》就提出,公民的私人财产权利是神圣不可侵犯的,除非该财产在公共行政需要的范畴内,且进行征用必须对具有该财产所有权的公民进行公平公正的补偿。我国对公民财产权的保护十分重视,《宪法》第13条规定,"公民的合法的私有财产不受侵犯。国家依照法律规定保护公民的私有财产权和继承权。国家为了公共利益的需要,可以依照法律规定对公民的私有财产实行征收或者征用并给予补偿"。

对于政府来说,行政征用的相关条款是应急处置的基础,针对公民合法财产的征用必须符合行政征用的相关规定。《突发事件应对法》中也对行政征用进行了特别的规定,其要求如果具有应急处置权的人民政府在紧急状态下有相应需求,可以向特定单位、团体和个人征用相关物资、场地等财产。

行政征用是应急处置权的分支,其在紧急事态处理中获得了广泛的应用,但是目前该权力的使用存在的最大问题就在于,针对私人财产进行征用后,如何对公民或利益团体进行补偿。《宪法》中对于相关补偿有明确的法律规定,政府虽然有权对公民的财产进行征用,但是政府必须予以补偿。纵观国内外,大多数国家都针对政府应急处置权中的行政征用补偿标准进行了规定,比如德国的《基本法》提出,政府依据相关法律法规对于相关财产进行征用的,必须依照公平公正原则向相关人员进行补偿,而补偿的标准应当综合考量公民的利益损失后确定。

不仅仅是德国,日本《宪法》中也规定了公民在获取政府合理的征用补偿后,相关财产可以被收取作为公用,补偿的标准应与该财产的市场价值相同。我国《宪法》中虽然明确了政府应当对于行政征用行为进行补偿,但是关于具体的补偿标准并没有相关法律或法规的指引。《突发事件应对法》第12条也只是规定,有关人民政府及其部门为应对突发事件,可以征用单位和个人的财产。被征用的财产在使用完毕或者突发事件应急处置工作结束后,应当及时返还。财产被征用或者征用后毁损、灭失的,应当给予补偿。但是具体的补偿标准如何确定却没有明文规定。因此,为了保障行政征用的正当性和合理性,今后在立法中,应当针对征用补偿标准予以明确,从而健全应急处置权的补偿程序和内容。

三、政府职责之优化

(一) 协调财政事权和支出责任划分

财政事权和支出责任的划分对于理顺政府间的关系是非常重要的,不同级别、不同地区的政府在应对突发公共卫生事件时,都存在事权和责任划分的问题。目前,我国推行的财政事权和责任划分是"一级政府一级财政"体制,政府的事权和财政权密切相关。《国务院关于推进中央与地方财政事权和支出责任划分改革的指导意见》(以下简称《指导意见》)对于财政事权有专门的定义,即一级政府应承担运用财政资金提供基本公共服务的任务和职责;而支出责任是"政府履行财政事权的支出义务和保障",这个定义对于财政事权和支出责任进行了明确的划分,财力是主要分割点,有责任一定具有相关财力,但是财力却不代表支出责任。

我国政府间财政事权与支出责任划分的主要问题表现在三个方面:一是受政府机构设置同构化影响,政府间财政事权划分不清晰,缺乏区分度;二是受政治集权和经济分权的影响,上级政府存在事权下移倾向,导致基层政府承担了较多的支出责任;三是受分税制和政府间转移支付制度不完善的影响,地方财政的财力缺乏保障,导致财力与事权和支出责任不匹配。而越是基层的政府,自主性越低,财权和财力越薄弱,政府履行职能的效率和效果越难以得到保障。除上述问题外,经济社会的转型和各类突发性事件的暴发催生了大量的不确定性事权,对政府明确事权范围和支出责任划分增加了挑战,这要求政府及时处理好与市场的分工和公共部门的内部分工。

1. 财政事权和支出责任划分的基本原则

财政事权和支出责任的划分需要兼顾效率、效果、公平和经济性。英国学者巴斯特布尔提出事权和支出责任划分应遵循受益原则、行动原则和技术原则,前者基于公平,后两者更多基于效率。我国财政部前部长楼继伟认为,中央与地方间的事权和财力分配应遵循外部性原则、信息处理的复杂性原则和激励相容原则三个标准,其中的激励相容原则为财政事权和支出责任划分增添了经济属性,该原则认为如果一项公共服务支出最大限度地有利于贫困落后地区或社会贫困阶层,那么该项支出就不仅仅具有地方性意义,而且拥有了社会财富再分配的意义,因此应该调整为较高级次政府的事权,或至少应由较高级次的政府提供资金来源。《指导意见》对上述基本原则进行了高度概括,提出了体现基本公共服务受益范围、兼顾政府职能和行政效率、实现权责利相统一、激励地方政府主动作为,支出责任与财政事权相适应的划分原则。除上述规范政府间关系的划分原则,财政事权和支出责任划分还需按照"市场优先"原则划分政府与市场边界,合理确定政府提供公共服务的范围和方式,使市场在资源配置中的决定性作用得到充分发挥。

2. 省以下财政事权和支出责任的划分原则

省以下财政事权与支出责任划分,既要遵循财政事权和支出责任划分的基本原则和一般规律,也要有针对性地改善事权、财力和支出责任的错配问题。与中央和地方的财政事权与支出责任划分相比,省以下划分体系的问题更复杂,一是因为我国政府层级较多,导致省级政府事权下沉空间充裕;二是因为地方财政管理体制不一,导致政府间事权划分规范性不高,省级政府事权划分的随意性较大;三是因为地方政府财力水平差异,导致转移机制的协调作用不明显。《指导意见》中提出省以下财政事权和支出责任划分,要将部分适宜由更高一级政府承担的保持区域内经济社会稳定、促进经济协调发展等基本公共服务职能上移,将适宜由基层政府发挥信息、管理优势的基本公共服务职能下移,并根据省以下财政事权划分、财政体制及基层政府财力状况,合理确定省以下各级政府的支出责任。

理顺政府间关系是公共卫生事权与支出划分的关键,事权的划分是政府权责的具体表现形式,尤其是省以下地方政府间的关系,是保障我国公共卫生供给的关键。事实上,公共卫生事权划分需要结合地方社会经济发展和公共卫生服务供给来进行动态调整,区域间事权划分的差异也体现着该区域内居民的个人偏好以及公共产品供给情况,区域间事权划分应当随这些综合因素的变化而及时调整。[①] 对政府间公共卫生事权的动态调整,是解决目前事权不断下沉,地方

---

① 徐阳光:《论建立事权与支出责任相适应的法律制度——理论基础与立法路径》,载《清华法学》2014 年第 5 期。

政府财力无法保证公共卫生服务供给的路径。同时，应注重地方政府财力保障。分税制背景下的地方政府财力不足，在应对公共卫生需求时，不免捉襟见肘，上级政府应就实时动态调整的事权予以相应财政政策，增加公共卫生支出，强化各级政府公共卫生供给的财力保障。十八届四中全会以来，推进政府间事权划分的规范化以及法律化成为现代化法治国家建设的核心，理顺政府间事权关系，规范财政支出实际上在重点解决各级政府立法与行政主体之间的关系，财政支出是国家运行的根本性问题。① 因此，通过规范立法促使事权与支出责任相协调，保障协调配置所需的财力，是政府履行职责的关键。

（二）完善管理体制

管理体制的建立对于应急处置具有十分重要的作用，只有建立了相关的应急处置的管理体制，才能实现对于应急事件的有效管理。一般来说，应急事件都具有紧急性、高危害性的特点，因此地方政府对于此类事态的管理应该充分考虑到事态的特点，可以对于人、行为和事务采取一定的紧急措施。行政措施具有强制性和权威性，正是因为这一特点，也可能会导致行政强制权力的滥用，因此有必要对于行政职权进行一定的约束和管理。

1. 以法治为理念

在突发公共卫生事件应急状态下，政府部门及其工作人员必须尊重法律的权威，对突发事件的处置必须有法律授权，并依据法律进行。法治原则的基本要求包括：

第一，政府的应急管理行为以应急行政职权为基础，无职权便无管理。应急处置权必须合法产生，政府的应急处置权或由法律、法规、规章设定，或被依法授予，否则，其权力来源就没有法律根据，相应的管理行为即构成违法，原则上应当被撤销或被确认为违法。第二，在法定职权范围内依法进行应急管理，政府享有的应急处置权必须被行使，政府有义务去行使法定职权，且不得超越法定的权限范围，否则，就会导致"越权无效"的后果。如果政府不依法及时行使职权，则构成违反法定职责，必须承担相应的法律责任。第三，应急处置权的行使遵守法定程序。行政程序是规范和控制行政权的一种重要手段，科学、合理的行政程序有利于政府迅速有效地行使职权，减少行政懈怠的不良现象，提高行政效率。政府部门及其工作人员在应急处置过程中应遵守有关法律中规定的步骤、形式及时限等程序性要求，减少错误的发生，提高应急管理的效率。

---

① 刘剑文：《财税法功能的定位及其当代变迁》，载《中国法学》2015 年第 4 期。

2. 理顺政府间财政收入分配关系

财政制度是保证国家提供公共服务产品的基础,政府不论是抵御社会风险或是调动资源都需要财政的支持,但这种支持离开法治保障就会走向无序化,无法真正发挥财政的支撑性作用。① 当前我国公共卫生财政事权与支出划分并未有法律就事件的紧急性作出差异性规定。针对突发公共卫生事件,《突发事件应对法》第 3 条规定了包括公共卫生事件在内的需要应急处置措施的紧急事件,并且根据该类事件对于社会的危害性分为四类,分别是特别重大、重大、较大以及一般。公共卫生事权与支出责任应配置相关法律,依卫生事件情形对各级政府和政府部门之间的事权进行划分,且在事权划分过程中还需要考虑这种公共服务供给的受益范围,注重信息不对称及获取信息的准确性、复杂性等经济性因素,同时要注重政府卫生事权划分的法律规范。② 明确政府公共卫生服务供给的范围,是各级政府尤其是地方政府履行相关职责的前提。

各级政府在突发事件中的事权和责任是不匹配的,想要理顺支出责任和法律配置关系,就必须要解决财政保障问题。各级政府都被规定应当在突发事件发生前,负责事件的监控和预警,起到事前预防的责任。在突发公共卫生事件发生后,应当积极地参与到救援、救助以及事件后的重建工作,而这些工作都涉及经费的支出。因此,要想理顺政府在突发事件中的事权和责任,首要任务就是将突发事件专用经费进行明确的划分,以保障各级政府在突发事件应对过程中有足够的经费应对人民生活的基本需要。中央政府和地方政府在行政和立法程序中的主体行为有较大的区别,涉及预算审批问题和财政收支问题。要明确各级政府在突发公共卫生事件中的主要职能,细化其公共应急支出明细,补充专项应急资金。③ 不论是否属于应急预算,对政府而言,都要有详尽的收支计划安排,这种收支计划是政府间财政收入分配的具体表现。④

第一,预备费基金化。当各级政府在遇到突发的公共卫生事件时,其首要的应对资金就是《预算法》规定的预备费用。预备费用在财政体系中具有优先支出地位,根据《预算法》的规定,政府应对突发公共卫生事件时,首要支出是预备费,其次是临时安排的财政支付,最后才是转移支付。随着我国城市化进程的不断加快,突发公共事件的关系变得更加错综复杂,某项公共事件的发生可能会连接引带其他事件的发生,对于政府来说,突发公共事件应对的难度在不断提高,一

---

① 熊伟:《法治财政的宪法之维》,载《财经法学》2015 年第 6 期。
② 张守文:《公共卫生治理现代化:发展法学视角》,载《中外法学》2020 年第 3 期。
③ 黄文正、李宏:《现阶段公共财政应急保障机制的构建研究》,载《财政研究》2015 年第 11 期。
④ 邹新凯:《应对突发事件的财政预备费:制度反思与类型化补正》,载《中国行政管理》2020 年第 10 期。

且发生突发公共事件,可能会使得地区经济迅速进入停滞阶段,专项预备资金用作突发事件的处理情况较少。造成这一问题的主要原因就在于缺少常态化的预备费用留置,缺少预备费的基金化管理。2003年的"非典"事件结束后,有部分学者提出应当对预备费进行基金化管理,每年都留置部分突发事件预备费用于突发事件的应急处理,若当年没有发生事件,则结余转至预备费基金,用于未来应对突发事件的专项经费。

第二,及时进行转移支付。转移支付是补充地市级政府财政资金的主要来源之一,为了各级政府尤其是地方政府更好应对突发公共卫生事件,应当建立较为完善的转移支付体系。此次新冠肺炎疫情中,财政部为了补充地方政府财政实力,提高对新冠疫情的应对能力,专门下发了《关于进一步做好新型冠状病毒感染肺炎疫情防控经费保障工作的通知》,规定上级财政应当做好关于地方政府疫情防控的转移支付工作。对于地方政府在疫情防控工作中确实存在财政资金不足的情况,要确定中央政府的财政支出比例,由地方政府先行垫资支出,并留存相应的支出凭证,后续由中央财政补足。突发公共卫生事件具有较高的紧急性,有时中央政府转移支付资金并不能快速到位,因此还应当设置紧急转移支付机制的补充机制,即扩大横向转移支付范围。当地方政府确实存在预备费用不足的情况时,调用其他地方政府预备费用予以紧急应对,这种横向转移支付也在一定程度上对于预备费不足予以补充,形成良好的财政转移支付的补充机制。

第三,应急举债纳入预算。应急举债是指地方政府在应对突发公共卫生事件时,通过银行贷款和发行地方政府债等形式,从金融机构获取资金贷款,并对应急突发事件进行财政保障。根据《预算法》的规定,地方政府应当将应急举债纳入到预算之中,确定举债限额,报同级人大常委会批准,不仅如此,地方政府还应当明确举债资金的未来还款计划,确保此部分债务不会出现逾期无法偿还的情况。在应急举债的资金使用方面,应当明确该部分资金不能用于其他经常性支出,只能应用于公益性支出。在实际情况下,在应急突发卫生事件的事权和责任方面,地方政府压力和负担最重,中央政府和全国人大应当对于应急举债的额度和权力予以考虑,提高地方政府财政在应急突发公共卫生事件中的应对能力。

预备费基金化、及时下达转移支付和应急举债纳入预算是目前我国亟待完善的应急财税法律制度的内容,这是目前我国建立应急财政制度保障应急财政支出的可选方案,要保证在公共危机状态下各级政府能充分及时行使相关应急事权和支出责任,就必须保证在突发紧急状态下有充足的财力支撑。应急财政制度具有未来性、常备性和紧急性的特点,有关应急财税法律规范必须着眼于未来保障,通过预备费基金化管理保障突发事件的基本应急财政支出,通过及时下达转移支付和应急举债的措施保障各级政府应对突发事件的财力,同时保障事后的恢复重建、抚恤安置等保障人民生命安全和财产安全的财政支出。此外，应注意关注疫情期间政府的各种应急财政政策的效果，适时引入绩效测评机制。[①]

3. 紧急状态区分

第一，以划分级别的方式对政府事权和支出责任进行明晰。《突发事件应对法》中明确说明了突发事件的标准分级机制，应当以突发事件所造成的公共损害水平、影响力和事件类型等为基础，依照相关分级标准进行级别划分，以标准化的方式确定不同事件的严重性水平，进而对政府的应急事权与支出责任进行明晰。[②] 国家紧急权力是一种集中性权力，这种权力通常是受限制的，既需要国家有能力应对突发事件解决危机，又需要对这种权力加以监督。[③] 级别的划分是相对应级别政府紧急权行使的前提。

第二，以划分级别的方式明确各级政府间的事权和职责。我国《突发事件应对法》将应急管理机制承担事权以及支出责任的政府分为四个层级，分别为国务院、省、市和县。应当依照突发事件的严重性水平等因素制定事件级别，并将其与纵向应急管理机制级别进行对应。完善的突发事件处理体系，需要明确各级政府的责任与义务，上级政府应该科学合理地划分责任与事权。国务院应该及时了解各种各样的突发事件，并对各个部门进行统一领导；省级政府主要对二级突发事件的支出以及事权负责；市级政府对三级突发事件的支出以及事权负责；县级政府对四级突发事件的支出以及事权负责。当然，在遇到紧急情况时，应该根据事态特征集中权力，遵循集中领导的处理办法。

4. 积极协调配合

突发事件常常具有高度复杂性，突发公共卫生事件的危害性更是难以确定。根据这一特点，地方政府应该及时了解相关情况，并以其为基础制定相应的解决办法，切实保障人民的生命财产安全，尽可能避免人民的权益受到大规模的损害，将损失降到最小。国务院对于全国各类突发事件都有最高的处理权以及领导权，但是为了及时有效地处理各地方突发事件，还需要下级政府的配合，因此必须提升地方政府的积极性、主动性。各级政府之间应该建立突发事件管理机制，并对该机制不断加以完善，地方政府在中央统一领导的情况下，允分发挥主动性，积极应对突发公共卫生事件。

首先，增强地方政府的主动性。在应对突发公共卫生事件时，不能一味强调下级政府对上级政府的行政服从，该类公共事件的危害性往往具有不可预测性，

---

① 周克清、李霞：《新时代财政应急保障机制》，载《财政科学》2020年第3期。
② 苗庆红：《应急预算制度构建研究》，载《中央财经大学学报》2021年第7期。
③ 郭春明：《紧急状态法律制度研究》，中国检察出版社2004年版，第232页。

地方政府对区域内信息掌握较上级政府具有明显优势。地方政府作为地方行政职权机构,是公共卫生供给的主要负责机构。与行政服从不同,地方政府积极主动参与紧急事件的处理,行政效率将大幅提高,政府公共政策的有效性将得以保障。对突发事件的级别予以确定,是各级政府履行职责的前提,在明确地方政府事权范围后,地方政府应依照相关法律法规,有所作为。其次,增加政府间协作的主动性。突发公共卫生事件通常涉及多领域,尤其是危害程度较重的突发事件,往往还涉及事后社会经济的恢复工作,这需要多部门之间协作。就突发事件涉及多领域的处理办法,应有上级行政部门统一领导,从而保证"政出一门",统筹规划,使政府效率以及资源利用率达到最高。但是在实践过程中,经常会出现权责冲突的问题,这时就应该启动紧急预案,增加政府间协作的主动性,采取相关措施应对突发事件。

四、结　　语

长期以来,地方政府承担着具体事权实施的主要职责,理顺中央与地方事权与支出责任关系,始终是财政制度改革的核心,更是国家治理的基础和重要支柱。[1] 地方政府尤其是基层政府在信息获取和处理上有着巨大的优势,在应对突发性公共卫生事件时,是应急管理工作开展最为高效的主要负责人。由于突发公共卫生事件往往涉及的不是单个行政区域,在协调多个行政区域时,不仅需要共同上级政府或各自上级政府共同负责,关键还在于基层政府的执行力,这就需要协调地方各部门积极配合。应对突发性公共卫生事件,政府间积极协作,充分发挥地方政府的主动性,将突发事件的损害降至最小的范围内,是公共卫生事权优化的重要路径。

---

[1]　楼继伟:《深化事权与支持责任改革——推进国家治理体系和治理能力现代化》,载《财政研究》2018年第1期。

自由贸易试验区政府产业调控权力限度与法律规制

丁　瑶*

自由贸易区（Free Trade Zone）①是指单个主权国家或地区在关境内划定的特定的区域，域内域外形成一定程度的隔离，对境外入区货物的关税实施免税或保税政策。1973 年世界海关组织《关于简化和协调海关业务制度的国际公约》（《京都公约》）专门附件 D 第 2 章将其定义为："一国的部分领土，在这部分领土内运入的任何货物就进口税及其他各税而言，被认为在关境以外，并免于实施惯常的海关监管制度。"②自 2013 年 8 月国务院正式批准设立上海自贸试验区，全国人大常委会通过了《关于授权国务院在中国（上海）自贸试验区暂时调整有关法律规定的行政审批的决定》（下文简称《授权决定》），进而国务院印发《中国（上海）自由贸易试验区总体方案》（下文简称《总体方案》），国务院相关部门以及上海市人大、政府及其相关部门围绕自贸试验区建设发布诸多部门规章、地方性法规及规范性文件。纵观上述规范文件，紧紧围绕上海自贸试验区"以开放促改革、优化监管方式"的主旨，先行先试探索形成了"负面清单""权力清单""证照分离""事中事后监管"等诸多可复制可推广的经验。

2015 年天津、广东、福建开放自贸试验区，2017 年辽宁、浙江、河南、湖北、重庆等七省市相继设立自贸试验区，2018 年到 2019 年又相继在海南、山东、广西、江苏等七省设立自贸试验区，至此，我国自贸试验区总数已达 18 个。考察 2015 年以来国务院批准设立的自贸试验区总体方案，发现各方案对不同自贸试验区的"功能划定"都有具体规划，且方案内容大多涉及贸易、物流、金融、医药、海洋、

---

　　* 丁瑶，华东政法大学 2019 级经济法博士研究生。
　　① 在国际经济学意义上，自由贸易区还指两个或两个以上的关税区域对产自各个区域内的基本上所有贸易取消关税及其他限制法令，如北美自贸区、中日韩自贸区等。因我国设立的自贸区有试验性特点，同时为与国际经济学意义上的自贸区相区别，本文将研究对象简称为自贸试验区。
　　② 李立：《世界自由贸易区研究》，改革出版社 1996 年版，第 2 页。

航运等产业发展的功能定位。由此动向可见,相继设立的自贸试验区功能已不单纯是"上海试验模式"的复制,亦不单单将重心放在优化监管、简化审批的行政职能改革上,而是更多增加了因地制宜的特色高端产业集群发展之战略部署,依托自贸试验区制度创新、贸易自由等优势,为我国产业腾飞注入新活力。

探索与变革"政府与市场的关系"是自贸试验区的核心,调控和规制(抑或"监管")是政府应对市场失灵的两个向度。以往对自贸试验区政府职能的关注重点多集中在"政府职能转变""监管模式""市场监管"等市场规制维度,并以削减政府对市场的过度规制、还权于市场为主。这是上海自贸试验区"以开放促政府职能改革"的初衷使然。然而,审视国务院 2015 年以后设立的自贸试验区总体方案的精神要旨,自贸试验区的功能有了更多内涵。面对各自贸试验区的不同功能定位,相应地方政府将以"调控者"的身份更积极地引导自贸试验区经济发展,"监管优化"和"适度调控"都将成为促进自贸试验区经济发展的有力手段。虽然上海自贸试验区探索出"权力清单"等有利经验,但对政府调控职权的运行,各地依然在摸着石头过河。这一动向应当引起经济法视角对政府产业调控权力限度的关注。厘清自贸试验区地方政府产业调控权力与市场的边界,是确保自贸试验区法治化的重要保障。

一、现实描述:自贸试验区政府产业政策实施检视

之所以须对自贸试验区政府产业调控予以必要关注,有其现实需求与意义。政府对产业的调控主要通过制定和实施产业政策来实现。① 产业由企业构成,通过审视目前各自贸试验区政府竞相出台的各种招商引资优惠政策,可相对直观地考察其在产业引导、调控中的权力运行情况。同时,对政府产业调控行为引发的负外部性进行审视,并进一步深入分析引发这一系列负外部性的产业政策的问题所在,有助于更全面地揭示自贸试验区政府产业引导行为的作用形式、效果、失效原因等。

(一) 自贸试验区相关产业政策考察

新划定的自贸试验区对于其所在地方政府而言,既是经济发展的重要机遇,又是国家经济发展战略部署的"军令状"。因此,各地纷纷出台优惠政策及时响应,如"自贸试验区金融改革 20 条""人才新政 30 条""税务惠企 21 项"

---

① 刘桂清:《产业政策失效法律治理的优先路径——"产业政策内容法律化"路径的反思》,载《法商研究》2015 年第 2 期。

"黄金十条"①等。优惠政策中有的专门针对某一行业出台补贴措施,有的对用地用房等进行专项补贴。如厦门市人民政府出台《关于印发扶持金融业发展若干措施的通知》,为鼓励金融机构入驻,设立企业落户现金奖励、企业购房或租房补贴等。② 再如济南自贸试验区先后出台《打造对外开放新高地构建开放型经济新体制的若干措施》《鼓励总部经济发展的若干政策》《支持首店经济和连锁经营发展的若干措施》等文件,制定"打造对外开放新高地40条""人才新政30条"等系列具体办法,对新设立或新引进的法人金融机构,最高一次性补助1.2亿元;对新引进的总部企业,补助其50%的办公用房成本。③

上述自贸试验区政府招商引资、调控产业发展的政策手段主要包括地方政府土地及办公用房、税收、财政、金融等一系列政策工具,具体到地方政府产业引导方面,其政策工具以及发生方式包括:(1)土地优惠政策。对于符合自贸试验区产业发展定位的目标企业,给予相对宽松的用地指标,并对符合要求的企业进行用地或办公用房补助。(2)通过金融政策进行产业调控。如地方政府通过对当地政策银行或地方性银行施加影响,或以政府信用为企业融资背书,帮助目标企业获取较低利息的贷款融资。(3)税收优惠政策。如地方在其权限范围内,对符合其产业政策的投资者予以税收优惠。(4)设立财政基金等补助。即地方政府专门从地方财政中拨付产业发展基金,用于产业园区建设。该类政策主要涉及财税、金融等经济法上的制度安排,许多经济学家往往将其视为广义的"产业政策"④,本文亦采纳此广义用法。

(二)产业引导政策失度可能引发的负外部性

我国地方政府在引导产业发展中具有举足轻重的地位,充分发挥了政治治理的优越性,取得了显著成绩。"当西方观察家们指责中国在市场制度、法律体系等制度的基础设施方面表现落后的时候,他们没有看到中国能灵活地用政治模式和国家治理的其他优势来弥补那些缺失。在法律和财产权制度跟不上的时候,是政府注重培养良好的亲商环境使外商直接投资得以大规模进入,而这些就是政治治理的作用。"⑤然而,在承认政治治理优势的同时,该治理模式带来的负面效应同样不能忽视。政府极易沦为人人惧怕的"利维坦",不仅会抑制企业活力,制约经济的发展,更会侵害个体本应具备的价值理性,成为扼杀个体创造力

① 资料来源:https://www.kunming.cn/news/c/2019-11-10/12761873.shtml。
② 参见《厦门市人民政府关于印发扶持金融业发展若干措施的通知》(厦府〔2019〕280号)。
③ 资料来源:http://commerce.shandong.gov.cn/art/2019/12/18/art_16256_8395763.html。
④ 张守文:《人工智能产业发展的经济法规制》,载《政治与法律》2019年第1期。
⑤ 张军:《中国经验中的政治治理》,载《经济观察报》2006年3月29日第42版。

的杀手,将多彩的个体还原为仅有工具理性的"单向度的人",国家将因"致命的自负"走向一条"通往奴役之路"。① 地方政府在运用上述产业政策工具时若缺乏必要的法律规制,将可能引发诸多外部性问题。

1. 扭曲市场机制对生产要素的配置

政府和市场都是资源配置的方式,但其配置方式、效率、效果等存在显著不同,政府通过政策手段可以超越市场的力量配置资源。地方政府的优惠政策权力是中国特殊发展条件下的一种设租和寻租现象,必然导致资源的政策引导性流动,这种配置不是最优的。尤其在引进外资竞争中,优惠政策直接对外的竞争性过度让利和放松监管,引发了开放福利的损失。② 例如,某些产业园借提供基础设施之名行过度建设之实。地方政府管理地方经济发展,为产业发展提供必要的基础设施建设、公共物品等,应当是其天然的重要职能。然而,这一经济职能却存在异化趋势:个别地方未有效评估产业平台的建设需求,在其行政管辖范围内运用手中的土地优惠政策圈地,运用财政拨款建设产业园区,却未能引进相应的企业入驻,导致园区闲置;或者由于建设周期长,待企业投产时,市场已经饱和。尤其资本密集型产业项目前期投入巨大,极易引发地方债务风险,造成恶性循环。

2. 内部成本外部化③造成体制性产能过剩

近年来,我国产能过剩的重要原因是政府控制经济和资源的程度增加,通过大规模的投资、补贴等激励政策引导产业发展刺激经济增长,导致传统产业甚至新兴产业如光伏、动漫等产能过剩。④ 一方面,地方政府在土地、财政补贴等公共资源的占有和支配方面有绝对优势,针对其政策偏好的产业,倾向于以土地优惠、信贷扶持、财政补贴、税收优惠等政策吸引企业投资,而这种行为会造成原本应由企业承担的成本转换为由全社会共同承担的内部成本外部化;另一方面,企业在低市场要素获取成本的利益驱动下,竞相进入该产业领域,甚至出现产能过剩与投资冲动并存的企业非市场化理性决策,造成了市场价格机制和竞争机制的扭曲。⑤ 如很多省份为发展动漫产业出台不同额度的播出奖励补贴政策,导致各动漫公司的产品制作更多是为了补贴奖励而非市场需求。以往研究大多认

① 管斌:《中国经济法学总论 30 年研究:关键词视角》,载《北方法学》2009 年第 4 期。

② 张幼文:《从政策性开放到体制性开放——政策引致性扭曲在发展中地位的变化》,载《南京大学学报(哲学人文科学·社会科学版)》2008 年第 4 期。

③ 内部成本外部化主要是指由于地方政府在要素市场具有很强的干预能力,通过压低要素价格使得企业的成本由社会来承担,这在一定程度上属于政府失灵范畴。

④ 卢现祥:《对我国产能过剩的制度经济学思考》,载《福建论坛》2014 年第 8 期。

⑤ 王立国、周雨:《体制性产能过剩:内部成本外部化视角下的解析》,载《财经问题研究》2013 年第 3 期。

为地方政府的过度投资引发产能过剩,但地方政府通过干预和操控企业过度投资引发产能过剩的效果远比政府自己投资的影响更大。[①]

3. 地方政府"各自为战",产业结构同构

地方政府在制定产业发展规划时,往往脱离市场供需关系盲目招商引资,倾向于上高投资、高消耗项目,或者在国家产业政策扶持下,"一窝蜂"上同类项目(如风电、光伏等新兴产业项目)。[②] 长三角区域是我国石化园区集中度最高的地区,沿长江出海口溯游而上,两岸石化基地星罗棋布,上海、舟山、无锡、苏州、宁波、嘉兴等地纷纷建立石化产业园区。截至 2018 年底,全国共有石化园区 676 家,沪苏浙皖 4 省份达 102 家,占全国总数 15% 以上。[③] 在长三角的 16 个城市中,以石化作为重点发展产业的有 8 个,但在规划协同产业链体系建设和分工合作上缺乏有效的统筹。[④] 虽然中央意图通过借助长三角的地缘优势,推动区域经济一体化达到产业集群的规模化效益,但因基础产业结构分散且单一、地方利益阻隔等原因,协同发展阻力较大。

(三)自贸试验区政府产业引导政策之问题揭示

纵观之,地方政府在产业引导中运用政策工具存在的问题主要表现在:

(1)间接性政策异化为直接性政策,导致地方政府职能由"产业引导"异化为"产业主导"。土地、财政、税收等政策工具作为具有宏观调控性质的政策或"中观"调控手段[⑤],其作用方式和影响应当是间接的,如通过必要的公共基础设施修建、人才引进等,优化产业发展环境,以激发地方产业市场的内生活力。不宜盲目地将土地、财政等资源直接投放到地方产业建设中,否则,将造成对市场要素的强外力干预,严重挤压市场主导产业发展的生存空间,使地方产业的发展具有强烈的计划色彩,极易引发区域性产业结构失衡。

(2)各地方政府产业调控政策存在同质化倾向。该倾向主要体现在运用政策工具的同质化,即各地方政府在产业调控时皆争相运用其能发挥的土地、财政、金融、税收等政策手段或该类政策组合,政策工具单一化,产业发展模式有强烈的优惠政策路径依赖。转变政府职能,其改革重心应当是由传统粗放的投资建设型政府向现代高效的服务监管型政府转变,以"简政放权""优化公共服务"

---

① 王立国、鞠蕾:《地方政府干预、企业过度投资与产能过剩:26 个行业样本》,载《改革》2012 年第 12 期。

② 张莹、王磊:《地方政府干预与中国区域产业结构趋同——兼论产能过剩的形成原因》,载《宏观经济研究》2015 年第 10 期。

③ 傅向升:《长三角石化产业一体化发展之思考》,载《中国化工报》2019 年 10 月 15 日。

④ 资料来源:https://www.sohu.com/a/301149688_120059025。

⑤ 史际春:《地方法治与地方宏观调控》,载《广东社会科学》2016 年第 5 期。

等新举措打造优质营商环境以吸引企业入驻。在优惠政策的设计方面亦不宜固守陈旧的"输血式"政策模式。

（3）自贸试验区的发展动力异化为各试验区政府"招商引资"优惠性政策的角逐。各自贸试验区政府掌握着土地、税收、财政等相似的公共资源，为发展本地产业、吸引更多优质企业投资，各地方政府会尽最大可能地运用公共资源去满足企业在投资成本方面的利益诉求。市场主体具有逐利性，其投资决策倾向于集中在政府政策优惠力度大、成本收益率高的地区。这变相导致各地方产业的发展由本应是不同地方市场主体之间的竞争，异化为地方政府政策优惠的竞争，甚至是地方政府财力的竞争。

二、理论分析：自贸试验区政府产业调控权力规制基础

（一）自贸试验区政府产业引导行为的性质分析

明确地方政府在引导自贸试验区产业发展中的权力属性，是合理确定对其进行法律规制路径的前提。国家各类经济职权在属性和内容等方面各有差别，应区别不同性质或权力属性的经济职权制定不同的法律调整原则。

具体到地方政府的经济权力，根据我国《宪法》第 107 条第 1 款，县级以上地方各级人民政府依照法律规定的权限，管理本行政区域内的经济、教育、科学、文化、卫生、体育事业、城乡建设事业和财政、民政、公安、民族事务、司法行政、计划生育等行政工作，发布决定和命令，任免、培训、考核和奖惩行政工作人员。同时，按照"剩余权力归地方"原则[①]，地方经济权力包括经济立法权、经济调控管理权以及经济执法、监管权。其中，经济调控管理权包括地方政府"在宪法、法律和国家政策的范围内，运用规划、预算、地方税收、投融资等手段，协调、促进经济社会发展，统筹安排地方基础性、公共性建设项目"等权力。[②] 另外，《国务院关于实行分税制财政管理体制的决定》对地方财权的使用范围作出规定。[③] 由此可见，自贸试验区政府对区内产业发展的各项优惠政策应属于经济调控管理权范畴。

---

① "剩余权力归地方"原则，即凡宪法和基本法律未授予中央或上级政权或者未禁止地方行使的经济权力，均由地方保留。

② 史际春：《论地方政府在经济和社会发展中的权与责》，载《广东社会科学》2011 年第 4 期。

③ 该《决定》规定，地方财政主要承担本地区政权机关运转所需支出以及本地区经济、事业发展所需支出，具体包括地方行政管理费、公检法支出、部分武警经费、民兵事业费、地方统筹的基本建设投资、地方企业的技术改造和新产品试制经费、支农支出、城市维护和建设经费、地方文化教育卫生等各项事业费、价格补贴支出以及其他支出。

经济法中的宏观调控权，就其特点而言是宏观层面的、间接的，往往不直接作用于具体的市场主体，因而不能将其等同于直接的具体行政行为；就其行使而言，需要政府审时度势，在一定调控区间内相机抉择。故在权力规制的法律手段设计方面，应对其留有一定的自由裁量空间。相对而言，市场监管权更接近于行政权，可以借鉴适用行政权的相关原理，并充分考虑其自身特性，设计相应的规制原则与程序。通过上述权力内容分析可见，地方政府在自贸试验区产业"引导"中的权力内容应属调控权范畴。其不局限于"宏观"领域，亦不追求国民经济总供给与总需求的平衡，其作用更多地体现在通过间接的手段来引导、影响市场中微观主体的行为。正如史际春教授所言："除货币政策外，中央宏观调控的手段或工具，地方都可以用，比如规划、产业政策、预算、地方权限内的税费调整、政府债务和投资、劳动和社会保障措施、土地和自然资源政策、消费刺激或抑制等。"[①]因此，自贸试验区政府的产业发展引导行为，其本质上属于经济调控权力的范畴。但须注意的是，因本文着眼于自贸试验区政府产业调控的权力限度，故将地方政府产业引导或主导等行为统称为产业调控权，该职权中不仅涉及产业政策，亦包括典型的财政补贴、税收优惠等财税政策。

（二）自贸试验区政府产业调控权力失度的原因剖析

深入剖析自贸试验区政府产业调控权力失度的原因，方能精准定位问题症结，从而对该调控权力予以有效规制。上述产业发展问题的根源是多方面的，诺斯认为，制度是经济行为变化的决定因素。[②] 制度规制是地方政府行为反应的基本规制。[③] 就地方政府干预自贸试验区产业的动力制度而言，有研究表明，财政包干和官员晋升机制导致了地方政府对 GDP 的盲目竞争。[④] 一方面，地方经济的发展与当地财政收入直接相关。1994 年财税制度改革由财政包干变为分税制，地方财政收入仍依赖本地 GDP 增长。[⑤] 另一方面，地方政府对当地经济的拉动，是政绩考核的重要指标，往往决定着官员的政治前途，这是地方政府积极参与经济建设的重要动力来源。地方政府作为"经济参与人"对经济总量、财

---

① 史际春：《地方法治与地方宏观调控》，载《广东社会科学》2016 年第 5 期。

② 〔美〕道格拉斯·C.诺斯：《制度、制度变迁与经济绩效》，杭行译，上海人民出版社 2008 年版，第 143—145 页。

③ Josenph Cooper, Strengthening The Congress: An Organizational Analysis, 12 *Harvard Journal of Legislation* 307, 307-368 (1975).

④ Jean C. Oi, Fiscal Reform and the Economic Foundations of Local State Corporatism in China, 45 *World Politics* 99 (1992); Alwyn Young, The Razor's Edge: Distortions and Incremental Reform in the People's Republic of China, 115 *Quarterly Journal of Economics* 1091 (2000).

⑤ 周黎安：《中国地方官员的晋升锦标赛模式研究》，载《经济研究》2007 年第 7 期。

政税收追求,与作为"政治参与人"的政治晋升期待,对地方政府干预地方产业发展具有强大刺激。

虽然上述制度因素在一定程度上是诱发地方政府影响经济发展的动机,但不应因此从根本上否定地方政府对引导经济发展的正向作用。我国产业发展模式相对于市场经济自然演进式而言,更接近构建主义模式,政府的调控、干预色彩浓厚。相较于西方的市场生长模式,我国市场经济更具政府培育的因子。演进主义与建构主义、自由主义与干预主义,其核心命题归根结底仍是对市场与政府关系的认知。政府与市场关系不仅在古典及新古典经济学等经济理论中,亦在各国的经济实践中进行着持续的争论。随着对政府与市场关系认识的不断深入,人们愈发认为二者并非非此即彼的对立关系,其对经济发展的作用各有优劣。二者都是国家经济治理的重要手段,单向度地断定其中某一主义的绝对优势,而无视另一主义的积极作用,都已在实践中被证明行不通。即使自由主义大师哈耶克亦强调应对国家干预有正确理解。① 所有当今发达国家在赶超时期都采取积极的干预主义的产业、贸易和技术政策,以促进幼稚产业发展。② 因此,片面否定地方政府对自贸试验区产业发展干预的正向作用和经济学理论依据,已被历史证明不可取。

而与此同时,权力具有天然的扩张性,我国由计划经济转为市场经济的经济体制特点和历史惯性,决定了地方政府在运用经济权力时显现出过度侵扰市场的倾向。"如果不对公共行政在为追求其目的而采取任何被政府官员认为是便利的手段方面的权力加以限制,那么这种做法便是与法律背道而驰的,因为这将沦为纯粹的权力统治。"③因此,除经济和政治利益等制度动力因素外,制度化的权力依据、权力内容、权力行使程序以及问责机制等权力约束机制,是保障自贸试验区产业调控权力运行合法性与合理性的关键。故地方政府引导自贸试验区产业发展的权力运行制度框架、权力行使规则体系应予合理考量,其关键在于,地方政府调控自贸试验区产业发展的权力限度,以及如何将其纳入法治化规制路径。

(三) 自贸试验区特性决定政府产业调控权力规制的特殊性

本质上讲,自贸试验区是"境内关外"的特殊区域,其核心特点是"一线(自贸

---

① 〔英〕弗里德利希·冯·哈耶克:《自由秩序原理》,邓正来译,生活·读书·新知三联书店 1997年版,第 279—281 页。
② 〔英〕张夏准:《富国陷阱:发达国家为何踢开梯子?》,肖炼等译,社会科学文献出版社 2009 年版,第 18 页。
③ 〔美〕E.博登海默:《法理学——法律哲学与法律方法》,邓正来译,中国政法大学出版社 1999 年版,第 367 页。

试验区与国境线）放开，二线（自贸试验区与非自贸试验区）管住，区内不干预"。① 自贸试验区的战略目标、开放程度、监管模式等特殊性决定了对自贸试验区内政府产业调控权力应予以必要的法律规制。

首先，对自贸试验区政府产业调控权力规制是自贸试验区设立初衷的内在要求。在战略目标方面，自贸试验区承担着"以改革促开放"的政治使命，形成可复制、可推广的具有国际竞争力的制度创新成果是自贸试验区的重要目标。上海自贸试验区在先行先试的基础上已形成了在"优化市场监管""权力下放""权力清单"等先进经验，其主要功能在于"监管优化"的先行先试，后设立的自贸试验区，不宜仍沿袭行政权力调控下的输血式发展。自贸试验区建设已经不完全是生产要素层面的问题，而是关乎市场经济的制度创新。当前，我国传统的行政主导型经济发展方式已经遭遇瓶颈，深化经济体制改革的核心要求是使市场在资源配置中起决定性作用。② 过度的监管会扼杀市场活力，相较而言，违反市场运行规律的任意性行政干预，将严重影响市场机制的正常发挥，其后果将比过度监管尤甚。尤其对于我国行政权力扩张、政府对市场干预过度的传统倾向，更应对自贸试验区行政干预过度保持警觉。因此，自贸试验区作为我国改革开放的前沿，是对外开放程度最高的试验区和先行区，是面向世界的自由贸易窗口，更是制度创新的重要平台，应担负起政府调控权力法律规制的改革使命。

其次，对自贸试验区政府产业调控权力规制是自贸试验区"境内关外"市场风险防控的必然需要。在开放程度和监管制度方面，自贸试验区的开放程度愈大，所隐藏的市场风险亦愈高，更需规范化的地方政府调控行为以及高效优化的监管制度来化解风险。自贸试验区在金融服务、航运服务、商贸服务、专业服务、文化服务、社会服务六领域进一步加大开放力度，建立"符合现代化、国际化和法治化要求的跨境投资和贸易规则体系"。③ 在自贸试验区内，政府监管相对克制，市场更活跃，隐藏的风险可能更大，更考验地方政府的监管智慧。应依靠优化的营商环境吸引外资、带动市场活力，不宜"输血式"过度扶持企业的发展。自贸试验区属于"境内关外"的特殊区域，实行"一线放开""二线安全高效管住"的监管制度，并且从侧重货物管理转向侧重企业管理。④ 相较于自贸试验区外，自贸试验区内对地方政府的调控行为应给予更严格的法律规制。

---

① 刘剑文、魏建国等：《中国自由贸易区建设的法律保障制度》，载刘剑文编：《财税法论丛（第3卷）》，法律出版社2004年版，第389—390页。
② 刘剑文：《法治财税视野下的上海自贸试验区改革之展开》，载《法学论坛》2014年第3期。
③ 参见《国务院关于印发中国（上海）自由贸易试验区总体方案的通知》（国发〔2013〕38号）。
④ 石良平、周阳：《试论中国（上海）自由贸易试验区海关监管制度的改革》，载《上海海关学院学报》2013年第4期。

最后,对自贸试验区政府产业调控权力规制是自贸试验区应对 WTO 义务法律风险防控的重要方面。我国适用于自贸试验区的许多产业补贴政策与WTO《补贴与反补贴措施协议》中相关义务存在冲突和背离的风险。[①] 该协议第 2 条将专向性补贴[②]列为可诉补贴,自贸试验区担负着战略性新兴产业发展的功能定位,诸多新兴产业发展规划设定了战略性新兴产业专项资金或税收激励政策[③],以及前文述及的针对总部型企业的专项补贴,都具有专向性和倾斜性。甚至还有某些专项资金构成 WTO《补贴与反补贴措施协议》规定的禁止性补贴[④],如上海自贸试验区为鼓励创新,对合作开发或国内企业单独开发的设备进行补贴,有违反进口替代补贴的法律风险。[⑤] 若这一系列补贴形成对 WTO 义务的违反,我国可能将在国际贸易中处于被动,尤其在中美贸易战的白热化背景下,其对我国坚持经济全球化和贸易自由化的立场将带来诸多负面影响。

三、自贸试验区政府产业调控权力限度原则遵循

厘清自贸试验区政府产业调控权力限度,首先应明确该限度并非具象的、可量化的,而是相对原则性的、更多情况下是需要价值评判的。但原则性又不意味着自贸试验区政府产业调控权力界限不可捉摸,其边界可以通过相关影响因素来进行描绘,通过这些因素综合判定调控权的边界范围。

(一) 自贸试验区产业调控权力法定原则

产业调控是经济法的重要内容。政府作为公共事务代理人,应当在法律的授权下对产业发展行使经济调节权,其在市场治理中的法律地位应当是法律的

---

① 张军旗:《我国自由贸易试验区中产业补贴政策的调整》,载《上海财经大学学报》2019 年第 1 期。

② WTO《补贴和反补贴措施协议》第 2.2 条规定,只给予补贴授予当局管辖权范围内指定地区的特定企业的补贴是专向性的。

③ 如国务院发布的《国务院关于加快培育和发展战略性新兴产业的决定》(国发〔2010〕32 号)和《"十二五"国家战略性新兴产业发展规划》(国发〔2012〕28 号)中的专项扶持政策。

④ 禁止性补贴包括进口替代补贴和出口补贴,只要满足进口替代补贴和出口补贴的行为规定性,无须证明其对 WTO 其他成员的不利影响,即构成违义务。WTO《补贴与反补贴措施协议》第 4.1 条规定:"只要一成员有理由认为另一成员正在给予或维持一禁止性补贴,则该成员即可请求与该另一成员进行磋商。"

⑤ 上海市经济和信息化委员会、上海市财政局和上海市商务委员会于 2013 年 6 月 20 日印发的《上海市企业自主创新专项资金管理办法》(沪经技〔2007〕222 号)规定:"鼓励项目业主使用国产首台(套)重大技术装备,引导项目业主对国产首台(套)设备投保。对本市用户单位购买使用列入上海市重大技术装备首台(套)业绩重大突破计划的重大技术装备,经市重大技术装备协调办核准,可由企业自主创新专项资金对用户单位给予适当风险资助,资助标准原则上不超过所购设备价格的 10%或保费额的 50%,金额最高不超过 800 万元。"

执行者,而不是权力来源的当然主体。① 受计划经济思维驱使,我国产业发展有强烈的政策依赖传统,政策的制定、发布易受政府权力操控,从而造成市场经济向"权力经济"不断异化。权力法定原则即是对该异化的修正,主要包含两个维度:其一,自贸试验区产业调控权力来源、行使程序等法定。即政府对产业进行调控的内容、方式、限度等应有明确的法律规定,政策不能成为具有合法性、正当性的当然权力来源,唯有经过由立法主体通过法定程序颁布的法律法规才能确保权力不形变为攫取部门利益的工具。其二,自贸试验区产业调控政策法治化。虽然我国经济治理中政策依赖偏好容易导致权力扩张,但这并不意味着全盘否定政策治理。相反,法与政策存在显著的关联性。正如英国牛津大学教授德沃金认为,"法律不仅仅是规则,还包括非规则的标准原则和政策等"。② 强调权力法定原则,并不意味着抛弃政策或将政策视为非法的代名词。实际上,法律与政策有强烈的互补性,但政策的出台应当有法定的程序、效果评估、问责机制等法治化保障。总之,坚持产业调控权力法定原则,是"权力经济"向"法治经济"演进的重要体现。

(二) 产业调控以自贸试验区经济公益需要为出发点

这是自贸试验区产业调控权力来源合法性的重要依据,也是权力行使的重要限度所在。所谓"自贸试验区经济公益",其核心是公共经济利益,是就自贸试验区而言的整体经济利益以及该空间范围内的民众整体经济利益。在内容上包括有利于整体经济发展的有形的公共基础设施以及无形的公共服务、稳定的营商环境等。经济公益与经济私益相对,虽然二者在本质上都有益于个人利益,但前者单纯靠市场力量并不能自发实现,这是市场失灵的一个重要方面。另外,还应注意区别自贸试验区经济公益与政绩利益、某一集团利益等的区别。

在近现代社会经济生活中,由于商品生产以社会化生产方式为基本范式,市场主体间的竞争日趋普遍和激烈,甚至采取不正当竞争、垄断、破坏自然资源与生产伪劣产品等手段,从而侵害了社会整体公共利益。③ 经济法即以维护社会公共利益为基石,借助国家强制力纠正市场失灵带来的社会整体利益受损。然而,产业调控权作为政府干预市场的强势经济权力,具有自我膨胀的天然权力属性。其行使应保持一定程度的克制,不能在立足社会公共利益的目标下反而造成对社会公共利益的戕害。国家干预应当以一种克制和谦逊的方式嵌入市场

---

① 陈婉玲:《经济法权力干预思维的反思——以政府角色定位为视角》,载《法学》2013年第3期。
② 〔美〕德沃金:《法律的帝国》,李常青译,中国大百科全书出版社1996年版,第232页。
③ 蒋悟真、李晟:《社会整体利益的法律维度——经济法的基石范畴解读》,载《法律科学(西北政法大学学报)》2005年第1期。

失灵的边界当中,非必要时不干预,这是国家干预谦抑性的重要体现。① 产业调控权力的行使亦应当以维护经济公益为限,警惕"泛干预主义"倾向。除非有益于自贸试验区经济公益,否则不得滥用该权力。

(三) 自贸试验区产业调控权负外部性限制

政府的产业调控主要是对市场机制施加强制性外力干预,且主要通过影响市场要素的自然配置进行干预。市场要素的流通、运作不是孤立地发挥作用的,其具有整体性、联动性特质,故当政府运用产业调控权影响一类市场要素的配置时,亦可能引发其他要素的波动甚至整体市场的波动。已有研究表明,上海自贸试验区设立对产业结构高度化具有显著正向影响,短期内对其他省市产业结构升级效应影响不明显,甚至存在一定的负向效应。② 自贸试验区优越的政策对区内产业发展的正向作用,能否在长期内对周边地区同样产生正向的产业政策溢出效应,应当在出台该产业政策时进行预评估。若该政策的实施会导致负面溢出效应,但该负面溢出效应造成的成本显著低于其为自贸试验区产业发展所产生的提升动力,则应当建立相应的利益补偿机制以平衡该负外部性影响。此外,政府运用产业调控权对市场失灵的矫正不是万能的或持续有效的,"政府干预也只有当其能够改善市场状况时才是正当的,而且必须将政府干预的成本考虑在内……如果认定政府实施的救济比自然的市场过程更有效率,是十分专断的。"③

一方面,就自贸试验区内部而言,须注意产业调控权本身对市场机制影响所带来的外部性。调控权对资源的配置具有强制性,资源的稀缺性导致对其分配的倾向性。如对自贸试验区意图重点发展的产业领域,土地、人力等资源供给将相对充裕,但同时又隐性掠夺了其他产业的发展基础。另一方面,就区际利益影响而言,应全面考虑产业调控权对自贸试验区本身以及对其他区域利益、社会整体公共利益的影响。上文述及,自贸试验区经济公益与自贸试验区以外的区域经济公益以及社会整体公共利益不完全等同,甚至在某些情况下可能存在冲突。如自贸试验区本区利益的驱使可能诱发地方政府设置市场壁垒、控制本区域资源等地方保护主义,为满足本区域发展利益而占据其他地区的发展机会或向中央索取政策优惠等,各地为自身发展在非理性行为驱使下展开激烈竞争,甚至会

---

① 刘大洪、段宏磊:《谦抑性视野中经济法理论体系的重构》,载《法商研究》2014 年第 6 期。

② 黎绍凯、李露一:《自贸试验区对产业结构升级的政策效应研究——基于上海自由贸易试验区的准自然实验》,载《经济经纬》2019 年第 5 期。

③ 〔美〕赫伯特·霍温坎普:《联邦反托拉斯政策:竞争法律及其实践(第三版)》,许光耀等译,法律出版社 2009 年版,第 68 页。

产生整体性利益受损。因此,自贸试验区政府在对本区域产业调控的过程中应考虑其调控行为可能产生的全局性影响,尽可能选取产生负外部性影响最小的决策方式,寻求产业调控中自贸试验区内部以及区际利益、社会整体利益的平衡。

(四) 自贸试验区产业调控权力市场化原则

"市场化"不仅是基础性的资源配置方式,在自贸试验区的产业调控中亦应首选"市场化"的干预方式。通过激发竞争机制,使市场在资源配置中起决定性作用,是我们在广泛意义上所称的"市场化",也是我们应当始终坚持的总方向。然而,在必须进行政府干预的情况下,调控手段应当契合市场的运作方式,这是"市场化"的更高层次要求。

考察美国的相关调控措施,其由最初的财政基金、贷款援助等手段逐渐发展出更加市场化的干预方式。"援助计划采取综合援助措施,培育援助区的自我发展能力。政府充分利用市场机制,为公共干预政策赋予私营部门的面目,政府不再提供商业发展服务,而是通过提供类似私营企业的中介服务介入经济发展",[1]更多地强调对教育培训和环境因素的营造。再如,日本在 20 世纪 70 年代中期开始从利用补助金、低利贷款、税收等进行的政策干预,转向用提供有关产业结构的长期展望和国际经济信息来引导民间企业的产业政策。[2] 发达国家产业政策方式的转型升级,应当引起我们对传统粗放式产业政策路径依赖的反思。

市场经济语境下的产业调控,其面目不应是计划主义的、外力强行干预主义的、机械输血式的,而应是充分发挥法治对市场的促进作用,是充分尊重市场化的、通过法治培育发展内生动力的、更加契合市场运作的造血式法治调控模式。应当赋予政府干预市场的法治化外衣,如通过财政、税收政策等手段,依法扶持区域经济发展,是经济法的基础要求,但这仍是对市场经济有机体的直接的强力刺激,仅是法治经济初级形态。对国家干预手段市场化的忽略,导致我国目前经济发展的政策性、自上而下的指导性、经济法的国家主义色彩较浓。相对而言,运用法治化的手段,将地方政府对经济的干预通过更加市场化的方式导入,则是相对柔性的、市场更易接受的高级形态。如在金融调控法中运用货币政策进行一定干预时,应事先考虑市场的可接受度以及货币政策干预对市场的影响程度。

---

① 范恒山、曹文炼编:《国外区域经济规划与政策的研究借鉴》,人民出版社 2018 年版,第 1—20 页。

② 吴敬琏:《产业政策面临的问题:不是存废,而是转型》,载《兰州大学学报(社会科学版)》2017 年第 6 期。

在都能达到应对市场失灵的情形下,相对于调整存款准备金率,应优先适用"经济性"和"温和性"更强的公开市场业务。[①]

(五) 产业调控权不得逾越公平竞争审查制度的限制

针对自贸试验区内重点发展的产业或行业,地方政府多通过采用财政、税收、信贷等各方面的优惠措施予以支持。但倾斜式支持措施可能会对市场主体的竞争地位产生实质影响,因而在使用时应尽可能不与竞争政策相冲突。实际上,我国的优先扶持大多是一种专向性政策,仅针对一些特定产业、企业或企业集团,这是一种歧视性做法,必然会扭曲企业公平竞争所需要的发展环境。"计划与竞争只有在为竞争而计划而不是运用计划反对竞争的时候,才能够结合起来。"[②]

传统的招商引资,多以"优惠政策"为助力,通过财政、税收、土地等优惠,吸引企业落地。而这种优惠政策的本质,其实是"区别对待"。地方政府在扶持企业发展中往往体现出强烈的政策偏好,优先保护大型企业(尤其中央企业),限制中小企业对大企业市场地位的挑战等屡见不鲜。[③] 例如,多地发布对入驻本自贸试验区的总部企业进行资金奖励,或通过提高办公用房补贴、租金减免等方式,竞相吸引大企业落户本区。虽然这在一定程度上促进了本区产业聚集与市场集中度,但该类政策不免存在对中小企业的竞争歧视,其生存环境受到挤压,导致强者愈强、弱者愈弱的恶性循环。

2016 年 6 月,国务院发布《关于在市场体系建设中建立公平竞争审查制度的意见》,以市场准入与退出、商品要素流动、生产经营成本等为审查标准,将行政机关和法律、法规授权的具有管理公共事务职能的组织制定市场准入、产业发展、招商引资、招标投标等涉及市场主体经济活动的规章、规范性文件和其他政策措施列入公平竞争审查范畴,这亦应成为对自贸试验区政府产业调控权力行使的约束。但由于意见在审查权力的配置、责任追究等方面尚未细化明晰,各地政府在出台政策时仍未完全遵循。公平、平等的竞争是市场经济的灵魂,自贸试验区的招商引资,应摒弃传统粗放的优惠政策吸引,更应注重通过塑造优良的营商环境、公平的市场竞争秩序、规制明确的法治环境等吸引企业入驻。

---

① 朱崇实编:《金融法教程》,法律出版社 2010 年版,第 32 页。
② 〔英〕弗里德里希·奥古斯特·哈耶克:《通往奴役之路》,王明毅等译,中国社会科学出版社 1997 年版,第 46 页。
③ 江飞涛、李晓萍:《直接干预市场与限制竞争:中国产业政策的取向与根本缺陷》,载《中国工业经济》2010 年第 9 期。

四、自贸试验区政府产业调控法律规制路径

自贸试验区政府产业调控权力的作用形式主要通过土地、财税、金融等产业政策体现,故其法律规制路径可从对政府产业政策的法治化切入。但是,这并不意味着将法与政策相等同,二者在制定主体、制定程序、法律效力等方面有诸多实质性差异。尤其在我国产业调控政策路径依赖的传统下,产业政策成为中央、地方进行产业引导的主要方式,一刀切地禁止政府制定产业政策并不可取,这亦不是解决产业政策失度的理性方式。问题的症结在于政策的制定过程存在较大的主体任意性,政策异化为权力扩张的工具。因此,通过有效的法律制度约束产业政策的制定、运行,将产业政策法治化,以控制政府的产业调控权力,应当成为自贸试验区政府产业调控法律规制的优先进路。

(一)制定自贸试验区产业调控基本法律

许多发达国家如美国、韩国等自贸区立法已形成较严密的框架体系,如美国的自贸区法律体系包括法律、行政法规、州与地方法律法规、判例法以及相关国际条约等,其中《1934 年对外贸易区法》是自贸区的基本法,其对自贸区内不动产、公用设施的使用等予以规定,《联邦行政法规法典》第 15 卷"商业与对外贸易"A 节对自贸区委员会的权力、执行秘书的权力与责任等作出详细规定。① 目前,虽然我国已成立十余个自贸试验区,但尚未制定统一的自贸区基本法。不仅如此,产业政策制定、实施相关产业调控基本法亦尚属空白。目前政府产业政策制定的权力归属、机构设置、决策程序等并无系统化的法律规定,仅有国务院 20 世纪八九十年代发布的《关于当前产业政策要点的决定》《90 年代国家产业政策纲要》等一般规范性文件简单涉及。

在立法内容方面,应注意尊重调控权力运行特点,结合与调控政策相关的法律法规进行立法,并可在自贸试验区创新适用更市场化的产业调控形式。如在自贸试验区产业补贴方面,补贴对象、补贴资金来源、补贴条件、补贴方式等都应有制度化规定。在制定基本规定时亦需注意以下几点:首先,政府产业调控行为在很大程度上是为了应对市场失灵、防范产业结构失调,具有应变性、灵活性、手段综合性等特点。不同于一般行政行为,很多情况下,其需要根据经济环境的突然变化而迅速作出反应,这便要求立法时应当为权力的运行预留一定弹性空间。在对产业调控的主体、对象、适用条件、程序等作出明确规定的同时,尤其应对产

---

① 周阳:《论美国对外贸易区的立法及其对我国的启示》,载《社会科学》2014 年第 10 期。

业调控职权的行使设计必要的原则性目标、例外方式、免责情形等。其次，产业调控工具涉及预算、财政、税收、金融等诸多领域，在对调控职权进行合理配置、对调控方式及其限度进行规定时，不可避免存在法律的交叉领域。尤其自贸试验区的机构设置存在其特殊性，在产业调控立法时，应注意法律之间的衔接。再次，在具体的调控工具设计方面，亦无须拘泥于传统的调控手段，自贸试验区应积极在产业调控方式上作出可复制、可推广的有益探索。尤其针对目前"输血式"调控对市场的强干预性，更加市场化的"造血式"调控方式应成为优先选择。"真正需要的不是更多的产业政策，而是更好的产业政策。"①例如，政府投资基金或补贴等可结合股权运作方式，设计相应的转让制度或退出渠道，改善政府补贴或投资僵化的现状。

就自贸试验区产业调控基本法律的立法体系，可有两种选择进路。其一，作为产业调控基本法的特殊法形式单独立法或在产业调控基本法中予以规定。原因在于自贸试验区政府产业调控虽与一般政府产业调控行为方式在本质上是相通的，但鉴于自贸试验区政府的机构设置特殊性、自贸试验区产业的战略性等特点，势必要求自贸试验区产业调控法律规制需要特别规定。在调控原则、职能分配、调控范围、调控方式等方面遵循产业调控基本法的前提下，可根据自贸试验区的特殊性以单独立法或单独章节的形式进一步作出规定。其二，作为自贸区基本法的一个组成部分，单独成一编规定在自贸区基本法中。我国自贸试验区有以改革促开放的深刻内涵，自贸试验区若要切实实现吸引外资、自由贸易的战略目标，稳定且可预期的法治环境是必要条件。我国目前已设立十余个自贸试验区，涉及诸多体制机制性改革，虽然自贸试验区是"先行先试"，但试验探索不是盲目无章法的实践，政府权能的配置、限度等整体定位应在大方向保持一致，产业调控的力度、方式、问责等亦应有制度化呈现。这一系列基本事项皆可在自贸试验区基本法中予以明确。

（二）自贸试验区产业调控政策的法治化

现阶段，我国产业调控政策饱受诟病的重要原因，不在于政府是否应对产业进行调控干预，而是产业政策的随意性、制定程序的非透明化等。确保产业政策的法治化，是防范权力在政策外衣下肆意扩张的重要修正。"产业政策法不仅有将产业政策上升为法律形式的问题，而且更意味着制定和实施产业政策的行为

---

① 〔美〕丹尼·罗德里克：《相同的经济学，不同的政策处方》，张军扩等译，中信出版社 2009 年版，第 121 页。

受到法律的规范和保障的问题。"①因此,产业调控政策的法治化包含两种法律治理路径:政策的法律化和政策的法治化。

产业政策的法律化,是将产业政策经过一系列立法技术转化,上升为有强制力保障实施的、得到普遍遵循的法律的过程。现行的产业政策是经过实践检验的,提炼其中已被证明行之有效的制度作为立法资源和基础,促进产业政策的法律化,使由此制定的产业法律更具科学性和本土适应性。但该路径需要一定的技术手段,需对现行纷繁的产业政策进行分类、识别、提炼,从而选取出具有稳定性、普遍适用性且与法律特征相吻合的、能上升为法律的法源性产业政策;在转化阶段亦需配套设计必要的立法技术处理、民意参与、专家论证等步骤,从而保证产业政策向产业立法的有效过渡。②但是,产业政策的法律化作为一种立法手段,主要解决产业政策与产业法的关联与衔接问题,为产业法的立法技术提供科学进路。但立法技术的纯熟并不能从根本上解决我国目前面临的产业政策任意性等问题,必须从产业政策制定过程本身寻求解决方案。

产业政策法治化可作为克服政策出台随意性、非公开性等弊端的有力手段。根据美国经济学家布坎南的公共选择理论,政策制定者作为"经济人"在制定政策过程中同样可能追逐自身利益最大化,诱发权力寻租,使产业政策的制定、实施面临公正性诘难。因而,有必要对产业政策的制定、决策、实施、问责、评估等在法律程序保障上予以完善,通过在产业政策制定与实施等全过程引入必要的决策、评估、问责等规范性机制,确保政策出台的民主、科学。

首先,健全自贸试验区产业政策决策机制。随着国务院《重大行政决策程序暂行条例》的颁布施行,行政重大决策的启动、公众参与、专家论证、风险评估、合法性审查与集体讨论、决策的执行和调整以及相关法律责任等将有制度化依据。虽然"财政政策、货币政策等宏观调控决策,政府立法决策以及突发事件应急处置决策"不适用该条例,但并不妨碍地方政府在涉及本地重大公共利益事项时参照适用。地方政府结合本地实际制定决策事项录时,应当将自贸试验区产业调控政策纳入"重大行政决策"的范围,并参照该条例进行决策。

其次,建立自贸试验区产业政策评估机制。对产业政策的评估包括政策出台前的决策风险评估和政策实施阶段的效果评估。《重大行政决策程序暂行条例》对"风险评估"的对象、方式、评估结果等作出相应规定,对于保障政策出台的科学性有积极作用。但政策的实施效果评估亦应成为监督重点,尤其是有规划性质的产业政策,其不是静态的计划而是一种前瞻性安排,这种安排

---

① 王先林:《产业政策法初论》,载《中国法学》2003 年第 3 期。
② 曹书、陈婉玲:《产业法之政策法源考——基于产业政策与产业法的关联性分析》,载《辽宁大学学报(哲学社会科学版)》2019 年第 2 期。

不必然与现实发展需求相契合，而应随着经济形势的变化动态调整。有必要配套具体的自贸试验区产业政策评估机制，定期对政策实施各阶段的效果、政策与预期及实践需求的契合度等进行测评，保障政策的可持续性实施。例如，在韩国和日本，政府对补贴对象施加业绩标准、评估机制。在对其进行产业政策补贴时，政府与补贴对象达成一种包含业绩标准的协议，并设置相应的奖惩措施，若企业在约定时间内达成既定目标，则可获得进一步政策奖励，否则，该产业补贴可能被收回。

最后，健全自贸试验区产业政策问责机制。问责制是将概括的和具体的角色担当、"问"和"责"结合在一起的一个概念，强调现代社会中的角色及其义务，并施以有效的经常性督促，若有违背或落空则必当追究责任，是一个由角色担当、说明回应、违法责任三段式的系统构成。[①] 这是法治理念在公共事务管理中的重要体现。自贸试验区产业政策引入问责机制，尤其在产业政策制定、实施的程序保障方面具有重要意义。产业政策的实施效果不仅受产业政策制定本身的影响，经济环境的变化等都可能左右产业发展走势，故产业政策的问责机制应主要作用于政策从制定到实施的程序控制。问责应当贯穿职权行使的全过程，追究法律责任只是问责制的一个环节，不宜将问责仅作为出现问题后的追究责任，如此理解有失片面，削弱了问责制的应有功能和作用。另外，问责制不是不关注产业政策的实施效果，而是在效果评估中应有必要的专业性判断，不宜因产业政策造成一定不利后果或未达到预期的效果即武断判定应追究相应责任。若产业政策严格依法定程序制定、产业政策的制定背景合乎制定主体的角色定位和职能要求、产业政策所欲达到的目标亦是实现自贸试验区公益或社会整体公共利益等，则可认为该政策符合法治化要求。

以上建议只是自贸试验区政府调控权力法律规制的一个侧面，产业调控政策作为我国经济发展进程中的重要治理手段，政策的正当性、实施效果等饱受争议，地方政府调控权力的法治化仍任重道远。自贸试验区的产业发展动力应当依靠法治的营商环境吸引企业入驻并获得长足发展，而非各自贸试验区之间优惠政策的竞争。自贸试验区是"以改革促开放"的前沿阵地，体制性改革应当是多维度的，尤其在我国各个自贸试验区承担着新兴产业发展的战略性目标背景下，地方政府产业引导、调控行为的转型需求亦更加迫切。这一转型不仅需要简政放权的决心，更需要颠覆传统产业政策调控路径依赖，以法治思维对地方政府经济治理方式进行革新。唯此，自由贸易试验区才能在贯彻法治理念的基础上，建设成为"对接国际通行的、高标准经贸规则的制度高地"。

---

① 史际春、冯辉：《"问责制"研究——兼论问责制在中国经济法中的地位》，载《政治与法律》2009 年第 1 期。

第三编 市场秩序规制法

我国公平竞争审查的制度困境及其解决路径

张 栋*

2021 年 6 月,市场监管总局等五部门修订印发了《公平竞争审查制度实施细则》(国市监反垄规〔2021〕2 号)(以下简称《实施细则》),标志着我国公平竞争审查制度实现了基本的制度确认与政策建构。《实施细则》从实体与程序两个方面,明确了对竞争歧视性政策开展清理与矫正工作的法律基础,实现了对各级政府行为的制度性规范,为维护市场公平竞争提供了基本遵循,为市场主体在新时代的创业创新活动带来机遇。公平竞争审查制度是针对行政垄断进行根源性防范的制度设计,该制度以行政机关或被授权参与公共事务管理的主体依据法定权限出台的综合类正式制度为审查对象,以相关正式制度是否排除或限制市场竞争为审查标准,以外部监督与内部审查相结合为手段,对相关正式制度是否具有竞争性排除行为进行监督与纠正。然而,现实中普遍存在的制度执行力不足、制度约束性不到位等问题仍然制约着公平竞争审查制度的深化与完善,制度发展难以应对不断深化的改革进程。由此,本文将从渊源入手,在既已实施的公平竞争审查制度文本的实证考察基础上,结合我国经济发展的客观路径依赖以及政府—市场二元格局的历史变迁,全面梳理该制度的发展历程与创新突破,通过

---

* 张栋,华东政法大学 2018 级经济法博士研究生。

引入公平竞争审查制度的"政策合规性"理念以明确制度设计的基本价值原则,进而在法律与政策层面提出完善意见。

一、制度渊源:公平竞争审查制度的应然与实然

(一) 公平竞争思想:源起于竞争性市场理念下的应然选择

公平与竞争皆为市场经济之魂。无论是以定纷止争为核心工具理性的民商事法律思想,还是以维护竞争秩序为核心法益的竞争法律思想,相关法律的思想与理论渊源均来自于中世纪地中海沿岸商人交易习惯中所提取出的"公平性"这一抽象概念。[①] 诚然,市场经济的本质是法治经济,然而法治经济仍需服从以自由竞争为主要特征的市场规律。在这一方面,哈耶克[②]、诺斯[③]、威廉姆森[④]、阿尔钦与德姆塞茨[⑤]等经济学家都有一个共同论断:只有市场竞争才是提高资源配置效率、提升技术效率以及促进技术进步的有效机制。在他们看来,产权平等是产权竞争的前提,产权效率是产权竞争的目的。只有在没有任何外力干扰的市场环境下,竞争才具有衡量产权效率的能力,产权效率才能够成为衡量制度优越性的标准。

首先,产权竞争起始于制度对产权的清晰界定。制度的内涵非常广泛,一个国家或地区的社会制度体系一般是由战略、公共政策、法律等正式制度与交易习惯、公序良俗等非正式制度多重耦合组成,因而,包含于社会制度体系下一位阶的经济治理制度具有同样的结构特性,市场经济正是这种经济治理制度的外化表现与活动场域。市场经济是理性人的社会,制度是行动的指南,选择的集合,交往的结构。[⑥] 理性人虽易受相对价格变动影响做出选择,但是也会在权衡制度成本与绩效之后采取行动。因而制度与规则成为理解理性人行为最基本的考

---

① 〔英〕M. M. 波斯坦、E. E. 里奇、爱德华·米勒编:《剑桥欧洲经济史(第三卷)·中世纪的经济组织和经济政策》,周荣国等译,经济科学出版社 2002 年版,第 100—107 页。

② 〔英〕F. A. 哈耶克:《个人主义与经济秩序》,邓正来译,生活·读书·新知三联书店 2003 年版,第 198—213 页。

③ 〔美〕道格拉斯·C. 诺斯:《制度、制度变迁与经济绩效》,杭行等译,格致出版社 2008 年版,第 127—140 页。

④ 〔美〕奥利弗·E. 威廉姆森:《反垄断经济学——兼并、协约和策略行为》,张群群译,商务印书馆 2015 年版,第 471—472 页。

⑤ 〔美〕罗纳德·H. 科斯等:《财产权利与制度变迁——产权学派与新制度学派译文集》,刘守英等译,格致出版社 2014 年版,第 44—70 页。

⑥ 〔美〕道格拉斯·C. 诺斯:《制度、制度变迁与经济绩效》,杭行等译,格致出版社 2008 年版,第 4—5 页。

量。随着专业化分工与竞争规模的扩大,诱致性制度往往演变为强制性制度,非正式制度演变为正式制度。特别是作为强制性制度和正式制度的法律在现代社会中的资本作用及其在制度中的整合作用①,使得法律已经成为市场经济的制度基础。市场经济条件下,法律不会规范人的大部分行为,但一定规范着人的主要行为。科斯定理揭示了产权的初始界定(即制度设计)是实现资源最优配置的基础②,赫维茨将"激励包容性"③纳入评价制度优劣的标准之中,因而好的制度一定是符合行动者偏好的制度④,也就是对行动者的财产权保护最为充分、权利行使最为自由的制度设计,而这样的制度环境也为明确权利边界的市场主体参与竞争、敢于竞争提供了最佳制度激励与制度保障。

其次,产权效率实现于无歧视性的公平的产权竞争。然而,只有公平的产权竞争才能产生产权绩效,而公平的产权竞争则源于制度对产权的公平配置及平等保护。哈罗德·德姆塞茨认为:在现实的交易情境中,如果交易成本是现实且存在的,那么产权如何配置,将直接影响到宏观经济的运作及其整体效率的实现,而产权配置制度的核心目的,就在于引导并激励市场主体主动做到外部成本的内化。⑤ 因而,在制度层面对产权的公平配置直接决定了社会整体绩效能否实现。产权本质上是由制度去确认的,产权效率自然也就同制度绩效紧密联系起来。在此大前提下推演可知,维护产权权利边界及市场博弈的秩序,就是竞争法及市场交易法维护产权效率的基本原则。⑥

同时,回归市场、自由竞争并不意味着政府可以完全放手无为而治。结合我国当前的市场竞争格局,如何通过制度设计维护好不同所有制产权主体的市场竞争公平性,保护平等竞争,就成了政府干预市场的合理切入路径。原教旨的秩序自由主义理论明确了在市场经济运行过程中,秩序是不可能在无外力的情况下自发而生的,出于自身利益最大化的考虑,任何市场竞争的参与者、市场活动

---

① 〔美〕哈罗德·J.伯尔曼:《法律与革命:西方法律传统的形成(第一卷)》,贺卫方等译,法律出版社 2018 年版,第 664—665 页。

② 科斯定理在这一方面的完整表述为:因为交易费用的存在,不同的权利界定和分配,则会带来不同效益的资源配置,所以产权制度的设置是优化资源配置的基础(达到帕累托最优)。参见〔美〕罗纳德·H.科斯等:《财产权利与制度变迁——产权学派与新制度学派译文集》,刘守英等译,格致出版社 2014 年版,第 3—44 页。

③ 〔美〕利奥尼德、赫维茨、斯坦利·瑞特:《经济机制设计》,田国强等译,格致出版社 2009 年版,第 163—213 页。

④ 〔美〕加里·S.贝克尔:《人类行为的经济分析》,王业宇等译,上海人民出版社 1995 年版,第 24—33 页。

⑤ 〔美〕罗纳德·H.科斯:《财产权利与制度变迁——产权学派与新制度学派译文集》,刘守英等译,格致出版社 2014 年版,第 70—83 页。

⑥ 肖国兴:《〈能源法〉制度设计的困惑与出路》,载《法学》2012 年第 3 期。

的行动者都可能成为损害秩序、破坏竞争的推动力量。一方面来说,任何市场竞争的参与者,尤其是企业,均以实现垄断利润为根本的价值追求,因而破坏竞争秩序就成为企业扩张过程中不可避免的行为基因。对此,政策制定者理应通过法律与政策的实施实现保护市场秩序、规制垄断、惩罚滥用市场支配地位主体之目的。另一方面,出于财政机会主义的影响,政策制定者也常常具有排除或限制自由竞争的行为动机。

所以说,在完全竞争市场中,政策制定者需要关注的是实现竞争的"公平"。市场优势的发挥仰赖其效率特性,而非公平特性,因为纯粹的自由市场向来不是以公平性作为首要追求,效率性才是根植于市场经济的核心要素。经济学家可能以纯粹主义者的姿态断言:政府对经济效率外的其他任何目标的追求都是误导。然而,对此立场的修正,或许可构成一个理论问题,但不能认为政府参与市场经济的监管制度设计确然如此。因此,尽管经济学家可能认为"公平竞争"的定义似是而非,但仍有必要为政策制定者提供一个不曾尝试的规定结果,一个关于"公平"的可操作性的定义。不得不承认的是,正是政府参与市场行为的渐进式放松,以及不断完善的产权保护制度,才造就了我国当前的伟大经济成就与产权实力。

(二) 公平竞争审查:形塑于渐进式改革进程中的制度构建

在改革探索过程中,"使市场在资源配置中起决定性作用"已被明确为我国社会主义市场经济及法律制度体系的基本遵循。关于政府行为场域的理论探索同样应在承认市场机制决定性地位的基础上加以展开。在市场经济的理论与制度框架下,"公平"以及在此基础上展开的"竞争"就形塑了市场经济运行的价值追求与基本秩序。

公平竞争审查的实质是对政府行为的限制,这一理念来源于"政府行为应当遵循竞争中性"的基本定位。公平竞争审查制度本质上属于竞争政策,其核心内容是解决政府对市场的过多干预,防止市场竞争状况遭到破坏,保障各类市场主体能够在平等的基础上开展经济活动。公平竞争审查制度的实施有利于清理违反公平、开放、透明市场规则的政策文件,对民营经济发展发挥直接的促进作用。政府行为竞争中性这一表述是在实务实践过程中总结出的回应现代市场经济负外部性的明确概念。这一概念并非仅仅是传统的市场秩序规制法当中的一个简单名词,而是在全球化背景下,融入现代国际经贸秩序中的各个主权国家为了全面排除市场行为负外部性、市场失灵与垄断而形成的统一的针对国内法的秩序确认。在这一过程中,为了尽量排除国有企业在参与一般性市场竞争(非自然垄断领域)活动时所带来的竞争秩序破坏的影响,澳大利亚率先提出了这一概念,并将其界定为"政府(及其拥有企业)的商业活动不得因其公共部门所有权而享有额外的竞争优势"。[①] 从历史发展起源来看,公平竞争审查制度的制度缘起可以追溯到 20 世纪 90 年代中期澳大利亚在全国和地方范围内实施的一些关于促进竞争的政策改革,这些政策被称为国家竞争政策(NCP)。国家竞争政策对澳大利亚经济产生了巨大的影响,推动了其经济稳定、高速发展,并使其成为 OECD 成员国中经济发展处于前列的国家之一。[②]

面对更大压力与更富挑战性的对外开放新形势,当前我国已基本建构了围绕公平竞争审查制度的基本政策与法律制度体系。2016 年 6 月 14 日,国务院印发了《关于在市场体系建设中建立公平竞争审查制度的意见》(国发〔2016〕34号)(以下简称《意见》)。《意见》内容基本明确了公平竞争审查制度的基本概念,确立了制度实施的基本要素,充分地认识到了建立公平竞争审查制度的重要性和紧迫性,明确了制度设计的总体要求和基本原则。从执行机制上看,《意见》从审查对象、审查方式、审查标准三个方面对公平竞争审查制度的实施进行了范围框定。要求国务院各部门、各省级人民政府及所属部门,以是否排除或限制市场竞争为基本参考,对政府制定的经济与市场政策进行公平竞争审查,对违反竞争秩序的政府政策性文件采取修改或废止措施。《意见》的印发标志着公平竞争审查制度在我国实现了初步的制度与实施机制的确立。2017 年 10 月 23 日,国家发展改革委、财政部、商务部、工商总局、国务院法制办联合印发了《公平竞争审查制度实施细则(暂行)》(发改价监〔2017〕1849 号)(以下简称《暂行细则》)。《暂行细则》共 6 章,涵盖了审查机制和程序、审查标准、例外规定、社会监督、责任追究等方面共 26 条的具体规定。实现了在《意见》基础上对公平竞争审查机制层面的细化与落实,补充了《意见》中存在的针对审查机制、审查操作程序、审查标准确定、政策指导方向、监督问责机制等方面的短板。《暂行细则》通过一系列具体规制的详细部署以确保公平竞争审查制度具有可实施性与可执行性,基本明确了这一制度的框架与基本规则。2017 年,党的十九大报告进一步强调了公平竞争审查对"清理政府规定,构建统一市场"的重要实践内涵,在顶层设计上完善了规范政府行为的制度运行与演进空间,为进一步的制度完善提供了重要的政治保障。在此之后,全国各地各级政府及政府主管部门在十九大报告与先前基本政策文件的基础上出台了各地各部门关于推动落实公平竞争审查的政策

---

① Deborah Healey, *Competitive Neutrality: Addressing Government Advantage in Australian Markets*, in Josef Drexl & Vicente Bagnoli(eds.), *State Initiated Restraints of Competition*, Edward Elgar Publishing Limited, 2015, p. 3.

② 资料来源:https://www. internationalcompetitionnetwork. org/wp-content/uploads/2021/01/OECD-ICN-Report-on-International-Co-operation-in-Competition-Enforcement. pdf。

性文件。2021年6月,市场监管总局等五部门修订印发了《公平竞争审查制度实施细则》(国市监反垄规〔2021〕2号)(以下简称《实施细则》),体现了党中央、国务院对落实公平竞争审查制度所提出的更高要求,提出要进一步强化竞争政策实施,打破地方保护和区域壁垒,促进资源要素在全国范围内顺畅流动,使超大规模市场优势得到充分发挥,助力加快构建新发展格局、推动高质量发展等理念的政策落实。由此,我国基本建构了一套符合基本国情与社会主义市场经济的公平竞争审查制度。

二、制度困境:刚性约束的不足与制度价值的缺位

(一)行动困境:刚性约束机制在程序与执行层面的不足

尽管公平竞争审查机制在我国已实现了从决策到政策、从中央到地方、从点到面的制度性实施与建构,但从制度执行的视角看,《实施细则》中关于审查对象、审查方式与审查标准的规定仍存在程序与执行层面的不足,由此形成了制度实施的困境。

就审查对象而言,相较于《暂行细则》或其他文件而言,《实施细则》虽在审查对象的范围与层级上都实现了扩张,然而《实施细则》内的列举范围仍未能完整覆盖应当进行公平竞争审查的政策性、法律性文件,审查对象的范围与认定机制应进一步完善制定。《实施细则》在第一章总则部分以列举形式明确了应当进行公平竞争审查的审查对象,具体包括:第一,"行政机关以及法律、法规授权的具有管理公共事务职能的组织(以下统称政策制定机关),在制定市场准入和退出、产业发展、招商引资、招标投标、政府采购、经营行为规范、资质标准等涉及市场主体经济活动的规章、规范性文件、其他政策性文件以及'一事一议'形式的具体政策措施";第二,"涉及市场主体经济活动的行政法规、国务院制定的政策措施,以及政府部门负责起草的地方性法规、自治条例和单行条例";第三,"以县级以上地方各级人民政府名义出台的政策措施";第四,"以多个部门名义联合制定出台的政策措施"。但应注意到,首先,结合我国从计划向市场转型的市场经济历史沿革来看,如国家电网公司、"三桶油"以及国家管网公司、通信运营公司等垄断型国有企业,都是由既往的政企一体经营转变而来,因而在具体的行业标准、行业准入、行业竞争等政策与制度建构中具有更大的话语权与影响力。难以对相关"巨型"国有企业的行业标准制定权进行有效的公平竞争审查,在正在进行市场化改革的领域(如电力体制改革、石油天然气体制改革等)引入增量市场主体的过程中,难免会出现新一轮、新形式的排除或限制竞争行为。其次,应考虑

到我国区域间发展不平衡,经济地理与产业结构、社会发展情况复杂等因素,在此情况下,以"一刀切"的形式完全否定某些区域发展政策、产业扶持政策等有关民生福利、均衡发展的项目与政策性文件,难免会有失偏颇。同时,关于"一事一议"类的政策措施也未能实现清单化管理,形成了《实施细则》在理论与实践上的审查漏洞。

就审查方式而言,《实施细则》体现了自我审查与外部监督相结合的理念,完善了审查程序的详细规定,但在自我审查与外部监督中具体的判断与审查标准上仍缺乏程序性规定与清单化管理。从理论上来说,审查标准与判断依据应当充分考虑我国经济与社会发展的具体情况,结合现行法律法规之规定,实现制度层面的协调、统一、契合。就审查标准而言,《实施细则》第三章详细列举阐述了关于公平竞争审查工作流程的规定,明确"市场准入和退出标准""商品和要素自由流动标准""影响生产经营成本标准""影响生产经营行为标准"四大标准。另外明确了基本流程,即"政策制定机关开展公平竞争审查应当遵循审查基本流程,识别相关政策措施是否属于审查对象、判断是否违反审查标准、分析是否适用例外规定,并对审查结论应该包含的内容作了细化"。然而《实施细则》在审查标准具体的使用程序、例外性规定等方面为制度实施留下了可供进一步解释的空间。同时,通过文本内容可明显看出,我国公平竞争审查制度的审查标准涵盖的内容涉及市场经济进入、流通、经营等各个方面,这点不同于澳大利亚公平竞争审查制度的审查标准。澳大利亚审查标准的法律依据是《竞争原则协议》(下文简称 CPA),CPA 第 5(1)条规定了总体审查原则是确保法律不会限制竞争,除非有充分的理由。而更为具体的审查标准规定在第 5(9)条中,具体包括限制对竞争和整体经济产生的影响以及评估和衡量限制的成本收益。① 可以看出我国《实施细则》的审查标准相较澳大利亚的审查标准采取了列举式而非类型描述式的规定,可能存在列举不足或是对未来政策预判的盲区。同时,为了充分发挥社会监督的作用,促使政策制定机关严格进行公平竞争审查,应当进一步强调外部监督,并为之明确外部监督的参与程序甚至是救济程序。《实施细则》第五章关于第三方评估设置了五个条款,这在 2019 年国家市场监督管理总局颁布《公平竞争审查第三方评估实施指南》的基础上,进一步提升了公平竞争审查第三方评估制度的重要性。2019 年,国家市场总局以"指南"形式对第三方评估做了规定,约束的刚性有限。本次《实施细则》的修订将其纳入五部门联合发文的《实施细则》,未来第三方评估制度将成为公平竞争审查工作中的重要组成部分,因而

---

① 周丽霞:《澳大利亚竞争政策及其审查机制给我国带来的启示》,载《价格理论与实践》2016 年第 9 期。

应在相关机制与程序方面进行细化、明确。

（二）发展困境：制度价值在公平性与效率性层面的缺位

公平不仅是市场经济存在与发展的土壤，亦是其与时俱进并永葆初心的精神，公平竞争审查的制度初心理当在此得以彰显，公平性是这一制度的"初心"，而效率性则应是任何制度的"本色"。公平的价值主要体现于制度对社会生产中分配环节的强制性调节，体现了一个国家的法律制度对利益分配格局的价值标准。在涉及现当代市场经济的政策制定中，也许我们不应完全采纳甚至是无法做到罗尔斯主张的所谓的"完全平等"，即无差别地平等均衡分配所有的权利和义务，完全平等地分配社会生产活动所产生的利益或是负外部性影响。因为让法律制度或政策措施规定坚持各种资源与利益平等地向任何行动主体无条件开放，只会给效率最高、能力最强的行为主体带来更大的垄断与破坏竞争的可能性，这种形式公平在现当代市场经济的活动中无法保障实质公平的价值理念。①法律制度追求公平价值的实现方式和实现途径具有多种可能性，归根到底，公平竞争审查制度所追求的经济公平可能是法律制度作为一个有限的行为工具载体所能够实现的最大化的公平。因为只有在竞争公平的前提下，才最能反映在市场经济条件下经济公平的本质。在市场经济的语境下，经济公平包括地位公平、机会公平和待遇公平。地位公平是指参与竞争的市场主体平等地享有权利和承担义务。在市场竞争中，不论市场主体所有制性质、经营规模大小、技术力量高低等，都应被同等对待。机会公平是指所有市场主体都有进入市场进行平等竞争的机会。在市场竞争中，国家对每个市场主体"不偏袒""非歧视"。只要是合法的竞争者，都能无障碍地进入市场并获取同样的机会。待遇公平是指在市场竞争中，所有市场经营主体的竞争条件和环境相同。不允许政府机关利用行政权力对市场竞争进行不正当干预，造成价格不平等、分配不平等、税收不平等。由此，公平竞争审查制度的工具性价值必然指向促进经济公平，从而维护市场经济秩序和保障市场主体经济自由。斯蒂格利茨认为，中国在经济发展上如此迅猛的主要原因，就在于通过放松管制而释放了市场经济活力②；厉以宁先生也认为，非公有主体参与某一行业的竞争并不为了，也没有实力挤出或削弱国企在这一行业的存在，非公有主体的市场进入可以激励竞争、完善法治、促进合作。③因此，对于譬如以民营资本为主要投资主体的可再生能源电力企业，在其与传统

---

① 〔美〕约翰·罗尔斯：《正义论》，何怀宏等译，中国社会科学出版社 2001 年版，第 57—78 页。

② 〔美〕约瑟夫·斯蒂格利茨：《发展与发展政策》，纪沫等译，中国金融出版社 2009 年版，第 432—483 页。

③ 厉以宁：《中国经济双重转型之路》，中国人民大学出版社 2013 年版，第 238—261 页。

的垄断型国有企业开展并入电网的竞争过程中,公平竞争的核心就在于创造不同所有制市场主体的公平的市场竞争制度环境。创建公平的市场竞争之根本在于要继续把处理好政府和市场关系作为着眼点,营造一视同仁的公平投资环境与健全无歧视的产权保护制度。

进一步来说,公平竞争审查制度对效率性的追求应从破解我国长期以来的行政性垄断入手,规制因行政垄断对我国市场经济竞争环境所带来的负外部性影响。有学者明确指出,行政垄断"制约了追求生产效率最大化的常规市场竞争压力的作用,导致生产率下降,生产规模低于最优水平,以及较高的价格和技术落后"。[①] 同时,行政垄断对竞争秩序也带来了极大的破坏性影响,因为"滥用行政权力限制竞争的后果往往是保护落后,妨碍市场的自由和公平竞争,妨碍建立统一、开放和竞争的大市场,'优'不能胜,'劣'不能汰,社会资源得不到合理有效的配置"[②],这种劣币驱逐良币的现实对社会效率带来严重的负面影响。同时还应意识到,在构建针对国有企业涉足领域的公平竞争审查机制时,要明确区分可竞争与自然垄断的不同区域,在此基础上明确一视同仁的竞争政策,因为"国有企业或地方企业往往处于政府的保护之下,将永远是温室中的花朵,它们既经不起国内市场竞争的考验,更经不起国际市场竞争的考验"。[③] 建立公平竞争审查制度,就是要"使市场上的优胜者是在真正的市场竞争中产生,而不是在政府决策的办公室里产生"[④]。《实施细则》在禁止出台排除、限制竞争政策措施的同时,对维护国家安全、涉及国防建设、实现社会保障和社会公共利益目的的政策措施,以及法律、行政法规规定的其他情形做出例外规定。这些政策措施如果经审查具有排除、限制竞争的效果,符合规定也可以实施,从而在更大程度上增进经济效率。[⑤] "某些法律和制度,不管它们如何有效率和有条理,只要它们不正义,就必须加以改造和废除。"[⑥]建立公平竞争审查制度,促进经济公平和提高经济效率,乃是市场经济价值体系中根深蒂固的价值取向所驱使的,同时也是客观社会经济发展与竞争格局需要所决定的。但值得注意的是,在现实的政策语境与市场环境下,经济公平与经济效率往往难以实现最佳平衡,在不同历史阶段、不同的国情条件下,促进经济公平和提高经济效率两个价值目标往往在紧张博弈中此消彼长。当社会经济增长离开了"帕累托式演进"而走进"卡尔多·希克

---

① 〔美〕威廉·科瓦西奇等编:《以竞争促增长:国际视角》,中信出版社 2017 年版,第 28—30 页。

② 同上。

③ 王晓晔:《王晓晔论反垄断法(2011~2018)》,社会科学文献出版社 2019 年版,第 32 页。

④ 张穹:《实施公平竞争审查制度有力维护市场公平竞争》,载《中国价格监管与反垄断》2016 年第 7 期。

⑤ 张汉东:《促进统一开放竞争有序的市场体系建设》,载《行政管理改革》2017 年第 1 期。

⑥ 〔美〕约翰·罗尔斯:《正义论》,何怀宏等译,中国社会科学出版社 2001 年版,第 42 页。

斯式演进"时，经济效率的增长将不可避免地以部分公平的牺牲作为发展代价，如环境污染、贫富差距等市场经济负外部性问题在这一条件下显得极为突出。反过来说，特定历史阶段对经济公平的绝对追求也将不可避免地对经济效率产生直接的打击，绝对的公平主义公平分配更是会直接危害增长效率。但从长远的角度看，制度效率、经济效率或许能满足社会发展的一时所需，但明确的公平与正义则是着眼于长远的可持续发展的根本价值保障。所以说，即便是经济公平与经济效率两者存在对立之矛盾，然而在法律的价值尺度上，推进实现经济公平仍应作为优位于经济效率的价值位阶。在此认知前提下，进一步完善公平竞争审查制度的过程应在综合考虑各种社会经济发展变量以及特殊性因素的基础上，根据实时所需尽量缓和公平与效率的紧张关系，明确两个要素的价值位阶，推动公平竞争审查的制度设计，实现经济公平和经济效率的和谐统一。

三、制度特性：聚焦于"政策合规性审查"的制度设计

（一）"政策合规性"的逻辑起点

在市场经济运行过程中，竞争是一个筛选机制和发现过程，在机会公平、起点公平的前提下，只有通过无数次争胜竞争过程才能筛选出暂时的赢家。如果政府试图用行政干预代替市场竞争的自发作用，不仅欠缺决策所需要的生产成本、消费者喜好、技术发展前途等在竞争过程中才能逐渐显示的知识和信息，难保决策正确无误，而且挑选赢家的结果必然导致被选择的主体对政府的偏袒产生依赖性，失去激烈竞争所激发的创新激励。[1]

我国政府的权力之手之所以能深度介入经济市场，主导我国的改革进程，并成为应付危机的强大政策工具，主要源于政府手中掌控的强大资源。这样的资源优势，不仅对市场之手产生了巨大的挤出效应，同时也使得政府权力日益扩张膨胀，冲破约束的边界，导致"监管失范"。一方面，在行政权力干预市场经济的过程中，过度的行政权力扭曲了市场的最初资源配置权，直接利用行政手段分配资源的情况愈演愈烈，这极易导致资本与权力的结合，成为寻租问题产生的根源，并形成滋生腐败的温床；另一方面，政府基于自身的利益诉求，利用行政权力任意干预经济发展，严重扰乱市场经济秩序的现象屡禁不止，如通过直接或间接的方式实行地方保护主义，人为分割市场，限制商品流通，设置行业壁垒和歧视

① 刘桂清：《产业政策失效法律治理的优先路径——"产业政策内容法律化"路径的反思》，载《法商研究》2015年第2期。

性准入条件,增添不必要的烦琐审批程序,阻碍相关企业进入市场,破坏统一市场的形成。

虽然我国经济转型中的显著成就得益于政府在建设市场经济过程中不可取代的主导地位,但这并不意味着权力深度介入经济运行的必然合理性。转型过程中出现的种种权力失范现象表明,政府行为需要必要的自我约束。这就意味着,政府权力同样应当受到监督。在此意义上,国家适时推出的公平竞争审查制度,不仅是规制政府权力、使政府行为合法合规的建设之举,更是监督政府权力、实现市场经济现代转型的关键之举。[①]

首先,公平竞争审查制度的建立,要求各级政府对行政立法的合法合理性进行审视。社会变革中新情况层出不穷,我国权力机关承担了较重的立法任务,但仍难以满足和应对瞬息万变的社会发展需求。由此,填补立法不足、执行立法规定、应对紧急情况的重任就落在灵活性较强、效率性更高的行政机关上,行政立法的触角也由此延伸至市场经济的各个领域。但由于缺乏紧密的立法调研周期,加之行政立法程序的随意性较强,行政立法问题不断,过度干预市场、侵害市场主体权益、部门利益倾向性严重等弊端显现,行政立法实施效果欠佳。而公平竞争审查制度的建立,要求行政机关注重行政立法中的成本—效益分析,增强行政立法的合法性审查,以防止其变相成为政府权力滥用的"白手套"。

其次,公平竞争审查制度的实行,将治理政府行政垄断的工作节点大幅度前移。2007年出台的《反垄断法》建立了对行政机关滥用行政权力的行为规制,成为当时最引人注目的制度成果,但反垄断法提供的事后救济程序难以消除行政垄断对市场经济已经造成的不良影响。尤其是政府通过正当的"立法"程序,在"有法可依"的背景下实行的限制竞争行为,因具备了"行政合法性"而具有了正当性特征。这导致当下社会中以"正当"的名号实施不正当垄断行为的现象屡见不鲜,反垄断法对行政垄断的规制也因此饱受诟病。作为反垄断法的有益补充,公平竞争审查制度的推行对此则有了根本性的突破,将限制政府权力、治理行政垄断的工作节点予以前置。一方面,公平竞争审查制度的实施,以事前、事中审查为抓手,督促行政机关对政策制定或实施中是否存在限制竞争行为进行自我审查;另一方面,反垄断法将继续维持事后的救济模式,降低行政垄断行为造成的危害和影响。两者相互联动,构成规制政府行为的全方位链条,从而限制了政府实施权力时的任意性。

最后,公平竞争审查制度的推进,要求规范政府行为,建立规制政府权力的

---

① 徐士英:《国家竞争政策体系基本确立的重要标志——有感于公平竞争审查制度的实施》,载《中国价格监管与反垄断》2016年第7期。

负面清单。根据《实施细则》规定，公平竞争审查为政府行为建立了"18不得"的审查标准。相关强制性的规定禁止，从实际意义上为政府的市场活动与市场干预行为划定理性红线，将政府权力收缩至其应当行权的合理界限内，推动政府的公共服务职能与社会经济发展规划职能回归保障社会公共利益、维护公平秩序、促进效率提升的合理空间内，打造有效政府、法治政府、高效政府。

（二）"政策合规性"的价值归宿

由市场原生的自发形成的自由竞争机制虽具有调节市场的作用，但作为非正式制度并不具有高度规则化、正式化和结构化的特点。其内因就在于市场存在可能的资源错配等市场失灵隐含属性，说明仅凭借竞争机制并不能维持市场的有效运转。竞争机制只有经过法律的形式固定化，将非正式制度通过政府行为以制度化、法律化的形态固定下来，才能促使竞争演变成符合一定价值标准的行为模式或正式的制度结构。

《实施细则》关于审查模式的规定中，明确要求："政策制定机关建立自我审查机制，完成内部自我审查。"另外明确了统一的审查机关："市场监管总局、发展改革委、财政部、商务部会同有关部门，建立健全公平竞争审查工作部际联席会议制度，统筹协调和监督指导全国公平竞争审查工作。县级以上地方各级人民政府负责建立健全本地区公平竞争审查工作联席会议制度（以下简称联席会议），统筹协调和监督指导本地区公平竞争审查工作，原则上由本级人民政府分管负责同志担任联席会议召集人。联席会议办公室设在市场监管部门，承担联席会议日常工作。"由此可见，我国现阶段采用的是"政策制定机关自我审查，权力机关辅助协调，联席会议日常运行"的实施路径。

由于公平竞争审查制度在我国正处于初创时期，学术界对于审查路径的推行研究处于起步阶段，尚未达成共识。部分学者以美国、韩国的实践进路为蓝本，认为"我国应当依照政策制定者的权力分布格局，采用竞争执法机构评估模式"。[①] 由执法机构作为审查机关，确实有利于充分发挥其专业特长，保证评估结果的准确性和高效性。但我国执法机构本身工作任务较为繁重，执行人员配置不足、素质良莠不齐，若再附加额外的审查工作量，有限的执法资源将更难以分配。部分学者主张"我国应借鉴澳大利亚的竞争评估模式，成立专门的竞争评估机构以完成审查工作"。[②] 不可否认，集中而专职的评估机构不仅能够对竞争行为作出准确判断，而且能够独立行使职权，不受特定利益影响，因此在评估模

[①] 吴汉洪、权金亮：《日本、韩国的竞争评估制度及对中国的启示》，载《中国物价》2016年第4期。

[②] 王健：《政府管制的竞争评估》，载《华东政法大学学报》2015年第4期。

式中更具优势。但这种观点却忽视了组建新机构需要耗费大量的人力物力，这与当下迫切需要践行的审查任务的时效性相背离。因此，我国选择的政策制定机关自我审查路径是当下最具现实意义的明智之举。

首先，《实施细则》明确竞争审查的对象是"行政机关、法律法规授权组织制定的规章、规范性文件以及其他政策措施"。从我国的现实情况分析，当前已有的政策措施文件存量数额庞大，再加上巨大的增量政策亟待出台，这将使得现行任何单一的审查机构都难以担此重负。其次，依照我国的立法工作程序，我国各级行政机关在政策制定时都需遵循"立项—审批—裁决—公布"的严密流程。将竞争审查的重任交付于政策制定机关，便于其在立法过程中的任何节点都能及时开展审查工作，使维护公平竞争成为政府的自觉行动。最后，由政策制定机关进行自我审查，能够将所有影响竞争的法律法规纳入到评估审查范围中，在避免疏漏的同时确保了审查工作的完整性。并且，制定机关对政策制定时的目标、内容较为了解，能够更好地发挥本领域的评估优势，从而确保评估结果的客观性。

同时我们不应忽视，政府合规性审查以自我审查为路径仍存一定弊端：

一是部分政策制定机关因缺乏竞争行为分析的相关知识储备，或缺乏足够用于竞争审查的人力和物力资源，从而对自身文件中制定的限制竞争行为不具备认知能力，造成审查过程中的"无知"。这类"无知"型行政机关并不具备主观上的审查敌意，因此上述问题可以通过竞争审查的制度安排来化解。现行《实施细则》中简明清晰的审查对象、清单列表式的判断标准等，都能够为这类行政机关实施公平竞争审查提供可资借鉴的指导意见。

二是我国现行体制促成了部分政策制定机关追求局部利益的短视行为，导致竞争审查过程中的"狭隘"。在我国的行政体制中，刺激地方政策机关追求偏狭利益的政策法规大量存在。以"分税制"的财政税收体系为例，财税体制的划分使得地方政府不仅收入预算支配自主权不足，还要面对严苛的"39项中央部门达标增支政策"。强大的行政支出压力，迫使地方政府实行上行下效的地方税制以求增加地方税收的收入总量，却同时又形成了两种对冲的尴尬局面：一方面，政策制定机关以行政命令或是下发文件的形式，在政府采购或是招投标投资项目中设置排斥性准入条件，限制外地竞争者的数量，并积极扶持本地登记纳税企业，使存量资本在本地企业中得到充分运转，防止肥水外流；另一方面，又通过奖励、返税、优惠性补贴等政策吸引外资注入，丰富本地财源。政策制定机关优先考虑局部利益，利用行政权力干涉、操纵市场，营造出地方市场竞争有序的繁荣假象。同时，我国地方官员任用选拔时的"政绩考核锦标赛"激励体制，更是成为政策制定机关眼光狭隘、罔顾竞争效果的重要驱动因素。在这样的政治环境下推行公平竞争审查制度，必然会使狭隘型政策制定机关追求"独立经济王国"

的局部利益受损，从而寻求各种借口怠于甚至是阻碍竞争审查制度的执行，使得审查工作流于形式。

此外，在政策制定机关与企业结成"共同利益联系体"的情况下，存在官商勾结、寻租交易、渎职腐败等违法现象，部分政策制定机关"故意"不开展审查工作的情形也可能由此产生。狭隘型和故意型的政策制定机关具有强烈的抵抗意识，因而让其认真开展自我审查工作几乎不可能实现。由此可见，要想将公平竞争审查制度真正贯彻落实，需要打破现行自我审查权力过于集中的困局，形成一套更加完整的权力制约威慑机制，与公平竞争的自我审查相互衔接，最终促成审查工作的顺利进行。

四、制度完善：完善制度约束、优化价值引导

（一）完善制度约束，强化监管效率

在《实施细则》已经确定的体制机制基础上，进一步构建完善与自我审查相匹配的第三方监督机制，是保障公平竞争审查制度在运行过程中尽量避免监管俘获与政府失灵的关键举措。以优化监督监管机制为方向的第三方监督机制设计，是从源头确保公平竞争审查制度实现经济公平价值的机制保障。

第一，推动建立多元利益相关方参与的监督机制，建构完善的公平竞争审查外部约束制度体系。相较于先前的政策文本，在监督机制方面，《实施细则》增加了向市场监管部门举报、市场监管部门抽查、检查和公平竞争审查考核的规定，实现了监督机制与监督形式的完善与制度确认。在进一步完善过程中，应加强对利益相关方基本诉求的合理回应，为其提供政策合规性审查的意见表达渠道。虽然公平竞争审查具有较强的专业性，但是这并不影响社会公众通过投诉举报、参与听证等方式积极参与监督。其中，举报能够为外部执法监督提供重要的线索；听取利害关系人的意见能够大幅降低政策执行的阻力；公开听证和向社会公开征求意见能够加强沟通，减少误解；公开审查报告更是主动接受监督，保障自我审查取得实效的有效举措；披露行政垄断案件相关信息，则能够显著提高反垄断法的威慑力，以执法促普法，普及竞争文化，树立竞争意识。因此，建议降低社会监督门槛，拓宽公众参与的渠道，让社会力量更多地参与公平竞争审查工作。建议加强宣传教育，营造良好的社会氛围，逐步提升公众参与监督的能力。建议通过鼓励和奖励等手段，引导和培育社会力量参与审查。

其二，推动行政规制与政府监管效能提升，进一步强化公平竞争审查制度效率。在聚焦经济生态新体系建设的当下，强调规制决策的合法性、有效性将是完

善政府规制治理体系的主要方向。完善的监管制度应当是具备较高监管效率的制度设计,因为一切具体的监管制度设计、市场监管行为等对市场主体的干预手段,均可量化并抽象为监管效率,并以市场效率与产业绩效波动趋势的形式予以直观体现。同时,政府在市场监管方面的制度设计要坚持市场监测为主、介入干涉为辅的基本思路。市场监管的具体手段应当坚持以市场化手段为主的理念,仅在紧急时刻、严重危害市场秩序、严重威胁国家能源安全的情况下选择强力手段干预市场。另外,我国部分自然垄断领域长久以来运用的行政化管制体制具有一定的计划经济色彩。这种僵化的管理体制以行政绩效考察为主要参考,管制行为的出发点与落脚点受限于各种政治任务或社会任务,所采取的手段以直接的行政干预与介入为主。在这种"命令—控制"模式的管理运行机制下,管制机关的行动更容易受到行政绩效考核而非市场绩效考核的影响,从而产生了"有形之手"过长、行政干预过多的现象,同时也无法促进产业绩效的提升。因而,监管机制的制度设计应当包括但不限于监管手段上向市场机制靠拢,逐步淡化监管主体、手段甚至考评机制上的行政化色彩,保持监管机构的市场与政府中立性,确立其专业性监管地位,保障监管能够在法律制度限定的自由范围内顺利推进。

(二) 优化价值引导,完善制度落实

公平竞争审查制度的进一步完善需要有明确的价值引导作为制度演进中的理论"压舱石",明确制度设计中对经济公平与制度效率的价值追求在这一制度完善的理论探讨层面尤为重要。在政策合规的基础指引下,进一步推动完善政府在参与市场经济活动中的行为准则与行动指南。

第一,在制度完善中明确经济公平原则。就制度实施所针对的现实情况而言,在从计划转入市场的渐进式市场经济改革进程中,我国并未完全实现公平竞争的市场环境,究其根本而言或许可归咎于转型的起点就没有公平竞争的制度土壤。长期以来的行政性垄断对市场经济以及市场环境带来了积重难返的路径依赖,地方保护主义、财政机会主义仍广泛而深刻地影响着我国统一经济政策在地方的落地与实施。因而,从现实的角度来看,建立公平竞争审查制度的首要目的,就应建构起规制行政性垄断的强制性法律规范,体现制度回应现实需要的法律理性与价值彰显。[①]《实施细则》在此方面应当对审查标准进行详细规定,这种规定应当以判断审查对象是否会对市场经济竞争环境下的地位公平、机会公

---

① 张穹:《实施公平竞争审查制度有力维护市场公平竞争》,载《中国价格监管与反垄断》2016年第7期。

平和待遇公平产生影响为根本参照,进而实现对公平竞争市场环境的维护。

第二,在制度实践中明确制度效率原则。制度效率始终是评判制度设计合理性的根本依据,同样也是市场主体参与市场活动的最终追求。对效率的追求不仅是制度存在的依据,更是一个社会一个国家能够在竞争中获得优势的根本依赖。失去效率的制度将无法保障制度公平的实现,市场乃至社会公平皆需从有效性出发,从而实现对公平性的追求。竞争法既保护社会整体经济效率,也保护社会个体经济效率,但是当这两者相冲突时,竞争法的天平自然就会倾向到社会整体经济效率这一边。建立公平竞争审查制度,应以消除破坏竞争、减少效率、妨碍创新的各种政策壁垒为根本任务,营造统一开放、竞争有序的市场环境。由此,公平竞争审查制度的工具性价值必然指向提高经济效率,尤其是社会整体经济效率,从而促进实现更高层次的经济公平。

第三,在制度运行中建构完善的清单制度。对产业规制政策进行公平竞争审查,避免规制政策在政策制定、政策执行过程中的随意性和任意性,"有权不得任性",要将政府对经济的微观规制权限理性收缩至市场失灵地带,规制权力回归至维护市场公平竞争秩序的本位,在法律法规的边界内更好地完成保护市场主体私人利益以及社会公共利益的政策使命。① 在公平竞争审查制度强力推行的政策视野下,建立规制权力清单制度,促进政府在产业干预方面依法履行其微观规制职能、消除权力设租寻租空间。各级政府机关对内要清查和梳理好各自的规制权力,对企业、对社会更要做出有效力的承诺,维护好公平竞争的市场环境。首先,规范市场自由的负面清单。负面清单管理指的是市场有哪些自由、哪些禁区,基本的含义就是法无禁止皆自由。只有用好对市场自由的"负面清单管理"说明什么是不可做的,凡是不可做的都是可做的,才可释放市场的自由创造力。这是一个重要的市场经济原则,也是一个法治的原则。其次,规范行政权力的正面清单。负面清单管理只是此中要义的一半,法治精神的另一半就在于法律对政府监管权力的明确限定,这体现了人民、社会对政府的监督和约束。明确的权力清单不仅可规范监管权力以避免滥用,而且可为市场主体提供明确的市场预期,发扬法律对市场主体的指引作用,促使市场及其主体在法治的正常轨道内运行从而获得良性发展。

---

① 张秋华:《论政府经济管理权的理性收缩——以有限政府理论为分析框架》,载《东北师范大学学报(哲学社会科学版)》2015 年第 6 期。

五、结　语

　　我国公平竞争审查制度的建构与实施是一个系统性全局性的完善过程,因而对于这一制度的研究与探索不应局限于某一具体的政策性文件。新修订的《实施细则》对进一步提升公平竞争审查制度的地位,促进该制度在各级各类政策制定机关政策制定活动中发挥出更为基础、核心的作用以及制度实施与监督等方面提供了一定的保障。在此基础上,公平竞争审查制度在进一步的完善与实施过程中,应以此次《实施细则》的修订为蓝本,明确公平竞争审查的公平性与效率性相结合的根本价值追求,在政策合规性审查的定位基础上,完善执行机制与监督机制,推动公平竞争审查制度进一步落地。

平台经营者垄断行为中消费者保护问题研究

陈亦雨*

随着数字经济的发展,数据已经成为今天驱动经济增长的核心生产要素,是基础性、战略性资源,被称为数字经济的"石油""血液"。为实施国家大数据战略,亟须构建以数据为关键要素的数字经济。莫罗(Andrea De Mauro)等学者给出了大数据的定义,即大数据是指"大体量、迅速、多样且需要特殊技术和分析手段才能产生价值的信息资产"。[①] 数据和互联网平台相辅相成,互联网将社会经济解构为离散化的大数据,而数据则依托互联网实现基础数据的采集和分析。各类平台经营者不断突破技术壁垒、迅速崛起并扩张规模,将其服务延伸到了居民生活的方方面面。但与此同时,当平台经营者占据主导地位时,传统的弱势消费者并没有真正提高信息获取和理性决策的能力,其合法权益在大数据时代正面临着新的威胁。

一、平台经营者垄断行为及其分类

(一) 平台经营者垄断行为

根据《国务院反垄断委员会关于平台经济领域的反垄断指南》的规定,"平台经营者"是指向自然人、法人及其他市场主体提供经营场所、交易撮合、信息交流等互联网平台服务的经营者。在现实生活中,一些在线平台充当了第三方企业和消费者之间的纽带。在这个角色中,平台充当连接卖家和买家的中间人,它们

---

* 陈亦雨,华东政法大学 2020 级经济法博士研究生。

① Andrea De Mauro, M. Greco & M. Grimaldi, A Formal Definition of Big Data Based on Its Essential Features,22 *Library Review* 122 (2016).

从销售中抽取一定比例作为它们执行销售的佣金。例如,美团外卖、饿了么、百度外卖等餐厅外卖平台为消费者提供餐厅外卖服务。平台经营者为消费者提供了极大的便利,也扩大了餐厅的服务范围,帮助餐厅增加了经营收入。

不难发现,绝大多数能被消费者依赖的平台经营者,都已成为行业的巨头。众所周知,数据有四"V"的特征,即数据的规模(volume)大;收集、使用和传播的速度(velocity)快;聚集起来的信息种类(variety)多;数据的价值(value)高。虽然数据无处不在,成本低廉且广泛可得,但网络平台处理和使用数据的成本结构有特殊性,即较高的前期沉没投入成本和接近零的边际成本,这种特殊的成本结构易导致数据的集中。也就是说,大数据的价值密度很低,只有达到一定规模后平台才能从中获取经济价值,但当一个平台收集的数据越来越多,产生了网络效应和规模经济,该平台扩张的成本反而会降低。大数据优势体现在数据数量和多样性、数据采集渠道和范围,以及数据处理和分析技术上。数据的这一特性从根本上推动了平台经济的极速崛起。另外,有效处理大量数据的前提是拥有雄厚的资本,因此可能存在市场进入壁垒,具体包括资金壁垒、技术壁垒、人才壁垒等,大型平台经营者面临的竞争也会因极高的行业进入壁垒而弱化。综合上述,平台经营者在数据相关市场中可能形成市场支配地位,而这种市场支配地位可能引发滥用行为。对于平台经营者实施的各项滥用市场地位行为,最直接、最突出的受害者即是消费者群体。

(二) 平台经营者垄断行为的分类

从侵犯法益的角度来看,平台经营者的垄断行为可以分为两类,第一类是利用自身在行业内的市场地位侵犯其他经营者的自由竞争权利,如掠夺性定价行为[①]、拒绝交易行为[②]等;第二类是本文重点关注的类型,即利用自身优势地位侵犯消费者的权益,主要手段有侵犯隐私权行为、差别待遇行为(即大数据杀熟)、数据搭售行为等,下文将详细介绍。这两种行为都是市场过度集中和平台经营者滥用主导地位导致的。正如经合组织(OECD)关于数字经济竞争的研究报告所强调的那样,数据驱动的市场可能导致"赢家通吃"的结果,对法律规制竞争市场的传统方法提出了挑战。[③]

---

① 一般表现为某企业为排挤、制约竞争对手或阻碍竞争对手进入市场,在相当长的一段时期内故意将价格设置于其成本之下,其目的是为将竞争对手逐出市场并随后设定高于竞争水平的价格,以收回前期降价的损失。

② 互联网平台是以开放应用程序接口(API)为基础的。基于平台服务的开放性、延展性、双边市场性、网络效应与锁定效应等,互联网平台一般都愿意向第三方开放其平台以获取更多的数据资源,但该种行为下的平台经营者则拒绝开放 API,阻止竞争对手获得数据资源。

③ 资料来源:https://www.oecd.org/sti/inno/data-driven-innovation-interim-synthesis.pdf。

（三）垄断与消费者权益保护

反垄断法关注的法益并非只是经济效益，也存在其他价值，例如促进市场的多元发展以及保护消费者权益。在平台经营者垄断行为产生的危害当中，消费者个体付出的实际"成本"，是其在交易过程中独立话语权的丧失，以及隐私权等各项权益受到侵害的风险的加大。目前，平台经营者正在迅速拓展其商业势力，部分平台经营者在短短几年内就成为相关领域的领导者，这也说明了这些平台经营者的市场主导地位将逐步形成，随之而来的是对市场的垄断风险。这一风险的出现当然意味着消费者权益被侵犯的风险越来越大。目前，英国、美国等国家已普遍认识到大数据与反垄断、反不正当竞争之间的紧张关系，并开始研究解决这一问题的策略。遗憾的是，在我国，真正意义上规范平台经营者行为的法律还没有颁布，很多都是部门内部或监管机构竞争政策的自律规则。2021 年 2 月 7 日，国务院反垄断委员会制定发布的《国务院反垄断委员会关于平台经济领域的反垄断指南》即是其中一例。由于平台经营者与消费者之间信息与实力的悬殊，平台经营者在很大程度上可以无视消费者的意愿行事，如侵入他们的个人生活领域、使用他们的个人数据对其进行剥削。在此基础上，由于数据本身的复杂性，消费者并不能知道其为享受平台经营者提供的某些服务而支付的具体成本。从这一角度来看，这是一种隐匿性很强的非公平交易。

在宏观层面上，竞争能够分散政治和经济力量从而提升经济机会和个人自治，这是幸福感的一个关键前提。[①] 后工业经济时代，反垄断法与反不正当竞争法的政策制定者面临的最大挑战是评估竞争政策如何促进总福祉。在促进个人自治和自由方面，消费者保护法将继续扮演重要的独立角色。但反垄断执法机构不应当认为反垄断政策和消费者保护是两个互不相干的独立概念。赋予少数几家平台经营者控制如此众多数据的能力，本身就是反垄断执法机构对这几家平台经营者扩张自身市场力量、收集大量消费者数据行为的一种包容。反垄断法出于对社会经济效益的考虑，允许少数平台经营者收集消费者信息、进入"国民大数据"这一公共领域谋利，同时也需要提高对这些平台经营者在妨碍自由竞争、侵害消费者权益方面的警惕。我国消费者保护协会通常难以对平台经营者进行数据控制、经济力量集中等方面的调查与审核。如果在这一情形下消费者权益保护问题不受竞争法调整，还有谁有权审查和禁止那些会显著侵犯许多消费者权益的行为呢？正如美国参议员赫布·科尔（Herb Kohl）指出，"某些评论

---

① 〔美〕莫里斯·E. 斯图克、艾伦·P. 格鲁内斯：《大数据与竞争政策》，兰磊译，法律出版社 2019 年版，第 314 页。

者认为反垄断政策制定者不应该关注这些涉及隐私的根本问题,而应该安于分析并购对广告费率的影响这种传统问题。我们不敢苟同。一个世纪前我们制定反垄断法,主要是因为担心经济力量过度集中对全社会的整体影响,而不仅仅是对消费者钱包的影响。如果产业集中威胁到对我国民主具有核心意义的公民重要隐私利益,任何关注反垄断政策的人都不应该袖手旁观。"[1]因此,保护消费者权益是竞争法的基本价值取向。

二、平台经营者借助垄断地位对消费者权益的侵害

(一) 隐私权

消费者隐私权是指消费者在购买、使用商品和接受服务时,在人格尊严、民族风俗习惯等方面得到尊重的权利,以及姓名、性别、年龄、职业、联系方式、健康状况、家庭状况、财产状况、消费记录等个人信息依法得到保护的权利。如果滥用或保护不当,个人信息可能会导致身份盗窃、财务欺诈和其他问题,这些问题将给消费者带来财产与精神上的双重损失。

互联网已经发展成为一种商业媒介,使得消费者数据隐私日益受到关注。早在1971年,学者米勒(Authur Miller)就曾提出:"电子计算机将使得预测个体或群体行为的虚拟活动成为可能。"[2]平台经营者意图收集的消费者的主要信息有以下几类:首先是"授权信息"[3],当消费者手机上新下载一个 App 时,会弹出隐私提醒,询问是否授权该 App 获取地理位置等信息,这类信息是基于用户的明确授权而收集到的,是最为初始的数据。授权信息的上一层次被称为"跟踪数据",例如,当消费者在使用购物平台时,该平台会记录下该消费者浏览过的商品;最后一层是"分析数据",通过对用户浏览内容的分析,平台将会为该用户建立行为习惯的数据库。"分析数据"是对平台经营者来说最为关键、也是最具"含金量"的一层信息。这种分析能够对消费者接下来的行动进行准确猜测,并精准地为消费者推送相应商品或服务,起到了满足需求甚至创造需求的经济作用,保

---

① 资料来源:https://www. europarl. europa. eu/meetdocs/2004_2009/documents/dv/testimony_peterswire_/Testimony_peterswire_en. pdf.

② Arthur R. Miller, *The Assault on Privacy*: *Computers*,*Data Banks*,*and Dossiers*,University of Michigan Press,1972, p. 42.

③ 包括:用户产生的内容,如博客和评论、照片和视频等;活动或行为数据,如人们在线搜索及浏览的内容,人们的在线购买行为,支付金额及支付方式等;社交数据,如社交网站上的联系人和好友;位置数据,如居住地址、GPS 定位(如来自移动电话的定位)、IP 地址等;人口学数据,如年龄、性别、种族、收入、性偏好、政治派别等;具有官方性质的身份识别数据,如名字、财务信息和账户号、健康信息、国民健康或社会保障号码、警方记录等。

障平台经营者有效运作,优化用户体验。

以上这些商业模式是平台经营者们通用的形式,他们通过定向广告来获利。事实上,消费者某些使用、内容和行为数据往往被平台经营者为了商业广告的利益过度处理。了解消费者的使用情况、使用频率、偏好和选择,可以建立一幅关于他们未来经济行为的图景。它剥夺了这些在线消费者作为理性买家的自然权利[①],使他们无法轻易看到其他样式的商品或服务。

(二) 选择权

消费者选择权是指消费者有权获得特定产品或服务必要的事实,以作出知情的选择,不被欺骗性的广告和标签误导,跟从自我意志在一系列的产品和服务中进行选择。消费者选择的理论假设是,每个人都有权利在他们的生活中做出选择和控制决定。消费者的消费行为总是被一定的预算限制,因此消费者希望通过最优的商品组合来最大化他们的消费效用。消费者选择权生成的出发点是避免消费者因信息不对称而产生的不理智消费选择以及保护消费者权益免受垄断权力的侵害。

竞争给消费者提供了选择,这种杠杆作用使得消费者有能力去寻求更好的交易,迫使制造商和销售商更加注重为消费者的利益服务。但在大数据时代,一方面,人们普遍依赖于一些在线平台(它们拥有巨大的市场份额和信息优势)来实现选择权的多样化,但由于将自身信息授权给了各大平台,并允许平台对自身偏好进行跟踪和预测,消费者最后只能看到"算法让你看到"的信息,被困在了"信息茧房"当中。所谓的"选择权"成了缺失知情权这一基础权利的空中楼阁。另一方面,一个企业可以通过数据以反竞争的方式增强其在另一个市场的市场力量,如英国竞争执法机构的一份报告指出,一个拥有高价值的数据资源的企业将数据与自己的数据分析服务捆绑出售,该捆绑行为可能被认为是违法的搭售(Tying)。[②] 搭售行为其实是一种数据的迁移策略,平台经营者利用消费者对其名下优势产品(以下称 A 产品)的依赖性,迫使消费者使用其名下其他产品(以下称 B 产品),并不得不将自己的数据迁移至 B 产品。如果消费者不愿接受搭售,那么 A 产品中的某些甚至全部的功能也将不对消费者正常开放。这一模式未尊重消费者自身的消费需求与消费兴趣,是平台经营者将自我利益凌驾于消费者意愿之上的行为,严重侵犯了消费者对于产品的自主选择权。

---

① Chirita, *The Rise of Big Data and the Loss of Privacy*, MPI Studies on Intellectual Property and Competition Law,2018, pp. 153-189.

② 资料来源:https://www. gov. uk/government/uploads/system/uploads/attachment_data/file/435817/The_commercial_use_of_consumer_data.pdf.

（三）公平交易权

公平交易权是指消费者在购买商品或接受服务时，享有公正、合理地进行市场交换行为的权利。《中华人民共和国消费者权益保护法》第 10 条第 1 款规定，"消费者享有公平交易的权利。"消费者所享有的公平交易权主要体现在两方面：一是消费者在购买商品或者接受服务时，有权获得质量保障、价格合理、计量正确等公平交易条件；二是消费者有权拒绝经营者的强制交易行为。公平是指导经营者与消费者进行交易的重要法律准则，它意味着交易双方从交易中的获利是均衡的，双方享有的权利和承担的义务是相当的。

平台经营者通过收集客户的数据，甚至包括消费者访问其他公司的网站或应用程序时的数据，获得用户的购买习惯，从而建立一个更全面的关于消费者个人的资料库，便于评估用户对某种产品或服务的支付意愿。然而，平台经营者与个人消费者在信息获取、议价能力等方面存在着天然的不对称情形，平台经营者在自身利益的驱动下将部分条款和条件强加给消费者。一些平台经营者有自己的品牌产品和服务（如亚马逊和谷歌），他们通常会在消费者浏览的页面上显示自有产品或服务，而不是其他生产商或销售商的产品或服务。这一明显带有引导性的行为将使其自有产品或服务享有更多的曝光度与交易可能性。消费者由此被置于一个并不能完全按照自身偏好进行选择的境地之中。另外，若企业在相关产品市场中拥有市场支配地位，则能通过这种数据为不同客户群体设定不同的价格以获得超额利润，这一行为被称为平台经营者的"差别待遇行为"，也称"大数据杀熟"。针对不同消费群体显示的产品信息，糅合了价格、质量等多种产品参数，提高了消费者评估和比较的复杂性，导致消费者很难识别出同一产品的不同定价策略。这种歧视性定价及差别待遇打破了消费者的平等性，侵犯了消费者的公平交易权。这一行为之所以被称为"杀熟"，也是因为平台经营者在行业内占据了优势地位，利用了"老客户"，也即"熟客"对平台的依赖，刻意对老客户抬高价格。北京市消协的一项调查显示，许多被调查者表示曾被"杀熟"，而网购平台、在线旅游、网约车类移动客户端或网站是"重灾区"。[①] 然而由于算法的复杂性与歧视行为的隐蔽性，消费者维权举证存在较大困难。

三、消费者权益在平台经济领域中易受侵害的原因分析

在市场经济条件下，消费者本应该在充分竞争的商业环境中享有充足的知

---

① 陈守湖：《用法治遏制大数据"杀熟"》，载《人民日报》2020 年 12 月 9 日第 5 版。

情权与自由选择权,然后做出明智的、适合自己的消费选择。一般来说,消费者只有知道哪家企业能提供最好的服务,了解自己购买的产品或服务的全部含义,并进行有效的比较,才能避免不公平和欺骗性的商业行为。然而,在信息化的商业时代,消费者和平台经营者在获取信息方面处于相对不平衡的地位,平台经营者们凭借强大的信息处理能力和巨大的资金投入,为消费者提供看上去更优化更丰富的用户体验,并进行迅速的扩张。消费者也在这一过程中对平台经营者产生了依赖。

(一) 信息不对称

消费者在市场中往往处于信息不对称的不利地位,这几乎成为许多市场的常态。平台经营者拥有产品和服务的所有信息,而这些信息的优势使他们能够很容易地损害消费者的权益。因此,为了加强对消费者的保护,法律和政策应当不断要求经营者进行全面的信息披露,实现消费者对产品的全面了解,做出有利于自己的决定。

但事实上,平台经营者对产品信息的披露并非如此。知情权的实现是相对的,消费者总是被大量的信息淹没,很难确定什么是重要的信息。某些平台经营者倾向于策略性地向消费者提供冗余信息,使消费者难以进行产品的横向比较。[1] 例如,一些通讯服务平台总是设计复杂的定价套餐,使用预付费用、通话费用、流量等各种套餐组合来混淆消费者,让消费者难以对产品的真正样貌有清晰的认识。[2] 随着市场越来越复杂,越来越多技术型产品和越来越多消费选择不断出现,消费者面对各种复杂的信息,做出理性决策的困难可想而知。

近年来,科技的发展使得平台经营者与消费者之间的博弈更加复杂。平台经营者们利用自身优势地位,投入大量的财力、人力和技术,将产品介绍打造得华丽而复杂,并利用数据分析向消费者提供价格高昂的产品。他们一方面提高产品价格,另一方面又在剥夺消费者比价的权利。虽然今天的消费者也在不断更新他们的知识,如使用软件进行数据统计与比价,但与平台经营者配备的顶级专家相比,这些能力几乎可以忽略不计。信息技术的发展使平台经营者能够利用信息差赚更多的钱,但却可能对消费者的正当权益构成威胁。

---

[1]　Lauren E. Willis, Decisionmaking and the Limits of Disclosure: The Problem of Predatory Lending: Price, 65 *Maryland Law Review* 707 (2006).

[2]　O. Bar-Gill, R. Stone, Pricing Misperceptions: Explaining Pricing Structure in the Cell Phone Service Market, 9 *Journal of Empirical Legal Studies* 430 (2012).

（二）利益链条的复杂性与责任的不透明性

消费体验的便利性与快捷性可能是消费者选择线上购物的最主要原因。但是,当消费的产品或服务涉及多个供应商、平台方与物流方时,一旦某个环节出现问题,消费者将面临极大的追责成本。平台消费背后的利益链条远比实体购物店要长得多,一般会涉及生产商、销售商、广告推广者、平台经营者、支付中介、物流公司等一系列的利益主体,这些主体一般是跨行业、跨地区甚至跨市场的复杂的企业组合,每个企业名下又有不同的分支机构与职责部门……而各方主体应承担的法律义务并不明确,其责任划分界限也不够明晰。消费者个人不会清楚地了解所有涉及的主体,更不可能搞清楚这些利益分享者之间的信息是如何被共享的、出于什么目的传递信息以及职责如何划分。这导致了消费者或监管机构难以查明问题所在、谁负责以及如何赔偿等复杂问题。在一个复杂的系统中,各方主体推诿本应承担的责任、掩盖自身造成的故障、泄露消费者数据将变得容易得多,最终导致道德风险的提升与对消费者合法权益的威胁。

（三）消费者对大型平台经营者的依赖

面对市场复杂性的加剧和网络商务资源的爆炸式增长,平台经营者可以更有效地在市场上收集、处理和传播信息,帮助买卖双方降低交易成本、提升交易体验。[①] 例如,平台经营者可以通过信用卡账单等信息了解消费者的消费能力和消费方向,然后为消费者提供银行贷款、购物、就业等方面的消费建议。大众点评在 2014 年宣布提供在线餐厅预订服务,用户预订后可以选择用微信和支付宝支付。由于"升级"了消费者的支付方式,为消费者们带来了更为便利的用户体验,在团购网络服务的竞争中,大众点评一直处于领先地位。一方面,一个拥有大量用户的平台可以收集更多数据提升产品质量（如设计更先进的算法）,获得更多用户,这是"使用者反馈"（user feedback loop）;另一方面,这些平台分析用户数据来改善定位广告,从广告服务中获利,然后再投资研发和改进生产,以获得更多用户,这是"获利反馈"。在此基础上,不论是商家还是消费者,都会越来越对平台产生依赖。

这种依赖性表明,科技让人们的日常生活便利度显著提高,消费者们也正受益于平台经营者们的数据整合和统计分析。消费者们甚至可以逐渐放弃自己的经验而选择大数据推送的餐厅,这也从侧面说明人们对科学技术的依赖和信任

---

① Brent W. Ambrose & James N. Conklin, Mortgage Brokers, OriginationFees, Price Transparency and Competition, 42 *Real Estate Economics* 363 (2014).

已经达到前所未有的程度。

(四)规模经济产生的数据竞争优势

在这个大数据时代,大型平台经营者似乎正在享用一场资本盛宴,通过不断地增资、扩张、并购、交叉持股,实现自身在行业内的规模扩张,进而完成跨领域的资源整合。随着生产规模的增加,创造额外单位增量的成本下降,就会产生规模经济效应。从经济角度而言,相比其他行业,网络经济行业的规模经济效应更加突出——固定成本较高,边际成本较低。网络平台经营者需要投入大量资金才能进入市场,但一旦完成初始投资,创造额外单位增量的成本就会下降,甚至可以忽略不计。因此,网络平台提供产品和服务的平均成本随着生产规模的增加而下降。经过数年的积累与扩张,少数平台经营者将拥有巨大的资本规模和绝大部分的市场份额,成为真正的"数据寡头"。

除了资本实力和市场前景等因素,造成这种局面的一个重要原因是,这些企业普遍拥有大数据、云计算、人工智能、区块链等一系列创新技术。这些技术是未来业务发展的主流趋势,能够在"市场竞争"中全面实现"标准化、低成本、海量数据处理能力"。具有优势地位的平台经营者也在继续开辟新的应用领域,从基本的道路导航到天气预报,农业生产、娱乐和人们生活的方方面面,不断实现从优势产品向新产品的用户转移。更快、更便宜的商业模式不仅能吸引运营商的参与,还能吸引消费者。平台经营者们拥有无数的数据资源,为消费者带来精致的消费体验,只要消费者输入合适的信息,就可以立即得到搜索结果,并对搜索结果进行分析、评价和预测。他们提供了一个打破地域、社交和购物习惯的平台,令消费者的依赖性与日俱增。

四、问题核心:科技发展与消费者权益的取舍与平衡

(一)科技发展的隐忧

科学是一种有组织的人类活动,它承载着价值,并受到组织结构和程序的影响。1999 年世界科学会议通过的《科学与科学知识利用宣言》(Declaration on Science and the Use of Scientific Knowledge)第 33 条指出:"今天,对发展来说,科学及其应用比以往任何时候都更加不可或缺。各级政府和私营部门应加强支持,通过适当的教育和研究方案,作为经济、社会、文化和环境无害化发展不可或缺的基础,建立充分且分布均匀的科技能力。这对发展中国家来说

尤其紧迫……"①科技工作者的意志将受到社会、经济甚至政治环境的影响。对于平台经营者来说，"平台"能够源源不断地收集消费者数据，辨别其是否有商业价值，并自动完成用户定位、推送广告等各种经营任务，最终实现盈利的目标。以往企业要达到提高生产率、拓展新市场和开发新服务的预期目标，主要依靠人和由人产生的信息来实现。具有市场优势地位的平台经营者意图获取和处理的数据和信息规模可能会更大，这些数据和信息源自消费者与设备的互动，并深刻影响着消费者与整个社会的互动。其中最关键的问题是，由谁来决定"平台"的数据收集源头、信息定义与分析方式、广告推广模式等？大数据模型被创造出来的那一刻，其算法预测行为是否受到限制？从实际操作看来，大数据平台的行为以及算法技术的发展主要由各大拥有市场主导地位的企业来决定，而企业在一定程度上受到政府的监管，但这种监管也更多是形式上的监管。

科技发展真的是"价值无涉"的吗？事实上，科技发展正逐渐地与"价值中立"相背离，走往消费者权益保护事业发展的反方向。1968年联合国通过的《德黑兰宣言》指出，科学发现与技术进步，为经济社会文化的发展开辟了广阔的前景，但也可能危及个人权利和自由，标志着国际社会开始注意科学技术对人权的负面影响。② 大数据看似加强了市场的透明度，未来企业可能利用算法、人工智能和数据共享等工具从事新型合谋，一旦科学技术的发展摆脱了道德与价值指引的限制，被别有用心者滥用，那么其强大的力量将成为人类社会的巨大隐忧，最终沦为一种可怖的非道德的工具。

（二）消费者权益与科技发展方向的相互矫正与适应

大数据平台成功与否通常是以输入的数据以及物理网络本身来衡量的，其中包括平台上有多少消费者和事物被连接、平台对终端消费者的响应速度有多快、股东对其投资了多少钱，以及通过提高效率可以节省多少成本。经过数十年的发展，上述这些指标的发展成效是非常惊人的。但重要的是，在科技成果被一次又一次刷新后，科学技术发展的终点是什么？我们希望通过技术创新实现什么样的世界？新兴科技的发明与应用能够为人类带来新的刺激，但大量新科技的出现并不意味着我们已经通盘考虑它们将会造成的所有影响。

一方面，科学技术的迅速发展应当受到消费者权益保护的限制，必须关注与社会和伦理的边界。《世界人权宣言》第27条提出，人人有权自由参加社会的文化生活，享受艺术，并分享科学进步及其产生的福利；人人对由于他所创作的任

---

① 资料来源：https://unesdoc.unesco.org/ark:/48223/pf0000116994。
② 黄爱教：《走向伦理和解的科技与人权》，载《人权》2017年第2期。

何科学、文学或艺术作品而产生的精神的和物质的利益,有享受保护的权利。事实上,我们已经习惯了对技术和科学施加限制,例如,汽车的发明与设计是为了让人类达到高速行驶的目的,但为了其他人的安全,它们必须在日常生活中遵守公认的规范和规则。新科技的可接受性以及相关成果的问责制必须考虑消费者权益保护因素。尽管消费者权益有其局限性,但在科学、技术和发展如何促进人类福祉的讨论中,如何保障消费者权益仍是核心问题,应当重视保护穷人和弱势群体免受市场驱动的科学和技术的过度影响。因此,以消费者为中心、注重人文关怀的平台经营者的潜力是巨大的。不论当下的市场力量有多大,对消费者的重视是平台经营者保证可持续发展的核心竞争要素。如果不重视对人权的关怀与对消费者权益的关切,平台经营者将付出惨重的代价。另一方面,如果只关注平台经营者的技术及其市场力量的影响,就有可能忽视消费者保护中传统权利保护与新兴科技的不适应性。技术的进步导致思想观念与权利需求的变化,与之相对,传统权利的保护必然会出现缺漏,应当对传统消费者保护法中的隐私权、选择权、公平交易权等消费者权益进行补充甚至重塑。例如,就隐私权而言,传统时代权利客体范围狭小,隐私权只局限于不愿意为他人所知悉的秘密,主要突出人身属性[1],有必要结合大数据发展趋势,将"个人秘密"之权利范畴拓展到"个人生活安宁"范畴,并重点关注隐私权中"自己支配自己资讯资料之作成、贮存与利用"的权利。

五、鼓励平台经济发展前提下保障消费者权益的法治进路

平台经营者的大规模扩张与垄断地位形成,引发了不容忽视的消费者权益保护问题。世界各国政府都表现出了对大数据企业适度监管的趋势。虽然平台经营者们利用信息获取和集中数据处理技术的优势为消费者提供了极大的方便,但在一定程度上,也使得消费者失去了自我判断的能力。与消费者之福利应该随着科学和技术的进步而提高的预期相反,在明显不对称与不平衡的市场中,消费者基本的消费者权益受到了不利影响。因此,立法者和市场监管机构应该充分考虑到这一市场趋势,并对平台经营者采取适当的监管措施,禁止其各种反竞争的商业行为,最终维护大数据时代下的市场竞争秩序,保护消费者权益。

---

[1] 郑飞、李思言:《大数据时代的权利演进与竞合:从隐私权、个人信息权到个人数据权》,载《上海政法学院学报(法治论丛)》2021年第5期。

（一）明确平台经营者与消费者之间的法律性质，对消费者进行倾斜性保护

在今天的数字经济时代，大数据技术的应用几乎涵盖了所有领域，应该为大数据应用制定具体的法律，同时完善消费者权益保护法、反不正当竞争法、反垄断法以及经济法和大数据平台自身的规则。建立和完善这些规则的价值在于，确保各个方面的政府监管机构都能对平台经营者的行动有充分的文件记录，并在产生纠纷时基于法律进行合理、合法的结果判定。这不仅加强了数据市场的透明度和公平性，也为现有和未来的平台经营者提供经营决策的指导，以进一步提高平台经营者的自觉性，从源头到过程和最终结果全流程保护消费者权益。

在平台经济中，许多操作规则和传统经济行为都有所不同。操作人员依靠技术，特别是计算机编码，来完成各种设计和布置。其中颇有影响的一点是，在网络空间里，计算机代码就是各方主体都需遵守的规则。"平台立法"现象由此诞生。这种平台经营者创立的规则往往出于自身利益驱动，必然与现实生活中的法律与行政法规有所冲突。因此，针对这种与传统实体经济不同、相对复杂多变的市场结构，法律与行政法规必须对"平台立法"行为进行覆盖式规范，建立大数据应用和管理规则，明确平台经济中各方主体的权利义务问题，对各方主体的行为以一种准确的法律语言加以定义和描述，只有处于法律框架下的计算机代码建立的网络规则才能在市场中付诸实施，实现法律和科技数据的实时融合，克服法律总是在社会经济发展过程中处于被动地位的困境。这必将是技术和法律之间最有价值的跨领域合作。

其中，消费者、商家、平台经营者三方形成了一种以合同为基础的民事法律关系。首先，在商家入驻某一电商平台之前，需要与该平台经营者签订平台网络服务合同；接着，虽然电商平台经营者没有直接对消费者销售任何商品，但是在消费者使用该平台之前，已经确认同意了电商平台经营者的使用规则，也就是说，此时平台经营者与消费者也成立了一项网络服务合同；最后，一旦消费者在该电商平台提交商品购买订单，即与商家订立了商品买卖合同，该合同为双方真实意思表示，商家在商品信息展示页中的介绍即成为该商品买卖合同中的条款，在不违背法律法规的强制性规定时，该条款即被认为合法有效。对于消费者而言，平台经营者依网络服务合同成为消费者的信息受托人，平台经营者有义务遵守合同约定，在保证消费者充足的知情权与自由公平的选择权的前提下，充分保障委托人的权利。

除了要遵守合同约定，法律也有必要对处于信息弱势的消费者予以倾斜性保护。"弱者是公平的起点"，正因有了弱者的存在，公平才会成为社会孜孜以求的目标。罗尔斯的差别原则正视了社会的这种现实，认为应当通过社会制度，从

全社会的角度调节这种不平等,最大限度地缩小弱势群体与强势群体的差距。计算机算法和经济影响非常复杂,普通消费者往往很难辨别其本质,仅凭主观感受做出的消费判断往往是不合理的。面对这样的不足,消费者权益保护法律和规则应该增加相应的规则,消费者协会和其他反垄断、反不正当竞争监管组织等应构建多元主体共治的数据垄断监管体系,对平台经营者进行实质性的控制和监管、完善平台经营者侵犯消费者权益的认定标准。举例来说,对于搭售行为,应当审查其搭售的产品是否是与平台数据整合运用无关的服务、用户可以自由选择使用或拒绝使用产品的难易程度等具体明确的标准,保障反垄断执法的实际操作与结果平衡。

(二)提高平台经营者服务价格的透明度,唤醒消费者对平台"免费"服务的警惕

保障个人信息的安全性对维护消费者权益至关重要。消费者也是数据的主体,他们选择和控制个人信息的自由受到了占主导地位的平台经营者的限制。心理学和行为经济学的许多研究表明,平台经营者倾向于为消费者提供"免费"的服务,让消费者盲目服从,做出不合理的决定从而损害自身利益,对市场上的正常竞争秩序产生负面影响。平台对所有消费者提供免费服务实际上是一种商业竞争策略。这种"免费"并非真正的"毫无收益",相反,在打着免费服务旗号获取了消费者数据后,平台经营者就能更为精准地为消费者推送相应的广告,并赚取巨额广告费用。过去,各大公司采用的营销模式都是大众营销。这种营销模式利用的是一般人口统计学信息,在特定的期刊与特定的电视节目中投放广告。随着信息时代的来临,当今的广告公司在投放广告时,非常具有针对性。消费者在受到各种各样的垃圾推送、短信与电话骚扰后,才后悔莫及。

因此,一方面应明确,信息也是一种财产,个人信息的归属权应当归消费者所有。个人信息的商品化现象越来越普遍,法律与政策的制定者有必要对个人信息的财产属性作出明确界分,防止消费者在无意识中就将自身信息的使用权让渡给更具优势地位的平台经营者。另一方面也应当敦促平台经营者提高服务价格的透明度,加强对个人信息价值的宣传,而非让消费者误以为自己是在享受免费的服务。这一举措能够提高消费者对免费服务的警惕性,由消费者自身根据平台经营者提供的服务的真实价格来自主选择是否授权自身的信息。这也会让消费者更加谨慎和认真,在自身权益遭到损害后寻求救济也会更有动力。通过提高平台经营者服务价格的透明度可以帮助实现对消费者个人信息的间接保护。

（三）严格控制平台经营者对信息的处理与利用

从市场的角度来看，平台经营者将消费者个人信息进行技术分析，并将数据分析结果以直接或间接的方式出售给其他需要这些信息的商家，这是平台经营者盈利的途径。由于大数据的特性，某些平台经营者存在着保持专有资源和形成垄断优势的可能性，这种垄断的形成受到竞争规则的规制。面对规模不断扩大的平台经营者及其不断扩展的服务范围，有必要建立一种平衡机制，对消费者"授权信息"进行严格监控。我国近年来虽然明显加快了网络环境中消费者信息权益保护的立法步伐，但相关规范总体呈现出"条款零散、公私交错、内容笼统、难以协调"的特点，对消费者信息处理方法规定不详，仅在《全国人民代表大会常务委员会关于加强网络信息保护的决定》（2012年12月28日第十一届全国人民代表大会常务委员会第三十次会议通过）中对平台经营者使用消费者信息的目的与保护措施做出了粗略说明①，后《中华人民共和国网络安全法》《中华人民共和国民法典》对该类规定进行了延续，但并未细化明确平台经营者对信息使用的时间、数量、手段等问题。

因此，寻找一种合理的信息处理方式和规则是避免上述法律冲突的有效途径，即在维护竞争市场理论和基本结构的基础上，强调对垄断行为的严格禁止。应通过技术手段设定一个合理的保留消费者信息的期限，尤其是关键必要信息的期限，来规范占据市场主导地位的公司，以达到减弱垄断利润、保护消费者权益的目的。为了避免反垄断调查或诉讼，具有垄断地位的平台经营者应在消费者界面设置信息保留时间的按钮，让消费者在提供信息的同时保护信息，从源头上解决被视为垄断的惩罚风险。另外，也应当限制平台经营者获取信息的数量和种类，以能够提供相应服务的"足够且最小"为原则，保证获取的消费者信息足以为消费者提供良好的服务，而不是无限量地允许平台经营者收集消费者数据。大数据中间商在为消费者提供服务、要求消费者提供个人信息的同时，应为消费者设置提取个人信息的特殊选项，并为消费者提供"允许其他服务提供商使用个人信息"的选项，以保证消费者的知情权。无时间、数量限制地获取消费者数据是一种对整体市场不负责任的做法。随着时间的推移，只会加深消费者的不信任，不利于市场的长期发展。如果政府或立法者在提高技术水平的基础上合理

---

① 《全国人民代表大会常务委员会关于加强网络信息保护的决定》第2条规定："……应当遵循合法、正当、必要的原则，明示收集、使用信息的目的、方式和范围……"；第4条规定："网络服务提供者和其他企业事业单位应当采取技术措施和其他必要措施，确保信息安全，防止在业务活动中收集的公民个人电子信息泄露、毁损、丢失。在发生或者可能发生信息泄露、毁损、丢失的情况时，应当立即采取补救措施。"

地既保护隐私又限制垄断,那么它必须科学地定义哪些个人信息可以共享,哪些需要保护。这不仅需要技术支持,还需要不断严格规范,巨大的人员和资金投入是必不可少的。政府应严格限制平台对消费者个人信息的保存时间与获取种类,并进行实时监督,这将大大改善消费者信息保护的弱势地位。因此,平台经营者应该被要求为消费者设置特殊的偏好,让消费者完全自由地处理个人信息。政府监管机构在监控网络服务的特殊性质时,可以针对这一规定进行专门的检查,以充分保护消费者的选择自由。

六、结 语

当互联网被广泛应用于通信和商业时,人们的期望是它将赋予消费者更多的权利和选择。事实上,革命性的技术的确创造了以前无法提供的消费途径和消费选择。这种商业模式的建立和普及极大地便利了人们的生活,但在这种经济模式下,保护消费者权益的问题并没有随着科学技术的进步而得到解决。平台经营者本应当是这些消费途径和消费选择的连接者、"看门人"、纠纷调解者,但其所发挥的作用却令广大消费者失望。一个强大的平台经营者一旦拥有了一定的市场主导地位,将埋下巨大的道德风险。例如,平台经营者滥用市场地位的行为将严重损害市场结构、破坏竞争秩序,并导致广大消费者的合法权益遭到损失。计算机算法和大数据推送的机理非常复杂,普通消费者往往很难辨别其本质,仅凭主观感受做出的消费判断往往是不合理甚至是被有意误导的,这已经成为数字经济的缺陷之一。但这种不完美并不意味着我们要因噎废食、放弃大数据科技的发展,我们应该树立并运用法治思维,设立、明确并实施严格的数据监管规范,规避科学技术与生产创造发展带来的负面效应,尊重和维护消费者的合法权益,从而帮助消费者实现真正的理性、明智的消费选择。在市场力量极为强大的平台经营者面前,反垄断法有义务保障市场的终端——广大消费者们拥有一个公平、有效、透明、有竞争力的在线市场。对于中国而言,在数字经济高速发展,数据驱动型产业不断繁荣的背景下,对消费者权益的保护实际上也是对市场的竞争力量与创新力量的保护。

人工智能消费者权益保护研究

王思达*

科技创新和发展使得越来越多的人工智能产品走进了消费者的生活,但其为消费者提供高品质生活服务的同时,也存在损害消费者权益等方面的问题,如消费者的知情权、个人信息安全遭受侵害等。本文拟对人工智能消费者不同于普通消费者的特征以及人工智能消费者保护中的难点问题予以分析,以期从制度上规范人工智能产品生产者和经营者的行为,从而更好地保护人工智能消费者的合法权益。

一、人工智能消费者及其特征

人工智能消费者具有其特殊性,笔者将购买人工智能产品和接受人工智能服务的主体概括为"人工智能消费者"。此处的"消费者"并不局限于个人,因为人工智能的应用场景和服务对象具有广泛性,这是由人工智能产品本身的属性所决定的,因此不能将其视为一般的消费品对待。《中华人民共和国消费者权益保护法》(以下简称《消法》)没有将"消费者"定义为自然人而是根据消费目的——"生活消费"予以界定,这样看来,《消法》的高度概括性规定具有一定的远见。

一直以来,学界都有观点认为应重视消费者概念的差异性,这是伴随着经济社会的精细化发展而出现的必然命题。我国大立法时代渐次积累起来的消费者保护法规范群中的"消费者"概念具有模糊性,因立法目的和应对问题的不同,其内涵和存在理由并不一致,因此在讨论消费者这一概念时有必要有意识地区分

* 王思达,华东政法大学2019级经济法博士研究生。

多样的消费者形象。① 在这种背景下,承认差异性的消费者保护逻辑必然最终会反映到现实立法中,而目前我国立法体制对于消费者的差异性特征缺乏足够的认识。② 从 1994 年首部《消法》出台到 2013 年新《消法》修改,学界对消费者主体的争议从未停止。关于"消费者"的主体范围是否只针对自然人,梁慧星教授认为:"所谓消费者,是指为自己和家庭生活消费的目的而购买商品、接受服务的自然人。"③王利明教授也持相同观点,即消费者只限自然人个体,作为一个特定法律用语,它仅指个人而不是单位(包括企事业单位和其他组织),更不包括政府。其依据是:(1) 从消法的立法基础来看,法律是倾向保护弱者的,单个消费者面对实力强大的经营者时处于相对弱势的地位,因此要对消费者加以保护,而单位则不属于弱势群体,在某些情况下单位与经营者的地位甚至反转,使得经营者处于弱势地位,因此单位无须受消法特别保护,产生纠纷时可由合同法调整;(2) 消费者权益都是与个人权利相联系的;(3) 消法中的消费是个人消费(直接消费),单位不能从事生活消费,不能作为最终的消费者,承受消费权益的主体仍是个人。④ 但随着人工智能消费者的出现,"消费者"的内涵将不断扩大。

当下社会各界对人工智能的发展颇为重视,从国家层面看,加强了对信息安全的立法和监管;就个人而言,消费者对自身隐私权的保护意识日渐提升,这些改变对于保护人工智能消费者的合法权益,都有着积极的意义。但从现状看,人工智能消费者在消费领域中往往比普通消费者更显弱势,其特征主要表现在以下几个方面:

1. 信息更加不对称

人工智能产品都是科技含量高、专业性强的产品,其中蕴含的各种先进的技术和精妙的算法是绝大部分作为非专业人士的消费者所不熟知的,这就导致了经营者与消费者之间的信息不对称程度更加严重。消费者在购买人工智能产品或接受人工智能服务的时候,往往只是为了享受便利,而对产品或服务背后的技术及动机并不敏感,这也使经营者"有机可乘"。许多智能产品的重点可能并不在表面所展示的功能,如曾被曝光的某智能手机公司,它的盈利并不是来源于销售手机产品本身,而是依靠消费者使用手机时留下的各类数据或通过智能软件"盗取"用户隐私来获得巨额收入,包括消费者的住址、偏好、银行卡信息、家庭成员和社会关系等,而这一切都是在消费者不知情的情况下发生的。消费者和经营者之间本就存在信息不对称的问题,而在智能时代,人工智能产品和服务的应

---

① 高庆凯:《"消费者"概念:登场机制与规范构造》,载《法学》2019 年第 10 期。
② 汤建辉:《消费者差异性与消费者保护立法范式之变》,载《理论月刊》2017 年第 2 期。
③ 梁慧星:《中国消费者政策和消费者立法》,载《法学》2000 年第 5 期。
④ 王利明:《消费者的概念及消费者权益保护法的调整范围》,载《政治与法律》2002 年第 2 期。

用则加剧了经营者与人工智能消费者之间的信息不对称问题。

2. 数据安全隐患更为严重

正如前文所述,人工智能产品的基础是数据,没有数据的支撑,人工智能产品如"无源之水""无本之木",难以得到应有发展,消费者享受人工智能科技所带来的便利,以及享受人工智能产品或接受人工智能服务也就无从谈起。因此,商家必须依赖搜集、积累和分析学习消费者的数据信息(包括身份信息、交易习惯等),从而了解和挖掘消费者的偏好和习惯,进而提供更有针对性的、更有利于消费者的个性化服务。但是,消费者的这些数据被搜集后也会带来很多问题,如可能受到商家的价格歧视、推销骚扰和各类"精准营销"等,更严重的是个人数据和隐私泄露的安全隐患会为下游犯罪提供可能。① 这些问题在近些年频繁出现,消费者信息被过度收集、非授权转移应用、数据流入地下"黑产"等问题频发,已严重威胁到广大消费者的切身利益,电信网络诈骗、信用卡诈骗、网络传销等财产型犯罪,及绑架、敲诈勒索、故意伤害等暴力型犯罪的背后,都能发现消费者隐私通过互联网泄露的情形。如 2016 年 7 月 21 日,公安部网站上公布了一批网络侵犯公民个人信息犯罪的典型案例。事实上,即使在合法的数据交易过程中,由于技术问题和人为失误等因素,也存在个人信息泄露的风险。

3. 人工智能消费者处于更为弱势的地位

依托人工智能技术将数字转变为价值是数字经济的核心,它是继农业经济、工业经济之后形成的一种新经济形态。从 2013 年至 2020 年,全球十大市值公司排名发生了巨大变化。苹果、亚马逊、谷歌、脸书、阿里巴巴、腾讯这 6 家公司迅速跻身全球高价值的公司之列,加上业务转型后的微软,全球前十大市值公司中采取新的数字经济模式的公司达到 7 家。这些公司通过提供便捷的人工智能产品或应用,形成了庞大的用户规模,而通过记录和追踪用户信息,累积了大量的数据资源。正是这些数据资源支撑了数字经济公司在这短短十几年时间里的迅速崛起。而个体消费者在这些大型企业面前显得势单力薄,甚至"不堪一击"。各国对数据安全、智能产品应用的立法刚刚萌芽,对消费者的保护还需在实践中加强探索。因此,相比普通消费者,人工智能消费者面对强大的数字企业时,不仅其权益更容易受到侵害,而且地位更趋弱势,其维权也更为困难。

4. 侵权责任源头不明,侵权过程更加隐蔽

在普通消费者的活动领域,当普通消费者权益受损或产生纠纷时很容易找到责任源头。然而在人工智能时代,网络的虚拟性和各种技术的应用使消费者难以追踪责任主体。如消费者很难查清个人隐私是经何人之手流入数据"黑产"

---

① 陈永伟:《人工智能与经济学:近期文献的一个综述》,载《东北财经大学学报》2018 年第 3 期。

被贩卖和转移的。而在长期缺乏约束且易被忽视的数字领域中,大量肆无忌惮收集消费者信息并借此盈利的公司或明或暗地发展着,不完善的立法、落后的观念、滞后的监管等留给经营者宽裕的漏洞可钻。同时,随处可见的摄像头、随时都在收集个人信息的手机软件,令消费者无处遁形却又束手无策,其权益容易受到不易被察觉的侵害。如 2018 年 8 月的大规模数据泄露案,新三板挂牌公司瑞智华胜非法盗取用户互联网信息 30 亿条,非法牟利超千万元,涉及百度、腾讯、阿里、京东等全国 96 家互联网公司产品。[①] 然而数据泄露规模庞大只是一方面,数据跨境传输等手段使得人工智能应用的影响范围常常波及跨国、跨行业的多个领域,甚至会对政治和国际关系造成巨大影响。

二、人工智能消费者权益保护中的难点问题

关于人工智能消费者权益保护问题,尚未引起学界广泛的关注。但随着科技、数字经济与相关产业的不断发展,传统经济组织结构和生产消费方式必将发生颠覆性的变革。目前我们尚处于"弱人工智能"阶段,各种技术和智能产品还在起步状态,功能和规范并不成熟,监管也相对不完善,人工智能领域的消费者权益已反映出越来越多的问题。我国以《消法》为中心的消费者保护法律体系自身还较为薄弱,传统的消费者保护领域还不能充分保护当下人工智能消费者的合法权益。在立法体系尚不健全的背景下,此类消费者的权益保护将面临愈加严峻的挑战。因此有必要重视人工智能消费者的特殊性,在尊重差异与特性的基础上加强对人工智能消费者合法权益的特别保护。

人工智能消费者是伴随着人工智能产品的出现而产生的,是社会发展和科技进步的产物。涉及人工智能领域消费者的权益保护,从立法到实践都面临一系列的挑战。其中的难点主要包括下列问题:

1. 隐私泄露问题

由于人工智能的基础是大数据,所以数据保护问题成为人工智能领域最基础也是最重要的问题之一。"人工智能强大的数据挖掘、存储、分析与传输功能对个人数据隐私保护也存在潜在的威胁。"[②]在数据安全方面,消费者最关心的便是个人信息被不当公开、隐私被泄露的问题。

通常大部分消费者对快速崛起的数字经济产业和广泛被收集、转移的数据并无察觉,也对个人信息被哪些公司或政府利用、在多大程度上被利用的问题并

---

① 何渊等:《大数据战争——人工智能时代不能不说的事》,北京大学出版社 2019 年版,第 11 页。
② 栾轶玫、鲁妮:《人工智能时代国际传播中的数据隐私保护》,载《国际传播》2019 年第 3 期。

不敏感。相较于欧美百余年的隐私保护史,中国长期以来并无保护隐私权和个人信息权的传统,甚至没有"隐私"的概念。[①] 当今越来越多的人开始关注隐私问题,这是因为在人工智能时代的今天,人们的信息被广泛电子化公开化了。除了社交网络中消费者自己选择展示的公开信息外,还有被各种平台所保存的个人记录,包括网络购物、行程、邮件、聊天信息、网页浏览等,这些信息被储存在各种机构的数据库中,使得信息泄露成为无法被个人掌控的问题。近年来,有关隐私泄露的案件频频发生且受害者规模庞大,案件被曝光后往往引起巨大的社会反响,其结果是人人"自危"。因此,消费者对信息泄露的关注度越来越高。

例如,2019 年 4 月美国新闻报道,国土安全局一名技术部门主管与外界共谋,于 2014 至 2017 年间从国土安全部监察长办公室数据库中泄露了 150000 份内部调查和约 250000 份国安局员工的个人信息。[②] 同年保加利亚国税局数据库被黑客攻击,500 万国民信息外泄,是该国史上最严重的数据泄露事故,该案引发多国开展税务数据安全性排查,同时也引发了人们在税收透明时代对涉税信息安全性的担忧。[③] 2018 年英国航空公司网站遭到黑客攻击,大约 38 万笔交易受影响,约 50 万客户的信息遭到泄露。[④] 我国也有许多类似的大规模的数据泄露事件,如 2018 年下半年华住酒店集团旗下连锁酒店近 5 亿条用户信息被泄露,同年 12306 网站 470 余万条用户数据在网络上被贩卖等。[⑤]

2018 年 8 月中国消费者协会发布的《APP 个人信息泄露情况调查报告》显示,遇到过个人信息被泄露情况的人数占比为 85.2%,没有遇到过的占 14.8%。[⑥] 而 Risk Based Security 发布的《2019 数据泄露速查报告》表示,黑客是信息泄露的主要渠道,2019 年仅有 7.3% 的数据泄露是由于内部原因。2019 年上半年共发生 3813 起数据泄露案件,较 2018 年同期增长了 54%,被泄露的数据量也增长了 52%。[⑦]

然而数据泄露还不止消费者隐私被侵犯被公开这么简单,"数据黑产"的危害性更高。直到 2016 年,数据黑色产业链才开始被监管部门发现,有大量公司依靠出售消费者隐私数据牟利,数据黑市上各种来源的数据明码标价,如包含大量精准个人隐私的医疗数据,既可以被保险公司、互联网医疗公司等购买用以发展业务或训练人工智能模型,也可能被下游犯罪团队用以精准诈骗。电信网络

① 郑志峰:《人工智能时代的隐私保护》,载《法律科学(西北政法大学学报)》2019 年第 1 期。
② 资料来源:http://app.myzaker.com/news/article.php? pk=5a531c491bc8e0b117000002。
③ 资料来源:https://baijiahao.baidu.com/s? id=1639424364138918858&wfr=spider&for=pc。
④ 资料来源:https://baijiahao.baidu.com/s? id=1688770303052988629&wfr=spider&for=pc。
⑤ 何渊等:《大数据战争——人工智能时代不能不说的事》,北京大学出版社 2019 年版。
⑥ 资料来源:http://www.cca.org.cn/jmxf/detail/28180.html? tdsourcetag=s_pctim_aiomsg。
⑦ 资料来源:https://pages.riskbasedsecurity.com/2019-year-end-data-breach-quickview-report。

诈骗、信用卡诈骗、网络传销等财产型犯罪,及绑架、敲诈勒索、故意伤害等暴力型犯罪,大多与消费者信息泄露相关。

2."个性化"问题

隐私的泄露侵犯了消费者的信息安全权,而企业对所收集的消费者数据进行不当利用,则会侵害消费者的知情权、自主选择权、公平交易权等其他权利。如同石油需要经过加工、提炼后投入到各类工业产品的生产过程中一样,数据也需要经过相应加工处理,从而运用到不同行业、领域之中,以实现数据的商业化。各领域商家对消费者数据进行挖掘和分析,从而为消费者提供全方位的"定制服务",包括个性化推送新闻、个性化推荐商品、个性化定制广告等。消费者收获了便利的同时,一系列问题也随之而来。

第一,最显著的问题是"个性化定价",也被称为"杀熟"。企业对消费者的身份和行为数据进行搜集,并通过机器学习对他们的支付意愿和支付能力进行推断。这其实是一种更为精细化的价格歧视形式,企业观察消费者此前的异质性,并以此为基础来制定价格。[①] 随着企业所掌握的消费者信息的增加,它们对消费者的分类将变得更为细致,定价的差异化水平也会随之提高。在极端情况下,如果企业掌握了足够的信息,可以把所有消费者的支付意愿和支付能力都甄别出来,它就可以对每一个消费者制定不同的价格。这时,"个性化定价"的结果就变成了一种价格歧视。例如,2002 年亚马逊根据消费者的上网记录对用户的忠诚度进行推断。同样的 DVD,对一般消费者的售价为 22 美元,而对被判定为忠诚用户的消费者,其价格就上升到了 26 美元。北京市消费者协会也曾对北京市消费者进行了一次关于"杀熟"的调查,结果显示 65.05% 的被调查者认为大数据"杀熟"现象很普遍,在所有的手机软件中,购物类、在线旅游类、打车类、外卖类和视频类软件被认为"杀熟"问题最为严重。[②]

第二,"信息茧房"现象越来越普遍。这个问题在"个性化推送"功能诞生不久就有过争论,19 世纪初出现的"信息茧房"概念用于智能时代的个性化定制场景似乎更为贴切。信息茧房从 WEB1.0 时代起就引发了众多学者和评论家的担忧,他们认为个性化信息的盛行将导致民众只关心他们感兴趣的内容,长久来看将侵蚀社会的共识基础,甚至危害社会的发展。

第三,企业对消费者数据的利用容易"越界"。被称为"互联网女皇"的美国分析师玛丽·米克尔在美国发布的《2018 年互联网趋势报告》中指出,科技公司正面临矛盾,它们在使用数据提供更好的消费者体验和侵犯消费者隐私之间进

---

① 陈永伟:《人工智能中的三个经济伦理问题》,载《人工智能》2019 年第 4 期。

② 资料来源:http://www.bj315.org/xxyw/xfxw/201907/t20190727_19494.shtml。

退两难。[①] "互联网上存在大量的实名或未实名的用户数据,人工智能通过一定的技术手段对用户数据进行收集与分析,可以准确分析出用户的兴趣爱好、行为踪迹等信息,并进行信息推荐,而这些信息用户并未主动提供,显而易见,用户是根本不愿意这些信息被其他主体知晓,这势必侵犯个人自决隐私。"[②]一个典型例子是美国塔吉特(Target)公司在进行广告营销时利用消费者购买商品的历史数据进行分析,从而提供个性化的商品推荐服务,算法根据一位未成年少女的购物记录分析该少女怀有身孕,而将孕妇相关产品的推荐广告单寄到少女家中,被少女的家长得知其怀孕的消息。塔吉特公司未经该少女同意而分析了其个人信息,其目的是算法分析后的"精准营销"。精准营销能够大幅降低企业成本,提高营销效率,准确识别消费者的需求甚至创造需求,在大数据运用的基础上为企业带来极高的转化率和回报率,因而被企业普遍运用。但是消费者的信息是否希望被企业深入挖掘分析从而更了解自己,了解的程度和数据利用的边界又是什么,企业对此大多采取忽视和淡漠的态度。

第四,消费者所看到的世界可能只是企业希望消费者看到的世界。人工智能科技的应用为企业赋能,加强了对消费者的影响力和控制力。如美国视频公司网飞(Netflix)利用其最有价值的资产——个性化推荐系统,来影响消费者的选择。这一系统每年为公司节省 10 亿美元的营销费用,而从流播放时长来看,80%的用户选择都会受到这套推荐系统的影响。这种影响绝不仅限在商业领域,还可能涉及政治,如 2018 年剑桥分析公司被爆出利用对脸书用户数据的分析进而影响美国总统选举。据报道,剑桥大学心理测量中心的研究员迈克尔·科辛斯基曾建立一个模型追踪脸书用户的点赞情况,该模型只需 68 个赞就可以估计出用户的肤色、性取向、党派,准确率分别是 95%、88%、85%,而分析超过 300 个赞时,该模型就可以深入到用户的潜意识层面,比用户还了解他自己。[③] 因此,一种更为激进的说法是智能时代的"信息推送"很多时候是打着投其所好的名义,而对消费者进行的深度洗脑。

3. 算法"黑箱"问题

当今自动决策系统的应用日益广泛,越来越多的决策工作被机器、算法、人工智能所替代,一般人们认为算法可以保持绝对的客观,在处理人类社会中的各项事务与决策工作时保持中立和公平,然而算法决策取决于两个基础:算法设计和数据输入。算法的设计是基于编程人员的主观选择和判断,他们是否可以不

---

① 何渊等:《大数据战争——人工智能时代不能不说的事》,北京大学出版社 2019 年版,第 71 页。

② 邵国松、黄琪:《人工智能中的隐私保护问题》,载《现代传播》2017 年第 12 期。

③ 资料来源:https://www.guokr.com/article/436786/。

偏不倚地将既有的法律或者道德规则完整而全面地编写进程序,是需要商榷的。同时,人工智能学习的资料和数据来源广泛,数据的有效性、准确性也会影响整个算法决策和预测的准确性,而所有数据在输入前是否都经过过滤和矫正,不包含任何偏见和歧视,是值得怀疑的。更可怕的是,算法决策不仅仅会将过去的歧视做法代码化,还会通过机器学习创造自己的现实,形成一个"自我实现的歧视性反馈循环"。

例如,谷歌在 2018 年开发的 BERT 自然语言系统,其学习材料来源于数字化书籍和各类新闻文章,据卡耐基梅隆大学的计算机科学家研究证实,BERT 系统已包含了多方面偏见,比如它倾向于将程序员与男性联系起来。[①] 正是由于在机器学习之前,人们没有时间来清理输入数据中根深蒂固的偏见。而这些偏见一旦被算法吸收,将更难辨认,也更难清除,人类社会的不平等现象也会在人工智能中体现。

类似地,人脸识别系统也存在歧视问题。美国实践表明,执法机构在使用人脸识别技术的过程中,会对不同肤色的人群、激进主义者、移民者等群体在不同程度上进行不公平的对待。事实上,人脸识别技术对于妇女、年轻人、非裔美国人和其他种族群体的识别准确率并不是很高。

犯罪预测系统也被发现是算法偏见的重灾区。根据美国国家司法研究所(National Institute of Justice)的数据,预测性警务系统是"利用信息、地理空间技术和基于证据的干预模式的力量,以减少犯罪和改善公共安全"。[②] 随着人工智能的迅速发展,这些工具已经开始进入法院和警察部门的日常工作程序,据美国官方公开的数据,美国有 20 个以上的城市、1000 个以上的执法人员正在使用预测性警务系统。[③] 法官利用它们来决定该如何判决,警察部门则利用它们来分配资源等。然而研究人员表示,这些工具往往高估了被指控者的暴力风险,使用这种人工智能风险评估工具可能会持续性地导致大规模监禁情况的出现,并让人们产生误解和恐惧。事实上,专家们除了对预测系统准确性感到疑虑,也认为其中包含严重的算法歧视。例如,2017 年英国达勒姆警方启用的警务系统通过学习警方 5 年关押报告和 2 年定罪报告,来预测嫌疑人犯罪的可能性,以决定是否收押。但是这套系统认为黑人是罪犯的概率是白人的两倍,且倾向于将白人定为低风险、单独犯案。

算法歧视在日常生活中也不鲜见,如 Flickr 网站的自动标记系统曾将黑人

---

① 资料来源:https://baijiahao.baidu.com/s? id=1651178885132208343&wfr=spider&for=pc。

② 资料来源:http://www.360doc.com/content/20/0901/16/71368091_933431464.shtml。

③ 陈甜甜、钟鑫:《基于大数据的预测警务在美国的发展现状》,载《中国安防》2018 年第 6 期。

的照片标记为"猿猴"和"动物",微软公司的聊天机器人 Tay 在与人聊天中呈现出反犹太人、性别歧视、种族歧视的特点,招聘广告上男性比女性薪酬更高,而负责应聘的机器人预测到应聘者可能患上疾病就将其排除在外,等等。可以发现,规则代码化带来了不透明、不准确、不公平、难以审查等缺陷,而算法歧视(Algorithmic Bias)日益成为一个需要正视的问题。当消费者对算法结果不满,或被算法侵权,又该如何对深度学习的"黑箱"进行审查也值得研究。

4. 伦理问题

2019 年底,英国《每日邮报》发表题为"亚马逊智能音箱劝人自杀"的新闻引起巨大关注,这是亚马逊音箱继泄露消费者隐私、对消费者精准营销等事件后的又一升级问题。该智能音箱使用智能语音交互技术,内置名为 Alexa 的语音助手。像 Siri 一样,它可以与人交流,并能通过语音控制来帮助消费者完成简单的日常任务,如播放音乐、查询天气、订外卖,还可以控制家庭其他智能设备和家居。但这次 Alexa 在主人询问有关心脏的心动周期问题时回复建议用户用刀刺入心脏,这一事件引发了消费者的巨大恐慌,同时也引起了社会关于人工智能伦理的广泛讨论。

从经典的阿西莫夫"机器人三定律"到 2017 年阿西洛马会议提出的 23 条人工智能原则,伦理问题始终是人们关注的一个重点。霍金、施密特等之前都提出应当警惕强人工智能或者超人工智能可能威胁人类生存。制定人工智能伦理始终无法逃避五个问题:第一,应该由谁来制定;第二,站在谁的立场制定;第三,按照什么原则制定;第四,是供谁来参考使用;第五,人工智能可否被看作与人类同权的生命体。这些问题没有解决而匆忙发展人工智能的举措是令人担忧的。

伦理问题在当前各国大力发展的无人驾驶汽车方面也有争议,争议点在于无人驾驶汽车的算法设计。应当优先保护司机还是路人? 在不得不撞人的时刻选择撞什么人? 相关的棘手问题都涉及道德伦理困境。此外,安全往往与责任相伴。如果自动驾驶汽车、智能机器人造成人身、财产损害,谁来承担责任? 如果按照现有的法律责任规则,因为系统的自主性强,它的开发者往往难以预测,包括黑箱的存在,很难解释事故的原因,未来还可能会产生责任鸿沟。[①] 欧盟已经在考虑是否应当赋予智能机器人"电子人"的法律人格,其是否具有权利义务并能够对其行为负责。这个问题值得深入探讨。

---

① 〔英〕约翰·金斯顿:《人工智能与法律责任》,魏翔译,载《地方立法研究》2019 年第 1 期。

三、人工智能消费者权益的保护路径

人工智能所带来的挑战是多方面的，科技手段的不同、应用主体的类别不同、发展目的不同、所导致的风险不同等各方面的区别都需要不同的解决方案，没有统一的应对方法。因此只能尽可能地区分各类问题，在归纳共性的基础上探寻可能的答案。

（一）应更加注重技术的安全性

第一，许多人工智能的问题是由技术漏洞产生的，如亚马逊智能音箱的语音助手将用户的信息传送给其他用户，被证明是因为技术方面的错误运行，亚马逊公司发现这一问题后立即进行了系统升级和修复，以减少损失。数据泄露很大程度上也和数据库的安防强度有关，如 2019 年保加利亚国家税务局的数据库泄露，高达 500 万国民信息外泄，除了是遭到黑客的攻击原因外，网络专家也表明该数据库的保护措施太糟糕，黑客的入侵方式并不高明。然而不论数据库安防系统的保护水平如何，企业都应重视安全和风控领域的建设，加强安防系统的研发和升级，不断提高系统的安全系数，并定期进行维护和检查，从而维护平台的健康、稳定和安全。

第二，针对"黑箱"的算法，设计构建公平公正的算法规则是必不可少的。算法决策在很多时候是在用过去的数据预测未来的趋势，其模型和数据输入决定预测的结果，因此模型的构建和数据的选择尤为重要。开发者设计、制定的算法规则以及后期选择、输入的训练数据都在影响着人工智能产品的使用效果，包括其准确性、偏见性、完整性等方面的影响。同时，算法倾向于将歧视或错误固化甚至放大，因为机器学习的特性会将过去的输出错误作为反馈，继续输入学习系统，从而形成"歧视性反馈循环"，并在这一过程中巩固并加重偏见。因此，提升算法的准确性、数据选择的中立性也是对人工智能消费者权益保护的重要举措。此外，在个人数据保护中还涉及利益平衡的问题，既要维护数据主体对个人数据的控制，又要促成个人数据的自由流动。而平衡好数据保护和数据流动这两种利益是数据权利保护成功的关键。[①]

第三，正如欧盟理事会成员在评估《通用数据保护条例》（GDPR）实施效果

[①] 姜野：《算法的规训与规训的算法——人工智能时代算法的法律规制》，载《河北法学》2018 年第 12 期。

时所述,人工智能也可以为反风险所用。例如,百度启动的"光明行动计划",将人工智能技术融入网络内容生态治理,利用人工智能技术高效、精准地打击数字"黑产"。依托百度自主研发的人工智能技术与其擅长的"搜索+信息流"双引擎生态,协同公安部全流程监控追踪网络"黑产",为消费者提供一手的防诈骗信息,精准打击电信网络等诈骗犯罪。据统计,2019 上半年,百度利用人工智能技术清理有害图片、文字、视频、音频等共计约 312.2 亿条,约占上半年清理的有害信息总量的 99.9%[①],这为互联网行业、科技企业以及相关政府部门利用正面人工智能治理负面人工智能提供了有益的借鉴。

第四,不盲目追求科技快速发展的节奏,尤其是在应用层面。科技进步需要配套设施的跟进、观念的改进、监管的配合和规制的更新,而过快的发展除了技术本身存在的漏洞易被忽视外,还会导致后续保障无法及时跟进。例如,人脸识别功能的广泛推广使用,其因不可复制性、非接触性、可扩展性和快速性等特点在多种生物识别技术中脱颖而出。不可否认人脸识别应用具有便捷和高效的优点,以及其在打击犯罪方面的优势,但它的各种隐患也是不可忽视的。人脸识别涉及对个人非常重要的生物识别信息,一旦泄露或被黑客入侵则后果不堪设想,极易危害消费者的人身和财产安全,且难以采取有效的弥补措施。微软被报道在 2019 年悄然删除其最大的公开人脸识别数据库 MSCeleb。这一数据库建立于 2016 年,被称为世界上最大的公开面部识别数据库,用于培训全球科技公司和军事研究人员的面部识别系统,其中包含超过 1000 万张大约 10 万人的人脸图像,由于其商业用途被曝光而被微软主动删除。2020 年 2 月 Clearview AI 的数据泄露则情节更加严重,作为美国 600 多家执法机构使用的人脸识别应用程序,其完整用户名单被盗,包括美国警方和银行的数据信息。第三方公司与政府机构合作强制获取用户生物特征信息的行为应被高度重视,2019 年底北京地铁突然宣布将要全面使用人脸识别技术进行安检的制度引发轩然大波,科技推广的必要性和可行性需要经过慎重审视和考证。根据美国布鲁金斯学会消费者调查,民众对人脸识别用于机场等地安检的同意率大致为 30%。[②] 目前对于人脸识别应用的限制规则已有前鉴,如 2019 年 5 月,旧金山成为美国首个禁止面部识别监控的城市,同年 6 月,美国在国会听证会上讨论了对执法部门使用面部识别软件所带来的担忧。2019 年澳大利亚人权法律中心曾在给议会提交的报告中警告说,联邦政府必须对人脸识别的负面后果进行严肃反思。美国已有议员于 2020 年初提出《人脸识别道德使用法案》(Ethical Use of Facial Recognition

---

① 资料来源:https://baijiahao.baidu.com/s? id=1658474993934316772&wfr=spider&for=pc。

② 资料来源:http://www.woshipm.com/ai/3204133.html。

Act),要求暂时禁止政府机构使用人脸识别,称该技术未经过适当的讨论也并未评估可能带来的影响。技术的发展没有边界,但技术的使用必须有边界,而在尚未厘清这一技术与人权的边界之前,应适当放缓科技应用的速度,避免因盲目的推广造成难以挽回的损害。

(二) 完善法治体系与加强监管

当下世界各国都在积极发展人工智能产业,从美国的《国家人工智能研究与发展战略规划》(National Artificial Intelligence Research and Development Strategic Plan)、德国的《工业 4.0 战略实施建议》、日本的《下一代人工智能促进战略》、新加坡的《"AISG"国家人工智能计划》到中国的《"十三五"国家战略规划》,人工智能科技和数据竞争已经成为国家竞争的重要形式。然而根据经济法原理,从立法的功能角度分析,法律规范须有鼓励、促进型和限制、禁止型两种类型,如何平衡技术、企业发展和保护消费者权益,兼顾效率与公平、自由与秩序等多重价值,应当成为法律规制的首要考量。

首先,需要构建技术公平规则,通过设计实现公平。如今各种规则都在被代码化,而编程人员对公平公正的技术内涵可能并无深究,因此亟须制定技术公平规则的指导,通过预先构建技术公平的规则来设计保障公平的实现,从而加强自主决策系统、人工智能和算法的透明性、可责性以及代码的准确性。

针对不断出现的人工智能消费者利益被侵害的现象和不断发展的科技创新及其产品为消费者带来的权益保护问题,整合现有立法、司法、执法资源,加大对人工智能消费者的保护力度是必要的。正如欧盟委员会首席顾问保罗·奈米兹在 2019"欧洲消费者大会"上指出,人工智能应在欧盟《一般数据保护条例》和消费者保护法的规则下发展。[①] 以消费者保护和个人数据安全保护这两种理念来保障人工智能消费者的权益是较为合适的。

有学者提出应针对消费者的差异性来细化消费者权益保护体系,建议在立法中以特别章节对不同类型的消费者在权利、义务和保护制度方面的特殊性予以落实,避免制度碎片化的创新形式。或者如《中华人民共和国食品安全法》作为对食品类消费者保护的特别立法一样,针对不同消费者的类别进行特别立法。[②] 笔者认为对消费者权益保护法的完善是有必要的,新《消法》对于互联网消费者新增三条相关权益保护的条例在人工智能时代依旧显得较为弱

---

① 资料来源:https://www. consumersinternational. org/news-resources/blog/posts/ai-for-consumers-blog/。

② 汤建辉:《消费者的差异性与消费者保护立法范式之变》,载《理论月刊》2017 年第 2 期。

势，加上我国以《消法》为中心的消费者保护法律体系自身还较为薄弱，在传统的消费领域尚不能充分保护消费者的合法权益，且消法本身也存在固有缺陷，如行政保护部门和保护措施不清、消费者纠纷的解决途径有限且效用低下、消费者集体诉讼规则缺乏、专门的举证责任规则缺乏、民事赔偿模糊、消费者合同立法等部分几乎空白、消费者安全立法和产品责任制度尚不完善等问题长期存在，因此构建和完善整个消费者保护法律体系是保护人工智能消费者权益的前提。

对处于信息不对称弱势地位的人工智能消费者加以倾斜保护，需要加大对人工智能消费者知情权、选择权、信息安全权等权利的保护，而对数据隐私部分的保护应当放在风险规制与消费者保护的框架下进行。需整合《消法》《中华人民共和国网络安全法》《中华人民共和国个人信息保护法》《中华人民共和国数据安全法》及《中华人民共和国民法典》中人格权下属的隐私权和个人信息权部分内容，同时应加强《信息安全技术 个人信息安全规范》①这部推荐性国家标准的部分内容的强制力，从而建立完整的人工智能消费者权益保护体系。还应注意的是，当前关于人工智能及其应用的研究尚在起步阶段，立法还应保持一定的灵活性，为尚未出现的情况留出解释的空间。

此外，相关监管机构应当对人工智能产品和服务的生产者和提供者进行严格监管，从资质审核到产品质量检测，从算法透明度到问责方式，从信息收集方式到数据使用边界，在生产、销售、使用的每一环节进行风险评估和监管。人工智能时代提高了对监管的要求，以前基于"一般信息"和"敏感信息"分类的监管标准已不适用，人工智能技术的数据分析已能从"一般信息"中获取大量"敏感信息"。为此，监管机构需转变监管方式，不能固守传统的信息分类标准，而应基于不同场景、结合消费者的合理期待和是否造成不合理风险来决定信息处理的合法边界。这也要求监管者能够识别风险，尤其是高风险的数据处理行为。从公法的角度对相关风险进行监管，对企业、运营者平台或中介机构加强相关义务与责任要求，促进人工智能行业的规范化、管理的体系化，督促经营主体积极履行社会责任，从而更好地保护人工智能消费者的相关利益。

（三）提高消费者自我保护意识和企业责任意识

许多消费者对人工智能技术和产品并没有正确的认识和了解，由于不具备专业的知识，在面对人工智能产品和服务时处于绝对弱势地位。不仅对个人信

---

① 国家市场监督管理总局、国家标准化管理委员会《信息安全技术 个人信息安全规范》，GB/T 35273—2020。

息的泄露不敏感,甚至不了解信息泄露可能带来的危害,对于企业为获取个人信息而设置的各种条款默认同意,也不关注自己的信息会被企业如何利用处置,更不知晓哪些权益受到了侵害以及如何维护自己的权益。因此,提升社会大众的人工智能知识素养和法律意识是必要的。

中国消费者的隐私意识普遍不强,甚至可以说刚刚觉醒,然而人工智能时代最核心的数据资源正是与每个消费者息息相关的个人数据信息,因此人工智能消费者群体首先应加强自己的隐私意识和维权意识。面临各种人工智能产品和服务时应提高自身的敏感度,在信息泄露时具备一定的警惕性,努力成为个人信息的主人和个人数据的掌控者,从源头处保护自身的隐私。社会各界也应当积极传播人工智能的相关知识、消费者必备的隐私意识和法治观念,提升社会大众的人工智能专业知识素养,并让人工智能消费者尽可能真实和准确地了解相应的风险,包括财产损失、人身伤害以及人格受损的风险,而当权益受到损害时可以依法维护自身的合法权益。事实上目前还有许多新兴的方式和手段可以提前降低受到侵害的风险,如美国已有企业(DeleteMe)开始提供保护个人数据的服务,可以提供监测和清除包括谷歌公司在内的 25 个头部平台企业的个人数据服务,还推出针对商务和个人基于网络风险的赛博保险(cyber insurance),也被称为网络安全保险,可对数据泄露进行保险。这些信息和知识的普及也能促使消费者更好地对自身的数据隐私进行自我管理,从而维护整个社会的数据与信息的合理安全流通。

同时还应提高经营者的责任意识。目前企业对消费者的安全保护重视程度不足,如百度 CEO 李彦宏曾在谈及数据泄露和隐私问题时表示:"中国人对隐私问题的态度更加开放,也相对来说没那么敏感。如果他们可以用隐私换取便利、安全或者效率,在很多情况下,他们就愿意这么做。当然我们也要遵循一些原则,如果这个数据能让用户受益,他们又愿意给我们用,我们就会去使用它的。"①这段话曾引起过轩然大波,百度公司有着比脸书更加庞大的用户群,却对隐私和数据问题如此轻描淡写,这样的态度不得不令人担忧。事实上,大量企业在侵犯消费者权益的边界游走,攫取数据经济时代最重要的"石油"——数据资源。

防范个人信息泄露,应从作为数据控制者的企业着手,需对收集数据、管理数据和使用数据容易出现漏洞的地方进行严格把控。企业对于数据的收集、处

---

① 资料来源:https://www.sohu.com/a/226406966_617374。

理、储存与披露,也要承担相应的透明性义务。^① 在收集和使用数据时尽可能进行"脱敏"处理,保护消费者的生物特征和隐私信息。除了认清自身使用数据的边界和责任边界,尊重消费者的个人信息和隐私外,企业还应对人工智能产品的设计、研发等流程严格管控,确保人工智能产品的安全性和稳定性,并关注产品的后续影响,定期进行维护和查漏,完善人工智能产品的售后保障体系,为消费者提供完整、安全的人工智能服务。

(四) 加强跨领域、跨国际共治

当前,我国主要在政府主导下开展数据治理与保护工作。然而,从长远看,国家行政机关缺乏足够的人力、物力和时间监督所有的网络信息和数据流动。^②因此,人工智能消费者权益保护需要多种进路的结合,不仅包括算法和技术的升级、监管执法的加强和责任机制的完善,各界合作也是解决问题的关键,需要消费者组织、社会大众、经营者以及政府部门加强合作来共同应对人工智能发展所带来的各种问题。

首先,在社会各界都在广泛应用各类人工智能产品的背景下,有必要提升社会大众对人工智能产品和服务的安全意识和风险识别能力,加强人工智能教育的普及,提高社会大众的人工智能素养,这些需要政府、媒体、消费者协会组织的共同努力;同时,对企业的监管督促不仅依赖于监管机构和执法人员,还需要消费者和媒体、相关协会的积极反馈,对数据黑产、追求经济利益而侵害消费者权益的企业等主动识别和举报,共建安全的人工智能社会共同体。

其次,越来越紧密的国际合作也是发展人工智能技术、保护人工智能消费者合法权益的大趋势。人工智能是全球科技创新、产业变革、经济社会发展重大的历史机遇,需要全球各国共同探讨,加强前沿理论关键领域合作,营造学术自由氛围,共推全球人工智能发展及应用。同时,作为最重要的资源,数据的共享和流通是全球人工智能技术进步和应用普及的重要基础。因此,建立共同的全球数据治理原则,能够提升各方对于数据治理的共同理解。而通过有效的执法,将数据治理原则纳入各国立法、贸易协定、双边和多边条约以及全球标准中,有利于探索建立健全的全球人工智能治理体系。此外,人工智能跨境案件则更需要加强国际执法合作,达成国际共识,维护良好的数据互通渠道,保障消费者数据的安全流通,进而促进全球人工智能产业健康发展。

---

① 丁晓东:《什么是数据权利?——从欧洲〈一般数据保护条例〉看数据隐私的保护》,载《华东政法大学学报》2018 年第 4 期。

② 孙南翔:《论作为消费者的数据主体及其数据保护机制》,载《政治与法律》2018 年第 7 期。

（五）加快人工智能伦理研究

伦理问题在人工智能领域一直占据着重要的地位。2019 年 7 月 G20 通过《大阪数字经济宣言》(Osaka Declaration on Digital Economy)，倡导"以人为本的人工智能"理念；《美国人工智能倡议首年年度报告》(American Artificial Intelligence Initiative：Year One Annual Report)将"理解并解决人工智能的道德、法律和社会影响"列入国家人工智能战略，制定人工智能技术和道德标准的原则和方法，并建议人工智能从业者和学生都能接受伦理培训；英国下议院科学技术委员会呼吁成立一个专门的人工智能委员会，对人工智能当前以及未来发展中的社会、伦理和法律影响进行研究；欧盟在《可信赖人工智能伦理指南》(Draft Ethics Guidelines for Trustworthy AI)中提出要确保人工智能足够安全可靠，需要考虑建立适当的伦理和法律框架，以便为技术创新提供法律保障；中国人工智能学会伦理专业委员会正着手进行中国人工智能伦理规范研究；苹果和艾伦人工智能研究所等机构正在合作制定人工智能技术的最佳实践；纽约大学的 AI Now 研究所和哈佛大学的伯克曼克莱因中心也在致力于制定人工智能的道德准则。可以肯定的是，伦理问题是关乎人工智能将如何发展的重要议题。

虽然各国都在人工智能治理原则中提出重视伦理问题，但对实际操作方法却始终无法达成共识。为规避人工智能发展过程中的伦理道德风险，人工智能学术界和产业界，以及伦理、哲学、法律等社会各界应参与原则制定并紧密合作。一套定律式的伦理原则无法应用于人工智能产品的设计研发，哲学领域的探讨如何转换成精确的算法从而进行工程建模，进而解决工程和技术人员的困惑是未来要尽快解决的问题。

一方面，针对人工智能研发活动，人工智能研发人员需要遵守一些基本的伦理准则，包括有益性、不作恶、包容性、多样性、透明性，以及隐私保护性，等等；另一方面，则需要建立人工智能伦理审查制度，伦理审查应当是跨学科的、多样性的，对人工智能技术和产品的伦理影响进行评估并提出建议。我们只能希望各界加快人工智能伦理问题的研究，早日为实践提供伦理设计指导。当无人驾驶汽车的设计者从"电车困境(Trolley Problem)"的伦理难题中走出，消费者便也能不再困惑和担忧。

四、结　语

人工智能消费者的出现是智能时代的必然产物，高科技赋予了智能产品自动化、拟人化甚至超人化的功能,在给消费者带来惊喜的同时也令消费者陷入某种惶恐和不安,因为不具备相应的知识和信息,加剧了消费者的弱势地位。因此,保障人工智能消费者的合法权益是不容回避的问题。期望通过修改《消法》,增加对人工智能消费者权益保护的特别规定,做到未雨绸缪以彰显《消法》的价值,并与其他相关法律形成联保机制,促使人工智能消费者的合法权益得到最大化保障。

我国大数据交易法律规制研究

——以大数据交易平台交易规则为视角

房佃辉[*]

随着社会信息化、智能化、数字化进程不断加速,大数据产业蓬勃发展,数据在全球经济生活中的地位越来越凸显,2015 年国务院颁布《促进大数据发展行动纲要》,明确支持和培育大数据交易市场,鼓励各行业市场主体参与数据交易,不断推动数据在产业链之间互相流通。[①] 2020 年上半年,数据成为与土地、劳动力、资本、技术并列的第五种生产要素被写入了中央文件当中,进一步凸显了数据这一生产要素在现代经济生活中发挥的巨大价值,要实现数据这一生产要素的价值,必然要依赖健全的数据交易市场,通过数据交易使数据主体之间的数据资源互通有无,丰富数据的利用价值,使数据这一新的"石油"资源得到有效的发掘和利用。

当前数据交易主要通过大数据交易平台完成,通过交易平台可以降低数据的交易成本,增强数据流通性。从 2014 年 2 月以来,我国相继设立了中关村数海大数据交易平台、贵阳大数据交易所、长江大数据交易所等十余家大数据交易平台与中心。国内大数据交易已呈现出迅猛发展的态势。[②] 但整体上看来,我国大数据交易平台建设仍处于初级阶段,除了贵州省出台的地方性法规《贵州省大数据发展应用促进条例》[③]之外鲜有规范性文件,主要依靠国家和地方发布的政策性文件作为指导。大数据交易平台主要依靠各自发布的交易规则作为数据

---

　* 房佃辉,华东政法大学 2020 级经济法博士研究生。
　① 《促进大数据发展行动纲要》(国发〔2015〕50 号)。
　② 张敏:《交易安全视域下我国大数据交易的法律监管》,载《情报杂志》2017 年第 2 期。
　③ 《贵州省大数据发展应用促进案例》,2016 年 1 月 15 日贵州省十二届人大常委会第二十次会议通过。

交易的基本准则,如贵阳大数据交易所出台了《贵阳大数据交易所 702 公约》①,这些规则对于规范和促进大数据交易行为起到重要作用,然而由于缺乏统一的法律规定,各大交易平台出于自己的利益和定位等方面的考量,制定的交易规则差别巨大,在大数据的交易主体和客体、定价方式和交易安全保障等方面均存在较大争议。

为了使大数据交易平台更好地发挥数据流通的功能,保证大数据交易通过大数据交易平台安全高效地进行,国家需从法律层面对大数据交易平台的交易规则进行规制。本文主要从交易主体、交易客体、交易安全规范和交易平台权利义务等几个方面对大数据交易平台的交易规则进行分析,发现问题并提出相应的建议。

一、大数据以及大数据交易平台的概念

(一) 数据与数据权利

随着互联网、云计算等技术的出现,人类正进入"大数据"时代。2001 年"大数据"一词首次出现于高德纳分析员道格·莱尼的一次演讲中,其后维克托迈尔·舍恩伯格和肯尼斯·库克耶编写的《大数据时代》一书中提出大数据"4V 特征",即规模性(Volume)、高速性(Velocity)、多样性(Variety)、价值性(Value)②。在浩如烟海的大数据中发掘出对预测未来发展趋势有价值的数据,通过精心设计的算法模型对其进行深度加工处理,应用于政府、金融、医疗等各个领域,对整个社会发展产生积极作用。

大数据的法律归属是大数据交易的基础之一,我国现行法律法规尚未对大数据的法律属性进行明确界定,学术界对其也未形成统一的认识。国内大多数学者对于大数据的财产权属性给予支持,但是在对大数据财产权属于物权、债权还是知识产权的认识上存有争议。对于物权而言,由于数据的特殊性,复制转移后并不会阻止转让人继续占有,难以符合所有权之绝对排他性要求;债权保护将数据视为债的关系,但是在实践中,数据收集者将数据收集加工后可以对其行使一定的支配权,并因其对数据的收集和加工而产生一定的经济利益,该权利与债权的请求权特征不符;大数据的应用主要体现在对数据的收集、加工和分析,但数据本身在过程中不发生损耗,因此这个特征与知识产权类似。但知识产权属

---

① 李爱君:《数据权利属性与法律特征》,载《东方法学》2018 年第 3 期。

② 资料来源:https://baijiahao.baidu.com/s? id=1664232735603215493&wfr=spider&for=pc。

于智慧成果，具备一定的创造性，而大数据并不一定具备创造性，如数据收集、数据挖掘等过程，因此也不宜将大数据视为知识产权进行保护。①

由此可知，数据权利不同于物权、债权和知识产权，法律需单独对其进行规制，应依据其特征，设定相关的收集、处理、交易等规则。大数据之所以被称为"大"数据，在于其数据的庞大，巨大的数据组合在一起，但其本质为数据集合所表征的信息，而数据所代表的信息才是其核心内涵，由此可知数据权利的本质是信息权。②《中华人民共和国个人信息保护法》（下文简称《个人信息保护法》）第2条规定，自然人的个人信息受法律保护，任何组织、个人不得侵害自然人的个人信息权益③。首次提出自然人享有"个人信息权益"，虽然未将其定性为"个人信息权"，但是从法律层面明确了个人信息权利的特殊性，也即对个人的数据权利进行了明确。

数据权利与其他权利相比呈现出复杂性和多元化的特点。一是数据权利是人格权与财产权的结合。数据权利上的人格权，主要包含自然人的隐私权等具有人格特征的权利；数据权利上财产权，源于数据可以经集成、加工、分析和预测，产生商业化价值。二是数据权利主体的多元化。数据权利主体包括数据收集主体、数据需求主体、数据交易中介等。主体范围涵盖了政府、企业和个人，主体的多样化使其相互之间的法律关系变得复杂。三是权利客体范围较广。可供交易的数据客体包含政府数据、企业数据和个人数据；既包括原始数据，也包括经过脱敏处理的数据。

（二）大数据交易与大数据交易平台交易规则

传统的物质资源会随着使用而发生自身价值的损耗，但数据具有特殊属性，大数据资源随着使用次数的增加，自身价值不但不会发生减损，反而会产生增值。大数据的价值不在于储存在硬盘上的冷冰冰的数字，而在于不断对其进行数据挖掘和计算，经过深度分析处理的数据成果可以应用在现实生活中并产生巨大价值。随着数据的挖掘量越来越大，数据分析后产生的结果也越具有准确性，数据发挥的作用也就越大。但是在社会生活中，收集的数据分散在不同的系统中，彼此相互隔离，难以将所有的数据汇集到一个大的系统。因此，通过等价值的货币对收集到的数据进行交易，实现不同数据系统的相互融合，满足不同用户的数据分析需求，成为数据交易产生的现实基础。由此可见，大数在一定条

---

① 周林彬、马恩斯：《大数据应该确定成什么权利》，载《新华月报》2019 年第 4 期。

② 肖建华、柴芳墨：《论数据权利与交易规制》，载《中国高校社会科学》2019 年第 1 期。

③ 资料来源：http://www.npc.gov.cn/npc/c30834/202108/a8c4e3672c74491a80b53a172bb753 fe.shtml。

件下具有经济价值,市场主体可以在相关的市场平台进行交易。通过大数据交易可以有效打破社会各行业的信息孤岛,收集各行业的有效数据,实现产业链内数据的不断流通,实现数据资源的价值最大化。[①]

随着移动终端的不断普及,社会产生的数据量急剧增长,消费者每天通过移动终端产生大量的消费习惯数据,用户通过社交媒体产生大量的社交行为数据。与此同时,社会对海量数据的分析需求也在不断增加,然而数据分散在不同的角落,每家公司收集到的数据只存在于自己的服务器中,所供挖掘和计算的数据样本有限,甚至很多数据需求主体没有获取数据的能力,如科研机构等。这时需要第三方的平台作为中介链接数据的提供方和数据的需求方,以使数据实现流通和共享,而这里的第三方平台主要指大数据交易平台。

通过建立以大数据交易平台为核心的数据交易体系,推动数据交易的规范化和组织化[②],不断促进数据交易的发展。大数据交易平台的交易规则从交易主体、交易客体和交易安全等方面对数据交易进行规范,涉及数据交易双方以及平台的权利义务安排,对于保障数据交易顺利进行和保障交易安全起到至关重要的作用。因此,国家应明确大数据交易平台的法律地位,从法律层面对交易平台的交易规则进行规制,这样才有利于大数据交易平台平稳健康可持续发展。

(三) 我国大数据交易平台和交易规则的现状

2016 年国家发改委颁布《关于组织实施促进大数据发展重大工程的通知》,提出"探索建立大数据交易平台和制度"[③],各地纷纷出台相关政策,推动大数据交易中心的建设,其中具有代表性的是我国成立的第一家大数据交易中心——贵阳大数据交易所,为交易方提供数据定价、数据交易等服务,目前该交易所提供的数据范围涵盖政府、金融、医疗等 30 多个领域。

大数据交易平台的出现使数据的价值不断凸显出来,但是数据交易由于法律法规的缺失,面临着诸多法律问题,如数据流通范围、数据产权、数据定价以及数据评估等。针对这些问题,各大大数据交易平台纷纷出台了各自的交易规则,如贵阳大数据交易所发布的《贵阳大数据交易所 702 公约》[④],该公约聚合数据交易相关方共同参与制定,包含公约总则、交易所概述、交易所业务定位、会员的意义与价值、交易的数据类型、交易所运营体系等二十三个方面的内容。贵阳大

---

① 张可:《大数据交易环节的法律问题探讨——以数据资源购买和使用为视角》,载《大数据时代》2018 年第 1 期。
② 张敏:《大数据交易的双重监管》,载《法学杂志》2019 年第 2 期。
③ 《关于组织实施促进大数据发展重大工程的通知》(发改办高技〔2016〕42 号)。
④ 资料来源:https://mp.weixin.qq.com/s/sVMUXuubGZPSpV_k9oATug。

数据交易所希望通过该公约推动数据交易的流程化运转、保障数据交易安全。另外,上海大数据交易所、长江大数据交易所等交易平台也制定了自己的交易规则,然而由于各大交易平台出于各自情况,制定的交易规则差别较大,影响未来规则的统一和完善。大数据交易平台的交易规则直接影响到大数据交易的具体实施,其规则的缺失或不完整,将导致数据权利的滥用,影响个人信息安全和数据交易安全。

二、大数据交易平台交易框架及存在的问题

(一) 数据交易主体及存在问题

1. 数据交易主体

根据数据的产生和收集情况,参与交易的主体主要包括三类:政府、企业和个人。政府凭借公权力在日常行政管理的过程中积累了大量数据,如采集公民身份信息、土地资源信息、交通管理信息等,通过信息的收集和加工处理,提高行政管理效率。作为一种公共资源,政府数据应充分为社会所利用以发挥其巨大价值。政府在数据交易中的功能主要是协助搭建大数据交易平台以及提供政府数据信息。企业主体在数据交易中扮演双重角色:一方面企业主体可以作为数据的收集者,在商业活动中通过个人用户的明确授权与同意后收集客户的个人数据;另一方面,企业将其收集到的海量数据进行加工处理,形成具有商业利用价值的数据包,通过大数据交易平台提供给数据需求者。企业在收集、加工数据的过程中使数据产生了增值效应,因而作为数据的提供者应当享有财产性利益。同时企业也可以作为数据需求主体,通过数据交易,使数据不断利用并发掘出新的有价值的信息,给自身发展带来价值。个人可以作为数据的直接来源,但与其他数据不同的是,个人数据往往具有身份识别性并涉及隐私权利,随着技术的进步,虽然某些数据不构成可识别数据,但是多种数据的综合却可以识别出个人身份,因此数据的脱敏标准需充分考虑个人数据是否具有可追溯性。当前对于个人数据权利往往通过隐私权的保护来实现,但是与个人隐私权保护不同的是,个人数据权通常涉及的利益主体更为广泛,涉及国家利益、企业利益和个人利益的平衡。个人数据往往由企业进行搜集,但是随着互联网的发展,个人也具有获取大量数据的能力,从一定程度上讲,个人可以进行自身数据的买卖。

2. 存在的问题

各大大数据交易平台对大数据交易主体的规制差别较大。第一,参与数据交易的主体的类型不同。各大大数据交易平台对于数据供应方、数据需求方、数

据交易平台这三类主体基本都进行了规制。个别大数据交易平台还出现了数据咨询方、数据代理方等主体,交易主体的不同导致大数据交易平台的运营模式和管理方式出现差异。即使是相同的数据交易主体,不同数据交易平台的交易规则对其主体资格的要求和限制也存在差异。例如,贵阳大数据交易所仅对数据供应方、数据需求方的主体资格进行了规制;哈尔滨数据交易中心仅笼统地规定了用户、会员等角色;长江大数据交易所较为全面地对数据交易中的所有主体资格进行了规制。第二,是否具有监管职能不同。部分大数据交易平台具有监管职能,如贵阳大数据交易所实行"审核制",交易主体需首先经过资格审核后方能进入平台进行交易,同时交易平台对交易主体的交易过程实行全面的监控。但有些大数据交易平台对交易主体不具有监管要求,如采取"注册制"的哈尔滨数据交易中心,用户仅需在平台进行注册即可参与数据交易,平台对交易主体的管控较少。第三,对交易主体的资格要求不同。例如,贵阳大数据交易所对交易主体的资格严格限定为法人主体,个人不具有主体资格,同时对于外资主体的交易行为进行严格审查;长江大数据交易所将交易主体资格限定为企事业单位法人,其他主体无法参与交易;安徽大数据服务机构对主体资格要求较宽松,法人和自然人主体均可参与数据交易。

(二) 数据交易客体及存在问题

1. 数据交易客体

以大数据的来源和占有情况为依据,大数据交易客体可以分为政府数据、企业数据和个人数据。为了规避《网络安全法》以及《个人信息保护法》的法律风险,大数据交易平台可进行交易的数据应为已通过匿名化处理后的不具有可识别性的信息,也就是脱敏数据。[①] 脱敏数据是相对于原始数据来讲的,原始数据往往是隐私数据,常见的隐私数据包括个人的姓名、身份证号、家庭住址等。这些涉及隐私的敏感数据经过一定的技术处理,就可以成为脱敏数据。

2. 存在的问题

目前我国大数据交易平台交易客体存在的主要问题包括:一是大数据交易对象不统一;二是政府数据公开不规范。

(1) 大数据交易客体不统一

通过对比各大大数据交易平台的规则,我们发现其对数据交易对象的规定差别较大。第一,数据交易客体类别不统一。例如,安徽大数据交易中心可供交

---

① 徐美:《再谈个人信息保护路径——以〈民法总则〉第 111 条为出发点》,载《中国政法大学学报》2018 年第 5 期。

易的客体既包括原始数据也包括经过加工处理后形成的数据产品;而贵阳大数据交易所仅允许经过清洗、处理之后的数据产品和数据衍生品进入平台进行交易,这样就排除了原始数据进行交易的可能性。第二,数据交易客体的来源要求不同。进入平台进行交易的数据主要包括政府数据、企业数据和个人数据三类。但不同的大数据交易平台的交易规则对此规定不同,部分交易平台采用正面清单列举的方式对可供交易的数据类型进行规制,如贵阳大数据交易所的清单中不包含个人数据;而其他交易平台采用负面清单的方式,将清单之外的所有政府数据、企业数据和个人数据纳入其中,如安徽大数据交易中心。

（2）政府数据公开不规范

政府数据是指由政府收集的产生于政府内部或政府外部的数据资源的总称,目前国内几乎所有的交易平台都可以交易政府数据,政府数据交易占据着大数据交易市场的主流,因此不断扩大政府数据的公开范围对于促进数据交易市场发展具有重要意义。对于扩大政府数据的公开范围,首先应确定禁止公开的范围,如涉及国家安全、商业秘密、个人隐私信息以及其他根据法律不宜公开的信息。除此之外的数据应尽量予以公开,尤其是涉及交通、信用、卫生、医疗、就业、气象等方面的数据。这些数据的公开有利于使用者对其进行充分挖掘,促进大数据产业的发展。但综合来看,我国关于政府数据公开的法律法规较少,规范化不足,政府对数据开放的动力不足。相较而言,美国[1]、英国[2]、新加坡[3]等国家已建立独立的数据开放平台,并通过出台相关的法律法规明确了政府数据交易的范围和方式,对促进数据交易市场的发展起到重要的推动作用。

（三）数据交易过程中的安全规范及存在问题

数据不同于普通商品,在交易过程中面临着数据泄露、侵犯个人隐私等诸多风险,保证数据的交易安全是数据交易健康稳定发展的必要前提。

1. 安全规范

（1）数据处理标准

数据在大数据交易平台中的交易过程主要包括数据收集、数据脱敏、数据挖掘、数据传输、数据应用等阶段,交易平台的交易规则应对各个阶段的安全标准分别进行规制。在数据的收集阶段,主要的收集主体包括政府和企业。政府基

---

[1] 陆健英、郑磊、Sharon S. Dawes:《美国的政府数据开放:历史、进展与启示》,载《电子政务》2013年第6期。

[2] 谭必勇、刘芮:《英国政府数据治理体系及其对我国的启示:走向"善治"》,载《信息资源管理学报》2020年第5期。

[3] 胡税根、杨竞楠:《新加坡数字政府建设的实践与经验借鉴》,载《治理研究》2019年第6期。

于公权力对公民的个人数据进行收集以利于行政管理和维护社会整体利益,具有公益性的特点。企业在日常经营活动中不断收集用户的个人数据,应注意保护个人数据的安全性,规避个人数据泄露等风险。《网络安全法》第 41 条对网络运营者收集数据的原则等作了规定[①],企业在商业活动中对个人数据进行收集,判断其是否有权收集的关键在于个人是否已知情和授权。同时根据《中华人民共和国数据安全法》(下文简称《数据安全法》)第 27 条,开展数据活动应当采取相应的技术措施和其他必要措施,保障数据安全。[②] 这里提到的"采取相应的技术措施和其他必要措施"主要指数据脱敏。在法律对数据脱敏标准尚未明确的情况下,大数据交易平台交易规则应对数据脱敏的具体技术要求、中间数据的保密等问题进行规制,保证交易数据的安全性。数据经过收集和处理之后便进入了数据挖掘阶段,数据挖掘是使数据产生价值的重要阶段,数据挖掘主体由于付出了劳动,使数据增值,理应对数据挖掘后的数据享有权利。[③] 在数据交易的传输阶段,理论上可以采取直接传输的方式,直接复制原始的数据集;也可以根据买方的要求对数据进行定制,通过开放应用程序接口(API),买方可以根据需求按数量或周期在买方的平台获取数据。数据的应用阶段主要涉及数据购买方获得数据后如何应用数据的问题,需要交易双方通过交易平台规则进行约定。交易平台的数据处理要求直接影响到数据交易的安全,需要交易平台在交易规则中明确所有阶段的处理要求和安全标准。

(2)侵权责任以及争议解决问题

发生在大数据交易平台的数据交易属于合同行为,应当适用《民法典》进行调整。大数据交易平台应当在交易规则中明确交易双方在发生侵权行为时的责任处理方式,可要求交易双方在拟定交易合同时预先约定好侵权责任承担方式。除了交易双方之间的侵权问题,数据交易往往还涉及对第三人的侵权问题,可适用《民法典》侵权责任编的内容。由于数据的特殊性,除了不可抗力的一般事由,侵权责任中的抗辩事由还应包括计算机病毒、黑客攻击以及通讯和其他设施故障导致的不可抗力。

交易双方和平台之间在数据交易的过程中如果存在分歧,可以基于合同关系直接适用《中华人民共和国民事诉讼法》中关于民事纠纷管辖权的相关规定。但是数据交易大多为实时交易,交易对时限的要求较高,数据的处理速度延误几秒可能导致数据的重大流失。另一方面,数据交易具有跨地域性的特点,交易

---

① 《网络安全法》第 41 条。

② 《数据安全法》第 27 条。

③ 齐爱民、李维波:《数据挖掘中的权利冲突与法律规制》,载《广西政法管理干部学院学报》2018 年第 4 期。

双方空间距离巨大，但纠纷额可能只有数千元，诉讼成本较高。同时，数据交易主要发生在互联网，证据可直接通过网络获取，因此数据交易类纠纷可由互联网法院进行管辖。

2. 存在的主要问题

（1）数据质量标准不明

《网络安全法》第42条第1款规定，网络运营者不得泄露、篡改、毁损其收集的个人信息；未经被收集者同意，不得向他人提供个人信息。但是，经过处理无法识别特定个人且不能复原的除外。除此之外，相关法律并没有对数据质量的要求作出详细规定。数据的真实性、合法性、精准性、安全性等都应是数据交易法律规定的重要核心内容，数据一旦进入流通环节，将关系到多方的权利问题。数据的流通应当符合一定的质量标准，保障相关权利方的基本权益。当前社会信用体系尚不健全，交易行为中不乏诚信意识较低的参与主体。在数据交易市场中，数据质量差是普遍存在的一个问题，关系到社会信用问题，需要相关的制度进行约束，防止数据交易参与者借由低质量数据谋取不当利益。

目前来看，各数据交易平台对进入流通环节的数据质量的规定有一定的差异，现有的许多交易平台对数据质量的规定仍然过于笼统与模糊。例如，针对交易平台数据质量审查权及相关责任承担主体问题，贵阳大数据交易所、中关村数海大数据交易平台尚未制定相关制度约束。因此，对于数据交易领域内的数据质量标准，尚需进行更深入的调研和探究，从而科学制定统一的流通数据质量基本标准，促进数据贸易、数据质量规范化的进一步实现。

（2）缺乏交易流程的安全标准

目前我国法律尚未对交易流程的各个阶段的安全标准进行规制，各交易平台根据各自的考量制定了不同的交易安全标准。数据交易安全问题较普通交易更应引起重视，可考虑在法律层面对数据交易的安全标准进行规制，以使数据交易平台的实务操作有章可循。优化数据市场、正确配置数据资源必然需要规范化的数据市场，否则容易出现数据泄露、滥用等违法犯罪行为，无论是个人数据还是其他类型的数据，数据的背后可能涉及诸多个体的利益，数据的收集和交易必须基于对个体权益的尊重和保护。

当前数据交易平台的安全标准主要存在以下问题：一是数据处理的安全标准不统一。要对数据的全生命周期进行保护，包括数据的收集、传输、存储、处理等环节。数据交易往往涉及海量的数据传输，尤其数据具有的巨大商业价值，其容易成为黑客攻击的目标，因此应针对数据交易的各个环节采取不同的安全标准，而全流程的安全标准应上升到法律规范层面，以便于各大数据平台标准的统一，保证数据交易产业的健康发展。除了法律层面的统一规制之外，也应充分发挥行业自律组织的作用,统一标准,为数据安全保驾护航。二是个人信息保护的要求不统一。在数据交易的过程中涉及大量的个人信息,以往发生的数据泄露、黑客攻击等事件,往往伴随着个人信息的泄露。目前法律层面尚缺乏数据脱敏的具体要求,各大平台的规则要求也不相一致,导致侵犯个人信息权益的事件时常发生。三是数据交易平台无法保障数据的真实性。由于数据来源繁杂、数据鉴别技术能力有限、采集终端性能不足等原因,平台无法对数据的真实性进行有效验证。

(四) 数据交易平台的定位和定价模式及存在问题

1. 数据交易平台的定位

当前,我国大数据交易平台的法律地位仍然不够明确。由于大数据交易与普通交易有诸多不同之处,普通交易的规定不能在大数据交易中盲目应用。法律地位的不明确同时导致平台的职责不明确,使其应当承担的法律责任缺乏明确依据。现阶段我国的法律及地方性法规均未明确为大数据交易平台的法律地位和职责提供法律依据。大数据交易平台是重要的市场交易载体,其承担相应的自律监管职责,也具有维护交易运行规则、审核交易主体资格、监督交易行为等职责。实践中,我国各类大数据交易平台对自身定位差异较大,例如,贵阳大数据交易中心将自身定位为自律性法人,规定其具有监管职能,而中关村、安徽两家大数据交易平台则没有相关自身定位,只是明确规定其对数据交易主体及交易行为具有监督审核权。

大数据交易平台为数据交易提供交易场所,为数据交易提供技术支持。大数据平台的安全保障义务主要涉及数据交易主体的合法合规性、数据的合法性以及数据的安全存储义务。首先,数据交易平台应当对数据交易双方主体资格进行审核确认,防止非法买卖主体从事数据交易,可考虑建立黑名单的机制,将从事非法数据交易的主体列入黑名单,在一定时期内禁止其参与大数据交易平台的买卖。其次,大数据交易平台应保证交易环境的安全,由于数据交易主要发生在互联网,应防止网络故障和黑客攻击的发生,维护网络的稳定是交易平台的内在责任。大数据交易平台规则中对平台的权利义务的表述较为笼统和模糊,且大部分内容是关于交易平台的权利,较少提及交易平台的义务方面。合理分配大数据交易平台的权利义务有利于大数据交易平台的风险管理和稳健运营,有利于数据交易主体合理地规避风险。我们需要在法律规范层面确立大数据交易平台的基本权利和义务,以法律层面的规定为原则,大数据平台可以细化自己规定的权利义务,以便更好地服务交易主体,促进数据交易的发展。

2. 定价模式

大数据交易平台是促进交易的机构,由于数据的特殊性,数据交易大多通过网络进行,这使得数据交易的种类和范围具有极大的延伸性。数据的定价模式直接影响数据交易的成功,大数据交易平台交易规则中通常直接规定数据交易的定价模式。目前主流的定价方式主要包括平台定价、自动定价和自由定价等。平台定价主要是双方无法确定数据的交易价格时,可由数据交易平台的专家进行评估定价。自动定价是指依托平台或外部第三方的算法来定价,通过预先设计的算法,对数据种类、深度和完整性等各方面进行评估,自动生成价格。自由定价主要是指双方可以通过协商自主定价的模式。在我国现有的大数据交易平台中,贵阳大数据交易所明确规定了数据的定价模式,而其他数据交易平台在各自制定的交易规则中大多没有作出明确规定。

在交易实务中发现,大部分交易平台采取的是以协商定价为主的定价模式,交易双方可自由协商确定最终的交易价格。大部分大数据交易平台的交易规则没有对定价模式进行约束和规定,体现出平台对定价方式的不确定性和数据价值评估体系的缺失。[①] 但在实务中数据价格主要通过自由定价方式确定,此种定价方式存在诸多缺陷,比如定价的随意性、价格与价值的不匹配、数据价格的低估、数据价格的不透明等,不利于数据价值的准确发现。作为促进数据交易的交易平台,有责任建立良性的数据价值评估体系,保证数据交易的持续健康发展。

三、我国大数据交易平台交易规则的法律规制建议

(一) 交易主体的参与资格和数据的权利归属

1. 限制大数据交易主体

我国法定的民事主体分为自然人、法人、非法人组织,除此之外的"实体"均不构成民事主体。考虑到大数据交易的安全性要求,大数据交易主体需要满足大数据交易平台特殊规定的参与资格要求。实践中,只有部分交易平台对数据交易主体进行了明确的资格限制。由于数据资源具有较高的安全性要求,在立法中应明确相关主体的资格认定。可在其交易规则中对交易主体的资格进行限定,采取"注册审核制"的方式,对交易主体的身份进行审核,法律应当从公共利

---

① 王文平:《大数据交易定价策略研究》,载《软件》2016 年第 10 期。

益出发,对交易主体的资格的下限予以规制。交易平台规则应当对法人和自然人的主体资格分别进行规制,对交易主体提供的资料的真实性、准确性进行核查,确保交易主体的合法合规性。同时,交易平台应要求数据供应主体对其提供的数据进行担保,确保数据的合法性、真实性;应要求数据需求方承诺需求的真实性以及购买数据的资金来源的合法性。

在数据交易过程中,针对哪些主体可以参与交易,可以规定:参与主体应当为具有完全民事权利能力和行为能力的自然人、法人及非法人组织。为了方便对数据交易过程进行有效监管,可以要求所有的数据交易主体在数据交易平台进行登记注册并设立账户信息留档,数据卖方的登记必要事项应包括其基本身份信息、数据的来源、数据的类型等内容;数据买方的登记必要事项应包括其基本身份信息、数据用途、信用记录等内容。通过注册登记的方式,可以有效对数据交易主体进行识别,对交易主体进行事前规范,有效规避数据交易过程中因主体身份违规造成的风险。

2. 通过数据确权解决数据的归属问题

应该通过法律确立数据的权利,主要可分为数据主权和数据权利。[1] 2019年的云存储服务商 MEGA 泄露 87GB 数据事件、2020 年脸书将欧盟用户数据传回美国遭欧盟监管部门罚款事件等,均说明数据的主权问题已关系到国家安全。然而数据不仅涉及国家安全,同时关系着公民的隐私权和财产权,当公民的数据权利被其他国家侵犯时,如果没有数据主权,公民的合法权益难以得到有效保障。对于个人的数据权利,往往涉及公民的隐私权,但公民的数据权利的范围比隐私权范围更大一些,还涉及知情同意权和被遗忘权。知情同意权意味着公民有权了解企业收集的是哪些数据,以及数据的后续用途。被遗忘权则指数据主体有要求数据控制者删除关于其个人数据的权利,数据的控制者有责任在特定情况下及时删除个人数据。[2] 换句话讲,如果当事人想要自己被遗忘,可以要求数据收集主体删去本人所有的相关信息。在大数据时代,随着数据交易和流通,个人数据极易被泄露,隐私权容易受到侵犯,个人的数据权利应得到法律充分保护。

(二) 规范大数据交易客体

大数据交易客体的规制方面,应从禁止交易名单的设置以及扩大政府数据

---

① 肖冬梅、文禹衡:《数据权谱系论纲》,载《湘潭大学学报(哲学社会科学版)》2015 年第 6 期。

② 杨立新、韩煦:《被遗忘权的中国本土化及法律适用》,载《法律适用》2015 年第 2 期。

的开放范围两方面入手。

1. 禁止交易名单的设置

大数据交易的需求规模庞大,鱼龙混杂,数据市场的数据来源、类型和范围没有明确限制,导致大量非法数据参与到市场流通中,严重影响了数据交易安全。以数据的来源和占有情况为标准,可分为三类:政府数据、企业数据和个人数据。[①] 针对不同的数据类型,应采取差异化的方式确定其交易范围。政府数据主要来源于政府各级行政机构收集的公共数据,其开放的范围取决于法律法规的明确规定。而企业数据和个人数据与政府数据相比数量更加庞大,数据的交易频次也更高。所以,企业数据和个人数据的交易范围首先应不违反我国相关法律法规,然后应制定负面清单,通过信用记录排除禁止交易黑名单上的数据,明确划定可交易数据的范围,逐渐在数据流通过程中强化数据监管。

与企业数据不同的是,个人数据多与个人隐私相关,应予以谨慎对待。个人数据可被分为敏感性个人数据与一般性个人数据。根据《个人信息保护法》第28 条第 1 款,"敏感个人信息是一旦泄露或者非法使用,可能导致自然人的人格尊严受到侵害或者人身、财产安全受到危害的个人信息,包括种族、民族、宗教信仰、特定身份、医疗健康、金融账户、行踪轨迹等信息,以及不满十四周岁未成年人的个人信息"。[②] 而一般性的个人数据是指敏感性的个人信息之外的不涉及个人隐私的信息,如个人在网络购物所留下的购买记录等。进入交易平台进行数据交易的个人数据应经过严格的脱敏处理,交易平台可要求数据提供方对数据进行事先的风险评估,确保敏感性个人数据不进入平台交易。

2. 扩大政府数据的公开范围

从数据交易平台的交易量来看,当前市场上的数据需求主要集中在政府数据方面,社会大部分的数据资源集中在政府手中,同时大部分的数据需求也指向政府数据。因此,促进政府数据的不断公开是保证数据交易市场发展的重要前提。而只有政府数据公开之后,政府数据才能被社会有效利用,其价值才能得以充分体现。从国外政府数据公开的经验来看,政府数据公开应注重保护数据隐私和个人信息的脱敏处理,保证政府数据公开相关政策和法律法规的连贯性和统一性,同时要确立数据公开过程中的技术标准。我国于 2019 年颁布了新修订的《中华人民共和国政府信息公开条例》,不断扩大主动公开的范围和深度,明确

---

① 杜振华:《大数据应用中数据确权问题探究》,载《移动通讯》2015 年第 13 期。

② 《个人信息保护法》第 28 条第 1 款。

"以公开为常态、不公开为例外"的原则。① 2014 年在浪潮技术与应用峰会上,浪潮构建了政府数据开放五级技术成熟度模型,提出政府数据公开的五个主要阶段,分别为"信息公开""数据网站""数据门户""数据平台"和"数据生态"。② 当前,我国大部分地区的政府数据公开还处于"数据网站"这个阶段,已公开的政府数据平台存在许多问题,主要包括以下几个方面:一是数据较少,质量较差。政府信息公开网站里可机读数据比例不高,与行政信息无关的垃圾信息占比较大。二是数据多为静态信息,时效性较差。信息公开和行政行为发生的间隔时间较长。三是缺乏与民众之间的互动和交流。政府数据公开除了为社会提供数据资源,另一个作用是让民众对政府行为进行监管。政府数据的公开应重点关注数据的公开方式和程度、数据的质量以及数据公开过程中的技术标准。③ 因此,应在规范层面出台政府数据公开的法律法规,将政府数据开放的具体要求上升至法律层面,保证政府数据公开的可操作性。

(三) 统一数据交易安全的具体要求

数据安全对数据交易的顺利完成意义重大,应考虑在数据交易全流程建立安全标准,并以规范的方式公布实施。该规范应涵盖数据收集、数据脱敏、数据挖掘、数据传输、数据应用等阶段的具体安全要求。在数据收集过程中,应保证个体个人数据被收集的知情权,在收集后适用个人数据的过程中,由于加工者通过数据挖掘和数据计算,赋予了数据新的价值,数据权益应属于数据的加工者。但是当新产生的数据权利与个人的数据权利发生冲突时,应优先保护个人的数据权,同时个人可享有被遗忘权,可以要求数据加工者删除个人信息。另外,应统一数据的脱敏规则,保证数据脱敏后个人隐私的不可恢复性,同时也要保证处理过程中的数据的保密性。各大大数据交易平台应和有关政府部门联合制定行业统一的安全要求,发挥行业数据交易安全标准的保障作用。该规范的制定不仅应将法律要求进行充分表述,更应该注重技术问题的表述以提高规范的实用性和可操作性。

针对违反交易安全要求的交易参与者,应当除了承担停止侵害、赔偿损失等基本法律责任以外,对于涉及数据相关方个体人格、尊严等方面的侵权还应提供精神损失的相关赔偿。只有不断规范和完善责任承担制度,才能有效督促数据交易市场参与者自觉遵守法律法规,保障数据交易安全高效地进行。

---

① 《中华人民共和国政府信息公开条例》(中华人民共和国国务院令第 711 号)。
② 资料来源:https://mp.weixin.qq.com/s/ScIKgP_v_Uw-U8Da2XVxaA。
③ 黄如花、温芳芳:《在开放政府数据条件下如何规范政府数据——从国际开放定义和开放政府数据原则谈起》,载《情报理论与实践》2018 年第 9 期。

（四）加强数据交易平台的监管，明确交易平台自律管理职能

大数据交易涉及数据供应方、数据需求方和数据交易平台三类主体，涉及政府数据、企业数据、个人数据三类数据客体，为了确保市场中的数据可进行自由交易、安全交易和有效利用，大数据交易平台及交易行为必须受到严格的监管。因此，应构建科学合理的监管体系，采取适当的监管和干预手段，保障数据交易安全、流畅，为我国大数据交易的高效发展保驾护航。对大数据交易的监管主要应包含两类主体，一是政府的行政监管；二是数据交易平台的自律监管。①

首先，应加强政府管理部门对数据交易平台的监管，明确数据交易平台的第三方自律性法人的法律地位和职责，采取事前准入制度，设定平台的准入条件，对符合条件的交易平台颁发许可证。当数据交易平台的地位划归为营利的自律性法人时，其属于特殊的商主体，此时对大数据交易平台的监管应采用市场准入制度，其内容主要包括准入条件和审批程序两方面内容。同时，应当对大数据平台的注册资本、组织机构以及其相应的技术和设备进行要求。

其次，应明确大数据交易平台的自律性法人地位。大数据交易平台应该是一个中立的第三方自律法人，既是提供数据交易机会的组织者，又具有一定的监管职责。数据交易平台应以标准化的交易规则约束数据交易行为，为数据需求方和数据供应方提供规范透明的数据第三方交易平台服务。大数据交易平台对交易过程进行公开和公示，对存在或者可能存在严重违反国家有关法律、政策的异常交易行为进行有效识别，有利于维护交易平台的健康有序发展。交易平台应加强对交易主体的管理，通过采取有效的技术手段加强对交易数据质量的监管，建立数据供应方的信用评价体系并向社会进行公示，确保平台的安全平稳运行。

（五）完善数据定价模式，明确自身的权利义务

大数据交易平台作为数据交易的中间者，对数据交易的构建起到重要作用，数据交易平台应对数据的定价模式进行规范。在定价模式上，可考虑采用平台建议定价、用户自主选择定价的方式。在数据交易的过程中，可由交易平台选择行业内专家组成数据定价机构，通过科学计算给出参考价格，具体影响数据价格的原因主要包括数据需求量、数据供给量、数据深度、数据收集难度、政策形势等

---

① 张敏：《大数据交易的双重监管》，载《法学杂志》2019 年第 2 期。

因素。① 定价机构给出的数据价格可以作为指导价格供交易方参考,但是最终的交易价格由交易双方协商确定。

数据交易平台规则应明确自身的权利义务,尤其是自身义务。交易平台的主要义务应包括:一是提供安全稳定的交易场所和设施,由于目前交易平台主要以互联网平台为主,因此提供安全与高效的网络环境应为交易平台的义务之一;二是提供具体的交易措施,包括数据交易的范围、交易流程、安全规范等;三是建立数据交易公示制度,通过对数据交易双方的数据需求进行公示,推动交易信息的传播,促进交易的进行。

---

① 刘兆锋:《大数据交易平台的交易规则法律问题实证研究》,华南理工大学 2019 年硕士学位论文。

个人金融数据共享的法律规制

宋华健[*]

　　随着互联网技术的普及和新一代信息技术的发展,数字经济和信息社会成为当今最显著的全局变革。[①] 根据联合国贸发会议(United Nations Conference on Trade and Development,以下简称"UNCTAD")发布的《2019 年数字经济报告:价值创造和捕获,对发展中国家的影响》,数字化革命正在以前所未有的方式改造价值链,并且在进一步重塑产业结构,催生经济增长。其中,数字经济扩张的最主要因素就是用户数据的集聚以及数据平台的构建。数据通过与人工智能、区块链、大数据、云计算以及物联网等新兴技术业态的互动,产生了一种全新的"数据价值链",从而产生经济价值带动产业群的整体升级。为了适应数据驱动的全球经济发展趋势,国家发展战略应在政策制定中抓住发展机遇,提高本国数据价值创造的能力。在此背景下,中共中央、国务院颁布了《中共中央、国务院关于构建更加完善的要素市场化配置体制机制的意见》(以下简称《意见》),《意见》首次将数据列为新的生产要素并明确指出既要"提升社会数据资源价值",也要"加强数据资源整合和安全保护"。

　　在金融行业,科技与金融的深度融合直接催生了金融机构的数字化转型,其中由于金融机构业务开展的特殊性,用户的金融数据既是金融机构针对用户进行信用评级的关键,同时也是第三方服务机构联合金融服务提供者进行定向业务推送的重要参考依据,因此用户金融数据日益成为行业与数字经济发展的核心资源与竞争力。而在金融机构开展数字化转型的背景下,客户信息泄露案件急速增多。银行、保险、券商等金融系统因存储着大量个人及企业用户的数据信息,易遭黑客攻击,成为信息泄露的重灾区。2019 年 9 月,央行发布《金融科技

　　* 宋华健,华东政法大学 2020 级经济法博士研究生。
　　① 申卫星:《论数据用益权》,载《中国社会科学》2020 年第 11 期。

(FinTech)发展规划(2019—2021 年)》,在强调"加强跨层级数据资源融合应用"的同时,也明确指出数字化经济下用户数据的流动开始变得更隐蔽、更动态化,用户隐私权保护问题变得更加严峻。2019 年 7 月 29 日,美国第一资本银行(Capital One)发布公告,称其数据库遭受黑客攻击,约 1.06 亿银行卡用户及申请人信息被泄露。此次用户资料泄露,也成了美国历史上最大规模的银行用户数据泄露事件。① 2019 年 7 月,央行科技司司长李伟在演讲中也曾强调:"需强化金融信息的安全保护,明确覆盖金融信息收集、传输、销毁全周期的策略,访问控制、宣传引导等环节加强金融信息的保护,持续提升全民金融信息安全的重要性。"②由此可见,科技创新虽然不断改变着金融服务的渠道与形态,但是并未改变其背后的风险逻辑。由于"个人金融数据"具有多样性、敏感性、精准性以及高价值性等特点③,如何在保护用户权益的同时实现用户个人金融数据共享,发挥数据价值已经越来越成为政策制定者所面临的重要难题。

一、个人金融数据:概念界定

个人金融数据共享的制度构建首先要明确"个人金融数据"的内涵与外延,尤其是数据与信息、个人金融数据与个人金融信息之间的概念差异。关于"数据"与"信息"的概念区分,一部分学者基于《民法典》中的制度设计,认为在谈及信息数据的私法保护问题时应针对"个人信息"以及"数据"进行区分,《民法典》总则编第 127 条将"数据"与"虚拟财产"并列,规定"法律对数据、网络虚拟财产的保护有规定的,依照其规定",而针对"个人信息"的规定则置于《民法典》第四编的人格权中,进行了详尽的人格法益体系构建。因此,"数据"与"信息"的使用必须进行严格的界定,源于对数据中财产性权利的肯定。④ 也有学者认为"如果将数据仅限于计算机和网络领域以二进制代码形式存在的电子数据的话,数据与信息的主要区别在于性质上信息是本体,数据是媒介抑或是载体",尽管信息可以依存于其他媒介存在,然而在数字技术逐步消融其他媒介空间的视野下,在概念上区分二者"没有绝对的意义,只有相对的价值"。⑤ 回应学术中围绕"数据"与"信息"概念界定中产生的争论,最新出台的《个人信息保护法》第 4 条第 1款对"数据"与"信息"之间的概念差异进行了统合,即"个人信息"既包括以电子

---

① 资料来源:http://www.cankaoxiaoxi.com/finance/20190731/2386928.shtml。
② 资料来源:https://finance.eastmoney.com/a/201907131177689117.html。
③ 邢会强:《大数据时代个人金融信息的保护与利用》,载《东方法学》2021 年第 1 期。
④ 申卫星:《论数据用益权》,载《中国社会科学》2020 年第 11 期。
⑤ 梅夏英:《信息和数据概念区分的法律意义》,载《比较法研究》2020 年第 6 期。

化形式记录的,也包括其他形式记录的可识别的自然人的相关信息。在金融机构数字化转型背景下,两者之间的差异正在被逐渐消弭。

"个人金融信息"的定义最早出现在 2011 年央行发布的《中国人民银行关于银行业金融机构做好个人金融信息保护工作的通知》(银发〔2011〕17 号)中,通知对"个人金融信息"进行了概念界定,即"个人金融信息"是指"银行业金融机构在开展业务时,或通过接入中国人民银行征信系统、支付系统以及其他系统获取、加工和保存的个人信息",并对信息类型进行了列举。2020 年 2 月央行发布的《个人金融信息保护技术规范》[①]第 3.2 款也对"个人金融信息"的内涵与外延进行了进一步明确,凡是金融业机构通过提供金融产品和服务或者其他渠道获取、加工和保存的个人信息均应当被纳入个人金融信息的范畴之内,具体包括账户信息、金融交易信息、鉴别信息、财产信息、个人身份信息、借贷信息等。上述针对个人金融信息的概念界定虽然看似明确,但在实践中产生了两个问题。首先从类别上看,上述分类的种类太多,不够精练与周延。[②] 其次,无论是《中国人民银行金融消费者权益保护实施办法》(银发〔2016〕314 号)中针对"金融消费者"的概念界定还是上述列举的针对个人金融信息的定义阐述,都过分依赖于核心概念"金融机构"。我国目前法律体系中针对金融机构的定义并未统一,实践中金融机构定义的边界也往往会根据监管的具体要求进行动态变化。金融机构的数字化转型导致越来越多的金融科技企业开始参与到金融业务中,该类企业往往通过自身或者是子公司提供广泛的金融服务,涵盖保险、信贷、支付以及财富管理等各个领域。根据现有的监管规定,其本身并不符合金融机构的定义,因此部分收集持有的数据在现行的监管框架下可以逃避个人金融数据保护合规的监管,这无疑是规则设计的缺漏之处。参考域外的立法经验,美国在《金融服务现代化法案(Gramm-Leach Financial Services Modernization Act)》中则运用"金融活动(Financial Activities)"来定义金融机构,即任何只要显著参与金融活动(significantly engaged in)的机构均可被认定为是金融机构。这在金融服务业态逐渐多维化,金融服务全流程逐渐从线下转移到线上的今天无疑更具备参考价值。鉴于此,我国在强化个人金融信息边界意识的同时可以考虑将金融机构的概念外延进行延伸,既包括"由国家金融管理部门监督管理的持牌金融机构",同时也应包括"显著参与个人金融信息处理的相关机构"。在该定义下,不仅仅是持牌金融机构,凡是从事金融活动的机构收集的相关用户信息都应当被

---

① 中国人民银行《中华人民共和国金融行业标准　个人金融信息保护技术规范》,JR/T0171—2020。

② 邢会强:《大数据时代个人金融信息的保护与利用》,载《东方法学》2021 年第 1 期。

纳入个人金融信息的监管范畴。

二、数字经济时代个人金融数据共享的法律困境

（一）金融隐私权保护与个人金融数据共享的平衡与协调

学理上而言，"隐私权"作为一项明确受法律保护的概念提出肇始于 1890 年美国两位著名学者沃伦以及布兰代斯发表于《哈佛法学评论》中的论文《论隐私权》[①]，在随后的一百多年时间中，隐私权开始作为一项重要的权利逐渐出现在美国宪法、侵权法以及各类成文法中，其内涵也在不断丰富与演化，甚至有美国学者将其比喻为变色龙，因其"含义根据所在的背景以及语境的不同而在不断变化"[②]。也正鉴于此，在信息社会中，传统隐私权的实体内涵不断丰富，出现了"金融隐私权"的概念。英国在 1924 的著名判例"图尔尼尔"案中首次确定了银行对个人金融隐私权负有判例法上的保护义务。在该案件中，英国的上诉法院援引了著名的"默示条款"理论作为认定银行需要承担金融隐私权保护义务的理论基础，判定银行需要承担赔偿责任。不仅如此，阿特金法官还认为金融隐私不仅仅是客户的账户本身，而应当是包含银行与其因客户关系而获得的一切信息，并且基于此诞生的金融隐私权保护义务也不会因客户停止使用账户而终止。[③]法院作出该判决的原因有三：（1）银行业务应当被认为是一种社会公共服务，银行与客户之间对所有事项进行巨细靡遗的商定不符合商业效率；（2）一般的银行客户缺乏对金融隐私权的认知，因此并不会在协议商定时主动提出；（3）银行是公共信用机构，应当维护公众信赖。后续的案例演进对金融隐私权的内涵进行了进一步细化，保密内容具体包括账户信息、客户交易信息、金融机构因代为保管客户账户间接获得的与客户有关的各类信息。[④] 而关于银行对客户信息进行保密义务的性质，最初的美国制定法中并没有明确的规定，法院的判例意见大致可以归为两类：一类认为银行对客户信息的保密义务源于合同法上的契约义务，另外一种观点则认为是代理法上的义务。[⑤] 美国法院在 1961 年著名的"皮特森"案中认定银行需要依据其与客户之间签订契约的默示条款而对客户的金融隐私权施加保护。在该判决中法院认定，对客户金融隐私权的保护是银行与

---

① Samuel D. Warren & Louis D. Brandeis, The Right to Privacy, 4 *Harv. L. Rev* 193 (1890).
② 张新宝：《从隐私到个人信息：利益再衡量的理论与制度安排》，载《中国法学》2015 年第 3 期。
③ 谈李荣：《金融隐私权与信息披露的冲突与制衡》，中国金融出版社 2004 年版，第 10 页。
④ 许可：《个人金融信息的三重法律保护》，载《中国银行业》2019 年第 11 期。
⑤ 岳彩申：《美国银行对客户信息保密制度研究》，载《现代法学》2000 年第 3 期。

客户最根本的原则之一。出于对金融机构客户隐私权的保护,我国也在 1995 年颁布的《中华人民共和国商业银行法》中规定了银行对客户的信息负有严格的保密义务。

纵观金融隐私权概念的产生以及演进,各国在相当长的一段时间内针对金融机构的立法强调的都是金融机构应当基于公众信赖以及优势地位对客户信息负有严格的保密义务,一旦违反保密原则金融机构将会承担严重的行政甚至是刑事责任。由于早期金融数据往往是分散的,用户信息的记录与分析往往依靠手工,因此数据的产生速度较慢,其内在价值也尚未得到充分体现。因此直到现在,我国金融监管部门针对个人金融数据监管政策的制定都是重保护而非利用。从本质上而言,金融业就是信息产业。当前市场上的各类金融产品以及服务在技术层面都可以归结为是信息集合的产物。金融机构之所以能够根据客户需求推出创新的金融产品与服务,其中最关键的一点就是其主动对各类个人金融信息进行挖掘、分析与运用。各国商事立法的实践也逐渐表明,个人的金融隐私信息已经不能完全归入隐私权保护领域,开始与社会交易秩序密不可分。以大数据、区块链以及人工智能为代表的新兴技术的诞生使得个人金融隐私信息的收集更加便利,个人金融数据以前所未有的速度开始在金融机构内部积聚,通过对用户信息的识别分析,个人金融信息愈发成为金融创新与营销的重要资源,支撑金融机构开展个性化定制服务。数据是增强自身商业竞争力的关键,作为判定客户金融信用的基础,越来越多的商业机构开始呼吁金融机构开放数据共享,从而打破金融机构的信息壁垒。同时越来越多的学者注意到,尽管我们仍然不能忽视对个人金融隐私权的保护,但是适度地开放与共享个人金融数据将会是金融市场主体克服信息不对称并充分发挥数据价值的重要手段。[①] 从经济学角度而言,法律的作用表现在可以通过改变当事人的选择空间、收益函数等方式间接改变博弈的结果。正如霍姆斯大法官的经典论断,"法律要从人类本性的需要中找到它的哲学"[②],如何有效化解金融隐私权保护与个人金融信息共享之间的冲突,保护各种利益主体的合法权益,使法律抑制的副作用降到最低,不断促进更好的利益格局形成,是建立个人金融数据共享监管框架所需要解决的重要问题。

---

① 朱宝丽、马运全:《个人金融信息管理:隐私保护与金融交易》,中国社会科学出版社 2018 年版,第 2 页。

② 李霞:《实用主义的法官法理学——透视霍姆斯大法官的司法哲学》,载《北方法学》2015 年第 4 期。

(二) 规则缺失下金融数据权属界定不明与监管抑制

1. 个人金融数据中的权属边界不明

要实现金融数据共享,首先要明确个人金融数据中的权属边界。个人金融数据权属的边界界定是个人数据权属争议之下的子命题,作为数据共享浪潮下的核心命题,个人金融数据中的各项利益应当如何在数据主体与数据收集利用者之间分配,数据主体对自身数据的控制边界在哪无疑成为了学界讨论的重要命题。《民法典》并没有针对此给出直接的答案,全国人大常委会法工委编写的《中华人民共和国民法典释义》为这一问题留下了继续讨论的空间,认为目前对于数据以及虚拟财产的性质界定依旧存在争议,数据的保护需要在未来通过一系列制度对其进行明确。个人数据权属争议的主体主要有两方,一方是数据主体,另一方是数据收集利用者。前者立足于自然人的人格完整性,后者则牵涉到经济社会利益和信息产业发展。双方的主张各有依据,但权益内容存在交叉重叠,而且指向的客体相同。[①] 支持前者的观点主要受到了欧洲个人信息保护立法理念的影响,欧洲大陆将个人信息保护植根于基本权利或人权保护,认为个人数据是人的延伸,而人应当独立自主(自治),因而个人数据亦应当由数据主体掌控,从而体现个人的意志。围绕人格尊严保护建立的个人数据保护理论,隐含着个人数据由数据主体享有绝对控制权的基本论调。这也是康德的"以人作为目的"观念的具体体现。按照这一观点进行延伸,数据主体对个人数据处理事务的自主、自治、自决才符合个人数据保护的应有之义。[②] 然而这种针对数据所有者的过度赋权行为逐渐无法适应数字经济时代社会发展需要,因为赋予个人数据主体绝对的排他性的控制权不仅仅会打击企业收集使用数据的热情,同时也不利于社会整体的进步与发展。美国的数据创新中心(Center for Data Innovation)就发表了名为《欧盟应改革 GDPR 以保持算法经济中的优势》的报告,报告认为"欧盟在立法过程中没有必要强迫人们在数据保护和创新之间做出权衡。GDPR 关于限制人工智能以及数据使用的规定并不能真正保护消费者,甚至在某些情况下会取得适得其反的效果。欧盟最终应该考虑对 GDPR 进行更实质性的改革,使其更容易遵守,减少境内企业的负担,应当大幅简化这项包含 250 多页法律文本的法律,让企业更容易理解,并将规则的重点重新放在防止消费者

---

① 宋亚辉:《个人信息的私法保护模式研究——〈民法总则〉第 111 条的解释论》,载《比较法研究》2019 年第 2 期。

② 高富平:《个人信息保护:从个人控制到社会控制》,载《法学研究》2018 年第 3 期。

受到伤害上,而不是严格增加企业收集和管理数据的成本。"①

引发上述讨论的主要原因在于个人数据不仅仅包含了人格尊严与自由价值,同时也包含商业价值以及社会管理价值。尤其在金融领域,个人金融数据不仅可以帮助金融机构评估消费者的商事信用,同时也可以更好地反映消费者的需求与偏好,实现定向产品推介。因此开始有学者思考在个人数据上设定财产权,因为承认个人数据的财产权可以使数据主体通过控制数据的货币化收益来控制其数据,从而使得自身进入数据的价值链当中,在金融视角上参与对其数据的管理,从而实现个人数据价值的再分配。齐爱民教授就提出了数据财产权的概念,认为"数据财产权应当是权利人直接支配特定的数据财产并且排除他人干涉的权利,具体包括占有、使用、收益以及处分的权利"。② 然而,设定个人数据财产权的设想在域外的司法实践中遭到了否定。2013 年法国国家信息技术与自由委员会就在其年度报告中否决了设定个人数据财产权的建议。委员会认为一旦赋予其财产权,如果相关权利被售卖,数据主体将很难重拾对其的控制。瑞士的立法部门也认为,与自然人相关的数据是主体的构成性因素,因此数据主体对这些数据拥有着不可转让的权利;在法律上设定数据的财产权则会加剧数据主体与数据处理负责人之间的不平衡情势,以至于无法实现衡平性合同关系的条件。在原始的个人金融数据之上往往还会产生经金融机构整理分析产生的增值数据。经过二次分析过后产生的增值数据,往往与原始数据之间存在粘性,目前法律框架内暂无对其的明确定位。个人金融数据之中的权属争议,无疑进一步加剧了个人金融数据共享制度构建的难度。

2. 监管抑制下金融机构发起共享的内在驱动不足

目前在我国银行业主导型金融体制之中,个人金融数据主要依靠庞大的银行体系进行处理。金融机构在收集、存储、处理和报告个人金融数据时需花费大量资金。尽管银保监会在其颁布的《银行业金融机构数据治理指引》中明确要求银行业金融机构应当依照指引的要求加强数据治理,遵循全覆盖原则、匹配性原则、持续性原则和有效性原则。然而,许多传统金融机构的数据 IT 系统存在结构性劣势,个人金融数据经整理后形成的信息依旧需要一套标准化的内部框架以及跟踪保护系统,这无疑会大大加重金融机构的负担。

此外,监管机构也没有出台支持推动金融数据共享的政策性文件,反而是加强了个人金融数据保护的监管规定。我国商业银行的监管体系构建也为金融数

① 资料来源:https://datainnovation.org/2019/05/the-eu-needs-to-reform-the-gdpr-to-remain-competitive-in-the-algorithmic-economy/。

② 齐爱民、盘佳:《数据权、数据主权的确立与大数据保护的基本原则》,载《苏州大学学报(哲学社会科学版)》2015 年第 1 期。

据共享制造了诸多障碍。尽管部分规则在用户授权的前提下可以突破,例如,《商业银行信用卡业务监督管理办法》①第 3 条规定,商业银行经营信用卡业务,应当依法保护客户合法权益和相关信息安全。未经客户授权,不得将客户信息用于本行信用卡业务以外的其他用途;《中国人民银行关于银行业金融机构做好个人金融信息保护工作的通知》强调银行业金融机构使用个人金融信息时应当符合收集时的目的,除非经个人书面授权同意或办理业务所必须,不得将其提供给金融机构以外的其他机构。但是目前依旧存在许多法律法规并没有给银行业金融机构对外共享数据留下用户授权的相关规定,例如,中国人民银行发布的《个人信用信息基础数据库管理暂行办法》第 7 条明确规定"商业银行不得向未经信贷征信主管部门批准建立或变相建立的个人信用信息基础数据库提供个人信用信息。"《电子银行业务管理办法》第 58 条尽管规定了金融机构在确保电子银行业务数据安全并被恰当使用的情况下,可以向非金融机构转移部分电子银行业务数据。然而这部分情景仅包括金融机构由于业务外包、系统测试(调试)、数据恢复与救援等为维护电子银行正常安全运营的需要,此外该条还强调了金融机构不得向无业务往来的非金融机构转移电子银行业务数据,不得出售电子银行业务数据,不得损害客户权益利用电子银行业务数据谋取利益。《金融机构大额交易和可疑交易报告管理办法》第 23 条也规定:"金融机构及其工作人员应当对依法履行大额交易和可疑交易报告义务获得的客户身份资料和交易信息,对依法监测、分析、报告可疑交易的有关情况予以保密,不得违反规定向任何单位和个人提供。"

在监管如此严苛的情形下,金融机构在进行金融数据共享时会进一步拉长数据的使用链条,增加更多的处理节点,这不仅淡化了个人数据的权利边界,同时也给金融机构带来了危害个人金融数据的潜在风险,产生复杂的连带后果。因此金融机构在数据合规与治理中,普遍存在"数据孤岛"与"数据烟囱"现象,最终导致金融机构存在"不愿、不敢、不能"共享的局面。其中,既有金融机构主观意愿,狭隘地认为数据意味着客户资源以及市场竞争力,主观上不愿意共享数据,同时也有数据接口不统一的技术因素,更重要的是金融数据的合规与共享如何谋求一种平衡与协调,在立法与监管政策层面尚未取得一致。然而数据共享是金融机构数字化转型背景下实现协同增值,加强自身竞争力的重要环节。金融业的现代化进程表明,银行、证券、保险等行业所依据的生产要素的专用性正在不断弱化。大数据时代,不同企业之间的组织壁垒更容易打通,从而实现规模经济和协同效应。因此,如何在金融监管中形成鼓励金融机构挖掘数据价值、主

---

① 《商业银行信用卡业务监督管理办法》(中国银行业监督管理委员会令 2011 年第 2 号)。

动参与数据共享的机制，也是目前政府部门应当探索的重点。

三、个人金融数据共享的制度构建

（一）前提：完善个人金融数据分级标准

解决金融隐私权保护与个人金融信息共享的冲突的关键在于：个人信息作为个体人身、行为状态的数据化记录，其本身蕴含了人格尊严以及自由价值，然而并非所有的个人金融数据都属于敏感数据，需要采取严苛的强监管态势。施瓦兹就认为个人隐私保护不应当被视为封闭的"数据堡垒"。[①] 实现个人数据的最优使用绝对不是对个人数据的绝对保护或绝对公开。政策制定部门应当创设与时俱进的、多维度的数据保护规则，对个人数据进行分级保护，形成不同的查阅层级。因此，要实现个人金融数据的有序共享，则必须要对个人金融数据在类别化的基础上进行敏感级别的划分。《中国人民银行金融消费者权益保护实施办法》提及了"个人金融信息分级管理"的概念，其中第 32 条强调：银行、支付机构应当建立以分级授权为核心的消费者金融信息使用管理制度，根据消费者金融信息的重要性、敏感度及业务开展需要，在不影响本机构履行反洗钱等法定义务的前提下，合理确定本机构员工调取信息的范围、权限，严格落实信息使用授权审批程序。《中华人民共和国数据安全法》（下文简称《数据安全法》）第 21 条第 1 款正式明确"国家建立数据分类分级保护制度，根据数据在经济社会发展中的重要程度，以及一旦遭到篡改、破坏、泄露或者非法获取、非法利用，对国家安全、公共利益或者个人、组织合法权益造成的危害程度，对数据实行分类分级保护。国家数据安全工作协调机制统筹协调有关部门制定重要数据目录，加强对重要数据的保护。"在《数据安全法》确定的基本分类标准基础上，结合《个人金融信息保护技术规范》，个人金融数据可以根据敏感级别从高到低分成 C3、C2、C1三个级别：

第一类 C3 信息保密程度最高，通常与用户个人的金融账户安全直接产生联系，一旦丢失、泄漏或非法获取将会对数据主体的金融账户安全产生严重威胁，通常指"用户鉴别信息"，具体包括银行卡磁道数据（或芯片等效信息）、卡片验证码（CVN 和 CVN2）、卡片有效期、银行卡密码、网络支付交易密码；账户（包括但不限于支付账号、证券账号、保险账号）登录密码、交易密码、查询密码；用于

---

① Paul M. Schwartz, Privacy and Democracy in Cyberspace, 52 *Vanderbilt Law Review*. 1607 (1999).

用户鉴别的个人生物识别信息等。

无论数据主体是否授权同意，这一大类的个人金融信息都应当被列入禁止共享的个人金融信息类别。

第二类 C2 信息是个人金融信息共享的主要目标群，主要包括个人财务信息，即能通过用户行为反映主体金融状况的个人金融信息。用户自身往往有主动发起共享这类信息的需求，以期通过自身的金融信用在其他商业平台上获得更为优质的服务。同时金融机构也存在信息共享的需求，以期发挥用户数据群的潜在价值与各类商业平台合作搭建更为多维的用户生态从而在银行的数字化转型中占据先机。具体包括个人财产信息（净资产余额）、借贷信息（包括借贷的平均金额，还款的方式以及违约率）；用于金融产品与服务的关键信息，如交易信息（一段时间内的账户交易流水、保险理赔的频率以及理赔金额等）；用于履行客户（KYC）要求的基础信息等。C2 类基础信息的共享需要征求数据主体的明示同意。

第三类 C1 信息主要指用户创建账户时的基础信息。该类信息聚焦于数据主体的隐私不被侵犯，弱化了信息的金融属性，包括但不限于：账户开立时间、个人金融信息主体因办理具体业务需要（如贷款）提供的有关家庭成员信息以及附属信息等。需要明确的是，多种低敏感程度类别个人金融信息经过组合、关联和分析后也可能产生更高敏感程度的信息。同一信息在不同的服务场景中可能处于不同的类别，应依据服务场景以及该信息在其中的作用对信息的类别进行识别，并实施针对性的保护措施。

除此之外，政策制定部门针对不同的数据共享对象也应当进行差别化的制度安排。美国就在监管条例 Y（Regulation Y）第 28 条第 14(ii) 款中规定："银行控股公司可以下设从事数据处理、存储和传输的科技公司。银行控股公司可将金融数据与该科技公司共享，而无需用户同意。"① 由此可见如果该机构属于和银行有关联关系的第三方，那么如果银行需要与其进行数据共享，并不需要遵守传统的"option in"规则，即不必获得信息主体的授权，只是给予客户一个选择退出的权利。我国的《商业银行互联网贷款管理暂行办法》在第 49 条也给出了一个名单制管理的思路："商业银行应当建立覆盖各类合作机构的全行统一的准入机制，明确相应标准和程序，并实行名单制管理。商业银行应根据合作内容、对客户的影响范围和程度、对银行财务稳健性的影响程度等，对合作机构实施分层分类管理，并按照其层级和类别确定相应审批权限。"因此，政策制定部门在初期的制度安排上也可以根据金融机构的经营情况、管理能力、风控水平、技术实力、

---

① 颜苏：《金融控股公司框架下数据共享的法律规制》，载《法学杂志》2019 年第 2 期。

服务质量、业务合规和机构声誉等方面对金融数据的拟共享机构实施进行准入前评估。

（二）核心：厘清个人金融数据中的权属边界

"现代社会对财产的衡量已由对实物的占有让位于主体实际享有利益的多寡。财产权表现为庞大的权利系统，并可抽象为具有财产性质的利益。"[①]洛克的劳动财产权理论也认为"财产权的取得源于劳动"。从个人金融数据收集、传输、存储、使用、删除、销毁的整个生命周期来看，个人金融数据起源于用户在金融机构办理业务所产生的电子化记录行为，因此对用户赋权应当是个人金融数据权利配置的起点。除此之外，金融机构在对个人金融数据进行收集、统合、分析处理过程中同样进行了大量的工作，赋予其相对稳定的财产性权利可以更好地实现数字资源的优化配置，同时形成鼓励创造数据价值的激励机制。个人金融数据中的 C2 类别个人身份数据以及财产数据与用户身份的鉴别以及账户安全息息相关，本质上源于客户的提供行为，因此个人身份数据与个人财产数据的权属都属于用户个人，金融机构在对外进行共享的时候需要征得数据主体的"明示同意"。根据《个人金融信息保护技术规范》中的解释说明，"明示同意"是"个人金融信息主体通过书面声明或主动作出肯定性动作，对其个人金融信息进行特定处理作出明确授权的行为"。然而在立法实践中，"知情—同意"往往被视为是个人数据保护的第一道门槛，欧盟出台的《通用数据保护条例》第 4 条第 11 款就明确规定，"数据主体的'同意'是指自由给出的、具体的、知情的和明确表示的数据主体意愿，他或她通过声明或明确的主动行为表示同意处理与他或她相关的个人数据。"[②]我国的《民法典》等法律也都要求信息控制者在收集信息时需要经过信息主体的同意。实践中，"知情—同意"的授权模式由于存在严重的缺陷开始引起学者们的质疑，认为其"简而无用"。首先，目前的隐私政策往往冗长且缺乏重点，基本没有用户会仔细阅读完，导致授权同意愈发变成了一种形式化的行为。其次，许多金融机构以及信息收集者存在对个人信息的重复超范围、索取行为，尽管《中国人民银行金融消费者权益保护实施办法》明确规定金融不能采取概括授权的手段，然而这又与大数据的高效化相违背。因此，尽管将个人身份数据以及财产数据的权属配置给数据主体本身，从用户实践来看，也难以发挥立法者所期望的法益保护价值。因此，在强化用户个人信息保护的范畴内，也应当

---

① 洛克：《政府论》，叶启芳、瞿菊农译，商务印书馆 1964 年版，第 18—32 页。
② 资料来源：https://eur-lex.europa.eu/legal-content/EN/TXT/PDF/? uri＝CELEX:32016R0679&from＝en。

超越现有"知情—同意"的授权模式,针对不同的用户需求设定不同的授权方式。

金融机构聚合个人金融数据后形成的新的数据抑或是处理后无法识别个人的去标识化数据权益应当归属于金融机构。德姆塞茨在《关于产权的理论》一文中指出:"当内在化的收益大于成本时,产权就会产生,将外部性内在化。内在化的动力主要源于经济价值的变化、技术革新、新市场的开辟的和对旧的不协调的产权的调整……总体而言,新的私有或共同产权的出现总对应于技术变革和相对价格的变化。"[①]企业自生数据是伴随企业的劳动产生的,因而企业才能据此对数据享有财产权,通常包括基于用户基础数据产生的"增值数据"。个人金融数据中的增值数据是指银行等金融机构为了充分挖掘数据价值,在原有的个人身份数据与财务数据基础上充分整合个人客户的多个账户,并通过编排、分析而产生的非基础数据,这部分数据的财产性权利应当归银行所有,如银行根据用户的信用分以及资产核实产生的对用户的级别评定。[②] 个人金融信息中的增值数据权属配置给金融机构的重要原因在于其本身是"去标识化的"。根据《信息安全技术 个人信息安全规范》的界定,个人金融信息的"去标识化"与"匿名化"是两个不同的概念,信息的"去标识化"指的是"通过对个人信息的技术处理,使其在不借助额外信息的情况下,无法识别或者关联个人信息主体的过程"。因此,个人金融信息的"去标识化"依旧建立在个体基础之上,保留了个体信息的颗粒度,例如采用加密、加严的哈希函数等技术手段替代对个人金融信息的标识。而个人信息的"匿名化"是指"通过对个人信息的技术处理,使得个人信息主体无法被识别或者关联,且处理后的信息不能被复原的过程"。对个人金融数据共享进行合理限制的制度安排,是解决其作为人格性财产无法彻底财产化却又存在着超越传统人格权保护的财产性特质之矛盾的必然举措。

(三) 关键:建立金融数据共享的统一标准框架

在现行监管体系中,不同规模金融机构的数字化程度存在差异,数据合规体系建设的标准也并不一致。与潜在的合规风险相比,许多中小金融机构主动发起金融数据共享的收益并没有那么直观,这直接导致许多中小金融机构并没有主动发起共享的内在动力。为有效化解金融机构的担忧,金融数据共享应当由政府牵头推动,金融机构、合作伙伴以及中间机构各司其职,进行共享的金融数据通过统一的 API 标准接口,在监管合规的前提下有序对外开放,参与金融数据共享的各方机构都需要接受严格的监管。欧盟是该领域的先行者,早在 2014

---

① 许可:《数据权属:经济学与法学的双重视角》,载《电子知识产权》2018 年第 11 期。
② 赵吟:《开放银行模式下个人数据共享的法律规制》,载《现代法学》2020 年第 3 期。

年 9 月数据机构开放数据研究所（Open Data Institute）和监管政策咨询机构芬格尔顿协会（Fingleton Associates）就根据英国财政部与内阁的要求联合发布了一份题为《数据分享和银行的开放数据》的报告（又名"Fingleton Report"）。报告认为银行决定使用什么技术和标准以及获得相关法律许可的成本可能比自己研发技术要高。关于标准和法律要求的指导可以帮助降低这些成本。因此，制定银行数据分享标准，是实现金融数据共享的关键。个人金融数据共享统一标准框架的构建包括数据标准、安全标准以及 API 标准 3 个方面。其中 API 是一种技术概念，它允许不同的软件应用程序相互通信并直接交换数据，而无须每次都进行人工输入。API 标准的创建是个人金融数据共享的一个关键。考虑到数据共享当中参与主体的多样性，监管部门亟须建立统一的 API 标准，从而统一开发者从不同金融数据提供者处获取数据的端口。在具体的 API 标准建立上可以借鉴英国《开放银行标准框架》以及香港金融管理局发布的《香港银行业 Open API 框架咨询文件》中进行分阶段的金融数据共享安排：首先开放第一类基础信息，主要包括银行产品以及服务内容，如信用卡优惠以及存款利率方案调整；其次开放银行服务申请类的 API 端口，如申请信用卡以及保险等；第三步开放读取或更改账户咨询类的 API；在市场反馈良好以及确保安全的情况下最后开放付款转账交易类的 API 端口。除此之外，共享的个人金融数据要符合统一规定的数据展现格式、定义、结构、类别等标准，并且应当符合"可获得性、可存取性、可分析性"的最低要求。

四、结　　语

在数字经济的浪潮中，传统金融机构必须与时俱进，打造更为开放、共享的金融生态，在该背景下，个人金融数据的有序共享既是我国金融开放、金融创新的需要，同时也是我国金融机构完成数字化转型的必然要求。个人金融数据的共享不应当是零和博弈，而应当是互利共赢。现有的"重保护而轻利用"的监管体系已经无法适应数字经济时代金融业开放共享的要求，因此监管者应当积极推动个人金融数据共享监管框架的制定，以奠定金融业长期发展的法律基石。

第四编 国有经济参与法

新时代国有资本投资运营公司法律制度之构建

田艳敏[*]

一、引　　言

党的十八届三中全会正式提出要改组或组建国有资本投资、运营公司(下文通称国有资本投资运营公司),把它作为改革国有资本授权经营体制、完善国有资产管理体制的重要载体和国有资本市场化运作的专业平台,并以此调整和优化国有经济布局结构、提升国有资本运营效率。随后,按照渐进式改革的思路,在部分央企和地方国企开展了国有资本投资运营公司试点工作。至今,全国范围内,已有中央企业 21 家、地方省级国有企业至少 150 多家参与试点。[①] 中共中央、国务院及国资委等部门已发布了一系列与之相关的行政法规、规章和规范性文件,从政策层面初步构建了我国新时代国有资本投资运营公司制度体系。

---

* 田艳敏,华东政法大学 2019 级经济法博士研究生。

① 据初步统计,截至 2019 年底,全国已改组组建了 150 多家省级层面的国有资本投资运营公司,约占国资委系统省属企业数量的 1/5。参见袁东明:《地方国有资本投资运营公司试点的进展和建议》,载《中国经济时报》2021 年 2 月 2 日第 4 版。

但制度设计还相当粗陋、模糊,导致试点工作得不到清晰和有效的指引[①],出现定位不清、走形式等制度虚置现象。本文针对这一状况,从回顾制度历史演进和剖析制度运作原理出发,考察现行国有资本投资运营公司制度,总结试点经验、教训,分析存在的问题,汲取学界研究成果,从法律视角为制度的进一步完备提出建议。以推动法律层面高质量制度的建构,助力国家治理能力现代化[②],做到重大改革于法有据。

二、国有资本投资运营公司制度演进和运作原理

(一) 制度演进路径

国有资本投资运营公司,是在我国新推行的三层级国资监管框架(政府或国资监管部门—投资运营公司—国有出资企业)中居于中间层,上承国资监管部门或政府授权,下以股权管控国有出资企业,对国有资本进行市场化运作的国有独资投资或运营公司。与其类似的,国外多称国有控股公司,是二战后西方国家国有化浪潮中,西方政府为提高国资运作效率而进行的公司组织制度创新。新加坡淡马锡控股公司就是由新加坡财政部全资持股的一家国有控股公司,其市场化运作非常成功,曾经创下年均净资产收益率超过 18% 的奇迹。[③] 在我国,国有资本投资运营公司这一概念,起源于 20 世纪八九十年代开始出现的国有投资公司、国有控股公司和国有资产经营公司。20 世纪八十年代末,国务院在机构改革中将一些政府机构改为国有投资公司,在投融资体制改革中又设立了一批国有投资公司,试图将其打造为独立的市场主体,通过多方募集资金进行基础设施建设。[④] 随着 20 世纪九十年代初"国有资产授权经营"的提出和实践,许多地方又设立了国有资产经营公司、国有控股公司,经政府授权对国有资产进行市

---

① 关于平台公司与国资委间的关系及平台的功能定位、管控模式等仍未明晰。部分地区还因为对平台公司的理解偏差导致改革踌躇不前或已启动的改革方案难以落地,极大影响了新一轮国企改革的进程与效果。参见何小钢:《国有资本投资、运营公司改革试点成效与启示》,载《经济纵横》2017 年第 11 期。此处平台公司即该作者对国有资本投资运营公司的简称。

② 国有资产和国有企业运行的管理监督是国家治理的重要组成部分,因此,我们必须将深化国资管理和国企改革上升到改善国家治理体系和治理能力现代化的高度来认识和对待。参见顾功耘:《论国资国企深化改革的政策目标与法治走向》,载《政治与法律》2014 年第 11 期。

③ 王灏:《淡马锡模式主要特征及其对我国国企改革的启示》,载《中共中央党校学报》2011 年第5 期。

④ 国家专业投资公司是从事固定资产投资开发和经营的企业,是组织重要经营性投资活动的主体,既具有控股公司的职能,使资金能够保值增值,又要承担国家政策性投资的职能,进行自主经营,具有法人地位。参见《国务院关于印发投资管理体制近期改革方案的通知》(国发〔1988〕45 号)。

场化运作。许多学者从构建"国资监管机构—投资运营公司—国有出资企业"三层国有资产管理架构角度出发,围绕国有资本授权经营制度改革,对此类公司制度建构进行了诸多研究。①

党的十八届三中全会提出改组和组建国有资本投资运营公司,就是在上述三类公司实践运作的基础上,结合新时代我国国有企业改革的实际需要,创新设计国有投资、控股和资产运营公司的升级版。政府通过创新升级、试点探索,构筑国有资本投资运营公司制度体系,改革国有资本授权经营体制,完善国有资产管理制度,在国企分类改革基础上,最大程度实现政企分开,推动国有企业现代企业制度的真正确立,推进混合所有制改革,激发市场主体活力,提升国有资本运营效率。同时,借力投资运营公司的资本运作,实现国有经济结构和布局的优化,深入推进供给侧结构改革。新时代,我国更加需要通过借助试点、总结历史经验、汲取学界研究成果、借鉴国外先进案例,进行制度创新,以破除体制机制障碍,实现国家治理体系和治理能力现代化,激发市场活力,发挥市场在资源配置中的决定性作用。

(二) 运作原理及制度价值

"国有资产经营公司,是由政府特设成立的,根据授权者的经营战略,专门进行国有资产的市场化运作,实现国有资产保值增值的国有独资私法人。"②在现行的三层次国有资产监管体制框架下,投资运营公司处于中间层,对上承接授权政府授权履行出资人职责,对下以资本为纽带市场化管控各类国有企业,通过国有资本市场化运作,激发微观市场活力,调整国有经济布局和结构,被许多学者形象地誉为行政权力与市场运作的"隔离墙"③"转换器"④。由此转化之后,"国有资产经营公司与被投资企业之间已不再是行政性委托代理关系,而是典型的商事性委托代理关系"⑤。的确,在以上国有资产管理框架下,投资运营公司起着十分关键的作用,是国有资本授权经营和国资监管体制的核心,是国企改革的

---

① 自 20 世纪 90 年代中期到 21 世纪前十年间,学者们对国有资产授权经营、国资运营机构进行了大量理论研究。比如,"构建国有资产授权经营制度,是适应政府对国有企业的资产管理转向资本运作的要求。""事实上,只有在把国有企业的资产当作流动性资本来对待后,国有企业的发展才能找到正确的路径。而这也要求成立国有资产授权经营公司,由其对国有企业进行资本运作,才能迎合市场经营的发展要求。"参见顾功耘、罗培新:《国有资产授权经营法律问题研究》,载顾功耘主编:《公司法律评论》,上海人民出版社 2006 年版,第 37—74 页。

② 胡改蓉:《构建本土化的国有资产经营公司》,载《法学》2008 年第 6 期。

③ 同上。

④ 国家所有权——国家股权的转换器,政府行政干预的阻断器。参见胡俊:《授权视角下国有资本投资运营公司特殊治理的法律改进》,载《法学杂志》2019 年第 7 期。

⑤ 胡改蓉:《构建本土化的国有资产经营公司》,载《法学》2008 年第 6 期。

枢纽。"可以说，投资、运营两类公司改革，上接国资体制改革的完善，下接国有企业改革的深化，处于国资国企改革的中心与枢纽地位，已经成为国资国企改革的'牛鼻子'，牵一发动全身。"[①]"国资委要从政府层面进行卓有成效的监管，就应该把公司法上规定的股东的权利下放到下一个层面，也就是下放给各种管理公司、投资公司。要建立若干管理公司或投资公司具体行使出资人职责、履行股东的权利，这样就形成有利的制约关系。国资委本身应该成为名副其实的国有资产监管管理委员会，代表政府进行监管。"[②]

由此，不难理解，国有资本投资运营公司首先是改革国有资本授权经营体制、完善国资监管体制的重要载体和制度工具；其次是国有资本市场化高效率运作的重要平台；并且，是体现国家意志，推进供给侧改革，对经济进行宏观调控的重要抓手；最后，它还是解决公有制与市场经济融合难题的重要途径。在新时代国有企业四大改革目标中，它上承国企分类改革，下推现代企业制度建立和混合所有制改革，居于枢纽地位。对推动我国现代化经济体系建设，发挥市场在资源配置中的决定性作用意义重大。

（三）理论支撑及启示

国有资本投资运营公司制度，无论从其制度起源分析，抑或是从我国当下制度创新视角分析，都有着科学的经济学理论支撑。

从制度起源看，投资公司是在欧洲工业革命发展和扩大世界市场中，为满足企业筹集长期资金需要而产生的。[③] 与公司制、股份制一样，是市场机制自发调节和运作的产物。国有投资公司则主要是为克服市场失灵借鉴私人投资公司制度而设计的。国有控股公司（或称国有资产经营公司）则是二战后资本主义国家在国有化浪潮中为解决国有企业运行效率低下而进行的制度创新。总之，国有资本投资运营公司制度都是各国政府在西方古典经济学理论基础上，承认和充分运用市场机制而进行的制度设计，并且，加上"国有"后，也蕴含了"委托代理理论"和"公共选择理论"的意旨：即政府也是经济人，在委托代理过程中，如果没有激励与约束相结合的制度安排，政府等公共部门并不会如人们期许一直代表公共利益，他们也会为追求自身利益而牺牲公共利益。因此合理的产权制度的重

---

① 李锦：《投资运营公司改革的枢纽地位和突破重点》，载《中国远洋海运》2019 年第 2 期。
② 顾功耘：《国资监管难题剖解》，载《上海市经济管理干部学院学报》2010 年第 2 期。
③ 1835 年比利时总公司另行创办了相当于现代的投资公司的两家金融公司——布鲁塞尔商业公司和工商企业国民公司，通过发行长期债券融资，投资于工商企业，为企业投资股权资本，这就是投资公司的基本雏形。经过长期发展实践和不断探索，投资公司制度逐渐形成并趋于完善。参见宋立、肖金成：《国有投资公司存在的问题与政策化改革思路》，载《财贸经济》2003 年第 4 期。

构和安排,有绩效的委托代理制度设计等新制度经济学理论也成为其制度支撑。总之,西方经济学中的自由竞争市场理论、市场失灵理论、委托代理理论、公共选择理论、产权理论、交易成本理论等都与国有资本投资运营公司制度设计密切相关,甚至信息经济学理论、转型经济学理论、博弈理论等新制度经济学最新前沿理论也为制度设计带来了新的启示。

从当下我国制度创新的视角分析,党的十八届三中全会提出的国有资本投资运营公司制度,是在我国 20 世纪 90 年代开始的国有资产授权经营体制探索的基础上,借鉴国外国有控股公司运作经验,并通过试点试验探索,正在进行的一项公司组织制度创新。总结经验教训、反复试点探索,进而构建制度,体现了我国渐进式改革的方法论。转型经济学学者罗兰也在研究中指出,"适当的制度必须通过反复尝试不断摸索来发展,必须随时间的演进向更完美的制度进化发展。更完美的制度不可能在一夜之间引进,恰恰是因为制度不仅仅是一组法律条文。"[①]俄罗斯建构主义改革的失败更加印证了我国渐进改革理论的正确性。因此,制度创新,尤其法律制度的创新,绝对不是简单的法律制度的移植,而必须结合制度博弈的情景,关注博弈各方利益,设计有助于目标实现的机制,注意制度之间的嵌入性和互补性,把握制度的本质,才能最终形成有绩效的制度。[②] 因此,转型经济学理论和博弈理论从不同视角对建构我国国有资本投资运营公司制度带来了启示。当然,除此之外,上述提到的市场竞争理论、委托代理理论、公共选择理论等都可以为我国当下具体设计国有资本投资运营公司制度提供理论借鉴。

三、国有资本投资运营公司制度考察和试点经验总结

(一) 现行制度主要规定

1. 所涉主要文件和法规

自 2013 年党的十八届二中全会召开以来,我国在中央层面出台了多个与国有资本投资运营公司制度密切相关的政策性文件和法规、规章,初步形成了我国国有资本投资运营公司的制度雏形。以 2013 年 11 月 12 日十八届三中全会通过的《中共中央关于全面深化改革若干重大问题的决定》的原则性首倡为指导,通过《中共中央、国务院关于深化国有企业改革的指导意见》《国务院关于改革和

---

① 〔比〕热若尔·罗兰:《转型经济学》,张帆、潘佐证译,北京大学出版社 2002 年版,第 310 页。
② 〔日〕青木昌彦:《制度经济学入门》,彭金辉、雷艳红译,中信出版集团 2017 年版,第 34—126 页。

完善国有资产管理体制的若干意见》《国务院国资委以管资本为主推进职能转变方案》等文件的逐步勾勒,在《国务院关于推进国有资本投资、运营公司改革试点的实施意见》和《国务院关于改革国有资本授权经营体制方案的通知》两文件中细化具体措施,初步建构了我国国有资本投资运营公司制度的雏形;《国务院办公厅关于转发国务院国资委以管资本为主推进职能转变方案的通知》《国务院国资委授权放权清单(2019年版)》《国务院国资委关于以管资本为主加快国有资产监管职能转变的实施意见》等文件也从授权和监管层面规定了国有资本投资运营公司制度的一些重要内容;《国企改革三年行动方案(2020—2022)》则将国有资本投资运营公司的功能定位进一步明确;地方层面也因地制宜,根据国企改革和试点需要,出台了诸多相关地方性规章和文件。总体上,我国已经粗线条地从政策层面构筑了国有资本投资运营公司的核心制度。

2. 制度关键机制和要素

现有国有资本投资运营公司制度主要由三大机制(授权机制、治理机制和监督机制)作为主脉络统领,具体由一系列子制度组成。其中,授权机制是制度建构的起点和基点,市场化的治理机制是制度运作的核心,监督考核机制是国有资本安全运作的保障。

(1)授权机制。现有的国有资本投资运营公司授权模式,根据国资监管部门或政府授权两种情形,分为间接授权(政府—国资监管部门—投资运营公司)模式和直接授权(政府—投资运营公司)模式。归纳起来,授权制度主要包括以下几个方面内容:第一,关于授权原则。强调分类开展授权放权,结合企业发展阶段、行业特点、治理能力、管理基础等,一企一策有侧重、分先后向符合条件的企业授权放权。第二,关于授权方式。主要强调通过权责清单和授权放权清单,明晰政府和企业权责边界。第三,关于授权内容。强调政府所授权性质为出资人权利即股权,具体内容主要包括战略管理和主业管理、选人用人和股权激励、工资总额和重大财务事项管理等,亦可以根据企业情况增加其他方面授权。第四,关于履职、监管理念和方式。强调授权同时加强监管,监管理念要从管企业向管资本为主转变,履职和监管要通过清单管理,章程约束,发挥董事作用,加强董事会建设,落实董事会职权等市场化、法治化手段。总体制度设计上,强调以管资本为主,转变国资监管部门职能,通过清单管理,厘清政府市场边界,简政放权,不断加大对国有资本投资运营公司的授权放权力度。

(2)治理机制。作为国有独资公司,不设股东会,股东会职权由国资监管机构或投资运营公司行使。建立由党组织领导、董事会决策和经理层经营管理的中国特色的公司治理结构。第一,关于党组织。按照"双向进入、交叉任职"原则,党组领导班子成员可融入董事会决策和经理层日常经营管理中,发挥党组织把方向、管大局、保落实的领导作用。党组书记、董事长一般由同一人担任。对于重大经营管理事项,党组织讨论是董事会、经理层决策的前置程序。第二,关于董事会。其一,董事会职权:负责公司发展战略和对外投资;经理层选聘、业绩考核、薪酬管理;向所持股企业派出董事等。其二,董事会组成:人数一般不少于9人,由执行董事、外部董事和职工董事组成;外部董事应占多数(保障公司以市场化方式选择外部董事的权利);董事会下设各专门委员会协助履职。其三,关于董事会成员的产生。执行董事、外部董事由国资监管部门委派,外部董事根据董事会结构需要从专职外部董事中选择,董事长、副董事长由国资监管机构从董事会成员中指定。政府直接授权的外部董事,由政府综合管理部门或行业主管部门提名,选择专业人士,由政府委派。执行董事由政府委派,董事长、副董事长由政府从董事会成员中指定。需要强调的是政府应注重拓宽外部董事来源,建立外部董事评价机制,确保发挥外部董事作用。第三,关于经理层。根据董事会授权,经理层负责国有资本日常投资运营,董事长与总经理原则上不得由同一人担任。

(3)监督约束机制。监督机制主要内容:第一,监督的主体和原则。强调监督主体多元,强化内部审计监督,协同外部出资人监管、纪检监察、巡视监督和社会监督等;建立监督工作会商机制,明确事前规范制度、事中加强监控、事后强化问责的原则;强调加强统筹,协同各类监督力量,清晰界定各类监督主体的监督职责。第二,监督的重点领域。加强对权力集中、资金密集、资源富集、资产聚集等重点部门和岗位的监管。第三,信息披露义务。强调在不涉及国家秘密和企业商业秘密的前提下,依法依规、及时准确地披露公司治理以及管理架构、国有资本整体运营状况、关联交易、企业负责人薪酬等信息,建设阳光国企,主动接受社会监督。第四,搭建实时在线国资监管平台。充分运用信息技术,整合包括产权、投资和财务等在内的信息系统,实现监管信息系统全覆盖和实时在线监管,加强信息共享,增强监管的针对性和及时性。第五,健全国有企业违规经营投资责任追究制度。明确企业是维护国有资产安全、防止国有资产流失的责任主体,要健全内部管理制度,实行重大决策终身责任追究制度等。第六,实施绩效综合考核评价。考核评价内容主要包括贯彻国家战略、落实国有资本布局和结构优化目标、执行各项法律法规制度和公司章程,重大问题决策和重要干部任免,国有资本运营效率、保值增值、财务效益等方面。

除此之外,国有资本投资运营公司的组建和功能定位、运营模式、组织架构和管控模式、配套制度体系建设、党的全面领导等制度,也是当下国有资本投资运营公司制度的重要组成部分。

(二) 试点实践经验总结

前文已提及,截止到 2019 年底,中央层面已有 21 家央企试点国有资本投资运营公司,地方省级国企试点也达到 150 多家。试点过程中,中央和地方国资监管部门及试点企业,在中共中央、国务院领导下,积极推进各项改革。国资监管部门在以管资本为主理念的引领下,不断转变职能,加大授权放权力度,优化监管方式;试点企业也在管控和运营模式、经营机制、监督机制等方面进行了探索,积累了不少经验。

1. 国资监管部门层面

国资监管部门是试点工作开展的主导机构,从试点企业选择到授权放权和监管都发挥着非常关键的作用。

(1) 试点企业选择。在试点企业选择上,国资监管部门主要考虑国家或地方产业结构调整需要和政府特定目的实现,选择符合一定条件的企业改建或组建。试点探索中发现,要想达到试点目标,取得积极成效,试点企业选择应考虑行业、管理制度基础、资产规模和运营实力等因素,"在改革试点的选择上,地方大多选择拥有丰富的投融资或资本运作经验的大型国有企业集团、具有金融基础的综合性企业集团,或营收排名靠前的龙头企业作为国有资本投资运营平台的试点企业。"① 山西和广东则明确给出主业突出、治理结构完善、风险管控健全等适合改组为两类公司的企业标准。② "国资委对第三批国有资本投资、运营公司试点的选择,主要从企业的发展战略、盈利能力、董事会建设、关键运营能力等多个指标来进行考察。"③

(2) 授权机制探索。授权原则上,强调一企一策,分类授权,尤其地方国资监管部门,大多在对国有企业进行政策性和商业性分类基础上,组建投资运营公司,以便于授权中根据企业功能不同进行不同内容和程度的授权;授权方式上,主要通过权责清单和授权放权清单进行授权,厘清政府和企业权责边界。山东等地还探索通过章程等法治化、市场化手段进行授权;授权内容上,主要从战略

① 王曙光、杨敏:《地方国有资本投资运营平台:模式创新与运行机制》,载《改革》2018 年第 12 期。
② 2014 年 6 月《山西省人民政府关于深化国资国企改革的实施意见》(晋政发〔2014〕17 号)提出,选择主业明确、治理结构较为完善、科技创新能力和核心竞争力较强、风险管控机制健全的企业有序改组为国有资本投资公司,强化产业聚集和资源整合。以经营国有资本为主要功能,有序组建国有资本运营公司。2014 年 8 月《中共广东省委、广东省人民政府关于全面深化国有企业改革的意见》(粤发〔2014〕15 号)提出,支持资本运作能力较强、功能较为完备的企业发展成为国有资本运营公司,以资本运营为主。鼓励主业优势突出、治理结构完善、风险管控健全的企业改组为国有资本投资公司,以投资融资和项目建设为主。
③ 资料来源:http://www.gov.cn/xinwen/2019-01/08/content_5355718.htm。

管理、经营计划、股权管理、管理层任命、薪酬激励等方面视情况进行不同程度的授权。多地方试点经验表明,授权程度越大,市场化程度越高,企业试点运营成效越显著。"国资委放权程度决定了平台公司是行政化的或是市场化的,放权越多市场化程度越高,也就越容易实现政企分开目标。实践证明,放权越早越多的省市,平台公司的市场化运作就越成熟,国有企业改革效果越好。"①

（3）监管理念和方式。监管理念向管资本为主转变,监管方式上,更多采用市场化、法治化手段进行,注重章程约束、委派董事等途径履行出资人职责,加强事中事后监管,探索建立国资监管平台,实现监管的信息化和公开化。

2. 试点企业层面

主要从战略定位、管控模式、运营机制和监督机制等方面进行探索。

（1）功能定位、构建和运营模式。试点中,国资监管机构考虑产业结构和国有经济布局调整,或地方政府特定目标,选取试点企业。因此,试点企业一旦组建,就已经有比较清晰的功能定位,便于以此进行资本运作。结合各地的实践情况综合来看,地方国有资本投资运营公司的构建模式主要有三种:混合一体化模式（投资运营公司不分设,投资、运营等多功能于一体组建,以江苏、甘肃为代表）、双平台驱动模式（投资和运营公司分设、明确区分经营模式,以上海、广东为代表）和"1＋N"组合模式（一户国有资本运营公司和包括产业类投资公司、政策类投资公司在内的多户国有资本投资公司,以山东、河北为代表）。②国有资本投资公司和运营公司运营模式会有不同侧重,总体上,投资公司通过战略性投融资、资本整合及产业培育,推动国有资本向前瞻性和战略性产业集聚,提升产业竞争力,优化行业布局与产业结构,提高国有经济影响力和控制力;运营公司则通过持股管理、资本运作、进入退出等进行资产经营和资本运作,提高资本流动性,调整国有资本结构和实现国有资产保值增值。前者侧重于产业发展、实现产业战略目标,后者侧重于资本运作、实现国有资产保值增值。③

（2）组织架构和管控方式。试点企业多根据市场化、专业化运作目标,考虑运营模式的需要,改组总部组织架构,精简和调整组织机构,转变职能,优化集团管控方式。不少试点企业,对标世界一流投资控股公司总部架构,重构总部机构设置,着力提升总部的资本运作能力、战略决策能力和风险管控能力,强化总部的投资运营职能。例如,"中粮集团按照资本运营与资产经营相分离的思路,打造'集团总部资本层—专业公司资产层—生产单位执行层'三级管控架构,集团

---

① 何小钢:《国有资本投资、运营公司改革试点成效与启示》,载《经济纵横》2017年第11期。
② 王曙光、杨敏:《地方国有资本投资运营平台:模式创新与运行机制》,载《改革》2018年第12期。
③ 何小钢:《国有资本投资、运营公司改革试点成效与启示》,载《经济纵横》2017年第11期。

总部把控和批准重大问题、重要事项和重点环节,对年度预算实行刚性考核的同时管投资方向、管业务界限、管投资底线。"①"中国诚通、中国国新打造'精干总部＋运营平台'架构,总部聚焦资本运作,新设了股权管理、资本运营、金融管理、基金管理等专业部门和平台,实现了运营团队的市场化、契约化管理。"②对出资企业的管控方式上,由经营管控向战略管控、财务管控转变,更多探索采用市场化、法治化手段,以股权关系为纽带对出资企业进行资本管控。

（3）治理机制。重视党组织融入公司治理模式的探索,如"中国诚通等央企坚持党的领导,全面加强党的建设,明确党委在法人治理结构中的地位,坚持党委对重大问题前置研究,将党组织意见转化为公司意志或经营决策,实现党的领导与公司治理有机融合"③。地方试点中,各地都重视发挥党组织的政治核心作用,努力探索与现代企业制度相适应的党组织工作机制。例如,上海提出形成党组织参与重大问题的体制机制,竞争类企业董事长兼任党委书记,与总经理分设,功能类和公共服务类董事长兼任总经理,与党委书记分设。④ 加强董事会建设方面,与董事会制度试点、职业经理人制度试点、混改试点等改革措施协同推进,发挥改革试点协同效应。"招商局集团为加快构建现代公司治理结构,持续完善董事会建设,建立完善了以集体决策为原则,以董事会分级分类授权为核心的决策机制。在提升决策水平上,集团董事会实现了合规运作和依法行权,董事会的重大决策权得到充分落实,董事会规范运作的机制逐步健全,为未来接受国资委授权并规范行权、科学行权打下了坚实的制度基础。"⑤

（4）监督考核机制。各地探索厘清各监管主体的职责分工,建立协同机制。例如,重庆渝富控股集团有限公司是重庆首批改组组建的国有资本运营试点企业,定位为金融持股平台、战略产业投资平台和国有资本专业化运营平台。渝富集团按照国有资本运营公司制度要求在组织架构、公司治理、人才管理、监督体系构建、风险管控体系建设等方面进行了大刀阔斧的改革,是重庆国企改革的标杆。不仅积极推动了"内部董事＋专职外部董事＋兼职外部董事"的董事会建设,还构建了整合党务、纪检、监事、审计、法务、财务等监督资源的协同监督机制,探索建设了集团"分事分权、分岗设权、分级授权"的风险防控体系。监督考核方面,各地多根据功能定位不同,实施内容不同的分类考核评价制度,不同程

---

① 王倩倩:《十项改革试点分析之中央企业国有资本投资、运营公司试点:创新授权经营体制打造发展新引擎》,载《国资报告》2019 年第 5 期。

② 同上。

③ 同上。

④ 黄群慧:《地方国资国企改革的进展、问题与方向》,载《中州学刊》2015 年第 5 期。

⑤ 王倩倩:《十项改革试点分析之中央企业国有资本投资、运营公司试点:创新授权经营体制打造发展新引擎》,载《国资报告》2019 年第 5 期。

度地激发了企业活力。为激发市场活力,发挥各方主体积极性,有些地方还探索建立了纠错容错机制。"上海、黑龙江等地都提出建立'容错机制',对未取得预期目标的改革创新工作,在依法决策、实施,并未谋取私利的前提下,不作负面评价,依法免除相关责任。"①

四、国有资本投资运营公司制度问题剖析

(一) 组建条件和组建程序不明,组建工作缺乏统一指引

现行文件主要规定了国有资本投资运营公司的组建方式:改组或组建。投资公司通过选择具备一定条件的国有独资企业集团改组而成,运营公司主要通过划拨现有商业类国有企业的国有股权和国有资本经营预算注资组建。对于具体选择什么条件的国有独资企业集团改组为投资公司没有明确指引,尤其对于以上两类公司的组建程序没有任何规定。试点实践中主要由国资监管机构选定试点企业,试点企业制定组建方案,由国资监管机构或政府批准后开始试点工作。

由此,可能产生以下两方面问题:其一,如果组建企业的选择不科学,可能影响组建后投资运营公司功能的有效发挥。首先,如果选择企业的经营业务领域与拟组建的投资运营公司的功能定位不符,没有一定的资本运营能力,则组建后的投资运营公司很难通过一定的运营模式进行有效的资本运作,实现国有经济布局和结构调整;其次,如果选择的企业自身的经营水平、营利状况、制度建设等存在问题,组建时政府和国资监管机构必不敢对其进行大幅度授权,进而该类企业也很难有能力进行大规模资本运作,对其出资企业进行有效的股权管控。如果选择和授权不慎,不仅国家调整产业布局和结构的目标不能实现,还可能导致国有资产流失。再者,部分地方政府和国资监管部门是国企改革政策的被动应对方,如果没有明确的组建条件指引和组建程序约束,很可能会因不科学的选择和组建,最后导致制度虚置。其二,组建程序不明确、不规范、不透明、不科学,不仅不利于试点工作的顺利开展,还会严重影响授权、章程制定、董事会改建等工作,进而不能构筑起国有资本投资运营公司坚实运作的根基。组建设立程序中,如果授权不科学,会直接影响董事会独立和专业运作,治理机制这一核心制度要素就存在先天不足,国有资本投资运营公司制度的构筑必然徒具形式。

---

① 黄群慧:《地方国资国企改革的进展、问题与方向》,载《中州学刊》2015 年第 5 期。

(二)功能定位没有与国企分类改革制度相衔接,规定模糊

从现有制度建构看,国有资本投资运营公司的分类,没有与国企分类改革制度进行有效衔接和对应,要组建的投资和运营公司,究竟属于商业类或是公益类,很难定位。投资运营公司虽分为投资公司和运营公司两大类,两者运营和管控模式不同,各有侧重,但整体上都定位为国有资本市场化运作的专业平台,肩负产业结构和布局调整、国有资产保值增值的功能。但现有文件并没有进一步明确这两类公司与竞争类或公益类国有企业的对应关系,似乎投资公司属于功能类和公益类领域,运营公司更多在竞争领域。但从试点情况看并不是如此,中央试点企业中很大一部分投资公司属于竞争领域,地方试点中运营公司也有从公益类国企中组建的。

这一模糊的制度设计,首先,会给试点企业选择和分类组建带来混乱,某种程度上影响了试点工作的有效开展。不同地方对此理解不同,因此在组建中对投资运营公司的分类和定位也出现了很大差异。如上海虽然已组建投资公司(国盛集团)和运营公司(国际集团),但没有明确两类公司究竟应在公益还是竞争领域运作①;山东则分别组建产业投资公司、政策投资公司和运营公司三类投资运营公司。其次,其进一步影响了投资运营公司的功能定位,和以功能分类为基础的授权机制、治理机制和考核评价机制的精细化制度设计。国企分类改革的贯彻是国有资本投资运营公司制度科学设计的基础,只有对投资运营公司及其出资企业以功能分类为基础,进行差异化制度设计,才能做到分类授权、分类治理,最大限度实现国有企业预算硬约束,最大程度实现政企分开。最后,还给学界讨论和深入研究带来了诸多混乱和困扰。学者们对国有资本投资运营公司与公益类和商业类国企分类的对应关系理解不同。有学者指出,投资运营公司应分为四类:公用事业类、公共保障类、战略类和竞争类②;也有学者认为,应把投资运营公司分为政策性和商业性两类,其中商业性国有资本投资运营公司又可分为特殊功能类和完全竞争类③;还有学者主张公益类、功能类国有企业不适合组建为投资运营公司,应该由国资监管部门直接监管,投资运营公司应主要在

---

① 对于竞争类国有企业,可以将其划转给国有资本运营公司进行管理,让国有资本运营公司代为履行“出资人”职责;而功能类、公共服务类国企依然保留,由上海市国资委对其进行管理。参见胡锋:《上海深化国企改革的实践探索及发展路径》,载《上海市经济管理干部学院学报》2017年第3期。

② 郭春丽:《组建国资投资运营公司加快完善国有资本管理体制》,载《经济纵横》2014年第10期。

③ 马忠、张冰石、夏子航:《以管资本为导向的国有资本授权经营体系优化研究》,载《经济纵横》2017年第5期。

竞争类国有企业领域组建和改建。①

(三) 授权内容和方式模糊,授权程序缺失

现行制度把出资人职责与股东权利等同,在我国"股东会中心主义"公司法立法模式下,国资监管机构作为出资人享有股东的所有权利,却还强调要以股权为基础对国有企业进行全方位监督和管理。其实,在此理念下的监管已经远远超出股东民事权利的范畴,带有了公权力性质。出资人职责应区分为管理职责和经营职责,前者由政府履行,后者由处于中间层的国有资产经营公司履行。②国资管理这种行为应当是行政行为,而不应是民事或商事行为。③现行制度对出资人职责没有进一步区分,"现实中的国资监管机构既当出资人,又当监管人。自己行使出资人的权利,自己监管,人们称此为'既当运动员,又当裁判员'。这不仅在理论上讲不通,事实证明也是无效的。"④如果政府和国资监管机构在制度设计中没有弄清出资人职责的真正内容和性质,在向国有资本投资运营公司授权中也必然弄不清究竟要授什么权、应该怎样授权,用权责清单和授权放权清单方式,模糊了本应清晰的授权内容和方式,继续让国资监管部门在"运动员"和"裁判员"的角色中任性转换。

此外,授权机制在整个制度系统中如此重要,但实践中却没有法定的、公开的程序约束,国资监管部门一纸公文就可以进行授权。"下发公文、开个大会就宣布国有资本经营授权,缺乏具体的权利义务约束与保障。"⑤"由于'条件'不明确,国有资产监管机构在'授权'这一行为上有着极大的自由裁量权,授不授权、授权范围的大小都可以由国资委自行决定。"⑥如此这般,授权内容的科学性和合理性无法保证,这直接牵涉到下一步董事会独立专业运作的制度能否真正建立、国有资本能否独立运作。从国企治理的公法性角度来看,这也与治理能力现代化要求不相符。事实上,前文已多次述及,授权机制是国有资本投资运营公司的制度起点,也是基点,授权不科学,董事会很难独立进行市场化运作。治理机制这一制度核心要素必然失灵,制度虚置现象必然产生。

---

① 参见胡锋:《上海深化国企改革的实践探索及发展路径》,载《上海市经济管理干部学院学报》2017年第3期;柳学信:《国有资本的公司化运营及其监管体系催生》,载《改革》2015年第2期。
② 胡改蓉:《"国有资产授权经营"制度的剖析及其重构》,载《西部法学评论》2009年第2期。
③ 顾功耘:《国有资产立法的宗旨及基本制度选择》,载《法学》2008年第6期。
④ 同上。
⑤ 李南山:《国资授权经营体制改革:理论、实践与路径变革》,载《上海市经济管理干部学院学报》2018年第3期。
⑥ 胡改蓉:《"国有资产授权经营"制度的剖析及其重构》,载《西部法学评论》2009年第2期。

(四)治理机制粗陋、模糊,制度缺失较多

首先,从大的制度框架上来看,现有制度设计没有贯彻国企分类改革思想,缺乏对不同类别的投资运营公司的治理机制的区分设计。尤其表现在董事会制度设计上,现有制度设计中对董事会的人数及构成、外部董事占比、董事委派和任命等进行了统一规定,并且区分了间接授权和直接授权两种情形下的董事委托和指定机构。然而,公益类与竞争类国有企业由于功能目标不同,应实施不同的公司治理,我国学界对此已充分论证,"基于国有资产在竞争性领域与非竞争性领域功能之不同,应当对处于政府与市场对接平台的国有资产经营公司采取不同的治理机制"①。从国企分类改革文件内容看,分类治理也已达成共识。其次,外部董事制度不健全,董事会制衡机制缺失。现有制度设计中明确了董事会成员的人数(原则上不少于9人)、组成(执行董事、外部董事和职工董事组成)、外部董事占比(应占多数)。表面上看,外部董事占多数,应该可以与政府董事等力量抗衡,作出更加市场化的决策,这可能也正是制度设计者的本意。尤其强调了应该保障国有资本投资运营公司市场化方式选择外部董事的权利。但又规定了执行董事和外部董事全部由国资监管部门或政府委派。于是,前面构筑的以市场化为导向的外部董事对政府(执行)董事、内部(职工)董事的董事会制衡机制瞬间崩塌。② 政府直接委派外部董事,外部董事本身就很难发挥独立董事的作用(既独立于控股股东,又独立于经理层),董事会的制衡机制就很难实现。我国的外部董事制度实质上就是一种介于政府董事与独立董事之间的一个非此非彼的嫁接体。③ 外部董事制度的问题必然带来政企不分的治理现实。再者,党委融入公司治理机制、职业经理人制度、差异化薪酬激励机制等都还在试点阶段,还没有统一、清晰地从制度层面呈现,还需要通过试点经验进一步总结,通过各参与方不断博弈和调整,演化出契合我国国有企业的治理机制。"最好的公司治理结构不是理论设计出来的,而是经由实践演进而来的。"④

---

① 胡改蓉:《国有资产经营公司董事会之构建——基于分类设计的思考》,载《法学》2010 年第 4 期。

② 董事会实际上是一个多方利益博弈的平台,在这个平台上,股东、职工、高管等各方主体的利益诉求都可得以体现,而这些利益诉求又在董事会内部产生相互制衡的作用,最终促使董事会做出的决策有利于公司目标之实现。参见胡改蓉:《国有资产经营公司董事会之构建——基于分类设计的思考》,载《法学》2010 年第 4 期。

③ 胡改蓉:《国有资产经营公司董事会之构建——基于分类设计的思考》,载《法学》2010 年第 4 期。

④ Frank H. Easterbrook & Daniel R. Fischel, *The Economic Structure of Corporate Law*, Harvard University Press,1996, p. 5.

（五）监督约束机制缺乏协调和统一

首先，监督主体多头，职责界定不清。除内部审计监督和信息公开制度外，监督制度设计还非常重视纪检监察机构监督、巡视、出资人监督等监督力量。这样，加上以往国有企业法律制度中的监事会监督、社会监督、职工民主监督、人大监督制度，监督主体和力量多头。虽然制度设计也提出要建立监督工作会商机制，对监督力量进行统筹协调，但具体会商和统筹的制度还有待实践探索后明确。如果没有明确分工、科学的监督程序设计，监督力量错综复杂，随意干预经营层正常的商业运作，国资运营的市场化和高效率就无从保障。其次，监督制度设计中还存在与《中华人民共和国公司法》《企业国有资产监督管理暂行条例》和《中华人民共和国企业国有资产法》不一致的地方。这些法律法规规定的监事会监督、职工民主监督、人大监督等制度，在国有资本投资运营公司监督制度设计中并未提及。虽然，监事会制度在实践运作中效果不良，在国有企业监督中没有发挥很好作用，而经过多年实践探索出的巡视、纪检监察制度，及随着信息技术发展新兴的国资在线监管制度和信息披露制度，甚至外部董事制度，正不断地显现出新的监督制度优势。但从法律制度设计层面，新法构建肯定需要考虑与已有法律制度的衔接，以维护法律体系内部的协调和统一。再者，绩效评价考核内容也没有结合国有资本投资运营公司的功能类别，区分设计，使得绩效评价考核模糊、粗糙，无法与监督约束机制有效适配。

正是因为以上制度设计存在诸多问题，加上许多地方组建投资运营公司存在盲目性和应急性，现实改革中制度虚置现象比较严重。

五、国有资本投资运营公司法律制度的完善路径

（一）组建条件和组建程序法定

由于我国实行国有资本授权经营制度，国有资本投资运营公司的组建必然以授权经营为前提，因此授权经营条件也即是组建设立的条件。在二十世纪九十年代开始的国有资本授权经营探索、当下投资运营公司试点实践及理论界研究中都对授权经营条件做出了一定探索。深圳市在 2002 年国有资本授权经营实践探索中就已经总结出，"只有满足四方面具体条件的企业，才有资格进行授权经营，即企业应有突出的主业、知名品牌和核心服务，技术创新能力强；企业资产规模较大、质量较好，资产负债率合理；企业应有良好的经济效益；企业要建立科学的内部管理制度，董事会、经营班子有较高的决策能力

和经营能力。"①前文总结试点经验中也已经指出一些地方实践中选择试点企业的标准,以及国资委 2019 年选择第三批央企试点企业的条件。中国社会科学院工业经济研究所课题组研究也认为,试点企业首先应该具备一定的资产规模优势。规模太小的企业或企业集团,其试点意义不突出,很难对其他企业产生示范和带动效应。其次还应该有相对较强的国有资产的资本化能力和资本盈利能力。最后还需要有配套的体制机制来确立自身的、相对规范的市场主体地位。②综上,吸纳实践探索和理论研究成果,结合国有资本投资运营公司的功能定位,法定的授权经营条件也即组建条件至少应考虑:其一,拟改组的投资公司所属行业或企业主业,应是关系国民经济命脉或关键领域的行业,便于改组后实施产业结构调整和上下游产业链整合;拟组建的运营公司应主要选择投融资或资本运作经验丰富的国有资产经营平台。其二,拟组建企业资产规模大,资产质量良好,资本运作能力强,有一定金融基础。组建后可以很快具有资本运作能力,引导和带动社会资本。其三,组建企业制度健全、管理规范、运营机制顺畅,下层企业混改开展好、市场化程度高,组建后有进行市场化运作的良好制度基础。程序上,国资监管部门应邀请行业主管部门人员、业内专家、企业负责人代表等组成专门委员会对拟组建企业进行调研,听取各方意见,充分论证后再作出授权组建决定。这样,一方面可以最大程度保障所选企业改组为投资运营公司后成功运作,实现其制度功能;另一方面,也可以借助前期调研和论证,为组建工作做好准备。

组建程序法定方面,学者深入系统研究的内容较少。③ 但 20 世纪 90 年代,深圳等地在授权经营试点中非常重视组建程序,一般强调要进行调研论证,选取试点企业,然后制定组建方案,由政府负责人和试点企业负责人签订授权经营合同,约定权责和考核等事项。当下国有资本投资运营公司试点中,山东省政府和国资委也非常重视试点的开展工作,先后共改组组建了三类 13 家投资运营试点公司,一企一策,通过制订组建方案和章程等程序进行授权,比较科学和规范。因此,借鉴以上实践经验,以委托代理理论、公共选择理论、博弈理论等理论为依据,在国有资本投资运营公司组建的过程中,一定要通过法定程序对其中重大、

---

① 《深圳市国有资产管理体制改革的调研报告》,载《经济与管理研究》2004 年第 1 期。
② 中国社会科学院工业经济研究所课题组:《论新时期全面深化国有经济改革重大任务》,载《中国工业经济》2014 年第 9 期。
③ 但顾功耘、王克稳、胡改蓉、李南山等学者都从授权程序角度提出应签订授权合同,以契约方式明确权责。参见顾功耘:《国有资产立法的宗旨及基本制度选择》,载《法学》2008 年第 6 期;王克稳:《经济行政法基本论》,北京大学出版社 2004 年版,第 276 页;胡改蓉:《"国有资产授权经营"制度的剖析及其重构》,载《西部法学评论》2009 年第 2 期;李南山:《国资授权经营体制改革:理论、实践与路径变革》,载《上海市经济管理干部学院学报》2018 年第 3 期。

关键问题进行明确。其一,组建企业拟定后,一企一策,以企业为主体,以国资监管部门为主导,邀请行业主管部门人员、民营企业家、专家学者等成立组建委员会。其二,由组建委员会在国资监管部门主持下,讨论拟组建企业功能定位、授权程度和内容、董事会结构、监事会组成、章程内容等重大问题,并形成书面文件,甚至整个过程可以向社会公开披露。其三,由组建企业在讨论意见基础上拟定组建方案,由组委会审定,按程序报国资监管部门或政府批准后开始实施。后期章程修订、授权清单和董事的选派、组成必须按组建方案逐步落实。甚至可以考虑将讨论后拟定的组建方案提交地方人大,上升到地方法规层面,做到重大改革于法有据。在美国,"对于每一个国有企业的成立、撤销,这一企业的设立目的、董事会的设置和人员组成、企业的具体经营范围及管理方式等都会由国会或者州议会通过的单行立法的方式为国企监督管理提供依据。"[1]

(二) 功能定位等与国企分类改革制度衔接

国有资本投资运营公司制度功能的实现离不开国企分类改革的指导思想。尽管学者们对如何分类有不同认识,但都主张与国企分类改革衔接,进行对应分类。郭春丽主张把国有资本投资运营公司分为四类:公用事业类、公共保障类、战略类和竞争类。[2] 顾功耘指出,从法律上讲,投资公司和运营公司本质上并无区别,都是实行独立经营且成为控股的母公司,但政府可以对这两种公司实行必要的分工,比如一个重点投资公共领域,一个重点投资竞争领域。[3] 陈清泰主张,"政策性功能和收益性功能的资本分别由不同的投资运营公司持有和运作,目的是尽量避免为实现相互冲突的目标而造成低效率"[4]。马忠等人根据国有企业分类,将国有资本投资运营公司分为政策性和商业性两类。其中,商业性国有资本投资运营公司又根据是否兼顾公益目标而分为完全竞争类商业性国有资本投资运营公司和特殊功能类商业性国有资本投资运营公司。[5] 柳学信[6]和胡

---

[1] 粟立钟、王峰娟、赵婷婷:《国资管理体制:文献回顾和未来设想》,载《北京工商大学学报(社会科学版)》2015年第3期。

[2] 郭春丽:《组建国资投资运营公司加快完善国有资本管理体制》,载《经济纵横》2014年第10期。

[3] 顾功耘:《论国资国企深化改革的政策目标与法治走向》,载《政治与法律》2014年第11期。

[4] 陈清泰:《资本化是国企改革的突破口》,载《中国金融》2016年第4期。

[5] 马忠、张冰石、夏子航:《以管资本为导向的国有资本授权经营体系优化研究》,载《经济纵横》2017年第5期。

[6] 一般而言,公益类国有企业应采取政府直接控制的方式,不宜采取在政府和企业之间增加国有资本投资运营公司这一缓冲中介的管理方式。参见柳学信:《国有资本的公司化运营及其监管体系催生》,载《改革》2015年第2期。

锋①都认为,公益类国有企业不应该组建为投资运营公司,而应该由国资监管机构进行直接管理。

地方试点企业在组建国有资本投资运营公司过程中,也基本上遵循了国企分类改革原则,尽管有些地方认识比较模糊,但大都较明确区分了竞争类、功能类和公益类三类投资运营公司。"从各省份的具体做法来看,各地均依据中央的指导思想,对国有企业实行功能界定和分类监管,采用二分法或三分法,将国有企业划分为市场竞争类、功能保障类和公共服务类等类别,并在此基础上相应地组建和新设国有资本投资运营平台。"②

因此,新制度构建中必须与国企分类改革制度相衔接,明确国有资本投资运营公司功能定位究竟应如何与竞争性、功能类和公益类这一国企基本分类相对应,进而为在授权机制、治理和监督机制中贯彻国企分类原则,进行更加精细化的制度区分设计奠定基础。③ 在明确国有资本投资运营公司分为投资公司和运营公司,二者功能各有所侧重的基础上,进一步明确投资公司因功能不同,又可进一步组建为公益类和功能类投资公司,运营公司则主要属于商业竞争类国有企业,以国有资本的保值增值为主要目标。④ 在此基础上,进一步明确公益类投资公司以战略管控和经营管控为主,财务管控为辅;功能类投资公司以战略管控和财务管控为主;竞争类运营公司主要以财务管控为主。分类授权、分类治理和分类考核监督制度设计便可以此为依据进行展开。

(三) 授权内容和授权方式明确、程序法定

整个国有资本投资运营公司制度设计,授权机制是起点和关键基点。但如何通过制度设计,克服过度行政干预,吸纳理论和实践知识,保证授权内容和程序科学,才是制度设计的关键。

为此,其一,贯彻国企分类改革,对公益类和竞争类投资运营公司授权内容

---

① 胡锋:《上海深化国企改革的实践探索及发展路径》,载《上海市经济管理干部学院学报》2017 年第 3 期。

② 王曙光、杨敏:《地方国有资本投资运营平台:模式创新与运行机制》,载《改革》2018 年第 12 期。

③ 国资委对商业性投资运营公司与政策性投资运营公司的管理应有所区别。对商业性投资运营公司,国资委不干预企业战略和投资计划。对政策性投资运营公司,国资委应在公司章程中确定其经营主业和投资方向。政策性投资运营公司额度标准以外或主业以外的投资须报国资委审核批准。商业性投资运营公司实行单一收益目标考核。政策性投资运营公司实行收益目标和政策目标双重考核。参见袁东明、陶平生:《国有资本投资运营公司的运行与治理机制》,载《发展研究》2015 年第 6 期。

④ 国有资本运营公司应投资于竞争性领域,以追求经济效益为目标。国有资本投资公司应主要集中投资于公共产品和服务,以及关系国家安全、国民经济命脉的重要行业和关键领域,主要承担完成特定政策目标的任务,同时也应兼顾经济效益。参见廖红伟、杨良平:《以管资本为主新型监管体制下的国有企业深化改革研究》,载《学习与探索》2018 年第 12 期。

分类对待,实行一企一策,通过公开、充分论证,综合考虑行业、功能定位及企业自身发展状况分类分别授权。一旦授权内容确定,应通过章程等法定形式固定。其二,从国资监管机构层面,明确其出资人职责分为管理职责和经营职责,尤其对于竞争类投资运营公司,应把出资人经营职责全部授予投资运营公司,国资监管机构只负责监管。"新加坡政府刻意避免参与国有控股公司及其所投资国有企业的各项商业决策。这种自律、无为而治的精神,确保了国有控股公司及其所投资企业能够充分依据商业规则运作并不断发展壮大,而不受任何行政性干预,或受与商业无关的政府指令的干扰。这种控股方式令新加坡的国有企业在与其他世界各地同类型企业相比时,能够脱颖而出。"[1]其三,授权程序必须法定。除非涉及国家机密或商业秘密,授权程序必须公开,借助组建委员会或专门组成授权委员会(政、商、学界共同参与),共同讨论、科学确定对某一企业的授权内容。授权形式可通过授权清单明确,或可以考虑采用契约方式固定。但无论采用何种形式,都必须在章程中载明。授权合同在以往授权经营实践中曾广泛采用,前文已提及,许多学者也有此主张,"授权应当主要采取行政合同的方式进行,一旦授权关系成立,应当由政府与国有资产经营公司签订授权经营合同"。[2] "公司的董事会应与政府签订授权合同,以作为公司独立运作的依据。"[3]

(四) 治理机制分类、科学设计

"在国有资产经营公司的治理机制中,董事会的作用极为关键。它上受制于政府,下监督经理层,处于'承上启下'的核心地位。"[4]"从域外经验看,构建独立、专业、高效的董事会是 OECD 国有公司治理机制的核心内容之一,也是'淡马锡'模式成功的关键所在。"[5]由此,国有资本投资运营公司董事会制度设计应注意以下几点:其一,要贯彻国企分类原则,针对不同的投资运营公司建立不同的董事会制度,"对于非竞争性领域的国有资产经营公司建立'三三三'模式,即政府董事、独立董事、内部董事各占董事会席位的三分之一;对于竞争性领域的国有资产经营公司则应构建以独立董事为主导的董事会模式。"[6]"通过政府董事体现政府意志,反映该类企业的本质;通过独立董事体现经营需求,促使决策科学化;通过执行董事与职工董事满足信息沟通的需要,同时兼顾其所代表的人

① 胡改蓉:《新加坡国有控股公司的制度设计及面临的挑战》,载《法学》2014 年第 6 期。
② 王克稳:《经济行政法基本论》,北京大学出版社 2004 年版,第 276 页。
③ 顾功耘:《国有资产立法的宗旨及基本制度选择》,载《法学》2008 年第 6 期。
④ 胡改蓉:《国有资产经营公司董事会之构建——基于分类设计的思考》,载《法学》2010 年第 4 期。
⑤ 《国资委履行出资人职责模式研究》,载《科学发展》2012 年第 9 期。
⑥ 胡改蓉:《国有资产经营公司董事会之构建——基于分类设计的思考》,载《法学》2010 年第 4 期。

力资本的权益。"①其二,确保外部董事制衡作用的发挥。在董事会成员多方力量的博弈中,独立董事更容易超越政府和公司内部人的利益局限,以商业目标最大化为原则,防止行政过渡干预和内部人控制。但我国现行制度中外部董事却并非真正的独立董事,而是由政府任命,几乎完全被政府控制,虽可独立于内部董事,但很难实现政企分离。因此,外部董事绝不能和执行董事一起,全部由国资监管机构委派,否则很难形成董事会内部力量的制衡。还"外部董事"以自由,让其真正"独立",将其塑造为公司法上的"独立董事"极为重要。将外部董事演进为独立董事应成为董事会制度构建的核心内容之一。② 其三,应对标世界一流投资控股企业,成立专业高效的董事会专业委员会,科学合理设计公司组织架构,协助董事会和经理层做好决策及管理工作,尤其是对下层企业的股权管控工作。其四,重视企业家作用,与混改、职业经理人、薪酬差异化、职工持股等制度试点联动,建立市场化激励机制,调动人力资源积极性。

党组织科学融入国有公司的治理机制是我国社会主义市场经济的特色和制度创新。"党组织对国有企业管理层人事权的把控,在某种意义上是党组织对其缺乏充分信息的补偿机制,在一定程度上可以避免国有资产流失。正因为如此,党组织对国有企业重要管理层人事权的控制,成为国企改革中一直坚持的重要原则之一。"③因此,科学的制度设计,要发挥党组织在公司治理中的积极作用,同时又要尽量避免其对董事会和经理层的过渡干预。这就需要,一方面,一定要明确党组织把方向、管大局和保落实的职能定位,明确其职责范围,并通过章程予以固定,确保党组织的功能发挥在章程约束下进行,避免随意性。当下国企改革实践中,有地方开始尝试采用清单方式明确。另一方面,对于"双向进入,交叉任职"的原则,要通过制度设计科学贯彻。"党组织书记、董事长一般由一人担任"可以保障党组织的集中统一领导,但也应避免董事会成员结构制衡中因为党组织力量的进入而发生破坏性的变化,影响到董事会市场化决策机制的正常发挥。否则,提高国资运营效率这一根本目标将不能实现。

(五) 监督统筹、体系统一、分类考核

与一般公司相比,国有资本投资运营公司存在着层级更多的委托代理,更容易产生寻租等代理成本,且投资运营公司带有金融的性质,运营国有资产的规模非常巨大,因此,确保国有资产安全也是制度设计的重要目标。

---

① 顾功耘、胡改蓉:《国企改革的政府定位及制度重构》,载《现代法学》2014 年第 3 期。
② 胡改蓉:《国有资产经营公司董事会之构建——基于分类设计的思考》,载《法学》2010 年第 4 期。
③ 张明泽、李忠海:《国企改革演进的关键路径——基于混合所有制视角》,载《现代经济探讨》2016 年第 7 期。

因此,第一,清晰界定各监督主体职责,统筹监督,建立会商机制非常重要。国有资本投资运营公司作为全民受托人,授权其运营巨额国有资产,监督约束制度设计无疑极为重要。但物极必反,如果各类监督主体过于频繁地甚至是重复地检查和监督,无疑会极大影响效率。现代经济学研究一再表明,管制与效率成反比。我们当下的改革正是为了放松管制,给企业活力,以提升效率。因此,在进行制度设计时,不能忘记初衷,走过了头。应充分讨论和论证各类监督的必要性,通过制度,统筹各类监督力量,做到职责清晰、互相衔接、形成闭环、不留漏洞即可。杜绝重复的、频繁的、过度的监督,做到精准、适度和高效。不仅如此,还应重视容错纠错机制建设,充分调动各方主体的积极性、主动性和创造性。[1] 第二,充分运用信息技术,借助国资监管平台,实现信息共享和披露,减少国资运营和监管中的信息不对称现象,降低交易成本的同时,确保国资安全运营。信息技术的发展已经在许多领域极大减弱了市场机制运作中因为信息不对称导致的市场失灵。国资授权委托链条长,国资监管和企业运营中信息不对称现象也普遍存在。通过国资监管信息平台建设,可以实现数据和信息共享,也便于国资监管部门和政府对国资运营状况进行监管,甚至可以借助大数据分析等技术进行预警,及时发现存在的问题。并且,国资运营机构作为"全民"的委托人,应该与上市公司一样承担向全民的信息披露义务,通过国资监管平台,把全民作为其股东,进行信息披露,保障全民的知情权,真正成为阳光国企。第三,重视纪检监察监督和巡视监督的作用,加大对重点领域和关键环节的监督力度。我国近几年反腐败实践证明,纪检监察和巡视制度监督力度大,制度健全,震慑作用强。作为外部监督手段,制衡掣肘力量弱,能够对公司党组织、董事会、经理层进行有效的监督。第四,现有国资监管制度存在不协调问题,应在下一步制度构建中进行统一。《中华人民共和国公司法》《中华人民共和国企业国有资产法》都明确规定了人大监督和监事会监督是国有企业监督的重要制度。但现有国有资本投资运营公司监督制度设计中均未涉及,有必要在下一步制度构建中进行协调统一,通过修订法律法规,把行之有效的监督制度以法律形式固定下来。第五,出资人监督评价仍应坚持分类考核和评价,针对不同的功能定位,制定不同的考核内容,而不能一刀切。

---

① 要进一步完善纠错容错机制,激发企业创新的活力,保护广大职工干事创业的动力,弘扬企业家精神,充分发挥企业家在国有企业改革中的引领作用,从而推进国资国企改革各项措施落地生根,推动国有经济高质量发展。参见薛贵:《国有资本授权经营体制改革思路与路径》,载《国有资产管理》2019年第11期。

六、结　　语

国有资本投资运营公司作为国有资本市场化运作的专业平台，无疑，应以《中华人民共和国公司法》作为其一般法遵循。但因其承载着将行政权力转化为商事权利的功能，还肩负实现国家战略意图和确保国资安全运作的重任，于是，不同于一般公司法律制度的国有资本投资运营公司法律制度的构建就成为必要。

为从法律层面构筑国有资本投资运营公司制度，本文回顾了其历史演变，剖析了其运作机理和理论支撑，考察了现有不完备制度的主要内容及试点做法，分析了其中存在的问题，并以解决问题为指引，建议从组建、功能定位、授权机制、治理运行机制、监督机制等具体制度层面对制度进行完善，将经由实践演化出的试点经验上升为法律制度。

最后，呼吁国家从顶层制度设计上坚持政企分开、市场化、安全原则，尽快制定专门的国有资本投资运营公司法，或在现行公司法中增设专章。为组建改建投资运营公司提供法律指引，做到国有资产管理体制这一国企重大改革行动于法有据。

国企分类改革背景下公共性国有企业
出资监管模式的重构

王文君[*]

纵观中国国企改革的历程,从放权让利式的微观经营机制改革到建立现代企业产权制度,可谓成效显著。但由于计划经济时期国企承担了过多的政策性使命,加之公共性国有企业本身的公共属性与营利目标的矛盾是世界范围内的普遍性问题,我国国企出资监管的问题依然突出。后危机时代,全球化与逆全球化并存,我国经济正处于寻求和挖掘内生动力的关键时期,推动国企成功改革对经济体制改革至关重要。2020 年是国企改革三年行动的开局之年[①],分类改革是本轮改革的重点,新冠肺炎疫情期间我国"全民战疫"的重大成就更凸显公共性国有企业的社会公益性责任,在此背景下,探讨公共性国企的出资监管模式具有重要意义。

一、国企出资监管的主要理论梳理

各国、各地区因不同的法律、国有资产管理体制和企业法人的种类、规模、范围等区别,形成了各式各样的国有出资监管模式。基于代表国家履行出资人职责的方式不同,主要分为集权和分权两大类。在集权型出资监管模式下,通常由单一的主体承担出资监管职能,典型的有新加坡淡马锡模式、英美模式;分权型出资监管模式则可能有两个或多个出资监管主体,如德日模式。[②] 分权模式由

---

* 王文君,华东政法大学 2020 级经济法博士研究生。

① 资料来源:http://www.sasac.gov.cn/n4470048/n13461446/n15390485/n15390500/c15823765/content.html♯2。

② 谭秋霞:《日本国企改革的法律分析对我国国企混改的启示》,载《法学论坛》2016 年第 1 期。

政府内设机构，即行业主管部门代表政府履行出资人职责，也有由政府一般管理部门中的多个部门分别管理的分权模式，如计划部门负责投资事宜，财政部门负责国有资本金管理和预算事宜，人事部门负责人事任免等。因行业主管部门众多，分权模式也称为分散模式。

我国从正式提出"国企改革"算起，至今已超过三十年。1978 年改革开放至1987 年，我国实行分权型出资监管模式，主要以行业分权为主，不同的行政部门管理不同行业的国有企业。1988 年 5 月，国务院成立国有资产管理局（以下简称"国资局"），这是我国最早的国有资产专门管理机构，标志着国有出资监管模式开始由分权向集权转变。国资局代表国家统一行使出资人职能，包括监督管理权、资产处置权、投资收益权、所有者代表权等。有学者认为，国资局虽然被视为新的国有资产管理体制的起点，但事实上仍然由多个行政部门分割行使国有出资监管职能，因此，这一阶段的国有出资模式还是"九龙治水"的分权模式。[①] 2003 年，国务院根据党的十六大报告精神[②]制定了机构改革方案，国务院、省、地级市相应成立代表本级政府履行出资人职能的国有资产监督管理委员会（以下简称"国资委"），自此，我国的国企监管出资模式由分权转向集权（如表 1）。可以说，国资委的成立突显着"政企分开，政资分开"的改革意图。[③]

长期以来，我国由国资委履行出资人职能的集权型出资监管模式一直受到国外学者和监管机构的质疑，认为国资委既是监管人又是出资人，既当"裁判员"又当"运动员"[④]，与经济合作与发展组织（OECD）确立的竞争中性原则（Competitive Neutrality）不一致。OECD 的竞争中性原则基于政府与国有企业的关系，明确 8 个方面的内容，具体包括公共采购、债务中性与直接补贴、获得商业回报率、履行公共服务义务、精简政府企业的运作、确立特殊职责的直接成本、税收中性、监管中性。[⑤] 国资委集权型出资监管模式备受质疑的原因，主要在于其违背了监管中性的要求。目前，已有 40 余个国家、地区适用竞争中性原则，中国与这些国家、地区签订贸易协定应主动就竞争中性原则达成共识，国有企业走出去

---

① 袁碧华：《国企分类改革下国有出资人模式的重构》，载《商业经济与管理》2020 年第 3 期。

② 党的十六大报告提出，"建立中央政府和地方政府分别代表国家履行出资人职责，享有所有者权益，权利、义务和责任相统一，管资产和管人、管事相结合的国有资产管理体制。关系国民经济命脉和国家安全的大型国有企业、基础设施和重要自然资源等，由中央政府代表国家履行出资人职责。其他国有资产由地方政府代表国家履行出资人职责。中央政府和省、市（地）两级地方政府设立国有资产管理机构。"

③ 《中华人民共和国企业国有资产法》第 6 条规定："国务院和地方人民政府应当按照政企分开、社会公共管理职能与国有资产出资人职能分开、不干预企业依法自主经营的原则，依法履行出资人职责。"

④ James Si Zeng, State Ownership and Regulatory Costs: A Law and Economic Explanation for the Prevalence of State-Owned Enterprises in China, 31 *Columbia Journal of Asian Law* 1, (2017).

⑤ 资料来源：http://www.oecd.org/daf/competition/46734249.pdf。

要防范可能面对的法律风险。

表 1　我国国有企业出资监管三个阶段的对比

时间	阶段	标志性事件	国家与国有企业之间的出资监管关系
1978—1987 年	分权型	改革开放	放权让利,开始走出计划经济困境
1988—2002 年	分权型	国资局成立	两权分离,下放部分控制权,开始推行公司制改革,"九龙治水"管理
2003 年以后	集权型	国资委成立	中央、地方各级国资委分别出资监管本级国企,市场法人治理

资料来源:作者自制。

二、集权型出资监管的困境

由于国有企业监管法规将若干公权力归入出资人权利中,国资委集权型出资模式极易出现行政机关以行使出资人权利的名义从外部干预国有企业运营和治理的情形。

(一) 监管实际上是在行使出资人权利下的行政干预

尽管政企分开、政资分开是国企改革的基本目标,在国资委集权型出资模式下,这一目标并未实现。[①] 这样的现状也与国资委成立的初衷相背离,国资委成立的初衷是将政府社会公共管理的职能与国有出资人职能分开,仅履行国有出资人职能,不具有社会公共管理职能。就法律规定而言,已经把国资委描绘成"干净"的出资人形象。[②]《中华人民共和国企业国有资产法》(下文简称《企业国有资产法》)第 12 条第 1 款规定"履行出资人职责的机构代表本级人民政府对国家出资企业依法享有资产收益、参与重大决策和选择管理者等出资人权利";第 13 条规定国资委可委派代表参加出资企业的股东大会并行使表决权,与一般企业的股东权利并无区别;第 14 条第 2 款更是明确规定,"履行出资人职责的机构应当维护企业作为市场主体依法享有的权利,除依法履行出资人职责外,不得干预企业经营活动。"

---

① 赵斯昕、孙连才、关权:《本轮国企改革的重大突破与创新——"以管资本为主"的国资监管新体系解析及变革建议》,载《青海社会科学》2020 年第 3 期。

② 李建伟:《国有企业特殊法制在现代公司法制中的生成与安放》,载《中南大学学报(社会科学版)》2017 年第 3 期。

然而,现行行政法规却与上述规定相矛盾。《企业国有资产监督管理暂行条例》第 12 条赋予国资委监管职能,该条例第 13 条还规定,国资委可以制定国有资产监督管理相关章程、制度。英国法谚有云:"任何人不能做自己案件的法官",国资委既是出资人,又是监管人,既是运动员,又是裁判员,自己行使出资权利又自己监管①,必然造成市场不公平。

(二) 监管权不恰当地包含审批权

政资不分是造成政企不分的主要原因。尽管法律、法规的立法目的是要把国资委塑造成纯粹的股东角色,从而完成现代企业法人的转型,但是国资委本身仍然是一个行政机关,即便具有股东地位,其管理模式、方法、理念,天生就带有浓重的行政管理痕迹。长期以来,国有企业具体经营活动需要层层报批至国资委的现象屡见不鲜,例如,行政审批、干预国企持有其他公司股权转让,委派、任命国企董事、高管等。国资委的职权实际上已经大大超过法律、行政法规所规定的出资人职责。② 此外,国资委只是根据人民政府的授权代行股东职责,国资委背后的人民政府保留了大量股东权利。《企业国有资产法》第 12 条更是直接规定了政府对国企重大事项的审批权。因此,实践中国有企业股权转让、并购、上市、投资、注销等事项,除报国资委核准外,还需要报本级人民政府批准。

(三) 监管权界限不清

我国现行的国资监管法律、行政法规对审批权和决定权欠缺详细规定,部门规章之间协调不一,整个监管制度设计缺乏对监管权力的约束意识,导致国资监管权界限不清,具体体现在审批权和决定权的制度设计方面。

1. 审批权无序混乱

我国国资监管法律法规对审批事项未作穷尽式列举,频频出现的"其他重大事项"兜底条款让审批权行使的条件、期限、效力、程序无法具体限定,《中华人民共和国行政许可法》之许可规定、《中华人民共和国公司法》之股权规定均无法适用,由此,实践中审批权的行使往往只是根据国有资产管理的实际需要。此外,国有产权监管非一个政府机构负责,各部门规章交叉规定其他部门的监管权限,各政府机构对国有产权的监管难免产生归属争议。

2. 决定权主体泛化

《企业国有资产监督管理暂行条例》《企业国有资产法》规定,国家出资企业

---

① 顾功耘:《国有资产立法的宗旨及基本制度选择》,载《法学》2008 年第 6 期。

② 资料来源:http://news.sina.com.cn/c/nd/2015-09-22/doc-ifxhytwr2287382.shtml。

对子企业国有资产转让有决定权。然而,《企业国有资产交易监督管理办法》第7条却规定"国资监管机构负责审核国家出资企业的产权转让事项。其中,因产权转让致使国家不再拥有所出资企业控股权的,须由国资监管机构报本级人民政府批准",这样必然使得决定权的主体泛化,也使得交易相对方的守法成本无形中被提高。

    3. "报批权"无法律依据

国有企业集团化管理和混改后,许多国有独资企业出资成立全资子企业或国有控股子企业,国有企业持有其他公司股权转让等重大事项层层报批,直至集团公司报国资委,集团公司并没有决定权或审批权,只负责层报的集团公司可以拒绝上报,使得"报批权"事实存在。"报批权"无法律依据,此种非正式权力的存在是监管界限不清的集中反映,是监管制度冗余的表现。

三、分权型出资监管的困境

2002年以前,我国一直实行分权型出资监管模式。2003年成立国资委后,我国虽然实行集权型出资监管模式,但这种集权仍然有所保留。金融类、自然资源类、行政类等大部分国有资产均未纳入国资委监管。此外,国资委监管中仅对经营性国有资产实行集权型出资监管模式,并且国资委也未能完全履行对经营性国有资产的出资监管职能,仍有许多国有企业由政府其他部门或机构履行出资人职能。我国《企业国有资产法》第11条第1款规定,"国务院国有资产监督管理机构和地方人民政府按照国务院的规定设立的国有资产监督管理机构,根据本级人民政府的授权,代表本级人民政府对国家出资企业履行出资人职责"。但该条第2款却规定,"国务院和地方人民政府根据需要,可以授权其他部门、机构代表本级人民政府对国家出资企业履行出资人职责。"这样先"收"后"放","收"的效果也就被抵消了。正因为立法留的这个"口子",很多其他部门、机构监管的国有企业并未纳入国资委统一监管,近20年过去,这样的情况仍未有本质性改变,且不时有组建专门国资委的呼声。[①] 如此可见,我国国有企业事实上存在许多分权型出资监管的情形。

不彻底的集权型出资监管模式在我国长期存在具有一定的原因,不得不说,在特定历史时期也有一定的合理性。20世纪80年代后,全球范围内掀起了私有化改革的浪潮,国有经济体量收缩,分权型出资监管的弊端逐渐暴露,许多国家和地区纷纷改革分权型出资监管模式,转而对国有企业实行集权型出资监管。

---

    ①   资料来源:https://www.sohu.com/a/256925453_100267686。

分权型出资监管模式下,不同的政府部门分散履行出资人职能,有的甚至出现由十多个政府部门监管几十个国企的情形。随着私有化改革的不断推进,国有企业规模逐渐缩小,为了克服"九龙治水"的问题,各国纷纷采用更为集中的监管模式,由政府的一个部门(如西班牙、荷兰、丹麦的财政部,瑞典、挪威的工业部)或专门机构(如法国的国家参股局、英国的股东执行委员会、比利时的国有企业参与部)代表政府履行出资人职责,有的国家则由国会成立这一专门机构。我国顺应世界潮流,也适时成立国资委采用集权型出资监管模式。但值得注意的是,许多国家采用集权型出资监管模式的同时实行了私有化改革,国有经济体量大大缩小,国企规模也同时缩小,而中国短期内不具备通过这样的方式缩小国企规模的可行性。数量多、分布行业广的国企现状,无论就精力还是能力而言,都使得由一个专门机构来履行出资人职责成为不小的挑战。我国在成立国资委时也考虑到这个问题,同时也为了调动地方政府的积极性,国务院国资委和地方政府国资委分别代表国家履行出资人职责,这在一定程度上缓和了矛盾。然而,地方的国企规模也不小,而且参差不齐,一些发达地区国企规模更大。此外,单一的专门机构履行出资人职责还需要面对专业知识不足和专业人才匮乏的问题。总的来说,我国分权型出资监管模式主要的原因如下:一是建立与国际市场经济相适应的国资监管制度是一个难以一步到位的渐进过程;二是为政府根据改革的实际情况适时调整留下空间,避免出现真空地带;三是现实妥协,许多部门不愿意放弃国企的管理权力,部门利益之争事实存在。尽管分权型出资监管模式在我国具有一定的合理性,但仍然面临难以回避的现实困境。

一方面,央地分权或行业分权与国企分类标准并不匹配。从表面看,分权管理的模式有根据不同的国企采用不同的管理方式的理念,但实际上,这种分权是基于地域、行业的不同分别由对应的政府部门分散管理,与分类改革的标准完全不一致。《关于国有企业功能界定与分类的指导意见》将国企分为公益类、商业类,在这样的分权模式下,同一个地域或者行业,不管是商业类还是公益类国企,均由同一个专门机构管理;反之,在不同的地域或行业,即使国企同属于公益类或商业类,也分属不同的机构管理。"公益"一词通常与"奉献""免费"结合,对于具有"公共性""非营利性""社会性"的国企,用"公益类"划分并不十分恰当,这类国企的产出实质上具有公共产品的属性,因此,笔者认为可以把其称为"公共性国有企业",与之相对应的则是"商业性国有企业"。对于公共性国企,确实需要加强监管,重点监管制度和政策的规范性与有效性,关注政策执行效果和社会效果评估[①],由此,涉及监管的出资人,既有可能是公共产品立项的政府部门,也有

---

① 白金亚:《我国国有资产监管体制的历史演进与发展研究》,载《行政与法》2016年第7期。

可能是负责预算管理的政府部门,还有可能是资金来源的政府部门,按地域或行业划分出资人监管职责有欠妥当。而就商业性国企而言,重点在于国有资产增值保值,保持国有企业在市场经济中的竞争中性,这类国有企业应当让市场起决定性作用,"管资本"即可,企业的经营决策都交给市场,出资人享有股东投资收益分配的权利,通过股东大会行使股东权利,不涉及公共产品立项或财政预算,公司通过股东会或董事会决定公司资产的投资和使用,不受出资人的限制,按照行业或地域划分出资人监管职责,也不妥当。

另一方面,功能分权方式无法适应分类改革要求。考虑到行业或地域分权的问题,有学者认为,可以采用功能分权的方式,即政府直接作为出资人,而不是由某个部门如国资委代表政府履行出资人职责。① 政府(可区分中央、地方)集中代表国家履行出资人职责,再根据政府内部分工,由不同的职能部门行使各自的出资人职能。具体而言,如人大负责预算,财政部门负责出资、收益,审计部门负责监督,国资委负责管理等。此观点乍看起来,既有现实操作可能性,又有法律依据,《企业国有资产法》第 6 条就明确规定了政府的出资人地位。尽管有学者认为,分割治理极大地增加了沟通、协商等代理成本,降低了国资监管效率。② 实际上,2003 年国资委成立至今,依然无法独自完成出资人的所有职责,其管理权由党委组织部门与国资委共同行使,出资和收益由财政部门负责,审计监督则由审计部门完成,客观上依然由多个政府部门完成。由此看来,"九龙治水"有一定的现实合理性。也有学者主张采用功能性双重出资监管模式,其中最具代表性的是国资委与财政部门双重出资监管模式。③ 双重出资模式可以剥离国资委"商人"的身份,专门负责企业监管,出资和收益归财政部门,并在国资委与大型国有企业之间成立一个专门负责国有资产投资、运营的中间人——控股公司,控股公司以股东身份参与国有企业经营管理。还有学者建议,由发改委统一负责国企的投资立项。④ 然而,不管在政府集中代表下如何分权,还是存在同集权型出资监管模式相似的困境。不同的国企管理重点不一样,考核标准有别,出资人职权也有所不同。商业性国有企业应以利润作为首要考核指标,公共性国企则应当以社会效果作为第一考核指标,利润作为第二指标甚至不考核。政府作为集中代表,各部门提出不一样的目标、采用不一样的管理方式、手段,难免会发生混乱。此外,如果行业主管部门作为出资人,各部门制定自己的规章制度,仍然会陷入部门利益冲突的泥沼,政企难分。

---

① 《关于国有资本营运和投融资体制配套改革的对策建议》,载《经济研究参考》1999 年第 23 期。
② 蒋大兴:《废除国资委?——一种理想主义者的"空想"》,载《清华法学》2016 年第 6 期。
③ 李昌庚:《国有财产监管制度研究》,载《法治研究》2014 年第 4 期。
④ 袁碧华:《国企分类改革下国有出资人模式的重构》,载《商业经济与管理》2020 年第 3 期。

四、构建公共性国企功能性双重出资监管模式

(一)为何公共性国企应采不同于商业性国企"管资本"的出资模式

长期以来,我国国企改革一直强调政资分开、政企分开、提质增效的目标,然而,这样的改革目标实际上应该只针对商业性国企。尽管商业性国企也需要负责实现国家战略目标任务,也负有加快产业结构调整优化、政府调控经济、维护市场经济稳定的经济社会职能,但是国企改革的主要目标是放手让其与其他市场主体直接竞争①,商业性国企的发展主要源于自身的努力,改革的路径是让其遵循现代企业治理的规律和逻辑,以市场为基础进行自主调节,以实现国有资产保值、增值,从而获得国家投资的高额回报。② 可见,"管资本"模式是商业性国企的最佳选择。新加坡淡马锡模式就是按照分层"管资本"模式,构建"国资委—国有资本运营公司—国有企业"三层的商业性国企管理模式。新加坡通过政府控股的运营公司,集权型出资管理国有企业,最大的特点是保证了国有企业的商业经营与市场化运作。新加坡的政府控股公司根据《公司法》投资成立,并按照市场经济规则运营,是完全的法人实体,其对国有企业履行的出资人职责也基于股权关系,除非出现重大问题,一般不参与国企的日常经营活动。

事实上,我国的国企改革一直以商业化国企为主,忽视了公共性国企的特殊性。换言之,我国的国企改革目标主要是把国有企业打造为以追求盈利为目的的商事主体。从放权让利,到承包制、租赁制,再到股份制改革,最后到现代企业制度,一直都力争让国有企业成为自主经营、自负盈亏的市场经济主体。③ 实际上,整个国企改革就是把国企转变为具有独立法人资格的公司,这也被认为是国企改革的正确出路。④ 有学者认为,我国国企改制是为了塑造国企的"公司本质",使得国企以追求利润为导向,以确保国有资产保值、增值,而这本应是商事公司的目标。⑤ 然而,忽略了对公共性国企改革的关注,把所有国企都按商业性国企方向的改革,已经引起许多学者的批评。因此,现阶段亟须将公共性国企析出,区分对待公共性国有企业,对其构建更为适合的国有企业出资监管模式。

---

① 高明华:《国企分类改革必须对应国资分类监管》,载《前线》2014 年第 2 期。
② 孙晋:《竞争性国企市场支配地位取得与滥用以及规制的特殊性》,载《法学评论》2016 年第 1 期。
③ 中国宏观经济分析与预测课题组:《新时期新国企的新改革思路——国有企业分类改革的逻辑、路径与实施》,载《经济理论与经济管理》2017 年第 5 期。
④ 方芳芳:《国企法定代表人的法律地位、权力和利益冲突》,载《比较法研究》1999 年第 Z1 期。
⑤ 蒋大兴:《国企为何需要行政化的治理——一种被忽略的效率性解释》,载《现代法学》2014 年第 5 期。

（二）为何公共性国企应采功能性双重出资监管模式

双重模式，可能是功能性双重，也可能是行业性双重。行业性双重出资监管模式，是指由各行业部门和一个政府部门或机构共同行使出资人职能。所谓功能性双重出资监管模式，指的是由两个政府部门（非行业部门）或机构共同担任国有企业出资人的模式。与行业分权型模式相比较，双重模式下的出资人更集中。双重只是常用的一种表述，并不仅限于两个部门，事实上，有的国家由三个甚至更多的部门担任出资人。以韩国为例，20 世纪 90 年代中期以前韩国采用分权模式，90 年代中期至 2008 年则采用三重模式，财政经济部、行业部门、计划部三个部门担任国有企业出资人。李明博任总统后，合并了一些职能部门，规划预算部与财政经济部合并成立了企划财政部（MOSF），如此，原来由合并前的两个部门履行的出资人职责就落入 MOSF 一个部门，当前韩国的国有企业出资监管模式也可以说是双重出资监管模式。①

较之分权、集权型模式，双重模式是介于两者之间的一种过渡模式，有其独特价值。双重模式下，通过一个脱离行业部门的政府部门担任出资人更为中立，既可以发挥行业部门的专业作用，又可以让国家统一管理国企，克服了分权型出资监管模式中行业部门各自为政的弊端。功能性双重出资监管模式更超脱了行业部门的利益，因而在分权型模式盛行后，双重模式成为最受欢迎的国有出资监管模式，如今集权型出资监管模式被各国广泛使用，但双重模式仍然受到意大利、墨西哥、韩国、希腊等一些国家的青睐②，其中最具代表性的是意大利。意大利国有经济占 GDP 的比重约三成，处于欧洲发达国家前列，采用双重出资监管模式管理如此庞大的国企规模颇有成效。两个部门共同担任出资人，一个是经济财政部，另一个是国家参与部，前者负责根据国会决定管理预算，后者行使日常股东权利，如参与股东大会、审议董事会报告等。③ 就其性质而言，意大利的双重模式是功能性双重，并非行业双重。功能性双重出资监管模式与公共性国有企业较为匹配的理由不仅在于其独特的价值，还与"管企业"的目标相一致。

一方面，功能性双重出资监管模式与公共性国有企业既"管资本"又"管企业"的需求具有极高的契合度。公共性国有企业可以再划分为两大类，一类是资

① Jiangyu Wang & Tan Cheng-Han, Mixed Ownership Reform and Corporate Governance in China's State-Owned Enterprises, 53 *Vanderbilt Journal of Transnational Law* 1055 (2020).
② Shixue Hu, State Enterprises in International Investment Disputes: Focus on Actor or Action?, 51 *Georgetown Journal of International Law* 323 (2020).
③ Pasquale Saraceno, The Italian System of State-Held Enterprises, 11 *Journal of International Law and Economics* 407 (1977).

源型,另一类是合理垄断型。前者涉及不可再生或战略性的自然资源,后者与国计民生息息相关,这两类国企肩负着社会稳定、国家安全的重任,经济效益不是首位考量因素,这些国有资产管理必须兼顾社会公共利益与企业盈利双重目标,甚至如果两者发生冲突,应以社会公共利益优先。换句话说,对于公共性国企,既要注重社会价值,也要追求经济价值,考核标准与商业性国企不同,社会绩效第一,利润指标第二,在保证公共性国企收支平衡,不至于亏损的前提下,追求社会福利效果的最大化,这与追求国有资产保值、增值的仅仅"管资本"的集权型出资监管模式有很大差别,国资监管既要"管资本"又要"管企业",才有可能实现这样的目标。

另一方面,功能性双重出资监管模式对于代行政府公共职能的国企具有特殊的价值。一部分公共性国企不以营利为目的,仅负有向社会提供高质量的公共产品和服务的义务,如公交车公司、自来水公司,这部分国企的考核仅关注社会效果,本身就是政企不分的,并不需要市场化运营,这部分国资监管的考量更多的在于如何对企业实现有效的监管,使公司的运营满足国家的要求和社会的需求。因此,多个部门共同履行出资人职能可以更高效。选择功能性双重出资监管模式可以让多个部门对同一国有企业同时实行有效监管,达到全面、平衡的效果,这样的效果无论是行业分权型监管模式还是集权型出资监管模式都无法实现。

(三) 如何构建公共性国企功能性双重出资监管模式

公共性国企实行功能性双重出资监管模式,专司国家出资人职能的部门负责行使日常股东权利,参与国企股东大会、董事会会议,审议董事会报告,普通的职能部门负责预算、出资、收益。当然,也不一定严格局限于两个部门,可以根据需要选择多个部门,但也不必要太多,建议三个为宜,避免又出现"九龙治水"的混乱情形。具体设计如下:

首先,新设股东部门代表国家行使日常股东职能。对于公共性国有企业,专门设立一个履行国有出资人职能的专职机构,可以称之为公共性国企股东局,主要负责公共性国企的日常监管,组织人员可以从国资委选派,但不能设置为国资委的下属或外派单位。建议公共性国企股东局直接隶属于政府,中央、地方两级政府分别成立相应的股东局。股东局不是国资委的替代机构,其职能仅针对公共性国企,商业性国企仍然可以继续采用国资委集权型出资监管模式,因此,不必撤销国资委。

其次,由人大、财政部门作为一般的职能部门,行使预算、出资、接收收益的职能。财政部门担任一般功能部门履行部分出资人职能是许多国家的做法,国内也有学者赞成此种方式,但我国的具体国情有所不同,预算由各级人民代表大会决定,把公共性国企预算交给财政部门不具有可操作性,因此,人大负责预算、财政部负责出资、接收收益,共同履行部分出资人职责较为合理。其他的政府部门依法对公共性国企行使各自的职能,不能就此把其归为履行出资人职能,如审计部门不仅对公共性国企行使审计监督职能,同时也对其他部门进行审计监督,只是对象不同。

最后,通过立法明确各个出资人职责。功能性双重出资监管模式涉及两个或两个以上的出资人,都代表国家履行出资人职责,为了避免推诿扯皮和管理混乱,建议通过法律、行政法规划定各出资人的出资比例上限,明确分工职责,对公共性国有企业运营管理、财务管理以及考核任务作出详细规定,让各出资人各司其职。如新加坡的公共性国企,与行政单位一起称为"法定机构",把公共性国企管理与承担社会公共职能的事业单位同等对待,具有独立法人地位,通过国会专门立法设立,其机构性质、权力限制、职责范围都有特别法案规定。监管必须依法进行,需要专门立法对监管规定加以细化。[①]

五、结　　语

可以确定,我国的国企分类改革并不止步于对国有企业作出分类,而应该把分类的思维融入国企监管和运营的全部环节,尤其是对国资监管体制至关重要的出资监管模式,更应该体现分类的理念。但是,我国目前的国企出资监管,不管是分权型出资监管模式,还是国资委集权型出资监管模式,均把全部国有企业同等对待,并未区分国企的类别。更为遗憾的是,几乎所有的改革方案、手段都把公共性国企与商业性国企以"管资本"的方式等量齐观,忽视了公共性国企的特殊性。有必要针对公共性国企的定位、职责任务、运作管理、考核监管的要求构建与之相匹配的功能性双重出资监管模式。对于这类无须市场化运作的公共性国企,采用功能性双重出资监管模式,由多个部门代表国家履行出资人职责,可以满足既"管资本"又"管企业"的需求,是较优的选择。

---

① Tan Cheng-Han, Dan W. Puchniak & Umakanth Varottil, State-Owned Enterprises in Singapore: Historical Insights into a Potential Model for Reform, 28 *Columbia Journal of Asian Law* 61 (2015).

第五编　涉外经济管制法

跨境资金流动风险防范机制研究

吕志强[*]

习近平总书记在 2017 年 7 月全国金融工作会议上指出,"要把主动防范化解系统性金融风险放在更加重要的位置,科学防范,早识别、早预警、早发现、早处置,着力防范化解重点领域风险,着力完善金融安全防线和风险应急处置机制"[①]。因此,构建有效的、制度化的跨境资金流动风险防范机制,已成为当前金融扩大开放和自贸区改革试验功能实现的先决条件和必要条件,也是优化外汇营商环境的要求以及建成国际金融中心的重要制度保障。此外,在新冠肺炎疫情引发全球金融市场动荡的背景下,跨境资金流动剧烈波动,风险防范尤为值得关注。

一、跨境资金流动风险防范现状不适应
当前资本项目开放形势

(一)临港新片区跨境资金流动的改革政策

国家外汇管理局 2020 年工作会议明确指出,"要深化'放管服'改革,支持自

---

* 吕志强,华东政法大学 2019 级经济法博士研究生。
① 资料来源:http://www.gov.cn/xinwen/2017-07/15/content_5210774.htm。

贸试验区、海南自由贸易港、粤港澳大湾区等外汇管理改革先行先试。"①可以看出,自贸试验区、自由贸易港的资本项目开放时间最早、最有条件、最具急迫性。笔者认为,上海自贸区临港新片区金融开放的政策空间宽广,《中国(上海)自由贸易试验区临港新片区总体方案》(以下简称《临港总体方案》)提及将在自由贸易账户内试点本外币一体化,探索资本自由流动和货币自由兑换。与之开放程度相匹配,方案特别强调开放领域的风险管理和防范,确保风险可测、可控、可承受,尤其要建立跨境资金流动等领域的风险防范监测机制,并提出要达到监测精准性、监测实时性以及预警动态化等具体要求。

国务院于2013年发布《中国(上海)自由贸易试验区的总体方案》(以下简称《自贸区总体方案》),时隔六年之后,上海自贸区临港新片区正式宣布成立,国务院于2019年发布《临港总体方案》。对比两个方案中涉及资本项目和跨境资金流动的开放政策内容,总体可以得出当前资本项目新的开放形势。

第一,资本项目更加开放。《自贸区总体方案》提出要推进人民币资本项目可兑换,而《临港总体方案》在上海自贸区开通自由贸易账户业务的基础上,提出在账户内试点本外币一体化功能,在新片区内探索资本自由流动和货币自由兑换。拓展跨境金融服务功能,推进人民币国际化,鼓励跨国集团企业在新片区内设立跨境资金运营管理中心。同时,首次在《自贸区总体方案》中明确,资本项目可兑换按照国家统筹规划、服务实体、风险可控、分步推进的原则进行。

第二,明确跨境融资自由化事项。在《自贸区总体方案》提出跨境融资自由化的基础上,《临港总体方案》明确了新片区内企业及金融机构可开展的跨境金融活动(跨境发债、投资并购和资金集中运营等),境外募集资金及取得收入可自主在区内和境外使用,明确金融机构可以从事资本项目下跨境证券投资和保险资产管理等业务。目前,部分证券公司虽已取得跨境自营资格,但因外汇管制原因仍无法开展业务。部分金融机构已为自贸试验区内的企业发行美元债等外债提供金融服务,但监管部门尚未制定具体的规则、流程以及审批部门、可以从事外债发行业务的金融机构资质等。

第三,在风险监控方面,《临港总体方案》特别强调开放领域的风险管理和防范,确保风险可测、可控、可承受,尤其要建立跨境资金流动等领域的风险防范监测机制,并提出要达到监测精准性、监测实时性以及预警动态化等具体要求。

第四,明确推进投资贸易自由化、便利化的重点。《临港总体方案》指出在适用自贸区各项开放创新措施的基础上,推进的重点在投资、贸易、资金、运输、人员从业五大方面。

---

① 资料来源:http://www.safe.gov.cn/safe/2020/0103/15047.html。

第五，提升跨境金融监管效率。《临港总体方案》指出，要在金融监管规则上与国际接轨，优化监管以促进跨境金融服务便利化。完善跨境资金流动监管制度是营造良好的法治营商环境体现，也是加速推进上海金融中心建设的重要保障。

上海市政府于 2021 年 5 月出台《关于加快推进上海全球资产管理中心建设的若干意见》，提出推动开放创新率先试点，建设国际金融资产交易平台，拓宽 QDLP 试点机构投资非标股权、债券、大宗商品、金融衍生品等领域，鼓励试点机构开展跨境双向投资管理。支持资产管理机构开展离岸证券投资、离岸基金管理等创新业务，探索发展人民币离岸交易。在自贸试验区临港新片区探索资产管理机构跨境资金管理有效途径，研究与更高水平开放相适应的离岸金融体系。

（二）跨境资金流动的新特点

近几年，我国金融业步入深度开放期。银行、证券、保险等金融行业在股权、经营范围等方面均已对外资全面放开，股票、债券、商品和金融期货等衍生品市场对外开放力度加大，允许境外投资者直接进入银行间债券市场，陆港通、债券通、沪伦通等互联互通机制已经建立，跨境投融资渠道逐步丰富，形成了以境外投资者直接入市和境内外交易机制互联互通的多渠道双向开放框架。[①] 目前，A 股、中国债券相继已纳入 MSCI、彭博巴克莱等全球主流指数。截至 2019 年 12 月末，境外投资者持有我国股票和债券分别达到 2.1 万亿元和 2.26 万亿元，同比分别增长 82.5% 和 32.2%。[②] 2021 年全国外汇管理工作电视会议也指出，"要以金融市场双向开放为重点，稳妥有序推进资本项目开放。完善境外机构境内发行股票、债券资金管理，推进私募股权投资基金跨境投资试点，改革外债登记管理，促进跨境投融资便利化。扩大贸易外汇收支便利化试点，支持金融机构推出更多适应市场需求的外汇衍生品。"[③]

金融市场开放和人民币国际化的推进，在逐步提高我国资本项目可兑换程度直至实现全部资本项目可兑换目标的同时，也使得国际金融风险和危机的跨境传播更加便捷，增加了金融市场的不稳定性，尤其是跨境资金管理的难度增大，跨境资金流动风险防范更具有挑战性。因此，在法律制度设计上，要充分研究跨境资金流动的新特点，针对当前的防范现状，思考有效防范跨境资金流动风险的应对之策，规避因防范不当而引发金融和经济危机的风险。

---

① 霍颖励：《金融市场开放和人民币国际化》，载《中国金融》2019 年第 14 期。
② 资料来源：http://www.pbc.gov.cn/diaochatongjisi/116219/116319/3750274/index.html。
③ 资料来源：http://www.safe.gov.cn/safe/2021/0105/17989.html。

　　跨境资金流动呈现出以下新的特点：

　　第一，跨境新兴业务模式的普及以及跨国集团内部统一的资金管理方式，导致资金流动趋于复杂多样；第二，金融、资本市场的双向开放加大了跨境资金流动的频率、规模、自由度和方向的不稳定性，尤其是短期跨境资本[1]；第三，跨境金融机构和企业对于货币错配风险的对冲管理，加大了交叉币种货币交易量，产生了杠杆效应；第四，差异化的本外币管理政策为市场主体通过交叉币种操作，实现异常资金转移套利提供了通道，加剧了跨境资金流动风险[2]；第五，跨境资金中无贸易背景的套利行为和资金融通更趋活跃，非法外汇交易呈现多样化，跨境资金流动风险的集聚、扩散更加复杂和隐蔽；第六，国内金融、外汇市场的规模以及资本市场机制的不健全等现状，仍难以适应和承受短期大规模的跨境资本流动；第七，跨境资金流动风险具有宏观性和全局性，影响范围不仅局限于微观金融机构主体，更波及国家金融和经济的稳定。[3]

　　需要提及的是，资金跨境流动包括人民币的跨境使用和外汇出入境两个方面，前者涉及人民币国际化。虽然两者同属跨境资金流动范畴，但两者的风险特征及风险防范的原则和方式都有所不同，本文主要讨论外汇出入境的风险防范问题。

（三）跨境资金流动风险防范现状

1. 风险防范过分依赖行政手段

　　当前，在外汇管理开放环境下，我国跨境资金流动风险防范过分依赖行政手段。主要表现在：侧重资质和额度的事前审批监管模式，采用窗口指导措施，数量型调控工具较多，宏观审慎管理手段较少，容易出现"一刀切"和政策正反调整的情况。一方面会降低市场效率，另一方面因行政手段透明度不够，外部监督制约不足，科学性不够，导致无法达到预期目标。笔者认为，上述风险管理防范手段与《中华人民共和国外汇管理条例》（下文简称《外汇管理条例》）尚未明确外汇管理资本管制措施实体和程序要求有一定关联。

2. 实需原则和真实合规核查的经济基础面临挑战

　　我国传统的外汇管理原则主要是《外汇管理条例》第 12 条[4]确立的实需原

---

　　①　短期跨境资本，简称为"热钱"或国际游资或投机性短期资本。短期跨境资本流动是指资金周转期在一年以下的跨境资本流动。一般可分为四类：平衡型短期资本流动、投机型短期资本流动、收入型短期资本流动、自主型短期资本流动。

　　②　王慧洁：《完善跨境资本流动管理的政策逻辑和调整尺度》，载《金融时报》2017 年 2 月 6 日第 11 版。

　　③　韩龙：《IMF 对跨境资本流动管理制度的新认知述评》，载《环球法律评论》2018 年第 3 期。

　　④　《外汇管理条例》第 12 条规定，经常项目外汇收支应当具有真实、合法的交易基础。经营结汇、售汇业务的金融机构应当按照国务院外汇管理部门的规定，对交易单证的真实性及其与外汇收支的一致性进行合理审查。外汇管理机关有权对前款规定事项进行监督检查。

则和真实合规核查要求,当然也是现有跨境资金流动风险防范的主要法律依据。该法规同时赋予了金融机构对交易单证真实性的合理审查义务,并规定了非法套汇、逃汇以及改变资金用途的行政责任和刑事责任。

但在当前条件下,传统的实需原则和真实合规核查的法理基础面临一定的挑战。第一,根据金融开放实践的一般路径,在开放初期应先采取额度管理、管道开放的渐进式改革思路,再根据各方面条件成熟情况逐步调整优化。但根据《临港总体方案》,要探索新片区内资本自由流动和自由兑换,开放节奏和力度较为紧迫,资本项目改革箭在弦上,因此开放的时间和方式会较以往有所不同,跨境资金流动的风险防范压力和挑战会更大。第二,当前主要通过金融开放吸引资金流入,但随着时间的推移,真实性合规性管理原则的边际效应可能递减[①],引导市场主体多收汇多结汇的难度较大,不利于投资者主动防范汇率风险,存在政策失灵的可能。第三,根据前述分析,因金融市场呈现频率高、规模大、复杂多样等特点,跨境资金流动的波动性加大,但严格的实需管理可能会制约汇率充分反映市场信息的程度。第四,现有规定下,外汇局无法准确掌握核查流动外币的基础本币的资金来源,直接投资资金来源以及流动难以确定。[②] 第五,实需原则限制了外汇市场上的投机者和套利者,虽然能够保证市场的稳定性,但是却在很大程度上限制了衍生品交易的流动性,制约境内衍生金融工具市场的发展,导致市场参与度较低和市场深度不足。严格的实需管理在国际贸易持续顺差或逆差的情况下也会产生人民币单边波动的副作用。

3. 风险防范的监测和预警机制不完善

现有跨境资金流动监测和预警在及时性、全面性、有效性方面尚有不足,影响了政策的实施效果。虽然我国《外汇管理条例》未明确外汇管理机关对国际收支进行统计监测的目的,但是,对跨境资金的有效监测显然有助于我们对跨境资金的异常流动或潜在的金融危机做出预警和防范。长期以来,我们一直忽略了国际收支监测的该项作用,直到近几年才被重视。因此有必要在外汇管理立法中予以明确。

此外,长期以来因资本项目尚未完全开放,金融机构和实体企业经营的跨境资金风险相对单一、可控,我国监管部门的风险管理意识和机制与完全开放后可能面临的较大量级的风险程度匹配不足。因立法不明确,跨境资金流动多头监管模式尚难充分发挥聚合效应。同时跨境资金风险防范国际框架尚未有效搭建,合作沟通机制不畅。

---

① 霍颖励:《金融市场开放和人民币国际化》,载《中国金融》2019 年第 14 期。
② 李子斌:《加强我国跨境资本流动风险管理的建议》,载《财会学习》2019 年第 24 期。

综上,《外汇管理条例》中关于跨境资金流动风险防范方面的规定存在较大不足,法律制度供给不能完全适应当前资本项目开放形势。现有的跨境资金流动的风险防范方式导致跨境资金流动管制尺度不明确,随意性较强,预期管理不足;真实合规核查原则较为单一并滞后于现实发展情况,未有明确的触发标准和条件或者较为明确适应的风险防范原则做指导,不利于监管部门根据跨境资金流动形势变化及时采取或调整宏观审慎管理和逆周期调节措施,反而有可能加剧金融市场的波动,不能有效防范潜在的经济或金融风险。因此,有必要对外汇管理法律法规进行完善,明确跨境资金流动的风险防范或资金管制原则,以及风险防范的具体标准和情形,从而有效应对跨境资金流动的风险防范。

二、跨境资金流动的风险防范原则

(一)跨境资金流动风险防范的必要性和目标

为了明确跨境资金流动风险防范的原则,首先应当准确理解风险防范的必要性和目标。

1. 风险防范的必要性

在宏观层面,第一,在全球市场一体化的背景下,跨境资金流动本身会传导金融风险,可以通过在必要时采取流动性管理措施平抑资本流动的规模和频率,防止汇率短期内大幅波动,缓和对国内宏观经济和资产价格造成的不利影响;第二,在当今跨境资金流动规模上升的情况下,政府不仅要在固定汇率制上作出一定的让步,同时还要积极实现跨境资本流动的有效管理,保证本国货币政策的独立性。[①]

在微观层面,第一,由于异常跨境资金大都混于正常的资金之中,而部分跨境资金系通过非法渠道进入,相关统计监测数据容易失真,进而影响政府的货币和金融决策的准确性。第二,地下钱庄等部分非法交易的存在扰乱国内外汇管理秩序,监管部门必须借助有效的统计监测模型和指标,识别违法或异常跨境资金交易,精准打击违法犯罪行为,为实施宏观决策提供真实的基础数据。

跨境资金流动的风险防范失当,会影响金融体系正常功能的发挥和实体经济的良好运行,甚至延缓国内改革开放的步伐。因此,有必要构建完善的跨境资金流动风险防范法律制度,使得风险防范机制能够有效运转,实现预想的风险防范目标,确保金融改革能够促进实体经济效率的提升。

---

① 管涛等:《中国的跨境资本流动管理》,载《新金融评论》2017年第5期。

2. 风险防范的目标

对跨境资金流动进行风险防范,目的不是消灭风险,也不仅仅是控制风险。笔者认为,跨境资金流动的风险防范应该实现和平衡两个目标。一个目标是监管部门通过加强事中事后监管,尽最大可能降低跨境资金顺周期和异常流动对经济以及金融体系的冲击和破坏,实现跨境资金流动的频率、规模基本稳定以及国际收支平衡,避免发生区域性或系统性经济和金融风险,维护国家经济与金融安全,注重稳健;另一个目标则是政府通过维护资金自由流动常态,提高跨境资金自由流动服务贸易投资等实体经济的效率和水平,注重效率。应当明确风险防范的最终目标是促进经济增长、充分就业和物价稳定,效率和稳健目标是实现最终目标的外在不同维度的表现形式。因此,在立法和操作上须厘定好审慎监管与效率之间的关系,确立只有在监管维护的效益大于监管成本的情况下才实施监管的规则,从而使监管建立在其发轫的根基之上并符合监管正当性原则。①

(二) 跨境资金流动风险防范的原则

"随着经济和金融的发展变化,宏观经济、金融监管与国际资本流动彼此间可能由原来的适配、平衡转为失配、失衡,因此应对国际资本流动带来的问题及时、动态地调整宏观经济政策及/或改进金融监管。"②正因为跨境资本流动带来问题样式繁多且动态调整频繁,才需要明确跨境资金流动风险防范的普遍原则和基本遵循,防止在实际执行中偏离风险防范的目标,导致监管部门实施的资本流动管制措施存在严重错配的情况。"我国应当吸取泰国等国的教训,避免政策的反复性,防止监管过严或过宽,通过协调机制杜绝监管重复、漏洞的现象。"③笔者认为,在考虑实现效率和稳健两个目标的基础上,跨境资金流动的风险防范应当遵循以跨境资金自由进出为常态,以实施资本流动管理措施为例外的原则,同时实施资本流动管理措施要遵循违法性、必要性、市场性、宏观性、预期性等五个原则。

1. 违法性

根据《外汇管理条例》第 12 条,经常项目外汇收支应当具有真实、合法的交易基础。当跨境资金流动行为明显违法违规或有初步证据表明涉嫌违法违规

---

① 现代金融监管发轫的根基在于金融市场失灵和金融业特性。这些根基赋予了金融监管以正当性和必要性,同时也设定了监管的尺度和范围,即金融监管若不是基于金融市场失灵、金融业特性的考量并与之相适应,就会失去根基和正当性。参见韩龙:《人民币国际化重大法律问题之解决构想》,载《法学》2016 年第 10 期。

② 韩龙:《IMF 对跨境资本流动管理制度的新认知述评》,载《环球法律评论》2018 年第 40 期。

③ 钟震、郭立、姜瑞:《当前我国跨境资本流动的风险与对策》,载《社会科学文摘》2016 年第 2 期。

时,如虚构跨境贸易、伪造交易单证以及非法套汇、逃汇行为等,监管部门应及时实施外汇检查和处罚管理,甚至采取反洗钱、反避税、反恐怖的"三反"管理等资本流动管理措施。需要提及的是,在国内部分资本项目尚未开放或完全开放的背景下,如有市场主体变相违反资本项目开放外汇管理法规的,亦是违法。相反,如果资金流动是合法合规的,除非确有必要,否则不应当进行不恰当的干预和限制。违法性原则应为绝对原则,特征为规则监管。

外汇局通过加强跨境执法和查处违规行为,保障外汇市场秩序良好运行,应当成为市场主体真实合规资金自由进出的重要保障。例如,在打击违法内保外贷业务的同时,也需要支持和保障具有真实交易背景的境外投资收购活动,进一步提高相关交易和资金流动的便利性,而不能采取"一刀切"的做法。

2. 必要性

在跨境资金流动的风险防范过程中,不能笼统认为一旦出现大额资金流动或外汇储备波动,势必就会影响国家经济与金融安全,动辄实行资本项目管制。在自贸区建设及资本项目改革推进的背景下,政府需要提高一定的风险容忍度,遵循必要的监管限度和边界,如适度提高对人民币波动的接受程度、改进汇率浮动区间管理机制等,还要考虑到监管措施对促进贸易投资便利化目标实现的影响。只有当面对资本大量集中流出而引发本币大幅贬值及国际储备耗尽的危险形势时,才有必要临时重启对资本流出的管理,以赢得调整财政政策和稳定金融部门的时间。[1] 此处所谓的"必要性"原则即对相关风险是否达到影响国家经济或金融安全程度的衡量判断。必要性原则为相对原则,相对于明文规定的违法违规行为,特征是相机抉择。

《外汇管理条例》第 11 条规定:"国际收支出现或者可能出现严重失衡,以及国民经济出现或者可能出现严重危机时,国家可以对国际收支采取必要的保障、控制等措施。"即出现或者可能出现国际收支严重失衡以及国家经济严重危机时,此时国家的经济安全受到了损害。国家经济安全的内涵就是指"一个国家经济战略利益的无风险或低风险的状态,主要表现为基本经济制度和经济主权没有受到严重损害,导致经济危机的风险处于可控状态。"[2]因此,跨境资金流动风险防范的必要性原则也是经济法中国家经济安全原则的体现。[3]《国际货币基金组织协定》[4]也对必要性原则提供了法律依据,其第 6 条第 3 款规定,"成员国可以采取必要的管制,以调节国际资本流动,但这种管制……不得限制经常性交

---

① 管涛等:《中国的跨境资本流动》,载《新金融评论》2017 年第 5 期。
② 叶卫平:《国家经济安全定义与评价指标体系再研究》,载《中国人民大学学报》2010 年第 4 期。
③ 顾功耘主编:《经济法教程(第三版)》,上海人民出版社 2013 年版,第 75 页。
④ 资料来源:https://www.imf.org/external/pubs/ft/aa/index.htm。

易的支付或者不适当地阻滞清偿债务的资金转移"，该规定也从侧面印证了必要性原则的意义和价值。

3. 市场性

在兼顾市场交易效率和跨境资金风险管理的同时，跨境资金流动风险防范的最终目标是促进经济增长、充分就业和物价稳定。实践证明，跨境资本流动风险防范应充分发挥市场在资源配置中的决定性作用，进一步加大宏观审慎管理工具、价格型调控手段、展业自律机制、柔性监管、掌握离岸人民币汇率定价权等市场化手段的运用，才能实现效果最大化和效率最优化。[①] 因此，监管部门应当主要采用市场化的资本流动管理措施。

当然，该原则的实施不是"唯市场论"，监管部门也要注意科学地综合运用资本流动管理工具，确保政策的实施效果。例如，对金融机构实施资本充足率和衍生交易等跨境资本流动管理措施会产生实施成本，需要关注上述措施对金融体系稳健性和实体经济的影响。同时，应当明确当宏观经济、汇率波动趋于稳定以及金融秩序得到基本恢复时，应当及时取消流动性管理措施。及时取消管制措施也是"市场化调控为主"原则的应有之义。

4. 宏观性

金融市场业务跨境资金出入灵活，对境内整体外币资金容量扰动和影响显著，直接影响我国外汇资金储备和金融稳定形势。在应对跨境资金急剧流动带来的风险和危害采取措施的先后顺序上，国际货币基金组织（IMF）认为，通常是先对宏观经济政策进行调整，再实行金融审慎监管，最后采取资本流动措施。主要原因在于采取宏观经济政策和部分金融政策可以通过外部行为引导和调节实现效果，避免因直接采取资本流动管理措施可能增加的潜在的国内多重成本。[②]

当然，在宏观经济政策调整和金融审慎监管难以奏效的情况下，各国也可以直接恢复实行资本流动措施。[③] 如当跨境资本流动出现较为严重的顺周期性时，应当果断使用宏观审慎监管政策，加大资本外流的阻力，降低系统性金融风险的积累程度。中国人民银行于 2018 年 5 月、8 月两次动态调节跨境资本流动宏观审慎政策，增强市场流动性以及防范宏观金融风险，包括降低存款准备金率，以及提高外汇风险准备金率。[④]

因此，除非在必要情况下，跨境资金流动的风险防范应以采用宏观经济金融政策为主，以实施资本流动性管理措施为辅。

---

① 王慧洁：《完善跨境资本流动管理的政策逻辑和调整尺度》，载《金融时报》2017 年 2 月 6 日第 11 版。
② 仵洁：《关于资本流动管理的国际观点》，载《财经界》2015 年第 14 期。
③ 韩龙：《IMF 对跨境资本流动管理制度的新认知述评》，载《环球法律评论》2018 年第 40 期。
④ 《中国金融稳定报告（2019）》，中国金融出版社 2019 年版，第 94 页。

5. 预期性

预期引导是政策发力的重要基础。在跨境资金流动的风险防范中要注重预期管理,建立预期管理机制,将预期管理的思维模式纳入政策决策机制。建立市场主体预期调查评估制度,评估市场预期及其对政策意图的偏离程度,注重风险防范政策的前瞻性指引,明确设置实行时间和量化阈值目标,最后还要加强预期跟踪、管理及引导,提高调控政策信息的透明度、及时性和获得性,引导投资者的预期从非理性走向理性,避免因信息不对称造成的跨境资金流动剧烈波动。

根据预期性管理思路,可遵照 IMF 资本流入政策框架,提前对资本流入实行管理,以缓和资本流出所带来的前后反差。[1] 2005 年之后,伴随人民币大幅升值,境外资金逐渐流入国内,而当流入规模过大时就会造成我国的国际收支不平衡,快速增长的外汇储备也会给市场的宏观调控带来挑战。因此,跨境资金流动的风险防范不能仅仅被动、刚性地应对,必须要采取前瞻性和柔性的管理措施,才能使跨境资本流动更加平滑有序。

另外,根据预期性原则以及立法政策的稳定性原则,要考量监管部门在不同时期执法标准的稳定性和一致性,不宜频繁变动外汇管理政策或执法标准尺度,要给予外汇市场主体一定的合理预期,才能更加有效地调控市场主体跨境资金流动行为,更好地维护外汇市场秩序。

根据上述市场化原则,采取资本流动管理措施本身只能为国内经济结构性改革和经济恢复提供时间与空间,在符合一定条件后应当及时解除。从长远来看,当风险防范的最终目标实现时,即宏观经济和金融体系能够持续平稳运行,才是防范跨境资金流动风险,维护国家经济安全的根本保障。

需要强调的是,监管部门在实施资本流动措施的过程中,也要注重遵循金融业对等开放原则,一旦对开放程度把握不准确,容易诱发潜在的金融危机。[2] 跨境资金的常态化自由流动,需要以另一国家开放的资金自由流动为前提,两国之间开放的程度必须对等和公平,具体表现在对外资开放国内银行业等金融机构股权的政策等方面。"金融要在保障金融安全的前提下提高金融体系的控制力和国际竞争力。"[3]资金自由化的流动不能以牺牲国家主权与国家安全为代价,实施资本流动的措施需要能保证国家金融安全,避免一味被动地推行金融自由化和资本自由流动。面对复杂的国际金融局势,我国应保持审慎的原则,动

---

① 管涛等:《中国的跨境资本流动》,载《新金融评论》2017 年第 5 期。

② 张嘉昕、王庆琦:《新时代我国银行业深化开放与风险防范研究——基于程恩富"金融业对等开放"原则》,载《海派经济学》2018 年第 4 期。

③ 程恩富、高建昆:《稳妥把握建设现代化经济体系的七个重要关系》,载《经济日报》2019 年 5 月 29 日第 15 版。

态地评估跨境资金流动的风险变化情况,及时制定适宜的具体风险防范流动措施。

当跨境资金流动风险防范遵循上述原则时,可以兼顾效率和稳健,平衡好提高跨境资金自有流动服务实体经济的效率与防范跨境资金流动引发金融危机两个目标,实现风险防范的最低限度干预和管制,降低对跨境资金自由的目标的损害和破坏程度。随着资金流动管理的丰富实践和落实,跨境资金流动防范的尺度基本上能够得以明确。

三、实施资本流动管理措施的具体情形

笔者认为,跨境资金流动风险防范原则中实施资本流动管理措施的例外情形主要包括两类,一类是跨境资金流动出现违规或异常情形;一类是出现区域性或系统性金融风险等金融危机的情形。在法律法规中尽可能列举或明确上述例外情形,有利于更好地增强风险防范的规则性、确定性、预期性,也是风险防范行为本身更具合法性和公信力的表现。

(一)违规或异常跨境资金流动情形

跨境资金流动中的违规情形主要包括外汇保证金交易、无牌照经营、地下钱庄等活动。异常跨境资金主要是基于投机行为、汇率避险或市场预期等目的而产生的非正常进出的资金,具有流动快、投机性强、隐蔽性强等特征。[①] 违规或异常跨境资金流动一旦形成一定规模甚至泛滥,不可避免地会对一国的宏观调控、产业政策及外汇市场秩序起到破坏性作用,但因跨境资金流动渠道广、形式多、变化快等特点,较难监测发现和监管查处违规或异常情形。根据实践管理情况,跨境资金异常流动主要有如下表现形式[②]:

1. 货物贸易方式

第一,通过跨境预收货款、预付货款或"价格转移资本"等货物贸易的方式非法转移或随意摆布资金头寸。例如,境内企业通过境内银行发放外汇贷款向境外关联公司支付预付货款,在一定时间内通过撤销贸易合同进行退款方式归还前期外汇贷款,虚增跨境资金流动规模和频率。此类货物贸易的真实性存在异常,异常表现为贷款和进出口合同的资金流入、流出时间较为接近,交易双方存

---

① 张有良、梁驰:《浅析新形势下国际收支统计监测面临的问题及建议》,载《吉林金融研究》2015年第8期。

② 李迎春:《防范跨境资金异常流动风险》,载《农村金融时报》2018年09月17日第B7版。

在一定关联关系。另外,部分进出口的企业之间利用一些特殊的进出口商品,通过高报或低报进出口价格向境内外转移资金。

第二,无真实货物贸易的企业办理金融衍生品业务进行套利。例如,企业利用预收账款从事外汇掉期业务,同时锁定近端和远端汇率,购汇后进行定存,赚取汇差和利差超额收益。异常表现为企业无跨境交易和外汇收付款业务,单纯为了套利进行金融衍生品交易,大大增加了外汇衍生操作风险和市场风险,也不利于监管部门对外汇跨境资金流动的分析和监测。

上述情形违反了《外汇管理条例》中关于"经常项目外汇收支应当具有真实、合法交易基础"的规定。

2. 资本项目方式

第一,外债融资。部分银行联合在境外设立的分行向企业推出具有外债借贷性质的创新产品,如海外直贷业务[①],为违规结汇提供了便利。境内企业在境内银行存入人民币保证金,签订担保协议,由该境内银行的境外分行向该境内企业发放外债,结汇用途为支付假借款产品购销合同的货款,异常表现为该境内企业向外汇管理部门和结汇银行提供无效销售合同发票。

第二,部分企业通过将注册外商投资企业的资本金结汇后用作其他用途谋取不正当的收益。例如,在 2015 年股市异常波动期间,某贸易有限公司(外商独资企业)的经营范围为商品的进出口和批发,但却利用自有资金通过投资证券公司定向资管产品向金融机构融资融券加大杠杆后参与股票投资。上述情形违反了《外汇管理条例》中有关"资本项目外汇及结汇资金应当按照有关主管部门及外汇管理机关批准的用途使用"的规定。

第三,部分企业通过在境内外虚假直接投资、低价跨境收购的方式购买国内外企业股权,或者通过利润、红利汇出和支付海运费等非贸易方式跨境转移资金。

第四,银行贸易融资产品理财化。例如,出口企业凭借出口贸易订单向境内银行提供一笔担保资金,向其境外合作行申请人民币贷款,又以人民币保证金签订固定的、较高的远期结汇汇率的外汇掉期合约。企业因此获得稳定的跨境利差和汇差收益,银行因此增加了定期外汇存款。

第五,违规办理内保外贷业务[②]。内保外贷业务是金融高效支持境外直接

---

① 海外直贷是指境内企业在自身外债额度或投注差内,通过在银行开立融资性保函向境外机构申请融资,并回流境内使用的业务。与境内融资相比,境外资金价格成本相对较低,而且融资资金可回流至境内,满足企业境内生产需求。

② 内保外贷本是指境内银行为境内企业在境外注册的附属企业或参股投资企业提供担保,由境外银行给境内投资企业发放相应贷款。

投资活动等推动企业"走出去"的创新业务,但也有企业自主或串通银行虚构交易主体、交易链条、担保关系、资金来源及用途,违规转移资金或进行跨境套利,一方面使得银行、企业自身面临较大的利率和汇率风险敞口,另一方面也违反了国家的外汇管理法律法规及政策目标,加剧了跨境资金流动的风险。①

3. 个人名义方式

通过个人名义的掩护实现跨境资金转移。此种方式是隐蔽性非常强的一种跨境资金流动渠道,且很难鉴别真实性,安全性比较高。为了规避外汇法规对个人结售汇年度额度的限制,一些个体通过亲属或朋友间"化整为零"或者是"资金分拆"的方式来实现境内外资金的流动。另外,还有个人通过空壳公益捐赠进行公证的方式结售汇转移资金。

4. 跨境非法金融活动方式

第一,地下钱庄。地下钱庄作案手法较为隐蔽,资金周转效率较高,虽有一定损失风险,但也成为非法跨境资金转移的主要工具之一。操作方式为换汇主体在境内将资金交予地下钱庄,地下钱庄通过境外关联人将指定外汇划入换汇主体指定的境外银行账户。"2020 年以来,外汇局配合公安机关持续加大打击地下钱庄和查处交易对手工作力度,破获地下钱庄 70 余个,查处钱庄交易对手案件 1700 余起,处罚没款超 5 亿元,有效压缩地下钱庄生存空间。"②

第二,外汇保证金交易。③ 外汇保证金交易大大降低了交易门槛,同时放大了交易风险。目前,一些境外公司借助线上平台在境内从事该项活动。《关于严厉查处非法外汇期货和外汇按金交易活动的通知》指出,"凡未经中国证监会和国家外汇管理局批准,且未在国家工商行政管理局登记注册的金融机构、期货经纪公司及其他机构擅自开展外汇期货和外汇按金交易,属于违法行为"。2007年,原银监会曾短暂地开放银行对客外汇保证金交易服务,但很快以风险过高为由在 2008 年 6 月叫停。因此,目前中国境内并未有任何一家机构被允许从事该类业务,所有注册地在境内或境外的外汇保证金交易平台在境内开展业务都是违法行为。2019 年,外汇局牵头与境内外行政和监管部门合作,通过封堵、关停、处罚等多种方式处置了一批境内外非法外汇保证金交易平台。④

第三,其他方面。如境外机构通过互联网平台在我国境内进行数字货币首次公开发行募资行为;境内机构借助境外线上平台向境内提供跨境赌博以及部

---

① 朱奇:《严查内保外贷业务违规》,载《中国外汇》2018 年第 13 期。

② 邱海峰:《防范跨境资本异常流动风险》,载《人民日报海外版》2021 年 1 月 11 日第 3 版。

③ 外汇保证金交易,俗称"炒外汇",是指零售外汇市场的杠杆交易,投资者只用支付占全额一定比例的保证金,就可以进行全额外汇交易,并且承担损益。

④ 资料来源:http://finance.caixin.com/2020-01-18/101505715.html。

分金融服务;境内机构在境外从事网络现金贷交易等。数据显示,2020 年外汇局累计通报 4 批共 40 起跨境赌博资金非法转移案例。[①]

上述违法违规或异常跨境资金流动行为,更多的是微观层面的异常行为,需要执法机关采取资本管制等资本流动管理措施严格执法,通过加大现场检查和异常行为指标和模型监测等方式进行跨境资金流动管理,防范违规风险。根据上述风险防范原则,一旦发现市场主体相关行为涉嫌违规或出现异常行为特征,执法机构应当迅速采取查处措施并向社会公示,通过个案追究的方式形成震慑,从而维护良好的市场秩序,保障市场主体真实合规资金的自由进出。

(二)区域性或系统性风险等金融危机情形

按照 IMF 分类标准,目前我国已实现资本项目中 92.5%的基本可兑换。[②]在实现全面可兑换过程中,原有各项目单一逐项独立开放模式中可控的风险可能演变为整体性、结构性、叠加性的风险,并通过国内外金融市场实现交叉传递,继而引发货币及金融危机。[③]

据统计,大部分境外资金跨境进入后流向了我国证券和房地产市场,资产价格过度上涨导致泡沫产生,境内流动性泛滥也会导致进一步的通货膨胀,成为金融危机的潜在诱因。同时,我国近年来的经济增长预期逐渐降低,跨境的短期热钱资金在获得套利收益后,或者在出现汇率和利率不利波动后,大幅撤出的可能性加大。如果短时间内出现大规模资金外流,会严重影响我国的经济和金融稳定,很大程度上增大金融危机的可能性。

此种情形下,国家外汇等金融管理部门应当及时进行宏观层面的调控和干预,维护正常的经济安全秩序。对于跨境资本流动的管控,2013 年 4 月 IMF 发布了《资本流动开放与管理的指导说明》(以下简称《说明》),《说明》在强调加强金融市场、金融监管和体制能力的基础上,明确了资本流入激增和破坏性资本流出两种情形下的监督事项。在资本流入激增具有引发金融体系不稳定之虞,或基本经济状况急剧变化使得对宏观经济的快速评估难以为继,或所需政策调整难以短期内见效的情况下,采取资本流动措施均不乏适当性。在破坏性的资本外流导致危机或危机临近的情形下,采取资本流动措施有助于降低以上损害的

---

① 资料来源:http://www.safe.gov.cn/safe/search/index.html? q=%E9%9D%9E%E6%B3%95%E8%B5%8C%E5%8D%9A&siteid=safe&order=releasetime。
② 易纲:《在全面深化改革开放中开创金融事业新局面——纪念改革开放 40 周年暨中国人民银行成立 70 周年》,载《中国金融》2018 年第 23 期。
③ 施琍娅:《自贸区跨境资金宏观审慎管理框架》,载《中国金融》2015 年第 11 期。

发生概率,有助于阻止危机全面爆发。①

因此,当跨境资本流动导致出现或可能出现区域性或系统性金融危机时,应当实施资本管制等资本流动性管理措施。

四、建立与跨境资金流动风险防范原则相适应的防范机制

(一) 建立跨境资金流动风险防范专门制度

建议制定专门的跨境资金流动风险防范制度规则,明确跨境资金流动风险防范的必要性和防范目标,确定风险防范的根本原则即以跨境资金自由进出为常态,以实施资本流动管理措施为例外,以及实施资本流动性管理措施需要遵循的五个原则和两大类具体情形。制定专门规则,可以为跨境资金流动的风险防范提供明确的法律依据和上位法支撑。同时,规范风险防范工作的实体和程序性内容,也能对执法部门的风险防范履职行为进行约束和规范,增强法律的确定性、公信力、威慑力。

(二) 配套修订《外汇管理条例》

1. 增加关于资本流动管理措施的相关规定

宏观审慎措施的选择和运用还应充分考虑到各国自身的情况,如汇率制度、资本项目开放度和金融市场的发育程度等。② "虽然 IMF 相关文件对于资本流动措施在何种情况下能够发挥作用进行了阐释,但对于哪些措施构成资本流动措施也缺乏精准厘定,特别是对资本流动措施与应对系统性风险的宏观审慎监管措施之间的界限及相互作用亦留有缺憾。"③因此,更需要进一步研究探索适合我国国情的立法政策。

建议修订现行《外汇管理条例》,明确实施资本流动性管理措施的情形、国际收支监测的目的、临时性资本管制措施的内容等,具体包括实施情形和依据、实施原则、采取主体、临时性措施种类、决策的制度、程序和解除以及监督问责等内容。

2. 明确国际收支监测的目的

建议在《外汇管理条例》中明确外汇管理部门对国际收支进行统计监测的目

---

① 韩龙:《IMF 对跨境资本流动管理制度的新认知述评》,载《环球法律评论》2018 年第 3 期。

② 韩龙:《宏观审慎监测制度建构之探》,载《法学论坛》2014 年第 6 期。

③ 韩龙:《IMF 对跨境资本流动管理制度的新认知述评》,载《环球法律评论》2018 年第 3 期。

的,通过分析跨境资金异常流动数据,有助于外汇管理部门充分识别国际投机资本,预警和防范潜在的金融危机。通过法规予以明确后,可以充分保障微观审慎监管部门事中事后监管的职责,同时也能够约束监管部门的监管行为,法律保障和约束作用明显。

(三)完善跨境资金流动风险防范框架

跨境资金流动的风险防范,须要构建宏观审慎管理和微观监管相结合的"两位一体"风险防范框架。微观审慎管理用来防范违规或异常的跨境资金流动风险,防范跨境资金流动中微观的个体风险演化为宏观的系统性风险,尤其以转变监管方式为核心完善外汇市场微观监管;宏观审慎管理用来防范跨境资金流动可能产生的区域性或系统性金融风险,防范宏观的系统性风险蔓延到微观风险[1],以加强宏观审慎为核心改善跨境资本流动管理。两者相对独立,又密切联系,共同维护我国跨境资本流动的稳定性,实现风险防范的最终目标。"两位一体"风险防范框架的持续完善,包括改进宏观审慎管理体系,完善法律监管规则,加强微观管理能力建设,也是当今国家金融经济治理现代化的应然要求。

1. 跨境资本流动宏观审慎管理

在实践中,中国已借鉴巴西、韩国、澳大利亚和法国等国家的做法,将跨境资本流动纳入宏观审慎评估体系。未来跨境资本流动风险防范的重要性将使其成为宏观调控政策的重点。

(1)改进跨境资本流动宏观审慎管理体系

第一,为了提前应对和防范短期资金大进大出的异常资金流动情况,应当建立一套跨境资金流出和流入均衡管理机制,从管理政策上鼓励跨境资金双向有序流动,定期统计监测国际收支、外汇储备余额变动趋势,分析规律和原因后寻求相关应对措施。除了纵向均衡外,还要在不同的跨境资本流动项目、业务和部门之间实现横向的结构均衡,以此缓释和分散单点爆发集中流动的风险。

第二,要充实并择机采取适宜的各种资本流动措施。对于部分跨境资金流动风险,传统的微观审慎监管制度难以应对,甚至在有些情况下防范金融系统性风险的宏观审慎监管制度也存在短板。[2] IMF框架引入的资本流动措施具有广泛性,包括能够应对国际资本急剧流动的宏观经济政策措施、金融审慎监管措施和资本项目管制措施,与自贸区临港新片区等地区的资金自由流动等资本项目改革和人民币国际化条件下风险和危机防范的需要具有较强的适配性。随着外

---

① 王慧洁:《完善跨境资本流动管理的政策逻辑和调整尺度》,载《金融时报》2017年2月6日第11版。
② 韩龙:《人民币国际化重大法律问题之解决构想》,载《法学》2016年第10期。

汇管制放松及本国货币国际化,政府在调控时要协调、配合使用以经常账户、资本和金融账户为主的数量型工具和托宾税等价格型工具。

第三,构建市场化本外币协同政策框架,提高涉外经济自由度和政策调控的灵活度和适应性。① 此前,监管部门已探索部分范围内本外币一体化管理,但有待采取扩大范围等进一步完善措施。另外,还应进一步优化跨境资本流动的结构,防止特定时间下风险过度集中于某一部门、某一跨境资本流动项目或某一类业务。②

(2) 建议制定《宏观审慎监管法》

中国人民银行自 2016 年起开始实施宏观审慎评估体系。2019 年 2 月,中央编办明确央行负责宏观审慎管理职责,牵头建立宏观审慎管理框架,制定审慎监管基本制度。但目前尚未出台一部关于宏观审慎管理的法律法规文件,相关宏观审慎管理指标的确立和调整框架并未充分公开透明,《中国人民银行法》规定的人民银行对金融业的统计、调查、分析和预测职责并不能完全契合宏观审慎监测制度要求。当前,传统的金融活动边界不断扩张,金融法律规则的不健全增加了潜在的区域性或系统性金融风险,亟须扩大宏观审慎管理范围。另外,宏观审慎管理框架也在运行实践中不断得到强化实施,重要性更加凸显。综上,有必要出台一部专门法律法规予以全面规范。

由于宏观审慎监测制度具有崭新的理念和特定的要求,通过修改现有法律难以容纳,建议制定一部《宏观审慎监管法》③,明确规定在国务院金融稳定委员会领导下,人民银行牵头负责履行我国宏观审慎监测职责,组成单位还包括财政部等宏观调控机构、两会一局等金融监管机构以及相关统计机构等。法规制定本身可以依法正式确立宏观审慎监测制度,约束宏观审慎监管职能部门的履职行为,但同时也要考虑为其履行职权所需要的灵活性留出空间。

2. 跨境资本流动微观审慎管理

(1) 实行差别化的"实需原则"政策

调研了解企业的资质和风险控制能力,着手建立一套基于企业交易记录、非法跨境外汇流动事件、企业信用等因素的审核规则系统,尝试设立更为灵活却有较高时效的黑白名单系统。对于进入到白名单的企业,允许其进入衍生品自营交易,放宽"实需原则"限制,减少保证金或信用额度代替保证金等优惠措施。从我国实际出发,实需原则的放宽可以采取由点到面,分步推进的手段逐渐实现,

---

① 王慧洁:《完善跨境资本流动管理的政策逻辑和调整尺度》,载《金融时报》2017 年 2 月 6 日第 11 版。
② 钟震、郭立、姜瑞:《当前我国跨境资本流动的风险与对策》,载《社会科学文摘》2016 年第 2 期。
③ 韩龙:《宏观审慎监测制度建构之探》,载《法学论坛》2014 年第 6 期。

可先在单一自贸区试点放宽实需原则,在运行一段时间后,若风险可控可在所有自贸区推行,若运行顺利则考虑在全国推行。[①]

（2）完善负面清单管理制度

在基于审慎原则设定负面清单的前提下,按照简政放权的要求,尽可能取消部分事前审批或事前报备获准同意等具有行政管理性质的事项以及部分资本项目的汇兑限制,逐渐精简负面清单,已实现部分可兑换的项目可以进一步开放到基本可兑换甚至完全可兑换程度,逐步取消微观领域的汇兑限制,赋予市场主体产品创新的灵活性、金融展业的主动性等。同时,要同步加强实施负面清单项目的事中事后监管,加强经常项目和资本项目各主体、各链条交易数据、特征等信息的必要性、完整性登记,加强真实性合法性核查,及时获取和更新资金流动微观主体的资产状况、信用状况以及偿付能力等信息,严控规避政策的投机套利行为。

（3）加强微观管理能力建设

第一,以微观审慎管理分析为基础,结合宏观、中观审慎管理和实际运行情况,建立既符合国际标准又能满足我国审慎管理需要的外汇统计体系和外汇管理大数据平台,注重分析监测系统与监管部门使用的金融机构报备交易数据的各业务系统之间的穿行测试和比对,形成跨境资金流动监测的实时、全口径、全过程大数据监测体系。[②] 严格控制外汇账户管理,突出主体监管和本外币一体化监管理念。强化异常信息筛查能力,提高统计分析频率,根据实际情况设定一系列的前瞻性预警指标,及时锚定违规或异常情况。完善以风险评估为导向的企业分类管理信用体系建设。

第二,加大对违法违规行为的处罚力度,细化各类外汇违规行为的违规情节和处罚措施。尤其在贸易环节汇兑监管以及个人结售汇、外债管理等违法违规方面严格监管,提高违法成本。转变外汇检查理念和方式,通过比对企业在银行留存交易资料与实际资金流水追溯等模式深入查找线索,实施精准打击。在跨境非法金融活动监管方面,建议匹配监管能力,加强境内外监管协同和穿透监管,推动监管信息共享、数据共享,完善数据跨境流动规则。外汇管理部门应该平衡资金的流入和流出管理,在外汇违规行为检查和处罚上保持跨周期的一致性,对资金违规流入和违规流出进行同等处罚,可以视情况灵活采取风险提示等非现场监测以及现场核查、约谈、检查建议函、行政监管措施等多种监管方式,综合运用没收违法所得、暂停或取消某项业务资格、处罚高级管理人员等方式,持

---

① 《适时适度放松实需原则——完善外汇市场的重要一步?》,载《华尔街见闻》2017年8月1日。

② 李迎春:《防范跨境资金异常流动风险》,载《农村金融时报》2018年09月17日第B7版。

续保持检查和处罚力度，进一步加强市场主体行为引导，有效传达外汇监管政策和导向，有效减少市场外汇违规行为频次和频率，降低监管成本。

第三，强化金融机构合规性监管能力建设。部分外汇资金违规或异常流动主要是因为经办银行未认真履行真实性审核责任，执行展业原则不到位，为违规企业提供了便利条件。前端以银行自律为基础，强化银行内控机制和监察稽核能力建设，中后端以窗口指导和约谈为落脚点。① 通过及时交流解决实际问题，能够逐渐降低跨境资金运营的风险。推出跨境金融区块链服务平台，增强跨境资金流动数据的真实性、准确性和不可逆性。银行等金融机构应增强外汇业务合规意识，认真落实展业原则，强化外汇收支和结售汇业务的真实性、合规性审核，注重交易行为实质审核和"三反"审核，拒绝办理合法性存疑业务，并履行好及时报告义务。监管机构应借鉴国际跨境资金流动风险防范最佳监管实践，开拓国际视野，结合本土因素内化提升监管水平，并针对内控完善情况、合规风控情况、业务风险高低等因素对市场主体实施差异化的分类监管措施。

第四，在国务院金融稳定委员会的领导下，强化"一行二会一局"跨部门监管资源整合，探索构建多部门综合执法机制，分层次、全方位防范跨境资金异常波动风险。目前，中国证监会、银保监会、中国人民银行等政府部门都负有一定监管职责，因此，应以有效管控系统性风险为整体目标进一步加强监管协作交流，统筹风险监测应对。

当前，外汇市场运行虽然平稳有序，跨境资金流动双向均衡，但外部环境仍存在诸多不确定性，我们应当做好应对全球金融市场动荡甚至引发金融危机的准备。在美元可能出现流动性紧缺的情形下，跨境资金流出的风险防范压力加大，风险防范的稳健性目标更加突出，我国监管部门更应当遵循上述风险防范原则并在实践检验中持续完善。

---

① 管涛等：《中国的跨境资本流动管理》，载《新金融评论》2017 年第 5 期。

"一带一路"投资(贸易)的风险防控机制思考

Marta Wyszecka[*]

一、"一带一路"行动计划:从顶层构想到实际合作

两千多年前,中国特使张骞帮助建立了丝绸之路,这是一条将中国与中亚和阿拉伯世界联系起来的贸易路线。这个名字源于中国最重要的出口商品——丝绸。数百年来,这条路一直影响着整个地区的发展。2013 年,中国国家主席习近平提议建立一个现代化的网络,连接起中国和中亚、西亚以及南亚部分地区的铁路、公路、管道和公用电网。这一名为"一带一路"(OBOR)的倡议不仅包括物理连接,其还旨在打造全球最大的经济合作平台,包括政策协调、贸易融资合作以及社会文化合作等功能。通过公开讨论,"一带一路"倡议可以为每个人创造利益。[①]

自 2013 年习近平主席提出建设"丝绸之路经济带"和"21 世纪海上丝绸之路"的构想以来,"一带一路"倡议已经升级为国家战略和新一轮改革开放的重要组成部分。2015 年 3 月底,中国国家发展与改革委员会、外交部和商务部联合发布了《推动共建丝绸之路经济带和 21 世纪海上丝绸之路的愿景与行动》(以下简称《愿景与行动》)[②],标志着该倡议从顶层构想向实际合作转变(如图 1)。

在《愿景与行动》的指导下,"一带一路"倡议的部署正在加速推进。各部委尤其是商务部和交通运输部,提出了具体的支持性计划和措施。[③] 中国国务院

* Marta Wyszecka,华东政法大学 2018 级经济法博士留学生(波兰)。

① 资料来源:https://www.burmalibrary.org/sites/burmalibrary.org/files/obl/2017-04-19-One-Belt-and-One-Road_Connecting-China-and-the-world-en-red.pdf。

② 资料来源:https://research.hktdc.com/en/article/MzYzMDEwMjuo。

③ 资料来源:http://www.mofcom.gov.cn/article/ae/slfw/201503/20150300928489.shtml。

要求 34 个省、市、自治区在 2015 年 10 月前完成具体实施方案的制定。① 2015 年 4 月,丝绸之路基础设施基金宣布其第一笔投资:在巴基斯坦建设卡洛特 (Karot)水电项目。② 2015 年 5 月,预计总规模为 1000 亿元人民币的丝绸之路黄金基金将有助于整合"一带一路"沿线国家黄金资源,从而提升中国在全球的黄金定价能力。③ 此外,以中国为领导的亚洲基础设施投资银行的筹备工作也在稳步进行。2015 年 6 月,50 个国家签署了《亚洲基础设施投资银行协定》。该协议于 2015 年 12 月 25 日生效后开始运作,其中 10 个成员国占授权资本存量初始认购总数的 50%。④

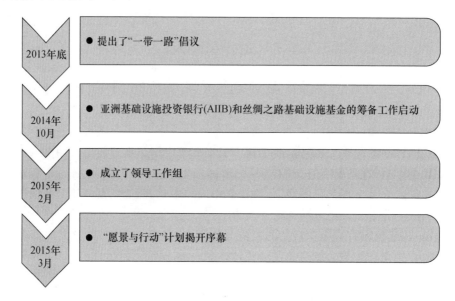

图 1 "一带一路"倡议逐步推进

资料来源:根据公开资料整理。

"一带一路"倡议贯穿欧洲、亚洲和非洲的 60 多个国家,旨在促进沿途国家在政策协调、设施连通性、畅通贸易、金融一体化和民间联系等方面的合作。基础设施建设、能源、文化旅游、高科技产业和金融合作尤其具有积极意义。而提

---

① 资料来源:http://www.china.com.cn/opinion/2016-02/17/content_37807219.htm。

② 资料来源:http://world.people.com.cn/n/2015/0421/c1002-26881274.html。

③ 资料来源:https://www.scribd.com/document/358094620/EY-Navigating-the-Belt-and-Road-En。

④ 资料来源:https://www.aiib.org/en/about-aiib/basic-documents/_download/articles-of-agreement/basic_document_english-bank_articles_of_agreement.pdf。

升设施连通性是实施"一带一路"倡议的优先领域,特别是在运输、能源和信息领域。许多亚洲国家缺乏此类基础设施,而这为互利合作提供了机会。同时,对中国而言,提升设施连通性对加强产业结构、吸收过剩产能和确保能源安全方面有着重要作用。据估计,"一带一路"倡议的基础设施建设投资总额将达 6 万亿美元。①

二、"一带一路"沿线的风险认知及预防

虽然"一带一路"倡议蓝图揭示了未来的明确愿景,但企业不应忽视海外投资时可能遇到的挑战。由于"一带一路"沿线国家政治、经济等环境的不同,企业"走出去"的旅程蕴含着巨大的风险。这些风险包括目标国家政治安全的不确定性以及企业运营风险。中国企业从以下事件中吸取了教训:中泰铁路建议受到泰国政局不稳定的影响;由于非政府组织的反对,缅甸密松水电项目暂停建设;斯里兰卡新政府暂停了由前政府批准的科伦坡港口城市项目。因此,中国企业在走出国门前,应充分认识"一带一路"沿线国家的政治经济环境,评估风险,做好机构层面的准备,应对各种困难。②

经济学人智库曾对"一带一路"沿线国家存在的操作风险进行评分,总体评分包括十个不同类别的风险,如安全、法律和监管、政府效率、政治不稳定和基础设施等。

报告指出,风险最低的是欧洲,而非洲和亚洲国家的风险较高。在确定这些国家的潜在运营挑战时,重要的是要考虑不同类别的风险情况。本文主要关注几类特定风险。③

(一) 法律风险

被评估为法律风险指数较高的"一带一路"沿线国家法治特别薄弱吗?其法律和监管环境对他国的企业特别不友好吗?这些问题涉及学者、政策制定者、投资者等。然而,这些问题并没有准确的答案。部分原因是"一带一路"国家的国情高度多样化,从俄罗斯到马尔代夫、从新加坡到阿富汗、从伊朗到以色列,法律

---

① 资料来源:http://finance.people.com.cn/n/2015/0616/c1004-27159292.html.

② 资料来源:https://www.nortonrosefulbright.com/en/knowledge/publications/d2e05e9f/the-belt-road-initiative-a-modern-day-silk-road.

③ 资料来源:https://static1.squarespace.com/static/529fcf02e4b0aa09f5b7ff67/t/554c49cee4b06fc215162cb4/1431062990726/One+Belt%2C+One+Road.pdf.

体系和法律文化皆存在差异。因此,"一带一路"国家很难被视为一个同质的群体。[1]

企业跨境业务不可避免地会引起法律问题,"一带一路"也不例外。"一带一路"项目具有国际性,涉及许多国家的参与者。决定管理项目的法律至关重要,尤其是这些法律要确保合资企业的可投资性。法律确定性和执法程序的速度/效力等问题是重要的考虑因素。

"一带一路"倡议的法律挑战并不止于基础设施。经验表明,一个全球性项目需要采取全球方法。例如,2016年欧盟拒绝支持"一带一路"倡议,因为这些提案不包括对社会和环境可持续性和透明度的承诺。"一带一路"倡议的成功需要在更广泛的意义上协调法规和法律原则,在某些司法管辖区中高度重视的权利也必须协调一致,以消除进展障碍。

如果出现争议,解决这些问题的最佳法庭是熟悉"一带一路"倡议的法庭。许多司法管辖区已经在寻求将自己确立为争取"一带一路"项目争端解决方案的"首选"中心。争议是许多高价值项目的必然结果,这些项目覆盖一半以上全球人口的地区,以及一系列不同的司法管辖区和法律制度,包括普通法、大陆法、伊斯兰法和混合法系。这些争议可能涉及复杂的跨境因素和法律因素。实际上,现实中已经出现了重大的争议。2015年,斯里兰卡政府暂停斯里兰卡价值14亿美元的科伦坡港口城市"一带一路"项目的工作。而后中国交通建设股份有限公司(CCCC)撤销了对斯里兰卡政府的1.43亿美元索赔,以换取该项目外的额外土地。虽然"一带一路"倡议由中国政府发起,但中国法律不太可能成为大多数"一带一路"沿线国家认可的主导法律。此外,引发争议的许多核心风险本质上都是政治性的,因此,中国国有企业(SOEs)和"一带一路"交易对象之间的争议最好避免通过地方法院系统解决。

相比于通过各国法院解决争议,仲裁作为一个中立的争议解决机制,更加适合这种情况。因为仲裁裁决更容易跨境执行,并且可以在大多数"一带一路"沿线国家中随时执行。如果管理得当,仲裁也可以比法院诉讼更快,更具效益,并允许当事人在裁决程序中做出更多选择。现实中已出现许多仲裁机构,包括国际商会(ICC)、新加坡国际仲裁中心(SIAC)和香港国际仲裁中心(HKIAC)。

但并不是所有法律争议都必须依赖于仲裁裁决。毫无疑问,"一带一路"相关项目往往规模庞大,因此,"一带一路"争端无疑会给有关各方带来特别的成本

---

[1] Chao Xi, *Legal and Regulatory Risks of 'Belt and Road' Countries: An Index-Based Approach*, in Lutz-Christian Wolff & Chao Xi (eds.), *Legal Dimensions of China's One Belt One Road Initiative*, Wolters Kluwer, 2016.

和风险负担,特别是对于那些可能影响"一带一路"争端格局的高风险建筑项目。如果这些争议都通过仲裁进行,各方需额外花费数百万美元的法律费用。数百万美元的项目资金被抽走用于法律费用,可能会对项目实施产生重大影响,更不用说潜在的索赔等项目资金损失。据英国《金融时报》报道,建筑项目类争议在全球平均需要 14 个月和耗资 4300 万美元才能解决,而在亚洲则需要耗资 8400万美元。据世界银行称,"一带一路"倡议参与国解决商业纠纷的平均时间将近20 个月。当事方可能面临一条漫长而昂贵的追偿之路,特别是由于这些索赔具有复杂的多管辖权性质。① 因此,投资者在试图通过法院审判或第三方仲裁方式解决合同争议之前,建议首先尝试所有谈判途径。

此外,公司在投资前如果想避免或尽量减少法律风险,应讨论以下问题:

- 在东道国运营项目需要哪些许可证?
- 当地的建筑法律法规是什么?
- 项目需要哪些许可和批准?
- 东道国的法律环境是什么?
- 合同是否受东道国法律约束? 如果是,那么相关法律是什么?

(二) 经济风险

与任何其他交易一样,投资者应考虑以下经济风险:① 通胀风险;② 商品价格风险(例如资产定价的波动);③ 现金流量风险(需要长期稳定的现金流量);④ 施工延误和各种事故等施工风险;⑤ 税收政策风险;⑥ 操作风险(例如设计、施工和维护风险、完工风险、成本和进度超支风险);⑦ 退出策略风险;⑧ 交通需求风险;⑨ 破产或关闭风险(例如承包商或分包商私人公司可能在工作完成之前破产);⑩ 新兴市场风险。

如今,金融风险可能直接或间接地威胁到项目的完成。许多"一带一路"倡议参与国家采用外汇管制或资本管制政策。因此,外国投资者除了设法规避货币贬值的风险外,还必须避免因无法将本币转换为外汇或转移东道国境外资金的限制而造成的损失。非流动性溢价、绿地风险溢价和新兴市场风险溢价等因素也会对基础设施项目的回报产生影响。特别是,一些作为交易方的发展中国家可能面临沉重的债务负担和金融风险。例如,2013 年底签署的 150 亿美元的中乌投资协议几乎相当于乌兹别克斯坦国内生产总值(GDP)的 25%。另一个例子是,2016 年 10 月签署的 240 亿美元中孟加拉国协议约占孟加拉国国内

---

① 资料来源:http://www.burfordcapital.com/blog/one-belt-one-road-legal-finance-dispute-resolution/。

生产总值的 20%。[①]

值得注意的是,中国的金融市场已经积累了较高的内部金融风险。2017年,中国央行行长周小川先生发表了一篇关于中国潜在的"突发性、传染性和危险性"金融风险的文章,并呼吁加强监管。[②] 虽然他指出中国需要改革和开放金融市场,但他强调了高杠杆使得中国金融体系变得脆弱。例如,2016 年底宏观杠杆率为 247%,企业部门杠杆率达到 165%。[③]

2017 年中,中国政府对国内企业的海外大规模收购项目进行调查。一些债务沉重的大公司,包括大连万达集团、复星国际、安邦保险集团和海航集团,被发现滥用国有银行提供的低价贷款来建立商业帝国或从事海外收购活动。例如,万达 2016 年斥资 35 亿美元收购传奇娱乐;安邦于 2016 年斥资 20 亿美元收购纽约华尔道夫酒店;海航集团以 65 亿美元收购了希尔顿酒店和德意志银行9.9%的股权。[④] 因此,金融监管机构要求银行仔细审查对债务沉重和大量交易的公司发放的贷款。事实证明,中国的公司债务在 2017 年 7 月迅速上升至 166%,其中 2011 年非金融公司的债务率为经济产出的 120%。这些调查结果以及 2015至 2016 年中国外汇储备的减少可能会影响投资于"一带一路"项目的资金。

针对各国潜在的经济风险,投资者可能存在多种解决办法。如投资者可以改善投资策略,并获得战略联盟的支持。企业可以采取灵活和渐进的投资策略,如寻找当地的战略合作伙伴。投资者也经常评估投资环境并进行可行性研究,建立动态量化的投资环境评价体系,充分了解和收集投资对象国家的政治经济环境信息,对项目成本、效益和风险进行综合动态的评估。再次,投资者需要加强风险防控,提高运行效率;评估和完善机构层面的内部风险控制体系;加强风险控制、操作程序和内部会计控制的制度设计;及时预防、控制、预警和应对潜在风险。

(三) 信用风险

"一带一路"项目的融资主要由中国银行提供支持。2015 年 3 月,中国银行承诺向安徽海螺水泥提供 50 亿美元信贷,以支持其在国外的"一带一路"项目建设。该公司是一家国有企业,也是中国最大的水泥生产商。中国银行在其网站

---

① 资料来源:https://economictimes.indiatimes.com/news/defence/un-warns-about-financial-risks-in-chinas-one-belt-one-road-project/articleshow/58831087.cms? from=mdr。

② 资料来源:https://www.bloomberg.com/news/articles/2017-11-04/china-s-zhou-warns-on-mounting-financial-risk-in-rare-commentary。

③ 资料来源:http://www.pbc.gov.cn/goutongjiaoliu/113456/113469/3410388/index.html。

④ 资料来源:https://www.nytimes.com/2017/07/23/business/china-economy-gray-rhinos.html。

上表示,更广泛地说,它将增强对今年实施中国"一带一路"倡议的企业的财政支持。在接下来的三年里,该银行预计其与"一带一路"建设相关的信贷可能达到1000亿美元。

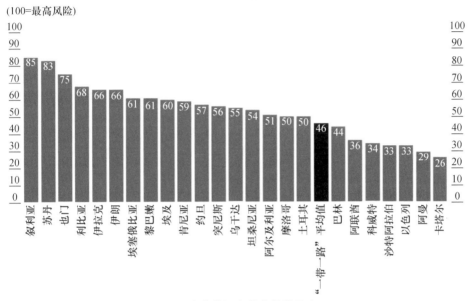

(100=最高风险)

图 2　中东非国家综合信贷风险

如此庞大的支出,对这些公司将要运营的国家/地区进行严格的信用风险评估是可取的。经济学人智库的整体国家信用风险评级是通过评估其主权、货币、银行部门、政治和经济结构类别的风险得出的。在经济学人智库提供的有关中东和非洲信用风险的图表中(如图 2),可以发现"一带一路"的平均信用风险为46。其中叙利亚和苏丹的信用风险最高,卡塔尔的信用风险最低。

"一带一路"建设每年需要超过 1 万亿美元的基础设施投资,因此建立信用风险或债务违约的信用增级机制可以帮助促进外国投资直接投资并减少资金缺口。

(四) 货币和支付风险

对于"一带一路"中规模庞大、背景复杂的项目而言,货币风险的处理方法经常被忽视。项目可能用一种货币提供资金,以另一种货币建造,并在项目的不同部分以其他种类的货币运营,产生的收入也会更多。货币风险对冲安排很常见但也很复杂。众所周知,它们是引发争议的沃土,需要精心安排。经济学人智库研究发现,风险最低的是欧洲,非洲和亚洲国家的风险较高。

公司在投资前如果想避免或尽量减少货币风险,应关注以下问题:

- 投资者是否可以自由地将货币汇入或汇出东道国?
- 东道国是否有外汇管制?
- 项目中用于支付的货币是什么?
- 投资者是否考虑到通货膨胀的浮动付款?
- 投资者根据合同是否有对不付款的救济义务?

三、中国企业内在风险

中国公司在"一带一路"沿线国家市场上的投资活动增加也给接受流入资本的国家带来了许多问题和挑战。据专家介绍,欧洲国家的担忧主要与中国企业对资源配置和投资风险管理的方式有关。欧洲人认为,中国企业,尤其是国有企业,可能更加依赖于政府,而不是市场机制的原则,因此,中国投资者的决策是不可预测的,并引起人们对其投资过程的担忧。[①]

也有专家担忧"一带一路"沿线国家可能受到中国的倾销,即中国企业在国外市场以低于这些产品在国内市场上的销售价格或低于其生产成本的价格销售中国产品。因此,中国公司可能会助长在国外市场上的不公平竞争,从而削弱了在这些市场上提供相同商品的公司的地位。在极端情况下,这可能会导致欧洲市场和社会出现危机,引发当地抗议活动,并助推欧洲企业的游说活动。其他扭曲未来竞争的因素可能与中国国有企业集团在欧洲的存在有关,这些企业集团可能会威胁到欧洲市场的寡头垄断。因此,所有受中国国务院国有资产监督管理委员会(SASAC)控制的中国国有企业都被欧盟当局视为单一经济实体,其整体市场份额也在其业绩评估中一并考虑。[②]

据专家介绍,尽管作为"一带一路"倡议的参与者,欧洲国家对外国投资持开放态度,但它们对中国公司的行为持谨慎态度,尤其是在涉及东道国经济的关键领域时。一些国家担心,作为实施中国经济发展模式的一部分,中国投资者将清算被收购的欧洲公司,并将具有战略意义的资产从欧洲转移到中国。然而,通过对中国企业在欧洲市场上和在全球范围内达成的现有协议分析来看,中国投资者更倾向于增加产量并扩大被收购公司的就业,试图利用被收购公司的经验、技术和声望而不是专注于对被收购公司的清算。通过这种方式,中国企业能够通

---

① 资料来源:https://www.ecipe.org/app/uploads/2014/12/OCC12012-revised.pdf。

② 资料来源:https://ec.europa.eu/competition/mergexs/cases/decisions/m6082_20110331_20310_1967334_EN.pdf。

过发展与欧洲合作伙伴的合作获得协同效应。欧洲市场为中国企业提供了发展这些商业活动领域的条件，他们在这些领域显示出明显的不足之处，特别是在现代技术领域和获得高素质员工方面。①

这使得一些国家希望中国加强对外发展和中国投资者在国际舞台上的参与，也将有助于促进外国企业在中国市场投资的法规发生积极变化。但是，为避免战略要害的威胁，欧洲国家开始实施经济保护主义政策。② 毫无疑问，随着中国企业经营弱点的消除，欧洲合作伙伴的压力将会增加。然而，在此之前，投资或收购欧洲公司并促进其发展符合中国企业的利益。

据专家分析，中国企业在"一带一路"沿线国家扩大投资的过程中，文化挑战是其面临的首要问题，因为中国管理者往往缺乏足够的经验和准备，无法与来自其他文化背景的合作伙伴达成商业协议。③ 缺乏足够的经验和知识将导致持久合作关系无法建立，并影响到公司的投资活动。④ 尽管中国企业对与外国合作伙伴的合作日益深化，但文化和思维方式的差异往往导致紧张局势，这反过来可能会破坏"一带一路"相关项目成果。中国企业家可能会对当地雇员进行不当管理，以及对某个国家当地商业条件缺乏足够的了解。此外，低灵活性和难以适应采用国际标准仍然是中国投资者面临的一个大问题。⑤

专家们认为，最大的挑战还在于"欧洲联盟"和"一带一路"沿线其他国家地区实施条例中的冲突，其中涉及知识产权、环境保护或雇员权利等。因此，不同国家或地区企业的企业文化和开展业务活动的方式存在明显差异，这可能是中国公司的管理人员与其他实体之间高度紧张关系的根源。⑥

除了接受中国资本的国家所面临的挑战外，专家们还强调了中国在发展和实施"一带一路"倡议相关项目过程中所面临的挑战。其主要强调的是，参与回报率较低的高成本投资以及投资于不确定甚至被视为潜在不友好地区可能产生外交影响的风险尤其高。

---

① 资料来源：https：//wnus. edu. pl/miz/file/article/view/10636. pdf。

② 资料来源：https：//rhg. com/research/how-europe-should-respond-to-growing-chinese-investment/。

③ Gao xiqing, Barriers and pitfalls on foreign paths，4 *East Asia Forum Quarterly* 18 (2012)。

④ Yadong Luo & Rosalie L. Tung, International expansion of emerging market enterprises: a springboard perspective，38 *Journal of International Business Studies* 481 (2007)。

⑤ Karolina Łopacińska, One Belt One Road jako wyrazglobalnej ekspansji Chin, 47 *Marketing i Zarządzanie* 29 (2017).

⑥ D. Shambaugh, Are China's Multinational Corporations Really Multinational?, 4 *East Asia Quarterly's* 7 (2012).

四、投资者风险防控的主要途径:投资条约

(一) 投资条约的功能

截至 2017 年 7 月,中国与"一带一路"沿线国家之间存在 55 项双边投资条约以及若干多边投资条约。虽然这些条约为潜在投资者提供了强大的保护来源,但需要投资者理解和精心利用这些条约。

双边投资条约是两个国家之间达成一致的国际法律文书,多边投资条约是两个以上国家之间达成的条约。双边投资条约和多边投资条约的目的是创造一个稳定的法律环境,促进外国直接投资。这是通过一个缔约方(东道国)同意为另一缔约方的私人外国投资者的投资提供某些保障和保护标准来实现的。通过在这些投资条约中纳入投资者—国家争端解决机制(ISDS),公司和个人投资者可能会因对方违反这些条约中规定的实质性权利而对"一带一路"沿线国家政府提出索赔。重要的是,ISDS 中的投资者权利和补救措施通常超过"一带一路"投资者根据合同享有的权利和补救措施。这意味着双边投资条约和多边投资条约的保护是抵御"一带一路"投资者可能面临的政治和法律风险的重要堡垒。

无论是合同约定还是条约规定,仲裁都是"一带一路"投资者的强大权利,因为它们允许投资者在不依赖当地程序或外交手段的情况下维护其权利。在中国的投资条约和国际争端解决中心的仲裁中,通常的争议解决办法是允许投资者借助《华盛顿公约》所规定的简化执法机制。[①]《华盛顿公约》的缔约方必须根据公约执行仲裁裁决,这些裁决也被视为是对这些国家的最终裁决,执行裁决是这些国家需要履行的国际法义务。"一带一路"沿线的五十五个国家是《华盛顿公约》的缔约国,自愿遵守公约是各国常态。尽管并非总是如此,但对声誉和信用的担忧将继续鼓励"一带一路"沿线国家政府遵守实施规则。

随着越来越多的投资者意识到国际争端解决中心争议解决机制的作用,国际争端解决中心案件的数量在过去三十年中急剧增加。通常,双边投资条约中提供的保护与多边投资条约中提供的保护相似,但每个条约提供的保障措施范围将由其措辞确定。保障措施的常见形式包括:

• 缔约国对投资者资产征收或国有化的补偿。通常范围包括直接和间接征收,并且除非是为了公共目的,否则禁止征用。

• 缔约国提供公平公正的待遇,有义务提供稳定和可预测的投资环境,以

---

① 资料来源:https://treaties.un.org/pages/showDetails.aspx? objid=080000028012a925。

便透明地行事，并始终如一地采取行动。制定这些保护措施的条款旨在创建一种独立于国内投资的标准，这种标准可能因国家而异。

- 缔约国全面保护投资安全，通过合理谨慎的行为提供保护投资的积极措施。
- 不歧视条款。缔约国保护投资者免受歧视性措施，例如歧视性税收、罚款、许可证和签证限制。
- 保护伞条款。这些条款将缔约国与投资者之间的合同义务引入缔约国之间的双（多）边投资条约。一个保护伞条款的例子可以在"中国—伊朗双边投资协定"第 10 条中找到，"缔约任何一方应保证遵守其就缔约另一方投资者的投资所作的承诺。"对于参与"一带一路"倡议的中国投资者而言，这些规定提供了额外的保护和保证，因为东道国承诺将投资合同作为其国际义务。

（二）投资条约的适用："投资"

通常，条约下"投资"的定义是广泛而模糊的，以期涵盖不断变化的投资类型。广义定义之后通常会列出一系列详尽的例子，如有形和无形财产、当地企业的资本投资（无论投资的形式如何）融资、基础设施合同等。通常，"投资"的定义不仅包括主要投资，还包括抵押要素，如贷款本身可能被视为不同的投资。虽然条约对投资的定义通常很广泛，但每项条约也可规定投资必须遵守的要求，以便根据条约获得保护。

"投资"的定义受到仲裁的重大审查。在 Salini 诉摩洛哥案中，国际争端解决中心确定了关于"投资"的五项标准，即：

（1）对国家的实质性承诺或贡献；

（2）持续时间（即一段时间内资产价值约增加）；

（3）承担风险；

（4）对经济发展的贡献；

（5）利润和回报的规律性。

当然，这些标准的适用激起了持续的辩论。尽管如此，参与"一带一路"倡议的投资者在考虑这些标准的情况下制定交易合约更为安全，其使投资者能够利用投资条约获得保护。统计数据显示，国际争端解决中心的仲裁案件中有 72% 的仲裁结果是有利于投资者的。通常，有保障的保护在条约终止后的一段时间内仍然有效。①

① 资料来源：https://www.expertguides.com/articles/one-belt-one-road-construction-and-investor-risks-and-disputes/ARINSWHT。

(三) 投资条约的适用:"投资者"

投资条约适用的另一重要前提是投资者必须成为合格的"投资者"。通常,自然人和法人必须是投资国的国民才能获得条约中规定的利益,但这些人不能是东道国的国民。但是,在一起控股结构复杂的投资项目中,投资者的国籍问题很难回答。根据一些条约,公司注册地是相关的,而在其他条约下,投资的实质控制者所在地决定投资者的国籍。

鉴于大多数中国投资条约选择国际争端解决中心的仲裁,参与"一带一路"倡议的投资者还要了解《华盛顿公约》中的定义。例如,根据公约第 25(2)条,"另一缔约国的国民"是指:

(a) 在当事者同意将争议提交调解或仲裁之日,以及根据第 28 条第 3 款或第 36 条第 3 款登记诉状之日,具有除争议当事国之外的一个缔约国国籍的自然人,但在此二日期之一也拥有缔约之争议当事国之国籍的任何人则不在此限;

(b) 在当事者同意将争议提交调解或仲裁之日,具有除争议当事国之外的一个缔约国国籍的任何法人,以及在同一日期具有缔约之争议当事国国籍、但当事者在本公约中约定,因其受外国财团之控制而应认为是另一缔约国之法人。

"一带一路"倡议是一个庞大而雄心勃勃的项目,将为投资者/承包商提供巨大的机会。尽职调查对于防范业务风险至关重要,因为许多相关国家都有不同的政治、监管和法律环境。①

五、结　　论

中国的"一带一路"是一项长达数十年的倡议,旨在改善世界部分国家之间的经济联系和合作。这是一项非常复杂的举措。虽然中国公司已取得了一些成功,但随着这一举措范围的扩大,它们将面临越来越多的复杂情况。

随着这一举措的发展,出现的问题是"未来几年最大的变化和复杂情况将来自哪里?"首先,中国的承包商和投资者将发现自己在越来越多的"一带一路"沿线国家开展工作。在一个国家取得成功并不一定意味着在另一个国家取得成功,特别是在法律和监管差异很大的情况下。为了建立真正的全球业务,中国公司需要依靠熟练的顾问和当地合作伙伴来处理这些模棱两可和相互冲突的法律和监管差异。

---

① 资料来源:https://www.expertguides.com/articles/one-belt-one-road-construction-and-investor-risks-and-disputes/ARINSWHT。

文章中提到的所有风险都需要在一开始就被仔细考虑和纳入谈判。投资者在签订具有约束力的协议之前,需要进行仔细的尽职调查,并获得适当的法律建议。投资合同所依据的合同法可能是东道国的法律,出于投资者保护的目的,缔约方应在所有争议中规定中立的仲裁场所。①

"一带一路"倡议规模的扩大也意味着投资者可供选择的项目数量会增加,但不太可能与中国的银行的资金完全匹配。中国承包商和投资者在降低风险和吸引外资的方式选择以及组织项目方面也会面临越来越大的压力。在整个项目的生命周期中,管理项目的能力同样会不断考验中国公司的能力。

与此同时,随着中国公司寻求区域发展的加速,收购数量将会增加。在这方面,他们与其他全球参与者的行为没有什么不同。然而,在许多"一带一路"沿线国家进行尽职调查具有独特的挑战性,无论是确定目标的真实运作还是获得外国政府机构的批准。

为此,未来十年"一带一路"倡议的发展可能是全球努力的结果。中外各方将建立更牢固的关系,认识到他们如何相互学习,最终从更紧密的合作中获益。越来越多的公司正在寻找与外国伙伴合作的方式,这为"一带一路"建设奠定了更加坚实的基础。② 如果各国采取警惕和透明的态度,"一带一路"倡议和支持的项目将会为合作伙伴带来"双赢"局面。这是一个艰难的过程,但可以做到的。③

---

① 资料来源:https://www.expertguides.com/articles/one-belt-one-road-construction-and-investor-risks-and-disputes/ARINSWHT。

② 资料来源:https://www.bakermckenzie.com/-/media/files/insight/publications/2017/10/belt-road/baker_mckenzie_belt_road_report_2017.pdf。

③ 资料来源:https://www.asiapathways-adbi.org/2018/03/one-belt-one-road-and-the-risks-behind-the-win-win-situation/。

第六编 市场监管法

我国地方金融监管权的配置缺陷及其完善路径

夏文涛[*] 石 达[**]

2017 年的全国金融工作会议提出了"服务实体经济、防控金融风险、深化金融改革"三项任务,明确"地方政府要在坚持金融管理主要是中央事权的前提下,按照中央统一规则,强化属地风险处置责任"。面对新型金融风险,我国的金融监管在中央集权的权力配置模式之下,也需要发挥地方政府的属地优势,深入基层,及时发现与防范金融风险。然而全国多地推进的"地方金融立法"中对"地方金融监管权"的界定并不准确,各地方金融监管部门被授予地方金融监管权的合法性存疑、监管理念不清,且金融监管的纵横协调机制阙如,是完善地方金融监管下一步要解决的问题。本文将梳理我国地方金融监管权的历史演进脉络,分析现行的地方金融监管权配置范式,剖析问题的本质、成因并提出完善的路径。

一、地方金融监管权的历史演进

(一) 从无到有:中央集权下地方政府的突破

改革开放之前我国金融监管权的配置一直遵循严格的中央集权模式,在此

---

* 夏文涛,华东政法大学 2019 级经济法博士研究生。

** 石达,华东政法大学 2020 级经济法博士研究生。

模式之下，金融监管是完全的中央事权，且由于当时金融业态较为局限，地方无法染指也无须具备相应职能。这一现象伴随着改革开放发生了变化。从1978年到1993年，随着市场经济体制改革的不断推进，金融业态出现了一定的发展，开始打破改革开放前"大一统"的金融集权格局，并逐步形成了多层次的金融体系。在这一金融体系中，中国人民银行处于中心领导地位，主要负责金融机构的设立、变更、撤销、终止及其业务范围的审批，以及对金融机构的存款、贷款、结算等业务活动和内部管理行为进行合规性监管。此时，地方政府对金融监管的参与程度相对较弱，参与的形式以间接形式为主，参与的侧重点主要在管理而不是监督。地方政府主要以地方党委、政府对中国人民银行、专业银行思想政治工作的领导和对金融组织或金融市场的设立和运营的管理等形式获得了部分的金融监管参与权。

1. 地方对辖区人民银行、国有专业银行分支机构的领导

（1）就地方对人民银行分支机构的管理而言，中国人民银行实行总行和各省级地方政府双重领导的管理模式。① 人民银行因业务需要势必会在各地开设分行或者分支机构，虽然在具体业务上人民银行的分支机构仍具有独立于地方政府的自主性，但由于地方政府在人事安排上仍然具有较大的话语权，在地方的央行分支机构不可能完全脱离地方政府的影响。

（2）就地方对国有专业银行分支机构的管理而言，国有专业银行均采用总行和各省级政府双重领导的管理模式。② 国务院专门对此问题进行了批复，相较于地方政府对人民银行分支机构的管理而言，地方政府对于国有专业银行分支机构的管理力度更大，地方政府对这些银行的财政业务也有一定的管理权。

虽然在这一时期地方政府已经可以通过一定的途径对辖区内的人民银行、国有专业银行分支机构施加必要的影响，但彼时受限于金融业态现状，地方对其进行管理的初衷主要是争取金融支持，呈现出轻监督而重管理的特征。

---

① 国务院于1983年9月发布的《关于中国人民银行专门行使中央银行职能的决定》，进一步确认了其于1977年11月所发布《关于整顿和加强银行工作的几项规定》中的规定——中国人民银行在省级以下设立的各分支机构必须同时受中国人民银行总行和地方各级政府的双重领导，其中，在业务上以中国人民银行总行领导为主，党的工作和思想政治工作以地方各级政府的领导为主，并且地方对其辖区中国人民银行分支机构主要领导干部的任免和调动，要与上一级中国人民银行进行商量，一致决定。

② 国有专业银行的复建或独立设立之路最早始于1979年2月国务院《关于恢复中国农业银行的通知》的发布；国务院于1979年3月又为另一国有专业银行——中国银行的复建而批转了中国人民银行《关于改革中国银行体制的请示报告》；1983年4月国务院同意财政部《关于建设银行机构改革问题的报告》，均规定国有专业银行的管理体制，明确各省、自治区、直辖市分行的管理实行总行和地方人民政府双重领导的模式。此外，中国建设银行在财政业务方面的工作仍受财政部的领导，而属于地方基本建设支出预算和财务管理工作内容的则要接受财政厅（局）的指导。

2. 金融法律不完备情形下地方政府的自我监管赋权

改革开放之初,为满足庞大的市场融资需求,我国对金融体制进行了较大的改革。除对人民银行、国有专业银行的管理体制进行改革之外,也放松了金融组织的市场准入条件,但相较于中央层面的体制设计而言,对地方机制体制阙如的现实一直未作出改变,未能结合地方性金融组织或业态的发展及时建立与之相配套的监管规范,这为地方参与金融监管留下了一定的空隙。这也直接导致了在一些地方,政府不仅通过财政等自有资金积极组建新型金融机构,还鼓励辖区内专业银行分支机构、国有企业以及民间资本以各种形式参与到新型金融机构的建设发展中来。地方政府以此为突破口,违法违规批准设立或利用财政资金直接参股农村合作基金会、典当行、城市信用合作社、信托投资公司、股权交易中心、资金拆借中心等正规金融机构以外的新型金融组织或业态。据统计,1988 年的 68 家典当机构中,经人民银行批准的不到 50 家,其余都是由公安局、税务局、民政局、计委、经委及政府等其他部门审批的。[①] 这些迂回的金融机构设立方式实质上侵蚀着中央在金融领域的绝对权力,国务院最终在 1989 年 9 月发布《关于进一步清理整顿金融性公司的通知》,要求清理未经人民银行批准或者超出批准范围从事金融活动的企业。

地方政府以此种迂回隐蔽的形式拓展了金融监管权,与中央形成一定的博弈态势。地方争取金融监管权的出发点,往往更注重经济发展资金的获取,而很少关注金融风险的防控与监管。事实上,上述因素导致了金融改革初期整个国家金融秩序的混乱,直接促使中央对金融监管权进行系统性全面上收。1998 年和 2003 年成立的中国保险监督管理委员会、中国银行业监督管理委员会采用了中央垂直金融监管体制,全面清理地方可能侵蚀金融监管权力的通道和手段。此时的地方政府主要承担金融监管协助、配合的角色,对农村合作社、城市商业银行实施必要的监管。

(二) 从寡到多:金融风险下中央的逐步放权

随着金融业务的扩大和金融形式的创新,中央也逐步意识到缺乏地方的参与,对区域性系统性风险的防范捉襟见肘,与此同时地方对金融监管的参与程度越来越高。地方金融监管权的扩大有其历史必然性。

首先,地方金融产业发展迅速的同时缺乏对应的风险管理机制,导致潜在金融风险不断累积。受金融全球化的影响,金融对促进区域经济发展的作用深受各地政府关注,在各地积极利用金融杠杆支持经济发展时,却忽视了其不断积累的隐藏风险。隐藏风险来源于金融的不稳定性,金融机构内部的不稳定状态通

---

① 胡艳龙:《中国金融史》,云南大学出版社 1993 年版,第 358 页。

常表现为资产和负债的失衡、信息不对称、银行挤兑等,这种不稳定性又塑造了金融机构的脆弱性。金融机构的脆弱性往往根植于系统内部,但也具有激化成金融危机的风险。金融风险具有不确定性,当金融仅作为资金融通中介时,风险就相对较小,但是当金融从实体经济中逐渐分离出来,信用功能随之逐渐被放大,潜在的风险性也就相应地加剧。金融的发展与信用基础不断失调并达到一定程度,必然会引起金融风险。当金融机构的资产脆弱性与负债脆弱性不断增加并相互影响时,就会导致金融机构破产,甚至引起更多的连锁效应。

近年来,我国地方金融机构发展迅猛,产生了诸多新型金融组织。这些新型金融组织一方面对于提高金融服务的覆盖面、满足人民群众日益增长的金融需求、扩展融资渠道起到重要的作用;另一方面也导致了投融资存量爆发性的增长,加剧了金融供需的不平衡,地方金融在获得充分发展的可能性的同时,增加了金融发展的不稳定性。因此,地方金融产业迅速发展所带来的潜在不稳定性和风险问题成为影响地方金融运行效率和金融安全,决定地方金融能否健康发展,甚至是地方经济与社会能否保持稳定的关键性要素。

其次,地方金融监管初具雏形,制度建设任重道远,且必须要地方政府的深度参与。中央垂直监管的有限性、地方中小金融组织的发展以及对专业监管机构的需求促使地方金融改革探索。金融市场结构的变化、地方金融监管机构对地方政府的金融市场把握能力、金融资源配置能力、金融风险防范能力、监管手段综合运用能力、金融监管协调能力等都提出了更高的要求。① 随着地方金融组织机构的发展,各地"金融办"因时而生,并逐渐发展、完善,成为地方金融监管制度初具雏形的一大缩影。而这一现状最终也为中央所接受,集中表现在 2017 年第五次全国金融工作会议上,中央将中央与地方金融管理权限进行了必要的划分。会后发布的《中共中央、国务院关于服务实体经济防控金融风险深化金融改革的若干意见》(下文简称《意见》)在强化地方政府风险处置责任的基础上,首次明确与地方金融相关的"具体工作由地方金融监管局(金融办)承担",并确定了地方政府金融监管职责范围的"7+4"模式。② 实际上,自 2016 年以来,我国便有多个省市自治区制定了涉及金融监管的地方性法规。

(三)演进趋势:权威体制与有效治理的均衡

改革开放后,地方政府对金融监管的参与力度明显加强,导致这一现象的重

---

① 封丽霞:《中央与地方立法关系法治化研究》,北京大学出版社 2008 年版,第 370 页。

② 地方政府的金融监管范围"7+4"模式具体是指:负责对小额贷款公司、融资担保公司、区域性股权市场、典当行、融资租赁公司、商业保理公司、地方资产管理公司等金融机构实施监管,强化对投资公司、农民专业合作社、社会众筹机构、地方各类交易所等的监管。

要原因便是中央为了调动地方发展经济的主动性而授予地方不同程度、不同范围的金融监管权力，对地方参与金融监管权行使的事实性行为给予风险可控范围内的最大包容。如果地方政府的金融监管参与行为没有威胁到金融秩序的稳定性和法制的统一性，中央几乎不会过多介入，只有当出现了严重风险时，中央才会对地方政府参与金融监管的权力进行必要调整。这一演进的历程足以表明，地方的金融监管权运行的恒定不变的逻辑是权威体制与有效治理的均衡。①这一逻辑也从以下两个方面得以完整诠释：

第一，在地方的金融监管参与中，权威体制与有效治理的均衡主要体现为地方政府不断引导民间资本参与金融行业、鼓励新兴地方性金融组织或市场的发展等。地方的主动性体现为对新兴地方性金融组织或业态的市场准入进行审批性的监管。当中央发现地方金融政策创新实践能够促进国民经济发展和财政税收收入增加，且不会带来区域性或系统性金融风险的爆发或者削减中央的金融调控与监管的效力，或虽有削弱中央金融监管和调控能力但能够冲抵因地方金融政策的创新实践而带来的成本或风险时，中央便会容忍、默许甚至是支持地方的金融政策或监管创新实践活动。

第二，这一均衡原则还体现在中央与地方双层金融监管体制的建立过程。在央地金融监管权力的运行实践中，地方政府不断从规范或制度层面获得自己相对独立的金融监管权限、对象、内容和风险处置责任等，这有利于地方政府在发展地方性金融组织或业态的过程中增强风险控制意识，继而保证了地方政府金融监管权责的有效匹配与均衡。值得注意的是，中央金融监管权为法律、行政法规所确立，而地方金融监管权则为政策、命令等非正式的规则所确立，这也决定了中央金融监管的法定性和主导性，而地方金融监管权具有行政性和从属性。

这一遵循权威体制与有效治理的均衡逻辑贯穿我国地方金融监管权发展的始终，且经过四十多年的发展演变，已经成为我国地方参与金融管理权不可忽视的理论前提，对我国地方金融监管权的理论研究与现实发展，均具有重要的指导意义。

二、地方金融监管权的配置现状

（一）地方金融监管权的立法现状

国务院及其所属的"一委一行二会"等中央部委以规范性文件、部门规章等

---

① 周雪光：《论中国官僚体制中的非正式制度》，载《清华社会科学》2019 年第 1 期。

形式将地方金融监管权赋予地方政府指定的负责监管本辖区金融的相关机构或中央部委在地方政府中对应的部门行使。截至 2021 年 7 月,已有山东、河北、上海等 12 个省、自治区和直辖市与厦门、深圳两个经济特区制定了涉及金融监管的地方性法规(详见表 1)。

表 1　截至 2021 年 7 月我国各省、自治区、直辖市和经济特区涉及金融监管的立法情况

法规名称	重点规定的地方金融组织或者行为	生效时间
《山东省地方金融条例》	小额贷款公司、融资担保公司、民间融资机构、权益类或大宗商品交易场所、开展信用互助的农民专业合作社、私募投资管理机构等	2016 年 7 月 1 日
《河北省地方金融监督管理条例》	小额贷款公司、各类交易场所、地方金融控股企业、地方资产管理公司、融资担保公司、典当行、融资租赁公司、商业保理公司等	2018 年 5 月 1 日
《四川省地方金融监督管理条例》	融资担保公司、小额贷款公司、区域性股权市场、典当行、融资租赁公司、商业保理公司、地方资产管理公司、农民专业合作社、权益类或大宗商品交易场所	2019 年 7 月 1 日
《天津市地方金融监督管理条例》	小额贷款公司、融资担保公司、区域性股权市场、典当行、融资租赁公司、商业保理公司、地方资产管理公司等	2019 年 7 月 1 日
《辽宁省防范和处置金融风险条例》	小额贷款公司、融资担保公司、区域性股权市场、典当行、融资租赁公司、商业保理公司、地方资产管理公司、区域性投资公司、开展信用互助的农民专业合作社、网络借贷信息中介机构、社会众筹机构、地方各类交易场所等	2020 年 6 月 1 日
《上海市地方金融监督管理条例》	小额贷款公司、融资担保公司、区域性股权市场、典当行、融资租赁公司、商业保理公司和地方资产管理公司等	2020 年 7 月 1 日
《浙江省地方金融条例》	小额贷款公司、融资担保公司、典当行、融资租赁公司、商业保理公司、地方资产管理公司、区域性股权市场和其他地方各类交易场所、农民专业合作社;民间融资服务企业等	2020 年 8 月 1 日
《内蒙古自治区地方金融监督管理条例》	小额贷款公司、融资担保公司、典当行、融资租赁公司、商业保理公司、地方资产管理公司、区域性股权市场等	2020 年 12 月 1 日
《广西壮族自治区地方金融监督管理条例》	小额贷款公司、融资担保公司、区域性股权市场、典当行、融资租赁公司、商业保理公司、地方资产管理公司等	2020 年 12 月 1 日

（续表）

法规名称	重点规定的地方金融组织或者行为	生效时间
《厦门经济特区地方金融条例》	小额贷款公司、融资担保公司、区域性股权市场、典当行、融资租赁公司、商业保理公司、地方资产管理公司、地方各类交易场所等	2021 年 1 月 1 日
《深圳经济特区绿色金融条例》	不单独针对地方金融机构	2021 年 3 月 1 日
《江西省地方金融监督管理条例》	小额贷款公司、融资担保公司、典当行、融资租赁公司、商业保理公司、地方资产管理公司、区域性股权市场和地方各类交易场所、开展信用互助的农民专业合作社等	2021 年 3 月 1 日
《江苏省地方金融条例》	小额贷款公司、融资担保公司、区域性股权市场、典当行、融资租赁公司、商业保理公司、地方资产管理公司等	2021 年 7 月 1 日
《北京市地方金融监督管理条例》	小额贷款公司、融资担保公司、区域性股权市场、典当行、融资租赁公司、商业保理公司、地方资产管理公司、地方交易场所等	2021 年 7 月 1 日

资料来源：根据公开资料整理。

从这些涉及金融监管的地方性法规内容来看，除《深圳经济特区绿色金融条例》涉及全国性金融业务外，其他的地方性法规均为针对地方金融组织与业务的专项性规定，其中具体涉及的地方金融组织略有不同，如《山东省地方金融条例》特别强调了对私募投资管理机构的监管，而《浙江省地方金融条例》则专门提及了民间融资服务企业与民间借贷活动。地方金融立法既具有共性又具有个性。

从共性上看，这些地方性法规普遍对《意见》中提及加强地方政府对"7+4"类地方金融组织的监管进行了贯彻，其中的"7"类组织大多在立法中得到了明确的规定。不同的是，"4"类组织中投资公司的法律涵义尚不明确，开展信用互助的农民专业合作社并非每个省市都有，因此一些省市以"国务院授权地方政府监督管理的具有金融属性的其他组织"来增加立法的包容性，为新的法律定义、新的组织形式出现、新的国家授权留有解释空间。

（二）地方金融监管权的行使现状

实践中各省、自治区、直辖市人民政府纷纷在原先金融工作办公室或者金融服务局的基础上加挂了地方金融监督管理局的牌子。迄今为止，31 个省、自治区、直辖市均实现了地方"金融办"、"金融局"与地方"金管局"合署办公的地方金融工作现状。从各地对其职责定位的梳理来看，目前地方金融监管部门除了配合协调中央监管机构以及中央驻地方监管机构的对接外,其主要职责还包括:一是负责对域内小额贷款公司、融资担保公司(含融资再担保公司)、典当行、融资租赁公司、商业保理公司、区域性股权市场以及从事经中央金融管理部门批准可开展金融企业不良资产批量收购处置业务的地方资产管理公司的监督管理;二是负责强化对域内开展信用互助的农民专业合作社(含农民资金互助合作社)和具有金融属性但不属于中央金融管理部门监管的投资公司、社会众筹机构、地方各类交易场所的监督管理。

但各地的金融监管部门自身所承担的具体功能与设置目的,又与其所在地域的经济发展水平、资本要素供给以及金融资源丰富度等紧密相关。北京、上海、广州、深圳等经济发达地区的一线城市,由于金融资源丰富,金融监管部门的职能主要是维护辖区金融稳定和防范区域性金融风险;而温州、鄂尔多斯等地方金融风险爆发频繁,因此其主要职能是解决与中央驻地方金融监管部门、各类金融机构的协调配合问题,以降低金融风险的破坏力和对风险传导因素进行有效阻断;对于中西部金融资源供给不足的省、直辖市、自治区而言,其金融监管部门主要功能是为地方政府、地方企业及其他市场主体的投融资提供服务。当然,各地金融监管部门的主要职能也并非一成不变,彼此之间会随经济社会环境的变换而相互转化。

(三) 地方金融监管部门职责定位的反思

通过对目前各省、自治区、直辖市"金融办"的"三定方案"进行梳理可知,"金管局"在原先"金融办"所设立的架构上发展而来,形成了目前的地方金融监管职能框架,地方金融管理职能包括了服务、规划(引导)、协调和监管等四项内容。前三项职能属于"金融办"的固有职能,而金融监管职能是随着地方性金融组织或业态发展及其风险暴露而被新赋予的职能。[①] 地方政府"金融办"的监管职能在逐步扩充,甚至突破了其金融监管的职责要求,但金融监管权在实践中经常沦为地方政府要求地方性金融组织或业态提供金融服务或掩饰违法干涉地方金融市场行为的政策性工具。在目前各地"金管局"与"金融办"合署办公的情况下,几乎所有地区都将"金管局"的牌子放置在"金融办"之前,也从侧面反映了监管职权扩充的现状。但在金融管理职能行使的实践中,地方政府"金融办"的固有职能与扩充职能却与理论预设存在明显抵牾,其固有职能的行使集中呈现出为地方经济发展获取金融资源的动机,扩充职能的行使也演变为金融监管职能的滥用,即为了获取经济发展所需的金融资源,或放松监管,或利用金融监管权力

---

① 潘宏晶、吕庆明:《地方政府金融办职能定位问题研究》,载《西部金融》2014 年第 1 期。

直接干预金融组织或业态的发展。① 同时,地方政府"金融办"的固有职能与扩充职能的冲突,具体体现为为促进辖区经济发展融资与为维持地方金融秩序稳定而进行金融监管、金融调控三项金融管理职能之间的矛盾。

当前,地方金融监管部门同时扮演"融资者""调控者""监管者"等诸多角色②,甚至还在履行地方性国有金融资产"出资人"及其地方性国有金融资产出资人"监管者"的职能,这也导致了地方金融监管部门成为不同角色之多元利益、多元价值倾向的矛盾集合体。③ 而地方金融监管的职能之所以如此混乱重叠,直接原因便在于缺乏对地方金融监管职能的顶层设计,这些职能都是因时而生、因需而生,是中央在特定的社会经济背景下赋予地方金融监管部门的权力。但是当地方金融监管部门被赋予了过多职权后,却鲜有反思这些权力之间会形成冲突。且由于地方金融监管部门缺乏中央的对口部门,这一问题没有自上而下的反思压力,便一直堆积在地方金融监管部门。因而,只有高屋建瓴地深刻反思与检讨地方金融监管权的配置,方能从根本上改变地方金融监管部门的尴尬境地。

三、地方金融监管权的配置缺陷

(一) 地方金融监管权的界定不明

1. "地方金融"的财政标准

2010 年财政部发布的《地方金融企业财务监督管理办法》(下文简称《管理办法》)指出,"依法取得金融业务许可证的非中央管理金融企业",是"地方金融企业",具体包括城市商业银行、农村商业银行、农村合作银行、信用社、新型农村金融机构、信托公司、金融租赁公司、财务公司、消费金融公司、证券公司、期货公司、基金管理公司、保险公司等。这一管理办法还规定,非中央管理的金融控股公司、小额贷款公司和融资性担保公司等从事金融性业务的其他企业比照适用该办法的规定。

如果说非中央管理的金融企业是地方金融企业,那么哪些金融企业是中央管理的呢?财政部自 2015 年起发布"中央金融企业名录",列举了涉及银行、保险、资管、投资等领域的 24 家公司,还在 2020 年发布了《中央金融企业名录管理

---

① 陆琪、姚舜达:《互联网与地方金融监管》,载《中国金融》2016 年第 23 期。
② 杨子强:《完善地方金融监管体制》,载《中国金融》2014 年第 5 期。
③ 程元辉:《变身金融国资出资人上海金融办大权在握惹争议》,载《华夏时报》2009 年 8 月 22 日第 5 版。

暂行规定》,规定列入中央企业名录的企业应符合以下两项条件:(一)中央管理领导人员的金融企业;(二)执行国有金融资本管理相关制度,由财政部代表国务院履行国有金融资本出资人职责,纳入国有企业经营预算管理、负责组织实施年度绩效评价等工作。

当然,地方金融的财政标准具有一定合理性。首先,《管理办法》所列举的地方金融企业如城市商业银行、农村商业银行等,确实具有规模相对小、区域性、属地化的特点,适合交由地方财政监督管理;其次,将小额贷款公司、融资性担保公司等从事金融性业务的企业比照适用该规定,做到了对同类业务的"一视同仁";再次,以人事从属和财权或出资权的归属,在金融企业之中划分中央财政与地方财政的职责,在属地管理方面具有便捷性;最后,这一标准并未将地方上的由"一委一行二会"的派出机构所监管的银行、证券、保险类金融机构与其他类型的金融企业区分开来,而是一视同仁地对待。

2. "地方金融"的金融标准及其检讨

在各地的地方金融立法中,"地方金融"似乎成了一个约定俗成的概念,"地方金融组织"就指代了"7+4"类组织,这些主体所实施的活动即是"地方金融活动",而地方金融监督管理局正是监督该类组织及其行为的专门机构。大部分事物都可以采用"属加种差"的方式进行概念界定,"地方金融"亦是如此。"地方金融"的"属"为金融,即货币资金的融通,而"种"之差异,则是区分于"中央""国家"等限定词而产生的。这样看来,与"地方金融"相对的是"中央金融"。

"地方金融"的财政标准将地方上的各类金融企业"一网打尽",不管是银行、证券公司,还是信用社,而且对同类业务的不同种类公司"一视同仁"。与此相对的是,实践中不乏以监管机构来划分"中央金融"与"地方金融"的做法,即由国务院金融稳定发展委员会、"一行二会"及其派出机构(中央金融监管部门)监管的金融机构就是"中央金融"的范畴,而目前由地方金融监管部门监管的"7+4"是"地方金融"的范畴,各地的地方金融立法也隐约透露出了这一倾向。

金融监管部门划分央地对金融的"管辖权"有其合理的理由,出于金融分业监管以及不同金融行业的监管理念,即使到了属地,一委一行二会的派出机构所监管的金融机构,与从事金融性业务的其他企业相比,其监管方式和重要性也不尽相同,需要分开监管。然而,根据监管机构的不同,如此生硬地切分"中央金融"与"地方金融",于学理无据,于法理欠妥,于实践欠周全。首先,"地方金融"一词尚无正式、规范的概念,学界、业界以及监管层对此也未形成统一的认知;其次,从《中华人民共和国立法法》(下文简称《立法法》)对金融事项的法律保留规定看,并无区分"中央金融"与"地方金融"的有力依据;最后,这一生硬的切分基础扎根于主体监管和机构监管的理念,易造成监管真空与重叠,不利于协同监管，违背功能监管与行为监管的实质要求。

（二）需求导向模式下的合法性存疑

目前对于地方监管权并没有直接的法律授权，实践中多表现为国务院对"地方金融监管局"设置的批准，并赋予地方政府以实际上的金融监管权，以及中央文件对地方金融监管局就"7＋4"类组织的监管授权。但《立法法》第 8 条规定，"下列事项只能制订法律……（九）基本经济制度以及财政、海关、金融和外贸的基本制度"。事实上，与地方金融监管权配置有关的制度应属于金融"基本制度"的范畴，抛开金融的属性不管，关键是地方金融监管权的配置涉及中央与地方各自权限范围的界定。按照《立法法》第 9 条的规定，如果与地方金融监管权配置有关的金融制度属于"基本制度"，并且在法律尚未对地方金融监管权配置事项进行规定的情况下，全国人民代表大会及其常务委员会可授权国务院通过制定行政法规的方式对与地方金融监管相关的事项予以规定。值得注意的是，《立法法》第 61 条"国发"类文件不属于行政法规，而只属于规范性文件。

《立法法》第 12 条规定，"被授权机关应当严格按照授权决定行使被授予的权力。被授权机关不得将被授予的权力转授给其他机关"。易言之，国务院针对地方金融监管权配置事项制定行政法规，并对地方政府进行赋权之权力源于全国人民代表大会及其常务委员会授权，如果国务院通过批准国务院部委或直属事业单位部门规章的方式将对地方金融进行监管的权力授予地方政府，此举必然违反被授权机关不得将被授予的权力转授给其他机关的限制性法律规定。

这一转授权的地方立法模式即使在合法性上存疑，但目前却大行其道，随着各地"地方金融监管局"的组建、地方金融立法的不断出台，"先上船再买票"的行为难谓遵循了严格的法治模式。

（三）多功能集合之下的监管理念不清晰

从地方金融监管部门公开的机构职能和部分已出台的地方金融规范性文件来看，不同于中央监管部门，地方金融监管部门同时担负着促进地方经济和规范地方金融的双重使命，而发展与监管目标之间存在一定的内在矛盾。这种矛盾主要体现在以下两个方面。

第一，在经济下行的宏观背景下，处置地方金融风险与促进地方经济增长在一定程度上存在矛盾。与正规大型金融机构相比，地方金融组织具有准入要求相对宽松、逐利性和创新意愿更强、活动主体数量众多、经营水平和质量参差不齐、地域性强等特点,迫切需要地方金融监管局加强监督管理。[①] 在去杠杆和供给侧结构性改革的背景下,地方经济和金融系统的风险逐渐暴露,地方政府处置地方金融风险的压力加大。但是对一些风险点的处置在经济下行压力下会加剧地方经济波动,甚至影响社会稳定。

第二,地方金融监管部门作为各级政府的直属机构,其监管独立性远低于中央金融监管机构。尤其在缺少外部监督约束机制和有效的监管评价体系的情况下,地方政府出于对自身利益最大化的考虑,在实践中容易出现"重视发展、放松监管"的问题,使得地方政府对金融风险的容忍度相比中央金融监管机构偏高,从而不利于地方金融稳定。

在中央与地方金融监管分权的背景之下,地方政府从单纯的宏观性调控职能向兼具微观性地方金融监管两项职能转变,此时地方政府便要同时承担两项金融管理职能,一方面是地方性金融组织或业态发展的推动者,旨在促进地方性金融组织或业态的做大做强,另一方面是地方性金融组织或业态的监管者,旨在维护地方性金融组织或业态的稳定有序,目标的相异性与职能配置的合一性将导致地方政府行为角色的矛盾或冲突,继而会影响到宏观性金融调控职能与微观性金融监管职能的具体实施效果。因此,地方政府宏观性金融调控职能与微观性金融监管职能应由不同的地方政府职能部门或直属机构予以承担,同时出于"调控中立"和"监管独立"的要求,还要求地方政府宏观性金融调控职能与微观性金融监管职能行使部门之间保持必要的独立与协调。

(四) 金融监管的纵横协调机制阙如

地方金融监管部门不仅要承担"7+4"类金融行业的监管和属地风险处置责任,还要辅助中央金融监管部门在地方派出机构的相关工作。但完成这一职责的综合性要求较高,需要中央金融监管部门的指导监督、同级金融监管部门的协作支持和下级对口部门的配合执行。因此,地方金融监管部门与稳定发展委员会(下文简称金融委)、"一行两会"及其派出机构、下级市县金融监管机构之间的协调机制是否完善将直接影响央地金融监管效率。自 2017 年国务院金融委成立以来,中国央地金融监管协作步入顶层制度设计阶段,但仍然存在以下问题和挑战。

(1)金融委办公室地方协调机制的细化措施和配套制度有待进一步健全完善。地方金融监管部门的属地金融风险处置责任不仅包括"7+4"类行业,还包括辖内由中央金融监管部门及其派驻机构负责监管的金融机构的风险处置以及

---

① 马向荣:《地方"金融办"职能定位与金融分层监管体系催生》,载《改革》2014 年第 2 期。

互联网金融风险、企业不良金融债务风险、政府金融债务风险以及非法金融活动等风险处置。这其中大部分业务原先应当由中央金融监管部门负责监管,地方金融监管部门无法掌握前期风险情况,难以提前采取相应的风险防范措施,通常只能在风险爆发后被动进行处置,协调难度和处置成本由此增加。① 此外,由于缺乏有效的信息共享机制,"一行两会"省级派出机构与地方金融监管部门之间的信息共享存在盲区,严重制约了监管合力形成与效能提升。为此,国务院金融委办公室于2020年1月印发了《国务院金融稳定发展委员会办公室关于建立地方协调机制的意见》,旨在解决这一问题,但遗憾的是该意见并未明确地方协调机制的相关约束机制、决策机制、争议调解机制等配套制度,协调机制的作用大打折扣。央地之间的金融监管的权责划分尤待明确,不论是"有责无权"还是"有权无责"的监管方式,均不利于发挥地方金融监管部门的有效作用。

(2)地方金融监管缺乏市县层面的监管力量,不利于基层监管部门有效执行省金融监管局的监管要求。各地区内部的金融发展形态不一,地方金融监管的压力不同,目前的地方金融监管主要在省级层面予以重视,越是基层,地方金融监管的力量则越为薄弱。我国大量"7+4"类机构分布在县、乡甚至村级行政区域,但是部分省金融监管局在市县没有对口监管单位,导致市县"7+4"类机构的日常管理和监督难度较大。2014年,国务院30号文明确了省级人民政府金融监管部门对7类机构的监管职责,但是要求省级政府承担的金融监管职责不得层层下放,导致市县级金融监管力量薄弱、机构不独立、职责不清晰。总体上,目前中国市县金融管理和监督缺乏统一指导和管理。部分市县与省金融局同步改革,组建了独立的地方金融监管局;部分市县维持地方金融办现状不变;部分市县的地方金融监管部门挂靠在政府办公室、财政局等部门;同时也有另设承担金融服务职能的独立事业单位如地方金融服务中心、地方金融监测中心等。

四、地方金融监管权配置的完善路径

(一)重新界定地方金融监管权

1. "地方金融"的本质考察

有学者在考察"地方金融"这一用语在法律、政策中的体现时,认为"地方金融权"的内涵是处理中央与地方金融权力关系的重要概念②,包括金融事权、金

---

① 刘志伟:《地方金融监管分权:协同缺失与补正路径》,载《上海金融》2017年第1期。
② 吕铖钢:《地方金融权的法律配置》,载《现代经济探讨》2019年第4期。

融财权以及金融参与权①,其外延包括正式金融和非正式金融。这种认识超越了传统金融机构与新兴业态的主体分野,着眼于"金融"本身,可以看出在这种观点下,"中央金融""地方金融"并非固有概念,而应解释为"中央的金融权力""地方的金融权力"。在这种解释下,"金融"具有统一的含义,而非以不同特征的被监管主体进行划分的不同内容。通过检视《立法法》及其释义对"金融"以及"金融基本制度"的解释,可以发现其并没有为切分"中央金融""地方金融"提供依据,反之,金融是一个客观的、整体的概念。

值得注意的是,《立法法》及其释义中"有关金融的基本制度",是指"有关金融(的制度)"本身就是"基本制度",并非暗示有关金融还存在法律保留事项以外的制度——基本制度以外的其他金融制度,也不能作反对解释,认为存在"金融非基本制度"。《立法法》释义对"金融"阐释如下:"金融是各种金融机构之间以及它们与公民、个人或者其他组织之间,从事的货币发行、信贷、结算、信托、保险、票据贴现、汇兑往来、证券交易等活动";同时指出,"对金融活动的统一和有效管理,是巩固公有制为基础的社会主义经济制度,落实国家的经济政策,协调经济发展,保持社会稳定,改善人民生活和促进对外金融交往的重要保证。因此,有关金融基本制度的事项应当由国家统一立法。"从语法看,《立法法》条文中"财政、海关、金融和外贸的基本制度"中"金融的基本制度"和《立法法》释义中"有关金融基本制度"应表示同样的含义,后者中"基本制度"应作"金融"的同位语看待,即前后二者所指相同,"有关金融(的制度)"即是"基本制度",只能够制定法律。从含义看,《立法法》释义对"金融"的定义采取概括加列举的方式,涵盖面广,又强调了"对金融活动的统一和有效管理"的必要性,表达出凡金融活动应当由国家统一立法进行管理的涵义,不论是金融活动还是金融管理都不存在"基本"与否的区分。况且,"宪法和立法法并没有统一的界定,全国人大常委会也没有给出相应的解释。在实践中,全国人大和全国人大常委会的立法事项经常出现混同的情况"。②

如果对《立法法》中与"金融"并列的"财政""海关""外贸"作同类解释,也能得出同样的结论。例如,《立法法》释义对"有关财政的基本制度"指出"有关财政制度的事项必须由国家法律予以统一规定",对"有关海关的基本制度"指出"有

---

① 金融事权主要指的是地方政府在服务金融、管理金融事项上的权力,包括金融服务事权以及金融监管事权,金融财权主要指的是地方政府对金融收入以及支出的支配权限,金融参与权主要指的是地方政府参与金融资源配置过程的权力。

同时,正式金融指的是经合法登记设立的,有金融经营资格的金融组织。根据所有权标准的不同,经营权的不同,监管主体的不同,金融可以区分为正式金融与非正式金融。非正式金融主要指的是游离于正规金融体系之外不受中央银行管制和国家信用控制的信贷交易和其他金融交易。

② 封丽霞:《中央与地方立法关系法治化研究》,北京大学出版社 2008 年版,第 371 页。

关海关制度的事项必须由全国人大及其常委会统一立法,任何地方权力机关和行政机关都不得就此制定地方性法规和政府规章",其中"有关财政的基本制度"与"有关财政制度的事项"具有相同的含义,"有关海关制度的事项"与"有关海关的基本制度"具有相同的含义。因此,"有关金融(的制度)"本身便应理解为基本制度,必须由全国人大及其常委会制定法律,国务院、地方权力机关和行政机关都不得就此制定行政法规、地方性法规和行政规章。

有专家认为《立法法》第 72 条第 1 款赋予了地方人大及其常委会在地方金融领域的立法权①,但是《立法法》第 73 条第 2 款明确规定了地方性法规可以作出规定的事项是"除本法第八条规定的事项",也就是说"金融基本制度"等法律保留事项并不属于地方性法规可以先行制定规则的事项。

基于以上认识,应当认为"中央金融"指的是"中央的金融",而非由中央金融监管部门监管的银行、证券、保险、信托等传统金融业态,而"地方金融"指的是"地方的金融",既非中央金融监管部门所监管主体以外的从事金融活动的市场主体,也非单纯指地方性、民间性的金融机构或组织,更非限于中央的授权与法条列举。

2. 确立地方政府的属地金融监管权

2017 年的全国金融工作会议提出了"服务实体经济、防控金融风险、深化金融改革"三项任务,明确"地方政府要在坚持金融管理主要是中央事权的前提下,按照中央统一规则,强化属地风险处置责任"。与《立法法》及其释义一致的是,这一会议精神确认且坚持了金融管理主要是中央事权的前提——金融管理是一个整体。因此,金融事权归属中央,金融管理的规则制定权也在中央,但是金融管理职权的属地部分,仍须由地方政府来承担。只有金融管理作为一个整体,才能够理解为什么规则要由中央统一制定。从另一方面看,金融委办公室地方协调机制的建立,也是旨在进一步落实党中央、国务院以及金融委的有关部署,促进金融监管的央地协调以及地方金融监管部门与中央金融监管部门的派出机构的协调。

因而,地方金融监管权应当是,在新的金融业态错综复杂以及功能监管与行为监管改革背景下,地方政府坚持中央的统一规则,承担金融领域的部分监管职责,尤其是属地风险责任,同时对中央金融监管部门(一委一行二会)进行属地的支持、配合与协调。

由此,地方金融监管权的范围需要重新进行明确,并遵循以下几个标准。首

---

① 张学美:《地方金融监管立法研究——以〈四川省地方金融监督管理条例〉为例》,载《审计观察》2019 年第 4 期。

先,已经由中央金融监管部门实施监管的主体,原则上仍然由其进行监管,但该领域相关法律、行政法规授权地方政府支持、配合、协调或承担属地责任的,地方政府应承担相应职责。最典型的莫过于"打非",根据《非法金融机构和非法金融业务活动取缔办法》,中国人民银行负责取缔非法金融机构和非法金融业务活动,但同时非法金融机构设立地或者非法金融业务活动发生地的地方人民政府也要负责组织、协调、监督与取缔有关的工作。

其次,除已经由中央金融监管部门监管的金融机构外,各"地方金融组织"理论上可以依据其所从事的金融业务,对应到中央金融监管部门所监管的金融机构类型。以银保监会的监管对象银行为例,小额贷款公司与银行同样经营放贷业务,商业保理公司与银行从事同样的保理业务,融资担保公司与银行经营类似的担保业务,只是这些企业业务结构单一,而银行业务显得面面俱到。因此,即使银行与小额贷款公司、商业保理公司、融资租赁公司分别由不同的监管部门进行主体监管,经营同类业务的不同主体也应适用相同的监管规则。换言之,地方金融监管部门对"地方金融组织"的监管要参照同类业务的国家规定。如果不同的金融组织经营同类业务而不需要遵守相同的规则,市场主体出于趋利性,会涌向监管不完备的领域,从而降低监管的有效性,增加监管的难度。另一方面,参照同类业务已有的法律规定,也能确保地方金融监管遵守中央统一规则,弥补地方金融立法对于地方金融组织准入制定权的缺失。

最后,地方金融监管权应包含地方金融监督管理部门及其前身地方金融办所长期承担的处置非法金融的职责,联合公安对非法金融机构和非法活动进行打击,联合市场监督管理部门取缔非法企业的经营资格。日新月异的金融业态和丛生的金融乱象使得机构监管与主体监管已不能完全适应现今市场的监管需要,而从功能监管与行为监管的视角出发,就需要政府针对综合的金融违法行为进行高效、准确的防范与处置。相较于中央金融监管部门,地方政府具有信息优势与管理优势,能够更好地承担属地风险责任。

(二) 从事实性参与向规范性参与转变

1. 法律框架内对地方金融监管权完整赋权

在法制框架内,地方金融监管权作为法律保留事项,只能通过权力直接配置模式、中央授权模式和地方执行性授权模式实现。其中,权力直接配置模式是国家法律的直接性授权或者全国人大及其常委会的决定性授权。如我国金融行业法律一般都会规定国务院银行、证券、保险监管机构统一对银行、证券、保险行业实施监管。中央授权配置模式是中央政府向各级地方政府或各部委及其直属事业单位的授权。中央政府可进行授权事项的范围必须在其自身业已享有的法定权力边界之内,非中央政府自身所享有的法定权力不得授予他者或者说中央政府被他者授予的权力也不得转授给第三人。地方执行性授权模式只能为执行法律、行政法规已经规定的授权事项作出细化授权或者是依据法定授权对自己所管辖范围内的事项进行具体性授权,如《立法法》第72条、第73条的规定。因此作为行政事权的金融监管权配置也必须遵守相应的规范,地方性金融组织或业态监管权的配置在法制的框架内必须以上述方式进行。

要实现对地方金融监管权的完整赋权,首先是必须在既定法律框架中进行,即由全国人大及其常委会对现行法律进行立法解释以避免不必要的争议。对金融监管权配置最直接、最基本的法律依据是《立法法》第8条第9款,该条款规定金融领域的基本制度只能制定法律,但同时也考虑到法律严格性,该条明确在法律尚未作出规定的情况下,全国人大及其常委会有权授权国务院根据现实社会需求,对其中的部分事项先行以行政法规的形式进行规定。但其中对第8条中的"基本制度"、第9条"部分事项"在解释上需要予以明确。一是要明确金融"基本制度"的具体内容。依据《中华人民共和国立法法释义》①规定,金融"基本制度"应涵盖规范货币发行、信贷、结算、信托、保险、票据贴现、汇兑往来、证券交易等活动的制度,有关金融基本制度的事项应当由国家统一立法。二是要明确"对其中的'部分事项'先制定行政法规"并没有将金融事项排除在外。因此,在地方金融领域尚未制定法律或制定法律条件尚未成熟的情况下,全国人大及其常委会有权根据实际需要授权国务院对涉及货币发行、信贷、结算、信托、保险、票据贴现、汇兑往来、证券交易的"地方金融"事项先行以行政法规的形式进行规定,等到时机成熟,再将其上升为法律。无论是以行政法规的暂时性方式,还是以法律的方式,均可将地方金融的监管权力配置给地方政府。

事实上,全国人大及其常委会授权国务院对地方金融事项制定行政法规具有现实可行性。以地方金融机构资格的准入许可为例,根据《中华人民共和国行政许可法》(以下简称《行政许可法》)第12、14条的规定,国务院可以通过颁布行政法规的方式,对正规金融机构之外的从事金融业务的机构设定行政许可。同时,《行政许可法》第12条还明确了地方性法规不得对正规金融机构之外的从事金融业务的机构设定行政许可。另外,依据《行政许可法》第16条的规定,国务院所属各部委及其直属事业单位的部门规章不得在法律、行政法规未作出规定的情况下设定行政许可。② 易言之,全国人大及其常委会所制定法律可对地方

---

① 资料来源：http://www.npc.gov.cn/npc/c2163/200108/5ad25d801b58486aa7772527fb6909e7.shtml。

② 刘志伟:《地方金融监管权的法治化配置》,载《中南大学学报(社会科学版)》2019年第1期。

金融监管权进行配置，全国人大及其常委会也可通过授权国务院制定行政法规的方式对地方金融监管权进行配置。至于地方性法规、规章则只能执行上位法有关地方金融监管权配置的规定。

2. 贯彻权责对等的赋权模式

除了以直接赋权形式给予地方金融监管部门以完全合法的身份地位外，赋权所产生的效果也需引起足够的重视。换言之，地方参与金融监管的背后蕴含着一种监管逻辑的转换，即地方参与金融监管应从事实性参与向规范性参与转变，这一转变必须以权责对等原则为出发点。

无论是人民银行集中监管时期，还是当下的分业监管阶段，中央一直是金融监管的主导者，而地方只能在有限度范围内参与到金融监管中，并且地方所扮演的主要是一种事实性的金融监管角色。尽管地方是以事实性的方式参与到金融监管中来，但金融风险的最终处置责任却由中央及其所属监管机构承担，此举形成了地方参与金融监管事实上"有权无责"的局面。事实性金融监管权由地方行使，而风险处置责任却由中央及其所属监管机构承担的权责不对等矛盾，导致了地方金融监管行为失序，具体表现为地方政府为"融资"等地方经济考量而进行选择性监管，此时地方金融监管权要么沦为地方政府融资的工具，要么造成地方政府间金融监管的"朝底竞争"，此两种行为都会扭曲金融资源的有效配置，继而可能会影响到区域金融秩序稳定，甚至还可能增加区域性金融风险。

为此，中央逐步将区域金融风险的处置责任交由风险所在地的地方政府承担，但这又出现了法定的风险处置责任属于地方而法定地方金融监管权力归属中央的权责不对等的矛盾，最终导致地方参与金融监管"有责无权"。为解决地方金融监管"有责无权"的矛盾，中央开始采用授权或委托的方式将小额贷款机构、典当行、保理机构、融资担保机构等部分地方性金融组织或业态的监管权力交由地方实行纯粹性的属地监管。[①]

在金融监管权责对等原则的指导下，地方参与金融监管的方式逐渐从以往的事实性金融监管逐步转变为目前的规范性金融监管，能够保证地方政府合法、合理地参与到金融监管中来，也有利于调和金融风险控制与金融资源有效配置之矛盾。当然，在缺乏上位法规定的前提下，贸然以国务院规范性文件、部门规章等形式向地方让渡部分地方性金融组织或业态的监管权，难谓其符合行政法律之权力授予法定原则与具体的限制性法律规定。这也是我国未来进行统一的地方金融立法时必须考虑的一大问题。

[①] 蓝虹、穆争社：《论完善地方金融管理的边界、组织架构及权责制衡机制》，载《上海金融》2014 年第 2 期。

(三) 明确以风险监管为核心的价值定位

在中国金融监管变迁过程中,长期以来都存在重管理而轻监督的特点,但随着我国金融业态的快速发展,金融风险业已集聚,政府应当由一般性金融管理向真正意义的金融监管转变的观点,才逐步成为共识。这一转变首先体现在中央金融监管机构对正规金融组织的监管中,而后才逐步体现于地方金融监管机构对地方性金融组织或业态的监管之中。

从地方金融监管机构对金融的监管参与来看,地方金融监管机构主要是通过行政审批来引导地方性金融组织或业态的发展并影响地方性金融资源的配置,但这只是传统的通过准入门槛审批进行前置性筛选的管理手段,而不是真正意义上的风险性金融监管。尽管随着中央将小额贷款公司、融资担保公司、典当行等新兴地方性金融组织或业态的监管权逐步让渡给地方,地方金融监管机构对金融监管的参与逐步由一般意义的金融管理向真正的风险性金融监管转变,但这一转变只是初具雏形的合规性监管,现代性风险监管的建立仍然任重道远。风险性监管需要一套从制度理念到体制机制的完善体系。因此,未来地方金融监管机构完成向风险性监管的职能转变的提前,是需要通过对地方性金融组织或业态审慎经营的规范来建立地方金融的审慎监管体系,并辅之以行为监管以保护金融消费者的合法权益。

除此之外,促使地方金融监管机构得以真正走向风险监管转变的根本保障,是明确其职能。过多的身份重叠只能使其在不同的权力向度中自我迷失、自我否定,而难以扮演起一个真正独立的金融监管者角色。事实上,在对金融监管部门直接融资的职能进行剥离的基础上,有效处理好以发展为重的宏观性金融调控职能和以安全为重的微观性金融监管职能的关系,将宏观性金融调控职能和微观性金融监管职能分别交由地方金融发展职能部门——金融办和地方政府金融监管部门——金融监督管理局,彼此相互独立,便是一个不错的思路。[1] 2017年第五次全国金融工作会议之后,中央已经要求地方"金融办"加挂"金管局"的牌子,这为未来地方政府宏观性金融调控职能与微观性金融监管职能完全分离奠定了基础。只有当"金融办"和"金管局"实现从机构到人员的完全分离,才可能打破政府在履行宏观性金融调控职能和微观性金融监管职能时的内在矛盾。

---

[1] 殷勇:《进一步完善地方金融监管的几点思考》,载《清华金融评论》2018 年第 11 期。

（四）建立健全金融监管的纵横协调机制

地方金融监管放权的历程较短，在实际运行中也缺乏相当的经验，而不适当或者错误的监管行为会对金融组织形成较大的负面影响，甚至会对当地的金融环境产生冲击。因而建立必要的协调机制，用以协调不同层级与不同区域的监管机制，显得尤为必要。地方金融监管的纵向协调机制分为央地监管协调、省市县监管协调两个层面。通过加强中央和地方金融协作形成监管合力，是金融监管体制改革需要关注的重点。中央监管机构应加强对地方金融监管机构在政策指导、业务指引、人员培训、系统建设等方面的指导和支持，帮助地方监管人员提高金融监管专业素养，在政策层面支持地方金融监管部门在监管实践中进行有益的探索。在省市县的纵向监管协调方面，应建立健全省、市、县各级分层监管工作机制，增强基层金融监管力量以填补监管盲区。

地方金融监管的横向协调机制包括地方金融监管部门与中央派出机构的协调、地方金融监管部门与其他部门的协调、跨区域监管协调三个层面。前两个层面的横向协调主要通过金融委办公室地方协调机制，在不改变央地事权安排的基础上，加强中央与地方在金融监管等方面的协作，建立金融监管部门与司法、财政、网信等政府相关职能部门间的信息共享和协调联动机制。地方金融监管部门一般只负责本地区的金融监管工作，但是随着金融机构跨地域展业、混业经营等情况的出现，跨区域金融风险呈现加剧的态势，容易引发系统性金融风险。因此，应构建高效的联动协调机制，促进区域间的信息互通和联防联治。同时还应建立全国性的非法集资预警监测平台和联动处置机制，在全国范围内进行统一监测、统一认定、统筹打击。

五、结　　语

在"大一统"的金融管理体制下，我国地方政府在事实上不同程度地参与了金融监管，而且经历了从无到有、由少到多的发展历程。这一发展历程始终围绕着权威体制与有效治理间不断均衡的运行逻辑。自 2017 年第五次全国金融工作会议之后，国务院批准各省级政府成立地方金融监管部门，中央文件授权地方金融监管部门对"7＋4"类金融企业实施监管，并且压实了地方政府的防范金融风险和"打非"的属地责任。为了将这些职责落实到法律法规，全国多个省市陆续制定了地方性法规，授予地方金融监管部门相应的监管职权。

由于我国幅员辽阔、各地经济社会发展差异较大，地方政府能够在基层实施有效监管，对地方经济发展的金融需求给予更多关注。因此，中央通过合法且完备的途径向地方"下放"一部分金融监管的权力,让地方政府在金融监管方面打好"配合战",是取长补短、实施有效金融监管的手段。但是,地方金融监管权的含义尚不明确,如果仅仅将地方金融监管的对象局限在"7+4"类企业、以此为准切分央地金融,则会落入主体监管、机构监管的弊端。只有确立地方金融监管部门对金融进行属地监管的权力,对从事同类金融业务的企业实施统一标准的监管,才能避免监管真空与监管套利。在《立法法》上,有关金融的基本制度在目前依然需要全国人大确认。如果要赋予地方部分金融监管的权力,须通过修改法律,或由全国人大作出决定授权国务院先行制定行政法规进行授权,才能保障授权的合法性,让地方对金融监管从事实性参与向规范性参与转变。此外,各省级政府在原"金融办"的基础上组建"金融工作局"与"地方金融监管局",地方政府同时承担了发展与监管的职能、宏观调控与微观规制的职能,且两个职能部门实施合署办公,难以严格遵循"调控中立"和"监管独立"的要求。因此,二部门仍有必要完全地互相分离,且建议明确以风险监管为核心的价值定位。最后,地方金融监管在处理央地关系以及与同级其他部门关系中缺乏完善的金融监管协调机制,在纵向方面应从央地监管协调与省市县监管协调两个层面加强监管合力,在横向方面应从与中央派出机构的协调、与其他部门的协调、跨区域协调三个层面,建立司法、财政、网信等方面的协作机制以及高效的信息共享与风险防范机制。

从瑞幸咖啡案分析中美跨境证券监管合作

朱颖颖*

一、问题的提出:中美跨境证券监管合作的必要性

瑞幸咖啡(以下简称"瑞幸")于 2019 年 5 月 17 日登陆纳斯达克,2020 年 4 月 2 日,瑞幸向美国证券交易委员会(下文简称 SEC)自曝公司存在财务舞弊行为:通过虚假交易虚增收入、成本与费用。2020 年 4 月 21 日,美国 SEC 主席 Jay Clayton、首席会计师 Sagar Teotia、公司金融部主管 William Hinman、投资管理部主管 Dalia Blass 以及美国公众公司会计监督委员会(下文简称 PCAOB)主席 William D. Duhnke III 在《新兴市场投资存在重大信息披露、财务报告和其他风险,补救途径有限》(*Emerging Market Investments Entail Significant Disclosure, Financial Reporting and Other Risks; Remediesare Limited*)一文中指出 SEC 和 PCAOB 在中国监督和执法的能力有限:(1) PCAOB 无法直接检查中国境内的审计工作文件;(2) SEC、美国司法部(DOJ)和其他主管部门的域外执法权受制于中国相关法律规定,导致其无法直接依美国法律对中国公司和包括中国公司董事和高管在内的中国公民提起和执行诉讼;(3) 号召审计公司作为审计员,应在全球网络中采用一致的审计方法,以促进 PCAOB 实现一致监督。[①]

此前,SEC 最近一次针对中概股的风险提示是在 2018 年 12 月 7 日,SEC 和 PCAOB 发布联合声明《关于审计质量和监管获取审计和其他国际信息的重要作用声明——关于在中国有大量业务的美国上市公司当前信息获取的挑战讨

---

* 朱颖颖,华东政法大学 2020 级经济法博士研究生。

① 资料来源: https://www. sec. gov/news/public-statement/emerging-market-investments-disclo-sure-reporting。

论》,在声明中,PCAOB 同时列出 224 家遭遇审计障碍的上市公司名单及其审计机构,其中包括阿里、百度、京东等中国互联网公司。① 受制于中美两国不同的证券法律制度、证券监管模式和跨境监管合作机制,目前两国就跨境证券监管合作尚未形成一致化、标准化与系统化的法律依据。对类似瑞幸咖啡案中所涉及的主要业务在中国境内,但注册地在开曼群岛,上市地在美国的上市公司的监管容易出现监管空白——由于主要经营范围在中国,美国无法直接监管公司的财务真实性,而获取审计底稿等跨境监管信息又受制于中国相关法律,导致此类跨境上市公司的监管难度大。由此,为填补前述监管空白,中美跨境证券监管合作的开展实属必要。2019 年 6 月,国际证监会组织(下文简称 IOSCO)发布的《市场分割和跨境监管报告》指出,自 2015 年发布了跨境监管工作报告以来,各国监管机构已经意识到与市场分化相关的风险,IOSCO成员国监管机构之间通过使用跨境监管工具加强了监管合作,以减轻市场分化带来的监管空白问题。其中,监管机构使用的一种共同工具是以谅解备忘录形式作出的双边安排。②

本文以瑞幸事件为契机,对中美跨境证券监管合作进行回顾与展望,试图解决如下问题:中美跨境证券监管合作的法律基础何在?两国现存的证券监管合作的法律障碍何在?为填补监管空白,两国的证券监管合作体系可作何种完善?

二、中美跨境证券监管合作的法律基础

(一) 证券法的域外管辖权:域外执法的合法性

原有《中华人民共和国证券法》(下文简称《证券法》)明确规定,我国证券法采用属地原则,管辖范围仅限于中国境内的证券发行和交易行为,而 2019修改后的《证券法》第 2 条第 4 款作为域外管辖权条款,一定程度上肯定了我国证券法的域外管辖权。与此同时,这对法律理解与适用提出了新的要求。为阐释该新增域外管辖条款的效果标准,我们需要回溯效果标准的产生背景。1968 年的美国 Schoenbaum v. Firstbrook 案③中,第二巡回法院适用"效果标准":发生在美国境外的行为,只有在对美国境内投资者或者市场产生实质性

---

① 资料来源:http://www.sec.gov/news/public-statement/statement-vital-role-audit-quality-and-regulatory-access-audit-and-other。

② 资料来源:https://www.iosco.org/library/pubdocs/pdf/IOSCOPD629.pdf。

③ Schoenbaum v. Firstbrook, 405 F. 2d 215 (2d Cir. 1968), cert. denied, 395 U. S. 906 (1969).

不利影响的时候,法院才享有针对该证券欺诈行为的域外管辖权,即产生实质影响这一效果是法院享有域外管辖权的前置条件。我国《证券法》第 2 条第 4 款同样以效果原则作为法理基础,但是该款对于域外管辖的具体适用范围界定比较模糊,又缺乏配套的具体实施规则、司法解释与审判指导意见等,也没有证券法领域行使域外管辖的执法先例。具体到瑞幸咖啡案,适用《证券法》域外管辖条款存在实质障碍,不宜成为我国启动证券域外管辖的首个案例。其一,根据"法不溯及既往"原则,瑞幸咖啡案中的虚假陈述"实施日"在 2019 年第 2 至 4 季度期间,虚假陈述的"揭露日"即浑水公司公布的做空报告在 2020 年 1 月 31 日,这两个时间点均先于新《证券法》正式实施之日,即 2020 年 3 月 1 日。其二,根据《中华人民共和国涉外民事关系法律适用法》第 39 条和第 44 条的规定,涉外有价证券案件适用与该有价证券有最密切联系的法律,涉外侵权案件优先适用侵权行为地法律。我国既不是瑞幸咖啡案的侵权行为地,也不是最密切联系的。

美国证券法的域外管辖原则的适用发展至今,分为三大阶段。第一阶段为"效果测试标准"与"行为测试标准"。如前所述,1968 年的 Schoenbaum v. Firstbrook 案第一次确立了证券法域外管辖的效果测试标准,但是一般效果(general effect),即一项行为仅对美国的经济或者是投资者总体上产生某种消极影响,但并没有使享有利益的美国投资者受到具体影响的,不足以触发域外管辖。"效果测试标准"的适用需要满足三个条件——实质性(substantial)、直接性(direct)与可预见性(foreseeable)。《多德-弗兰克华尔街改革和消费者保护法》(下文简称 Dodd-Frank 法案)同样明确,进行域外管辖时,证券欺诈和交易行为在美国境内产生的影响需要具备可预见性和实质性。在 IIT v. Vencap 案[①]中,由于受损投资者多为他国居民,美国投资者仅占一小部分,法院认为该种情形不满足"实质性"要求。关于直接性,证券法域外管辖案件中没有具体的解释,理论上存在直接后果说(immediate consequence)、合理近因说及风险范围标准。关于可预见性,Animal Science Products 案[②]明确,巧合或者偶然发生的情形不具备可预见性,行为人不需要承担相应的赔偿责任。第二阶段为"交易测试标准"。2010 年的 Morrison 案[③]为一个二重涉外案件,原告、被告和证券交易行为都发生在美国境外,发生在美国境内的行为最多只算得上欺诈中的一个环节。地区法院与第二巡回法院均认为,美国法院对该案不具备管辖权。联邦最高法院虽然支持该结论,但给出了不同的理由和标准。最高法院认为,证券法所关注

---

① IIT *v.* Vencap, 519 F. 2d 1001 (2d Cir. 1975).
② Animal Sci. Prod., Inc. *v.* Hebei Welcome Pharm. Co., No. 13-4791(2d Cir. 2021).
③ Morrison *v.* National Australia Bank Ltd, 561 U. S. 247.

的重点并非是欺诈行为来源于何处,而是在美国境内购买和销售证券行为的合法性。《1934年证券交易法》第10(b)条规定,美国法院对以下两类交易享有管辖权:(1)在美国证券交易所上市的证券交易行为;(2)其他证券在美国国内的交易行为。与第一阶段的效果标准与行为标准相比,交易标准的界定更清晰、明确,但交易标准的适用范围更狭窄,限制了美国法院对涉外证券欺诈的管辖权。第三阶段为Dodd-Frank法案与"交易测试标准"的交锋。Dodd-Frank法案第929P(b)条对此前的"行为测试标准"做出了总结,进一步概括了既往判例中"效果测试标准"的内涵,某种程度上否定了最高法院所主张的"交易测试标准",重新赋予美国证券法以域外管辖权。① 目前,美国证券法域外管辖权采用"二分"路径:SEC或司法部等提起的诉讼或公共执法,只需要通过"效果测试标准"或"行为测试标准"即享有域外管辖权;私人提起的诉讼,则仍需要遵守"交易测试标准",证券法仅管辖发生在美国境内的证券交易行为。回到我国,借鉴美国域外管辖原则的适用三大阶段演进历史,在域外执法管辖过程中,我们对新证券法域外管辖条款的理解与适用,宜适当放宽效果标准,境外证券发行或交易行为导致境内投资者或市场间接受损的情形,也应被认定为触发启动域外执法管辖的条件。

(二) 中美证券监管合作现状:多边与双边合作

1. IOSCO引领下的多边合作

在证券监管领域,中美两国适用于跨国证券交易的证券法有时存在矛盾。虽然这种矛盾可以通过缔结条约或制定统一的证券法来解决,然而,条约需要外交谈判,两国难以就这些法律的实质内容达成共识,难以在广泛而复杂的证券领域协调中美两国的相关法律。作为替代,国际上已经形成了一些非正式的国际监管机构,例如IOSCO的关键作用之一是促进协调和促进监管合作,负责制定、实施和促进成员国遵守国际公认的证券监管标准。在执法方面,正式跨境证券监管合作的第一个例子是双边谅解备忘录②,在IOSCO的引领下,各成员提供相互援助并签订双边协议,如表1所示,IOSCO公布了包含某些基本合作标准的谅解备忘录的一般起草原则,最终促成IOSCO成员国之间缔结了数百个双边和区域谅解备忘录。③

---

① 崔孝和:《跨境证券监管协作机制的中美比较》,载《上海金融》2019年第1期。

② Chris Brummer, How International Financial Law Works (and How it Doesn't), 99 *Georgetown Law Journal* 257 (2011).

③ Pierre-Hugues Verdier, Transnational Regulatory Networks and Their Limits, 34 *Yale Journal of International Law* 113 (2009).

表 1 主要多边跨境证券监管文件

时间	文件名称	主要内容或目标	效力
1998 年	《证券监管目标和原则》(简称《目标和原则》)	38 条原则确立了保护投资者,确保市场的公平、高效和透明,以及减少系统性风险的监管目标	不具强制效力
2002 年	《关于咨询、合作与信息交换的多边备忘录》(简称《多边备忘录》)	各成员国间相互提供相关当事人在银行或经纪商的资金财产状况、交易时间和价格、相关经济主体(如银行、经纪公司、受益人等)等信息,以进行跨境调查及执法协助	具有法律效力(中国证监会于2007 年正式签署)
2017 年	《关于磋商、合作与信息交换加强版多边谅解备忘录》(简称《加强版多边备忘录》)	增加了签署方在维护市场诚信和稳定、保护投资者,震慑市场不当行为和欺诈时的 5 项新的执法权力(即 ACFIT,具体见表2),拓宽的执法权有力拓展了各国(地区)监管机构间信息交流的广度、深度	具有法律效力(中国尚未签署)

资料来源:IOSCO 网站。

表 2 《加强版多边备忘录》新增的 ACFIT 权力内涵[①]

权力名称	权力内涵
A:Audit(审计)	获取、分享与审计或审查财务报表有关的工作底稿、通讯和其他资料
C:Compel(强制)	强制出席作证(在不服从的情况下能够实施制裁)
F:Freeze(冻结)	冻结资产或应其他签署方请求,就如何冻结资产提出建议、提供资料
I:Internet(互联网)	直接或者在检察院、法院等机关的协助下,获取、分享现有互联网服务提供商的记录(不包括通信内容)
T:Telephone(电话)	直接或者在检察院、法院等机关的协助下,获取、分享现有的电话记录(不包括通信内容)

资料来源:IOSCO 网站。

谅解备忘录,包括与执法有关的谅解备忘录,通常由各国的相关证券监管机构签署。截至 2020 年 12 月,中国证监会在其网站上列出了 66 项协议。这些协议人多涉及与其他监管机构的监管合作。[②] 截至 2017 年 10 月,澳大利亚证券投资委员会(下文简称 ASIC)签署了 98 项有关金融监管各个方面的双边协定。新西兰金融市场管理局列出了 14 个与其他国家证券监管机构有关的谅解备忘

---

① 刘凤元、邱铌:《证券市场跨境监管研究——以 EMMoU 为视角》,载《金融监管研究》2019 年第 12 期。

② 资料来源:http://www. csrc. gov. cn/pub/csrc _ en/affairs/Cooperation/202102/t20210225 _ 393093. html。

录,以及 25 个与欧盟一起监管另类投资基金经理的谅解备忘录。[①] 然而,我国法律赋予证监会的执法权力无法满足外国依据《加强版多边备忘录》(如表 2 所示)向其提出的互助请求,例如,我国无法满足别国关于新增的 ACFIT 权力之一的互助请求:分享或者审计保存在我国境内的审计工作底稿。因此,我国目前尚未签署该备忘录。瑞幸咖啡案中,SEC 无法直接依据《加强版多边备忘录》,要求直接检查中国境内的瑞幸财务欺诈相关文件,仅能以 IOSCO 认可的书面形式向中国证监会提出调查协助请求,同时需阐述该请求目的、该请求的作用等。可见,IOSCO 框架下的多边合作既缺乏针对性,又缺乏强制效力,在瑞幸咖啡案中无法发挥通过跨境证券监管合作填补监管空白的作用。

2. 中美双边证券监管合作现状

在近期无法建立正式的超国家监管机构或者形成强有力的多边合作协议的情况下,双边合作协议发挥着越来越重要的作用,促进了中美跨境证券监管合作,发挥着填补监管空白的作用。由于双边合作协议是自愿和有选择的,其更大程度地保留了国家监管自主权,是一种比复杂的多边安排更简单、更节省磋商成本的促进中美跨境证券监管合作的途径。[②] 2008 年,美国与澳大利亚签订的双边互认协议是这类双边合作协议的典范。该协议承认,两国的证券法本身存在差异,导致两国有不同的监管理念。在此背景下,在达成该双边互认协议的过程中,SEC 和 ASIC 的工作人员对两国监管制度进行了全面的评估。并指出 SEC 和 ASIC 之间加强监管合作,需要相关监管机构之间的高度信任。具体而言,该协议指出,"当局认识到密切沟通的重要性,并打算定期就与本安排运作有关的事态发展和问题进行协商"。[③] 其中,监管谅解备忘录强调了这一主题,多次提到双方应在对相关主体进行监管时加强合作,并在解释监管信息方面提供最大限度的互助。此外,执行谅解备忘录的过程中,双方的相关监管机构之间高度合作和信任也具有必要性。具体而言,该谅解备忘录强调了保护投资者的重要性和跨国界追查违反证券法的主体的必要性。美澳相互承认协议虽然被视为美国推出国际相互承认协定的试点,然而最终未能实际履行,在实践中从未发挥作用。这在为中美探索跨境证券监管合作提供了借鉴的基础上,更为中美双边协定的落实问题敲响警钟。

---

① Bromberg Lev, Godwin Andrew & Ramsay Ian, Cross-Border Cooperation in Financial Regulation: Crossing the Fintech Bridge, 13 *Capital Markets Law Journal* 59 (2018).

② Hill, Jennifer G., Regulatory Cooperation in Securities Market Regulation: Perspectives from Australia, 17 *European Company and Financial Law Review* 11 (2020).

③ 资料来源:https://download. asic. gov. au/media/1346672/SEC_framework_arrangement_aug_08. pdf。

在已有多边合作模式的基础上,中美跨境证券监管合作已在一定程度上通过签订司法互助协议、双边合作谅解备忘录等形式实现(如表3)。

表3 中美跨境证券监管合作文件

时间	文件名称	主要内容或目标	签署主体
1994 年	《中美证券合作、磋商及技术援助的谅解备忘录》	互相提供获取信息和证券材料方面的协助,以便于各自对其本国证券法规的实施。主管机构将通过各种合理努力,取得本国其他政府部门或者机构的合作,以提供本谅解备忘录规定的各项协助	中国证监会与SEC
2006 年	《中国证券监督管理委员会与美国证券交易委员会合作条款》	确立了中美两国证券监管机构对话机制的三个目标:一是确定并讨论双方共同关心的证券市场监管的动态,重点关注在对方市场上市的公开发行公司的财务报告问题;二是改进跨境证券执法中的协作和信息交流;三是美国证券交易委员会继续并扩大为中国证监会提供培训和技术援助①	中国证监会与SEC
2012 年	《美方来华观察中方检查的协议》	允许中美双方在设定的过渡期内互派观察人员观察对方的审计监管过程	中国证监会、财政部与PCAOB
2013 年	《执法合作备忘录》	在特定情况下协助审计底稿"出境"、观察检查等,开始实施跨境审计监管合作,但未涉及PCAOB现场检查	中国证监会、财政部与PCAOB

资料来源:中国证券监督管理委员会网站。

截至2020年4月,证监会已向SEC和PCAOB提供了14家在美上市中国公司的相关审计工作底稿。② 尽管如此,中美证券跨境监管合作仍然存在以下两大法律障碍。

三、中美跨境证券监管合作的法律障碍

(一)监管机构执法权不等效

中美跨境证券监管合作过程中,如果没有形成谨慎全面的双边合作模式,可能会破坏中美两国本国的法律规则的效力。③ 此外,中美两国对相同证券违法

---

① 资料来源:http://www.gov.cn/2006-05/03/content_273479.htm。

② 资料来源:http://www.csrc.gov.cn/pub/newsite/zjhxwfb/xwdd/202004/t20200427_374552.html。

③ Curtis J. Milhaupt & Katharina Pistor, *Law & Capitalism: What Corporate Crises Reveal about Legal Systems and Economic Development around the World*, University of Chicago Press, 2008, p. Ⅲ.

事项的执法力度可能会有差异。从对政府间合作监管的总体评估中得到的教训是,虽然它们是在国际一级协调监管政策的一种宝贵技术,但其也存在局限性。事实证明,政府间跨境监管合作在协调应对证券欺诈等一些重大国际关切方面非常有效,但在个别国家追求国际协调的动力较小,或对规则的偏好完全不同的情况下,则效果较差。因此,我们在探索中美跨境证券监管合作的过程中,需要先识别出两国监管执法和经验差异,在此基础上探索出符合两国国情的合作模式。①

1. 审计监管冲突

根据我国法律(如表4)规定,一方面,我国审计工作底稿未经批准不得出境,即没有相关机构的批准,我国会计师事务所为瑞幸咖啡等上市公司提供的审计服务所涉及的工作底稿必须保存在中国境内,不得携运出境;另一方面,美国监管机构不得直接入境审查中国会计师事务所工作底稿,虽然《美方来华观察中方检查的协议》中允许美国监管机构来华"观察",但也仅限于美方派观察员来华观察中国监管机构对中国会计师事务所的检查,而非允许PCAOB直接以监管机构的身份,对中国会计师事务所开展检查。

表4 中国关于跨境审计监管的相关法律法规

法律法规	跨境审计监管相关规定
《会计师事务所从事中国内地企业境外上市审计业务暂行规定》	中国内地企业依法委托境外会计师事务所审计的,该受托境外会计师事务所应当与中国内地会计师事务所开展业务合作。双方应当签订业务合作书面协议,自主协商约定业务分工以及双方的权利和义务,其中在境内形成的审计工作底稿应由中国内地会计师事务所存放在境内
《中华人民共和国保守国家秘密法》	对外合作中提供涉及国家秘密的信息,应报国家或省级主管部门批准并签订保密协议
《中华人民共和国档案法》	保密档案禁止私自携运出境
《关于加强在境外发行证券与上市相关保密和档案管理工作的规定》	在境外发行证券与上市过程中,对于涉及国家秘密相关信息的披露,应当报有关主管部门批准;证券中介机构在境内形成的工作底稿等档案,应当存放在境内

资料来源:中华人民共和国中央人民政府网站。

与之相冲突的,美国《萨班斯—奥克斯利法案》(Sarbanes-Oxley Act,以下简称"SOX法案")规定PCAOB为会计师事务所监管机构,所有就美国上市公司

---

① Pierre-Hugues Verdier, *Transnational Regulatory Networks and Their Limits*, 34 *Yale Journal of International Law* 113 (2009).

出具审计报告的会计师事务所都应依法在 PCAOB 注册,同时这些会计师事务所的审计行为和审计报告的合规情况均受 PCAOB 的监督,其中包括对这些会计师事务所的工作底稿的检查。如前所述,我国为在美国证券市场上市的公司提供服务的会计师事务所虽于 PCAOB 注册,但均未依照 SOX 法案承诺向 PCAOB 或其他相关监管机构提供工作底稿等监管所需文件。虽然我国允许会计师事务所可以通过一案一议的模式,在不危及国家秘密的前提下,经有关部门批准向美国监管机构提供必要的审计底稿,但是显然,我国审计底稿的提供方式无法完全满足美国监管当局的需要,这就一定程度上形成了中美跨境审计监管冲突。事实上,这一冲突一直存在于中美跨境证券案件中,2012 年 5 月,SEC 曾先后以拒交中国公司的审计工作底稿为由起诉了上海德勤华永会计师事务所以及安永、普华永道、毕马威、德勤和德豪在中国的分支机构。2014 年 1 月,SEC 更是以拒交中国公司的审计底稿为由,暂停四大会计师事务所的中国分所审计资格 6 个月。2020 年 12 月 2 日,美国众议院表决通过的《外国公司问责法》(Holding Foreign Companies Accountable Act)更是规定,如果一家外国公司不能证明其不受外国政府控制,或者 PCAOB 无法连续三年对其进行审计,则该公司的证券将被禁止在美国交易所交易。该规定与我国新《证券法》第 177 条的规定直接抵触。

回到瑞幸咖啡案,虽然安永华明作为该案负责审计的会计师事务所,并且依美国相关监管要求,在 PCAOB 注册,但其同时也要受制于我国财政部和证监会的监管,不得擅自向美国 PCAOB 提供保存在中国境内的审计底稿。PCAOB 监管和执法过程中需要检查该部分审计底稿的,只能依据相关协议和执法备忘录向中方提出调取所需审计底稿的申请,经中国证监会和财政部等相关部门的批准,该部分审计底稿方可提供给 PCAOB。这一冲突源自于中国证监会有限监管权以及其监管历来更聚焦于本国证券市场,对跨境证券监管的关注有限。需要特别说明的是,前述中美法律框架下的审计冲突历来存在,美国监管机构仍然允许中国公司赴美上市,可见该审计冲突并不必然构成中美跨境证券监管合作的障碍。①

2. 高管惩戒冲突

在瑞幸咖啡案中,对中国籍高管的惩戒合作成为中美合作监管的一大难点。如前所述,在瑞幸咖啡案中,囿于域外管辖的限制,我国新《证券法》可以发挥的空间有限。当然,我国在追究瑞幸中国境内子公司中直接负责的主管人员和其他直接责任人员的法律责任时,可以适用《中华人民共和国公司法》《中华人民共和国会计法》和《中华人民共和国刑法》的相关条文。公司法层面,如果瑞幸中国

---

① 廖凡:《中美证券跨境监管合作觅路》,载《中国外汇》2020 年第 11 期。

境内子公司也存在财务造假的情形,则根据现行《中华人民共和国公司法》第
163条、第170条和第202条,证监会等主管部门有权对相关责任人处以最高30
万元的罚款;会计法层面,根据《中华人民共和国会计法》第45条、第46条和第
47条的规定,如果瑞幸中国境内子公司存在会计账簿、会计凭证等会计资料的
造假行为,可以对相关责任人处以最高5万元的罚款;刑法层面,如果财务造假
情节严重的,则可能触犯《中华人民共和国刑法》第161条、第205条、第205条
和第208条,可以依法追究相关责任人的刑事责任。

相应地,SOX法案强化了上市公司高管的信息披露义务及相应法律责任:
当出现类似瑞幸咖啡案中的情况,即高管明知在美上市公司的财务造假行为而
不披露的,可以对这些高管处以最高500万美元罚金和判处最高20年有期徒
刑。可见,一方面,我国对高管的证券市场不当行为的惩戒力度远低于美国,我
国执法机关对相关中国境内子公司的高管所做的惩戒无法达到美国执法机关的
惩戒目的;另一方面,由于缺乏中美惩戒合作,这类跨境证券不当行为案件不存
在引渡协议,美国执法机关无法对前述高管做出惩戒。在此高管惩戒冲突下,中
美双方探索跨境证券监管合作中,如何寻求高管惩戒的平衡点,对加强双方跨境
证券监管合作的效果与作用有重要意义。

(二) 监管机构域外执法经验差异

如表5所示,我国无论是收到还是发出跨境证券监管执法协助检查的函件
的数量都远低于美国,可见我国跨境证券合作监管实践经验相对欠缺。

表5　2013—2017年中美跨境执法协助数量对照表[①]

年份	SEC跨境证券执法协助数量		中国证监会跨境证券执法协助数量	
	收到协查函(件)	发出协查函(件)	收到协查函(件)	发出协查函(件)
2013	508	717	90	6
2014	541	966	97	13
2015	531	929	129	30
2016	636	1027	173	37
2017	599	1272	178	39

资料来源:刘凤元、邱铌文。

我国新《证券法》第2条第4款规定,我国证券法对于境外上市公司的法律

---

① 刘凤元、邱铌:《证券市场跨境监管研究——以EMMoU为视角》,载《金融监管研究》2019年第
12期。

责任追究,仅发生在其境外证券发行或交易行为扰乱我国境内资本市场秩序或者损害我国境内投资者利益的情形下。2018 年 9 月,中国人民银行和财政部联合发布《全国银行间债券市场境外机构债券发行管理暂行办法》,要求为境外机构在我国发行熊猫债提供审计服务的境外会计师事务所,需经报备方可成为符合条件的出具审计报告的机构。可见,我国目前的证券监管模式是更多依靠国内执法的单边模式,对于我国赴境外上市公司在境外的行为不主动监管,而对于境外赴中国发行证券的公司则通过监管审计等中介机构而加强监管。我国缺乏跨境证券监管合作实践的原因如下:(1)基于强市场假说,私有市场参与者制定的准则(如国际财务报告准则)更容易在产业存在相互竞争的国家中传播,而我国不存在四大会计师事务所,在审计行业属于相对弱势市场,未与美国审计市场形成相互竞争的局面;(2)监管统一标准更有可能在监管者权力相似的国家中传播,而如前所述,中美两国监管机构执法权不等效;(3)跨部门合作的形式影响跨境合作标准的形成途径(如反洗钱金融行动特别工作组),而我国受长期以来的分业监管模式的影响,部门之间的协调与合作相对薄弱,更难形成跨境监管合作。[①]

可见,中美跨境证券监管合作面临的挑战在于两国监管合作中关于标准的制定。因为中美两国有不同的监管偏好,这种偏好会随着时间和环境的变化而变化。监管偏好方面的紧张关系往往在发达国家和发展中国家之间特别尖锐[②],发达国家可能会通过其卓越的影响力或采取强制行动来确定超国家的规则。例如,美国是 IOSCO 试图引入证券公司资本充足率的主要反对者之一。[③] 1993 年该提案最终夭折时,时任 SEC 主席理查德·布莱恩对 IOSCO 的权力范围表示怀疑,建议该组织应仅仅作为"意见交换所",而不是作为"规则制定者"。由此,一方面,制定中美双方都能接受的跨境证券监管合作规则可能很困难;另一方面,如果不能照顾到中美两国不同的监管偏好,就有可能鼓励其中一方打破合作规则。影响跨境证券监管合作效力的另一大问题涉及到该合作规则在中美两国国内的转化和执行:监管结果的差异可能以多种方式出现,其中包括因对规则的不同解释而造成中美两国在法律制定执行上的差异。

[①] Stavros Gadinis, Three Pathways to Global Standards: Private, Regulator, and Ministry Networks, 109 *American Journal of International Law* 1 (2015).

[②] Pierre-Hugues Verdier, Transnational Regulatory Networks and Their Limits, 34 *Yale Journal of International Law* 113 (2009).

[③] David Andrew Singer, Capital Rules: The Domestic Politics of International Regulatory Harmonization, 58 *International Organization* 531 (2004).

四、中美跨境证券监管合作体系的完善

(一) 加强对境外上市公司的境内监管

有学者通过实证研究指出,PCAOB 的直接检查与公司的审计质量呈正相关,并揭示了 PCAOB 检查的重要性,尤其是对美国以外的审计质量而言:其一,接受 PCAOB 检查的境外审计师更有可能就在美上市公司的内部控制发布真实的持续关注意见;其二,各国审计监管机构的存在并不减轻 PCAOB 检查准入对审计质量的积极影响,尤其是在没有高质量本国监管机构的司法管辖区,PCAOB 检查准入对审计质量的影响更大;其三,对部分监管、金融和政治制度不同于美国的国家,PCAOB 与外国监管机构开展联合检查以提高审计质量。[①] 将 PCAOB 的联合检查与 PCAOB 的独立检查进行比较,就提高审计质量而言,前者比后者受益更大。[②]

诚然,PCAOB 的检查有助于提升美国境外上市公司的审计质量,加强对美国境外上市公司的日常监管,及时发现乃至避免瑞幸咖啡案这样的财务造假事件,但是,如前所述,PCAOB 在中国的检查受制于国家秘密保护政策与法律。在当前中国法律体系框架下,中国可以通过加强境内日常监管以填补监管空白,实现对赴境外上市的公司的证券监管。其一,中国监管机构在日常监管过程中,可参照《会计师事务所从事中国内地企业境外上市审计业务暂行规定》,尝试与 PCAOB 开展联合检查,逐步实现审计监管合作的程序化与标准化,最终实现中美跨境证券监管合作中的审计等效监管。这里所提出的联合检查并不意味着美国 PCAOB 直接派员进入中国检查中国会计师事务所,而是基于双方协定的审计监管合作的标准,PCAOB 评估中国会计师事务所的监管。在中美独立监管的基础上,通过监管合作这一程序化和标准化的平台,相互信赖对方的监管可以在加强现有中国审计监管的同时,有效避免双重监管造成的监管资源浪费。其二,在中国赴美上市企业做出财务造假等违法行为后,中国证监会协助美国监管和执法机构对中国企业做出对应处罚。证监会在《关于瑞幸咖啡财务造假调查处置工作情况的通报》中指出,我国证监会会同财政部、市场监管总局等部门,依法对瑞幸咖啡案中涉嫌违法违规的我国境内运营相关主体开展了立案调查。[③]

---

① Phillip T. Lamoreaux, Does PCAOB Inspection Access Improve Audit Quality? An Examination of Foreign Firms Listed in The United States, 61 *Journal of Accounting and Economics* 313 (2016).

② Jagan Krishnan, Jayanthi Krishnan & Hakjoon Song, PCAOB International Inspections and Audit Quality, 92 *The Accounting Review* 143 (2017).

③ 资料来源:http://www.csrc.gov.cn/pub/newsite/zjhxwfb/xwdd/202007/t20200731_380963.html。

2020 年 9 月 22 日,市场监管总局对瑞幸咖啡案中瑞幸咖啡等 45 家涉及虚假宣传的公司作出行政处罚决定,处罚金额总计 6100 万元。① 在此基础上,我国还需要协助美国 SEC 对该案作出相应的处罚,而这个协助程序和标准则有待中美两国在瑞幸咖啡案处理完成后进行磋商,形成双边合作备忘录。

(二) 中美自我限制域外管辖权的行使

利益衡量是国际礼让分析中的重要内容,当中美两国对同一事项均主张管辖权,其管辖权的行使均具有合理基础时,需要衡量中美就该事项享有的管辖权利益:若他国享有的权益更大,应承认由他国进行管辖。以瑞幸咖啡案为例,从涉案投资者规模与市场受影响深度来看,我国境内合法利益受损的投资者群体与境外尤其是美国的投资者相比,无论是投资者数量还是受损总金额都要少得多,我国境内证券市场受到波及的程度也远不及纳斯达克市场以及其他美国境内市场;从投资者保护力度来看,我国行使域外管辖权也不会给本国国民带来相对更为充分的实质保护。未来在中美跨境证券监管合作过程中,双方行使证券法域外管辖权应积极礼让,既不能"因噎废食"使得两国证券法的域外管辖规则沦为"纸上谈兵",但在适用时也应当慎之又慎,充分考虑他国利益,体现对主权国家的尊重。"各国监管当局在对跨境经营的市场参与者进行监管时,应基于监管制度结果的相似性,给予彼此尊重或信赖,实践中与国民待遇、承认、单一牌照等广义机制的使用相关联。"②

从美国的角度而言,历史上美国联邦法院曾通过建立与完善"行为标准"和"效果标准",不断扩张美国证券诉讼的域外效力,但在 2010 年的莫里森案③判决中,美国最高法院已经开始主动自我设限——在适用 1934 年《证券交易法》一般反欺诈条款第 10(b) 条时推翻了传统标准并代之以"交易标准",体现了美国法院对于证券法的于外适用逐渐谨慎、谦抑的态度。这一态度背后蕴含了成本和收益的考量,适用行为和效果标准会导致不同案件判决结果的不确定性,而且可能导致多重监管,既会给发行人造成巨大负担,又降低了监管效率。

(三) 国际组织协调下的跨境监管合作

有学者指出,谅解备忘录等软法协定在帮助实现证券法方面重大协调的作用通常较为有限,换言之,虽然谅解备忘录具有促进与调查和执法有关的监管合

---

① 资料来源:http://www.samr.gov.cn/xw/zj/202009/t20200922_321864.html。
② 李仁真、杨凌:《监管尊从:跨境证券监管合作新机制》,载《证券市场导报》2021 年第 7 期。
③ Morrison v. National Australia Bank Ltd, 561 U. S. 247 (2010).

作的作用，但这些机制在实现趋同（如法律和监管标准的统一）方面可能收效甚微。① 当然，不可否认的是，谅解备忘录是加强监管机构之间合作的有效工具。谅解备忘录能够加强合作，促进信息共享以及监管机构之间的信任。② 虽然谅解备忘录在法律上不可执行，但它们的有效性取决于签署谅解备忘录的监管机构希望保持良好声誉的前提，是激励合作的主要形式之一，因此，一方监管机构在收到协助监管请求时，通常努力满足现有双边谅解备忘录下对方签署机构的期望。监管机构遵守谅解备忘录的条款，因为其本身在促进跨境执法权力方面有着强烈的自身利益。③ 双边谅解备忘录的一个关键限制是覆盖面有限，为了扩大这一范围，如前所述，IOSCO 于 2002 年通过了《关于咨询、合作与信息、交换的多边备忘录》（下文简称 MMoU），旨在促进国际证券监管机构在执法范围内交换信息。IOSCO 成立于 1983 年，拥有来自 115 个司法管辖区的 200 多个成员国，其成员国涉及全球 95％以上的证券市场。④ 虽然 IOSCO 成员国能够并且确实受到鼓励达成双边安排，但 IOSCO 的 MMoU 是成员国的最低义务。根据 MMoU，证券监管机构可以向其他签署国提供有关某些罪行的信息和援助。IOSCO 指出，其首要任务是各成员国有效执行《国际会计准则》和《谅解备忘录》，从而促进跨境合作，减轻全球系统性风险，保护投资者，维护公平和高效的证券市场。⑤

未来 IOSCO 希望在以往合作安排取得成功的基础上再接再厉，确保这些安排继续为不断变化的环境中的执法和调查提供有效的框架。为此，其发布了《加强版多边备忘录》（EMMoU），旨在向成员国监管机构提供 IOSCO 认为必要的额外执法权力。IOSCO 指出，虽然只要任何一个签署国继续使用 MMoU，MMoU 将保持有效状态，但 IOSCO 的目标是让所有 MMoU 签署国最终迁移到 EMMoU。中美在未来的跨境证券监管合作过程中，促进两国的证券监管机构签署 EMMoU，即可在一定程度上解决前述监管机构执法权不等效的问题。

综上，中美各自加强对境外上市公司的境内监管的同时，自我限制域外管辖权的行使，有助于为实现国际组织协调下的跨境证券监管合作奠定合作基础。

---

① Pierre-Hugues Verdier, Transnational Regulatory Networks and Their Limits, 34 *Yale Journal of International Law* 113 (2009).

② Chris Brummer, Post-American Securities Regulation, 98 *California Law Review* 327 (2010).

③ Ibid.

④ 资料来源：https://www.iosco.org/about/pdf/IOSCO-Fact-Sheet.pdf。

⑤ 资料来源：https://www.iosco.org/about/? subsection=about_iosco。

弱人工智能背景下智能科技的工具属性与规制逻辑

方　乐[*]

一、问题的提出：智能科技带来的"近忧"与"远虑"

自古以来，人类对智能科技便满怀憧憬。直至 20 世纪 50 年代，信息科学的出现和电子计算机的发明，才让一批学者得以真正开始严肃地探讨构造智能科技的可能性，"人工智能"概念于 1956 年被麦卡锡等科学家在美国达特茅斯学院研讨会议上首次提出。可是，受限于数据、算力、推理模式、兼容技术等限制因素，智能科技的发展并未因人工智能学科的诞生取得腾飞。随着大数据、云计算、互联网物联网等信息技术的提升与适用，其部分限制因素得以消解，智能科技于 21 世纪初方获得真正的发展。以深度神经网络为代表的智能科技不再局限于单一领域的试验性使用，诸如语音识别、图像分类、知识问答、无人驾驶、方案推荐、交通规划、兴趣推送等典型智能技术已实现了"不能用、不好用"到"可以用、普遍用"的技术创新。从理想走入现实的智能科技不仅使得人类从繁杂、重复、冗长的工作中解脱，更在某些领域突破了传统的工作模式。以疫情防控中的运用实践为例，红外测温仪、病患活动轨迹追踪、无人机物资配送、AI 辅助诊疗、AI 辅助疫苗研发等[①]贯穿于抗疫全程，为民众生命安全保驾护航。

然而，科技是柄双刃剑。智能科技的发展在给社会带来巨大福祉的同时，也给社会带来了不安定的因素。算法歧视、价格共谋、杀熟、失业、机器人侵权、隐私泄露、机器人伦理等问题已然被摆在眼前。智能科技规制一跃成为理论界与实践界的中心议题，尤其是在法律领域。面对这一议题，一个可行的逻辑起点是

---

* 作者简介：方乐，华东政法大学 2018 级经济法博士研究生。

① 资料来源：http://it.people.com.cn/n1/2020/0212/c1009-31582845.html；http://www.xinhuanet.com/energy/2020-03/27/c_1125775991.htm；https://www.sohu.com/a/370432471_115495。

在若干因智能科技而引发的忧虑之中，辨别何者为"远虑"，何者为"近忧"，继而着重针对"近忧"设计规制逻辑并建构具体规则。原因在于，考虑到技术进步的不可预测性，"远虑"不一定会成为现实。基于假想的立法部署不仅会浪费有限的立法资源，更会框束住后续的规则制定，使其陷入本不应有的路径依赖。事实上，有鉴于智能科技于其发展谱系中的定位，以必然与或然为界限，可将因智能科技而产生的忧虑区分远近。根据学界共识，智能科技的发展远景将经历三个阶段：弱人工智能阶段、强人工智能阶段与超人工智能阶段。[①] 虽然智能科技已获得了较大发展，但正如国际人工智能联合会前主席迈克尔·伍尔德里奇所言："目前，强人工智能的研究几乎没有进展，甚至几乎没有进步和严肃的活动。"[②]无论语音识别、图像识别、智能顾问等现有智能科技多么先进，都只是在某一方面做了同人差不多的单一事项，仍属于弱人工智能的范畴。如今，科学技术尚不能清楚解释顿悟、直觉、第六感等人类思维的奥秘，遑论模仿人类构建强人工智能所要求的高级思维机制。可以预测的是，在未来较长的一段时间内，人类尚不能突破智能科技发展的奇点，将长期处于弱人工智能的时代。

是故，在弱人工智能背景下，诸如机器人是否会凌驾于人类之上、完全独立机器人的错误行为、独立机器人该如何追责、人工智能是否应该被征税等问题应被归类为或然发生的"远虑"。过早的立法规制并不妥善，着重伦理、技术等层面的约束更为恰当。相较之，算法歧视、隐私泄露、数据垄断、错误决策、不正当竞争、技术失控等已经或必然发生的问题实为"近忧"。继续将智能科技视为工具，把立法重心置于如何防范工具的潜在风险可谓当务之急。值得说明的是，不是所有的"近忧"均需要急迫的规则建构，部分"近忧"完全有可能被市场自我调解所解决。对这些"近忧"而言，过早的法律安排反而有可能多余。例如，虽缘于智能科技发展的"替代排挤现象"为"近忧"[③]，但劳动力的流动一般归属于市场调整的范畴，智能科技虽然通过去技能化挤出劳动力，但并没有减少对劳动力的总体需求。[④] 基于如上论述，本文不欲做奇点来临前的想象，而拟在已限缩的"近忧"范畴下，来探讨如何规制智能科技。

---

① Nick Bostrom, Dignity and Enhancement，1 *Contemporary Readings in Law and Social Justice* 84（2009）.

② 资料来源：https://www.sohu.com/a/219460921_297710。

③ 张守文：《人工智能产业发展的经济法规制》，载《政治与法律》2019 年第 1 期。

④ 杨虎涛：《人工智能、奇点时代与中国机遇》，载《财经问题研究》2018 年第 12 期。

二、智能科技的结构组成和功能特征

弱人工智能背景下,智能科技未脱离工具范畴。但有别于一般工具,智能科技具备独特的结构组成和功能特征,这充分解释了为什么智能科技会对传统社会结构和市场体系造成如此巨大的冲击。

(一) 结构组成

不同于以输出层为核心元件的传统工具,智能科技的基本结构由输入层、处理层、输出层共同组成。详言之,输入层是智能科技的底层结构。其主要针对数据实施有效筛选、语言转换等工作。一方面,面对日益跃升的数据体量,在输入层简单处理数据来获取高质量数据是必然选择;另一方面,算法不能直接理解形式各异的数据,输入层需将来源、格式不同的数据进行标准化处理。实践中,输入层需镶嵌词句甄别、图像识别等具体技术以实现语音、图片、术语向字符的转换。[①] 一般而言,底层数据越为庞大、细致与精确,智能科技的输出结果越能符合设计目的。处理层为智能科技的核心结构。卷积神经网络、长短期记忆网络、序列学习、深度学习、强化学习等算法均为典型的处理结构。其中,由于深度学习等复杂算法的出现,智能科技在设计者设定的处理逻辑基础上还具备自主改进的功能。以采用强化学习算法的 AIphago Zero 围棋程序为例,通过不断学习,AIphago Zero 几天内便可从臭棋手成长为围棋大师。但无论是何种处理逻辑,处理层的核心用途在于对已进行标准化处理的数据进行分析、决策,进而实现设计者初始设定的目的。同样,为服务此用途,处理层会内嵌计算机视觉、自然语言处理系统、语音工程等数据再处理机制和次决策机制。输出层是智能科技的应用结构。其将处理层的决策结果同金融、教育、医疗、社交等具体场景结合,通过建议与行为两种形式输出内容。前者常见于兴趣推送,互联网平台在结合用户点击次数、类别、滞留时间、收藏等数据的基础上向用户推荐同类型、相关性高的产品或服务,但是否点击、打开等最终行为仍是由用户决定。后者可参见智能投顾,在经过数据分析、决策后,获授权的应用产品可直接参照所得结论做出投资行为。

(二) 功能特征

映射入功能层面,结构的革新表现为智能科技与人类智慧的相对分离。智

---

① 乔路、白雪:《人工智能的法律未来》,知识产权出版社 2018 年版,第 13 页。

能科技在实践中衍化出自主性、强便捷性、强突破性等特征。

1. 自主性

智能科技的自主属性体现在决策自动作出和处理机制自动优化两方面。首先,在应用场景下,根据预先设定的算法,机器可直接做出行为,承担起诸多原由人力开展的程序性事项。以无人干预自动审批为例,该方式取消了现场报到环节,申请人通过系统提交相关信息,系统自动核查材料完整性并比对信息。[①] 若材料完整、信息无误,系统便自动审批,把信息推送至有关部门和申请人,节省了不必要的人力开支,提升了工作效率。另一方面,以金融交易为典型的部分事项亟须行为主体即时作出决策,否则将致使行为者承担极大的滞后成本。早在1987 年,华尔街的证券交易商托马斯·彼得菲便发现电脑运行算法、核实价格和执行交易所需的时间远远少于人为操作。秉持此认知,其构造了世界上首台全自动算法交易系统。该套系统自动读取纳斯达克交易数据,全权决定并执行交易,再将交易单传回纳斯达克终端,给彼得菲带来了巨大的利润。[②] 事实上,智能投顾的自动交易与平仓、汽车导航的自动选取最佳路线等功能均是决策自动作出的体现。与此同时,惠泽于以深度学习为代表的处理机制,智能科技具有自动从数据中学习的特征,即借助持续获取的数据,不断改进自己的决策机制,精确自身的决策结果。是故,智能科技运用并不会因决策的自动作出而局限于简易事项,相反,自动优化的属性保障了其在围棋程序、医疗诊断、金融决策、自动驾驶等复杂场景的有效实施。

2. 强便捷性

便捷性本即工具的常规属性。然较一般工具,智能科技产品给使用者带来的惠益远突破了传统认知的便捷范畴。首先,智能科技产品可在信息较充分的基础上进行自我决策,既降低了使用者为获取决策结果需支付的数据搜索、处理等成本,也提升了决策结果的准确性。如在地图导航场景下,地图工具仅在几秒内便可作出最佳路线的决断,为使用者推荐包括耗时最短、距离最近、推荐出行方式等不同选择,避免了驾驶者为知悉路况、择取线路而需耗费的成本。又如在交通抓拍工具的使用场景下,由于抓拍工具具备覆盖区域广、无须休息等特质,大量隐蔽的交通违法行为可被及时发现,执法效率和执法密度得以提升。其次,智能科技的强便捷属性还体现于可在部分场景下为消费者提供个性化的服务。如在抖音、今日头条等社交媒体软件的兴趣推送中,运营平台根据用户在不同种类产品下的点击次数、滞留时间、是否收藏等行为数据向用户推送不同的产品和

---

① 资料来源:http://commerce.sz.gov.cn/xxgk/qt/swzx/content/post_1962706.html。

② 〔美〕克里斯托弗·斯坦纳:《算法帝国》,李筱莹译,人民邮电出版社 2014 年版,第 22 页。

信息。因而,随着用户使用产品时间的提升,平台向用户提供的兴趣推送就越为精确,进而满足用户的个性化服务需求。再次,智能科技产品还会在具体运用中释放出涉众属性,反向强化智能科技的强便捷功效。① 还是以导航场景为例,如果智能导航的便利度越高,其用户便会越多。相应,智能导航的运营后台会接收到更多的交通数据,进而能更好地排除交通堵塞因素,为用户提供更精准的导航服务。

3. 强突破性

智能科技的功能特性还显著体现于对工作阻碍的突破。工作阻碍可被划分为主观阻碍和客观阻碍两类。前者是指工作者难以摆脱情感、利益、观念等主观层面的影响因素,无法作出正确的决策。后者是指工作者受限于技术、设施、认知等实际条件而无法将设想落实。如今,借助具备自主决策能力的智能科技,上述两类工作阻碍均可获得有效消除。首先,智能科技的行为或建议实质上均由算法所决定,完成设计者的设定是其唯一运行目的。故智能科技可最大化排除情感、利益等主观因素,作出更为公正、合理的判断。例如,在执法或司法场景中,执法人员或司法人员被赋予了充分的自由裁量空间。虽然该制度设计是考量操作性、公正性等要素下的妥协产物,可自由裁量空间的存在必然会导致幕后交易等不公正、不公平现象的滋生。与之相反,智能科技并不完全追求各事物之间的强因果关系,其只以相关关系来计算前者的发生所导致后者发生的概率。② 换言之,自由裁量空间的宽口径选择范围被径直具象为附有概率数值的选项判断,自由裁量的干扰自然被大大降低。对此,实践中已然涌现出采用算法评估罪犯重复犯罪风险的案例。③ 其次,相比人力,智能科技产品不受形态、位置、时长等要素的限制,为突破既有技术壁垒提供了可能。以人体淋巴结检测为例,部分淋巴结结构微小,3D 技术所呈现的图像并不足以让任何医生均作出精准的数量及大小判断,而智能科技对 CT 图像的智能标记,在耗费时间几乎为零的前提下便可达到近 100% 的诊断准确性。并且,得益于自主优化属性,就某特定领域,随着相关数据的积累,智能科技产品的决策准确性仍会获得相应提高。

---

① 孙莉、张思思、王兆阳:《关于互联网金融发展与风险监管的相关思考》,载《新金融》2018 年第 7 期。
② 〔英〕阿里尔·扎拉奇、〔美〕莫里斯·E. 斯图克:《算法的陷阱:超级平台、算法垄断与场景欺骗》,余潇译,中信出版社 2018 年版,第 286 页。
③ 资料来源:https://www.propublica.org/article/machine-bias-risk-assessments-in-criminal-sentencing。

三、智能科技的消极属性与法律风险

需要承认的是,收益与风险永远互伴相生。智能科技在为社会发展带来科技红利的同时,其孕育的法律风险亦冲击了传统法律规则,给社会秩序带来了破坏性影响。毋庸讳言,智能科技正是"破坏性创新"的典范。[①]

(一) 数据依赖化

考虑到智能科技的底层支撑为数据资产,后者充分与否决定了前者结果的精准性,有必要注意到的是,智能科技对数据的高度依赖会引发多种利益冲突。理想情境下,数据主体与数据采集者依循"知情同意"协议平衡各方利益诉求,然而,因为数据在智能科技应用场景中的价值膨胀,以详尽授权为使用前提将减损数据获益均值,数据采集者拥有强烈动机剥夺数据主体的自由意志以占有数据。此时,所谓平等的契约合意反而将成为数据采集者侵占数据的助力。一方面,数据采集者往往将宽泛授权的目的遮掩在繁杂、冗长、充斥着专业术语的告知条款下。即使数据主体被强行赋予了一定时间阅读授权协议,其往往也无耐心和无能力理解此协议的实质内容。另一方面,虽然数据主体有接受协议与否的自由,但假若使用者期望获取智能化服务,则必须选择接受个人信息的让渡。事实上,伴随着数据价值的提升,数据采集者还有着深度挖掘数据的浓厚兴趣:通过分析既有数据,智能科技可以构建出虚拟层面的用户画像,继而分析出用户的经济状况、兴趣偏好、行为轨迹、人际关系等极度隐秘的个人信息。循此,即便用户未有向相关市场主体授权,后者也可获得前者的不愿为他人所知的隐私。更让人忧虑的是,为取得潜在的利益,掌握数据的市场主体还存在扩充收入来源和缩减支出成本的可能,前者是指市场主体违背数据主体意愿,将原始数据或已处理数据出售给第三方。后者是指市场主体主观忽视数据的安全性,降低向数据防护设施的投入,致使数据泄露的风险增大。"AT&T 运营商"数据泄露事件[②]、instagram 数据泄露事件[③]均是例证。

事实上,不仅是市场主体,即使是拥有充足合理依据的政府,其在收集数据时亦会遭受民众质疑,例如,为实现维持治安之目的,伦敦警方开始在 SoHO、莱斯特广场等地点部署实时人脸识别系统,然而却遭受到了侵犯民众隐私的质疑,

---

① 〔美〕约瑟夫·熊比特:《经济发展理论——对于利润、资本、信贷、利息和经济周期的考察》,何畏等译,商务印书馆 1990 年版,第 23—32 页。

② 资料来源:https://www.huffpost.com/entry/att-and-apple-data-leakag_b_3447553。

③ 资料来源:https://www.sohu.com/a/169355735_188485。

甚至有路人做出故意遮面的举动。① 总言之，由于智能科技数据依赖的消极属性的存在，随着智能科技对社会场景的宽范围嵌入，数据的市场价值越发走高。数据的高价值定位已使得隐私利益、商业利益与公共利益三者间的博弈关系无法通过传统法律手段调适与平衡。故在释法手段乏力的前提下，如何处理三者间的紧张关系，亟须立法予以缓解、疏导。

（二）行为代码化

再将目光聚焦于处理层，由代码序列组成的结构在为智能科技赋予公正评价等功能的同时，亦为其留有运作结果悖于人性伦理等潜在隐患。毕竟智能科技本身是一个没有情感的实体，在奇点到来之前，它的决策机制仍是建立在冰冷冷的代码基础之上，听命、服从于设计者的初始安排。如果设计者未能有意识地向智能科技植入伦理代码，则智能科技自然难以具备于具体场景下作出符合伦理标准的决断。

因此，现实中极为常见的是，代码设计者向智能科技产品有意识地或无意识地输入了代表一定价值取向的代码群。详言之，代码设计者自身便具备一定的利益诉求，代码设计者难免会主观地构建便于实现其利益诉求的处理机制。而在代码编写初始，进行价值判断或者伦理选择是代码设计者无法回避的问题。以自动驾驶系统中的紧急风险处置情境为例，如果一辆自动驾驶汽车遇到紧急情况而不得不发生碰撞，自动驾驶系统应选择保护车上的人还是保护车外的路人？面对此设想，基于一般伦理的正常判断应是保护更多的行人，即保护公共安全，使得车撞上硬体，如树木或隔离桩。然而，考虑到自动驾驶汽车的销售需求，自动驾驶系统的代码设计者会倾向于选择保护车上的人，让车撞上软体，亦即公众。② 同样的问题亦会出现在线上社交场景。旨在促成陌生人认识的约会社交软件会利用算法对用户进行自动匹配，一个正确的匹配逻辑应是根据双方的兴趣、爱好、性格等中性条件进行匹配，然而，为追求更高的匹配成功率，编码设计者会隐性地输入种族相同等非中性条件。③ 固然设计者并非是基于种族主义等偏见而故意加入相关代码，可能只是潜意识地在迎合人们倾向同自己同一种族的人约会的需求，但其在事实上为种族间的融合设置了藩篱。

不止于此，实践证明，若代码设计者未能在处理机制中植入相关伦理代码，附带偏见色彩的数据也有可能作用于中性的算法，进而呈现出带有偏见的结果。

---

① 资料来源：https://www.thepaper.cn/newsDetail_forward_3474595。

② 资料来源：https://mp.weixin.qq.com/s/dsFO_oT9rQYnc9ZjqyCAXw。

③ 资料来源：https://www.buzzfeednews.com/article/katienotopoulos/coffee-meets-bagel-racial-preferences。

例如,2013 年,为解决市政道路坑洼问题,波士顿政府引入了 Boston Street Bump 程序。借助智能手机,该程序可向市政府报告用户驾驶时遇到的街头坑洼引起的震动。诡异的是,该程序的分析显示,较贫困地区,波士顿市政府在富裕地区发现了更多的坑洞。仔细查明,发现此"嫌贫爱富"现象是智能手机在贫富地区分配不均所造成的,即富裕地区给予了政府更多的数据反馈。① 可见,在代码决定智能科技思维的行为模式下,如果智能科技产品未被植入相关伦理代码,那么就可能导致其行为结果有违合理的伦理预期。

此外,由于代码对智能科技行为的决定性作用,同质化的算法还可能在某些具体场景下外溢技术风险,造成严重后果。如在金融领域,针对股票售卖事项,同一时段的有效市场信息相同,配置相同算法的智能投顾会向客户作出类似投资建议。此时,大量相似投资行为便可能会引起市场的羊群效应,波及整个金融市场。此种由代码趋同所造成的系统性风险同样不应被立法者所忽视。

(三) 结果权威化

得益于输出层与具体场景的高度结合,智能科技已实现了由商业运用向公共管理的嵌入性结构扩张。② 前文所列举的犯罪风险评估、危险人群人脸识别、信贷信用评估、无人干预自动审批等实际运用均是公共管理场景的明显例证。但是,与嵌入式扩张特性对应的是,智能科技彰显了另一潜藏属性——结果权威化的强化。

在社会治理场景下,智能科技作出的决策直接作用于不特定公众,对相对人具有强制性效力。一旦决策发生错误,民众的合法权益会因此受到影响。与此同时,社会个体对公权力机关的信赖会转嫁于其所采用的智能科技。出于此种信赖,权益受损的公众很难有意愿对错误决策提出有效质疑。况且,考虑到公权力机关对算法的有限控制能力,即使民众提出质疑,公权力机关也无法及时纠正错误决策。如在美国科罗拉多州,曾因程序员误将 900 多条不正确的规则植入该州公共福利系统,导致系统对申请人资质作出错误判定,上万民众遭受不公平对待。其中,因一项不正确的规则将"无家可归"解读为"行乞为生",一位流落街头的 60 岁妇女被认定为乞丐,无法申请增加食品券数量。最终,资质审查人员只得向公共福利系统输入虚假数据以纠正系统错误。

事实上,鉴于部分智能科技产品涉众范畴广、场景嵌入深,即使智能科技未

---

① 资料来源:http://www. Wired. com/insights/2014/03/potholes-big-date-crowdsourcing-way-better-government/。

② 张凌寒:《算法规制的迭代与革新》,载《法学论坛》2019 年第 2 期。

与公权力产生联系,使用者也会对智能科技产品拥有较高的信赖,而因此被设计者或运营者等群体利用。例如,鉴于多数老用户会因信赖而降低价格敏感度的事实,某些互联网厂商会设计差别定价算法,以手头用户数据为基本依据,对老用户实行价格歧视策略。又如,大多社交软件配置了向用户定向推送信息的算法,从而具备了利用信赖基础左右舆论和个体用户想法的能力。有新闻报道称,剑桥分析公司借由 Facebook 获取的 5000 万用户的个人信息,进行定向宣传,影响了 2016 年美国总统大选结果。[①] 可以预见的是,无论是公共领域,还是私人领域,智能科技均将对一般民众产生愈发重大的影响。面对此种近乎不可违背的权威,一旦智能科技的决策结果侵犯民众的合法权益,势单力薄的民众断难提出有效的质疑,遑论对其进行及时纠偏。因而,面对智能科技日益彰显的结果权威化特性,如何在肯定智能科技效率价值的同时,平衡双方不对等的地位亦是立法者需要回应的现实需求。

(四)过程不透明化

整体观之,数据依赖化、行为代码化、结果权威化等消极属性业已使得相对人处于遭受侵权风险的劣势端。然而,不止于此,智能科技决策过程的不透明特性加重了用户的救济难度,进一步放大了相关法律风险。需要说明的是,此种不透明特性既是客观现实所决定,也是主观需求所选择的。一则,智能科技的处理机制是由一系列复杂代码所组成的算法黑箱。设计者以外的主体仅能知悉产品功能、受众、限制等已披露信息,却无法洞悉产品核心机理。即使将处理机制向相对人和监管机关公开,其通常也不具备足够的专业能力来理解编程语言和识别关键代码。如正常运行的搜索引擎至少包含 20 亿条代码。业内专家尚需花费大量时间和精力才能掌握算法运行逻辑。一味地公开算法只会造成耗费大量资源却多数人选择性忽视的局面。[②] 二则,任意智能科技产品的处理机制均凝聚了设计者的智慧和汗水。唯肯认不透明特性,设计者和运营者才能因此获利,在激烈的市场竞争中占据优势地位。如果彻底公开算法,等于是强迫设计者和运营者舍弃前期资源堆砌下的竞争优势,阻滞市场长远发展的创新动力。

但不可否认其也具有负面效应。首先,由于算法黑箱的存在,相对人只能单方面地信任设计者和运营者对产品机制、功能的描述。信息维度上的弱势使得相对人不具备监督的能力。与此同时,本应占据信息优势的公权力机关同样因

---

① 资料来源:http://www.sohu.com/a/226062421_556788。

② 林洹民:《自动决策算法的法律规制:以数据活动顾问为核心的二元监管路径》,载《法律科学(西北政法大学学报)》2019 年第 3 期。

专业能力的不足而面临监管能力的困窘,无法为社会充分供给识别、纠偏风险隐患的公共物品。其次,当部分相对人针对不利决策期望寻求救济,在无法彻底舍弃智能科技的背景下,请求设计者或运营者承担违约责任或侵权责任成为现有法律体系下的唯二选择。但请求认定违约的前提在于相对人能够举证证明决策同约定不符,请求认定侵权的前提在于相对人能够证明决策对其不利,二者的证成均以决策错误为要件。故又回归至相对人需查明、识别具体错误原因,此恰恰是相对人所不具备的能力。再次,继续假设相对人具备能力与精力去识别处理机制的代码群,进而主张消费者的知情权并要求设计者或运营者作出解释,设计者或运营者也可以商业秘密作为抗辩理由,在未有明确标准划定解释范围的前提下,反对相对人对核心算法的识别。实践中,基于部分智能科技的自主功能特征,运营者还曾主张技术错误非运营者可解决的论断以抗辩相对人的解释主张。[①] 因此,不透明的功能特性使得相对人面临错误决策难被监督、难被举证、难被解释的"暴政"。[②]

四、弱人工智能背景下智能科技的应然规制逻辑

面对因应产生的新型法律风险,在穷尽释法等法律方法尚难以有效规制智能科技消极属性的前提下,有针对、有体系地构建和调整法律规则成为应然规制的唯一出路。

(一) 规制目的:确保智能科技服务于人类整体利益

在弱人工智能阶段,无论智能科技如何拓宽工具的内涵与范畴,工具始终为有助于人类完成目的的客体,传统法律体系中的主体架构并不因此改变。是故,在重新建构的规制体系中,合理的目的面向仍应是确使智能科技恪守工具本质——服务于人类整体利益。毕竟设计、创造智能科技的本心是使人类从繁杂的工作中求得解脱,于不堪的生活中获取幸福,发展、完善智能科技的现实意义是让智能科技为市场赋能。与此相反的是,如果未对智能科技的服务进行规制,反而可能阻碍民众对美好生活的朴素追求,造成魏则西[③]等不幸事件的发生。

---

① State *v.* Loomis, 881N. W. 2d 749(Wis. 2016).

② Bruno Lepri, et al., *The Tyranny of Data? The Bright and Dark Sides of Data-Driven Decision-Making for Social Good*, Springer International Publishing, 2017, pp. 3-24.

③ 百度搜索在未标注风险提示的前提下,以竞价高低为顺序优先呈现商业推广信息,致使西安电子科技大学 21 岁学生魏则西因信赖百度医院推荐而误进错院,最终病情耽误病逝。资料来源:http://it.sohu.com/20160501/n447158955.shtml。

秉有此规制目的,规制体系整体应至少嵌入以下两处设计:其一,划定智能科技的适用范围。有鉴于智能科技的诸多消极属性,不圈定范围的适用或会放大由其引发的隐私泄露、权利受限等法律风险。立法者有必要在具体场景下进行利益权衡,合理划定适用范围以保护民众利益。其考量的因素可包括技术成熟度、应用目的、应用阻碍、应用后果等。以面部智能识别技术为例,由于面部识别技术尚未完全成熟,国会议员被误视为罪犯①、学生被识别为暴徒②等错误识别事件屡屡见诸报端,伦敦、旧金山等地选择了强制实行、全面禁止等不同规制方式。对我国而言,盲目一刀切并不是规制人脸识别技术的妥善选择,结合地点、事项等因素限缩技术适用范围或是一个可行路径。例如,人脸识别技术有必要安装在机场、火车站等重要枢纽以实现反恐、抓捕嫌疑犯等目的,但没有必要在每一商圈、街口等常见人流密集场景均予以配置。否则,民众将时刻处于令人窒息的监控氛围,内心安定无法受到保全。而以寻人、查处违章等特定目的的人脸识别可有条件地应用。其仅识别流浪汉、闯红灯等异常主体及行为,一来并不侵犯大众隐私权益,二来侵犯特定个体隐私权益的对价是维护社会秩序,后者明显处于价值的优先位阶。

其二,设定风险处置的预案。确使智能科技服务于人类利益的另一重解读便是确使智能科技发展的最坏结果亦落入人类控制的范畴。回顾我国对创新事物的规制实践,一个值得持续反思的经验便是对风险处置预案的考量。以 P2P 网贷为例,在 P2P 行业尚处萌芽阶段,由于政府保有促使新兴产业发展的意愿,未对行业潜在风险进行综合考虑,P2P 行业发展到后期乱象丛生,需要监管部门以强管控手段予以排雷,反而更大程度地伤害了 P2P 行业的发展业态。事后观之,一个更为合理的方案可能是政府监管部门于发展初期,便统筹考虑潜在风险,设计风险处置预案,进而确保风险于显现初期就得以消减。对于智能科技而言,无论是现阶段对隐私权、知情权等相对人权益的侵害,还是未来或能实现的机器人成独立个体对社会结构的颠覆,均是智能科技于发展过程中的未知风险。即使法律设计应将重心置于应对已然发生或应然发生的近忧,但亦须具备防患于未然的预防意识和统筹全局的风险考虑,为或然风险的发生留有规制空间。对此,中国人民银行等机构联合发布的《关于规范金融机构资产管理业务的指导意见》是一个极佳的范例。其强调金融机构应当针对由智能投顾引发的市场波动风险制定预案,对因算法同质化、编程设计错误等算法模型缺陷或系统异常而

---

① 资料来源:https://www.nytimes.com/2019/05/14/us/facial-recognition-ban-san-francisco.html。

② 资料来源:http://news.sina.com.cn/w/2019-04-29/doc-ihvhiewr8822563.shtml。

引起羊群效应的,应采取人工干预措施,强制调整或终止智能投顾业务。[①] 该规范性文件体现的预防意识值得后续立法借鉴。

需予强调的是,无论是划定智能科技的适用范围还是设定风险处置的预案,均只是确使智能科技服务于人的某一手段。要通过立法实现规制目的还需其他具体场景下的要素予以辅助。如人脸识别技术缺陷而给相对人带来的困扰,还需要立法者向相对人提供救济渠道,以避免困扰的持续发生。

(二) 规制取向:获取效率、公平与安全三者间的最佳平衡点

立法者在重构法律体系的进程中不可避免地会遭遇价值考量,由此方能实施进阶的制度取舍。本质而言,智能科技携带的科技红利与法律风险是效率、公平与安全等多元价值间碰撞的产物。于多元价值间,当前,尤以效率、公平与安全三者间的关系亟须法律体系予以平衡。详言之,因智能科技而出现的技术、产品、业态、模式等表观层面的创新和信息、资金、生产力、结构等实质层面的变革均是效率于实践中的体现。但由于智能科技潜藏属性的存在,一方面,其引起了市场主体间的不公平竞争,包括针对数据的垄断与不正当竞争和因先进算法而形成的资源垄断,亦引起了设计者、使用者对相对人权益的侵害,包括算法杀熟、隐性歧视、区别对待等,均是对公平价值的破坏。另一方面,其将相对人不愿暴露的隐私呈现于他人眼中,甚至是用来营利,还利用近乎权威的影响力干涉相对人的决策和行为,造成相对人财产和生命健康权益被侵害,此可谓是对安全价值的侵犯。基于此,一个基本的规制取向便自然浮现出来:通过立法者对立法体系的建构与调整,鼓励、促进智能科技可提升效率的一面,限制或禁止智能科技或影响公平和安全的一面。[②]

然而,由于各价值取向的固有差异,理想中的价值平衡很难落入现实。以数据安全为例,完全禁止使用者采集相对人的数据是保护个人隐私的最好方式,但如此效率价值便难以实现。因此,实践中的价值平衡必定是存有位阶排序的微妙平衡。基于智能科技的发展现状,由于智能科技尚处于技术发展的初端,其尚未完全释放出智能科技的完全红利,效率稍优先于公平、安全价值或是符合"帕累托最优"的排序。当然,强调效率价值的优先,并不是对人类利益的背离,更不是对公平、安全等价值的完全否定。其一,智能科技研发者或使用者自身会通过责任摊派、保险购入、行业基金设立等方式限制公平、安全层面的损失。其二,立法者借由划定适用范围、设定处置预案、丰富救济途径等举措亦可将安全、公平

---

① 汪庆华:《人工智能的法律规制路径:一个框架性讨论》,载《现代法学》2019 年第 2 期。

② 张守文:《人工智能产业发展的经济法规制》,载《政治与法律》2019 年第 1 期。

全盘考虑至以效率为优先的制度框架中。更为重要的是,唯智能科技的效率价值得以实现,为人类利益服务的规制目的方能达到。

具体到实体规则,公平与安全价值要素的保护既有赖于已述的适用范围的划定和风险处置预案的设定,还有赖于对规制重心、规制主体、规制策略的制定,故此部分将更多讨论如何构建规范的、凸显立法体系的效率价值取向。一般而言,促进性、鼓励性规范包括规划促进、倾向性资金引导、消除制度阻碍三个方面内容的法律化促进手段。在规划促进方面,我国一直秉有计划或规划的立法传统,现已将智能科技产业写入《"十三五"规划纲要》和《"十三五"国际科技创新规划》,并正式公布了《新一代人工智能发展规划》,明确了智能科技产业发展的重点技术和阶段性战略目标。对此,鉴于宏观计划部署已较为全面,未来应在产业法或计划法层面给予智能科技更为精细化、专项化的规划,推动相关产业的升级换代和经济结构的整体优化。在倾向性资金引导方面,可用手段包括财政支持、税收优惠、金融促进。例如,可对人工智能产业给予倾斜性财政补贴、行政费用减免、政府采购优先顺位等政策。也可对人工智能企业给予高新技术企业税收优惠(税率、税基、征收对象、税收方式等)并针对性降低金融管制(信贷、证券等)。值得说明的是,尽管倾斜性资金引导可迅速促进资源要素向目标产业的集中,但倾斜亦需适度,不能干扰到市场公平竞争。市场才应是资源要素配置的主要推手,政府不应盲目、任意干预市场正常运行,否则易出现因政府之手而导致的大量市场泡沫。此外,还应修正现有法律体系对智能科技产业的条文阻碍,反向促进市场发展。例如,《中华人民共和国证券法》第 161 条规定,投资咨询机构及其从业人员从事证券服务业务不得代理委托人从事证券投资,亦即智能投顾可作荐股等初级业务。基于效率取向的考量,宜对智能投顾实施例外豁免。[①]

（三）规制核心:将数据和算法视为规制关键

面对新型法律问题,可选的解决路径一般包括释法和造法两种手段。考虑到造法成本,在功效近同的前提下,释法手段优先于造法。然而,针对智能科技,即使部分条文可被重新解释,进而将智能科技涵摄在规制范畴中,但由于既往立法资源并不强调对数据与算法的规制,其不仅规制基础有所欠缺,规制效果更是不具备针对性。因而,结合智能科技的结构特征,新构的立法体系须以数据和算法为核心造法对智能科技予以规制。

针对数据,立法者需在厘清数据价值的基础上,处理好个人利益与商业利益及公共利益之间的关系。首先,就数据采集,鼓励个人将相关数据让渡至商事企

---

① 李文莉、杨玥捷:《智能投顾的法律风险及监管建议》,载《法学》2017 年第 8 期。

业和政府机关是社会发展的诉求。只不过让渡边界的圈定需考虑博弈情形的不同:其一,所获商业利益或公共利益显著小于个人隐私被侵犯的损失;其二,所获商业利益或公共利益大于个人隐私被侵犯的损失;其三,难以比较所获商业利益或公共利益和个人隐私被侵犯的损失。在以效率价值为优先的价值取向下,第一种情形显然不应让渡,第二种情形显然应让渡,第三种情形较为复杂,理应将是否让渡的选择权交予数据所有者。此种逻辑已在《个人信息保护法》的告知同意规则中得以体现,但需进一步细致讨论的是告知同意规则的例外情形的设定是否合理、周全。[①] 此外,考虑到智能科技的工具特征,即使用户未同意敏感数据的让渡,也不得影响其对其他功能的正常使用,否则即构成了对相对人选择权的隐性威胁。其次,就数据使用,立法至少还应对数据规制作出如下安排。其一,设计者或运营者不能逾越契约规定,数据使用应符合契约约定的用途。其二,设计者或运营者不得在非必要的情形下未经同意将已有数据交予第三方,甚至是出售。其三,除必要情形,设计者或运营者不得对所采集到的数据作出有关敏感数据的深层次解读。最后,就数据纠偏,考虑到数据的质量和影响效果,一方面,立法者应规定运营者接受相对人反馈来纠偏数据的义务。另一方面,立法者还应采取措施鼓励使用者主动处理、纠偏错误数据,建立包括数据评估、数据去噪筛查、数据复原等在内的一系列机制。

针对算法,首先,考虑到智能科技自主性的功能特征和行为代码化的消极属性,立法者有必要对算法所嵌入的伦理代码设置强制性规则。目前,日本、加拿大、新加坡、欧盟等国际关系主体均在争相制定相关规则,以掌握该事项的话语权。以欧盟为例,欧洲人工智能高级别专家组在 2019 年 4 月 8 日起草的《人工智能道德准则》中就表示,应确使智能科技尊重人的尊严,不侵犯个人自由,尊重民主、正义和法律规范,实现平等、不歧视和团结,不侵犯公民权利。[②] 对此,中国应在借鉴各国伦理准则的基础上,出台相关强制性规则及配套措施。其次,考虑到智能科技算法黑箱化的呈现形式,立法者应向相对人配置充足的知情权。按照发展顺序,相对人的知情权基本可被划分为事先知情权和事后知情权。事先,设计者应负有向相对人明确告知使用意图,充分提示算法的固有缺陷和使用风险的义务。事后,任意相对人均应有权利获知具体决策产生的程序、逻辑、意义及理由,如各项个人数据指标的所占权重、起参考辅助作用的信息、所遵循的特定案例决策规则等。在此基础上,相对人还应具有额外要求设计者或运营者

---

① 程啸:《论我国个人信息保护法中的个人信息处理规则》,载《清华法学》2021 年第 3 期。

② 资料来源:https://www.biometricupdate.com/201904/ethics-guidelines-for-trustworthy-ai-published-by-european-commission。

修正决策的权利。一般而言,错误决策是由算法错误或数据错误引起的,无论是何种原因,智能科技的设计者或运营者均是最有能力和最有义务消除瑕疵的责任主体。如果设计者或运营者不能修正错误,相对人应拥有退出自动化决策的权利。① 再次,单一的向相对人配置知情权并不能有效地抵消智能科技不透明化等消极属性的影响,还应通过公权力的介入来消除设计者或运营者的不平等优势。具体手段包括全过程的信息披露和审批、备案、不定期抽查等监管手段。例如,《关于规范金融机构资产管理业务的指导意见》第 23 条第 2 款便规定了金融机构应当向金融监督管理部门报备人工智能模型的主要参数以及资产配置的主要逻辑。

(四) 规制主体:单一规制向整体治理的转变

智能科技对规制体系的需求同样体现在主体维度。传统规制范式亦未跳脱出一元规制的格局,由监管部门基本承担着规制责任。然而,在智能科技冲击市场结构的时代背景下,规制模式的转变迫在眉睫。原因在于,设计者构建的代码群连同业的专家尚需花费时间和精力方能理解与识别,对代码知之甚少且缺乏充分精力的监管机构谈何能独自承担单一规制海量算法的重任。加之,设计者或运营者对相对人权益侵害的形式极为隐蔽,此进一步阻碍了监管机构单一规制的实施功效。是故,如今,面对因智能科技不透明、结果隐蔽等消极属性而产生的法律风险,亟须除监管机构以外的更多主体参与进整个规制过程。需要说明的是,相较于既往使用的刚性手段,针对智能科技的规制模式需更多借助监管机构、行业协会、设计者、相对人等主体间的平等协商,用治理一词更能彰显规制手段的柔性化色彩。

在整体治理模式下,规制主体应然包括监管机构、设计者和运营者自身、社会公众以及自律组织四类治理主体。具体而言,首先,相较于其他监管事项,针对智能科技,监管机构亟须解决的是如何消除因代码化而带来的验证难题。② 以智能投顾为例,智能投顾的监管机构为金融监管机构,在未有足够专业的计算机人才的前提下,监管机构何尝不是同相对人一样只能信赖金融机构报备的主要参数与主要逻辑,而无法主动识别智能科技的运作机理,遑论实施静态验证和动态验证。因而,为解决代码带来的验证难题,有必要在监管体制内设置专业队伍,由其负责代码监管。至于是单设专业监管机构,还是在各监管部门内部安排

① 张凌寒:《商业自动化决策的算法解释权研究》,载《法律科学(西北政法大学学报)》2018 年第 3 期。

② Joshua A. Kroll, et al., Accountable Algorithms, 165 *U. Pa. L. Rev* 633 (2017).

专业人员,笔者认为,单设专业监管机构更为合适。一则专业代码人员尚不充分,集中资源能尽可能地提高监管效能。二则单设监管机构通常具备独立的事权、财权,更能保证专业监管决策的独立性,避免受到其他监管主体的干扰,如地方保护等。三则单设的监管机构同样可在内部设置不同科室,以应对不同的应用场景。基于此构想,在具体监管中,由专门监管机构统一负责解决验证难题,为具体监管机构提供支持。

其次,相较于其他主体,设计者或运营者最具备能力控制智能科技的行为结果,是故强调设计者或运营者的自我约束极为重要,宜通过立法引导设计者或运营者承担相应社会责任,避免魏则西事件的再次发生。需要说明的是,此种引导应是有限度的。既往我国监管实践呈现出设计者或运营者无条件对智能科技的行为结果负责的监管趋势。例如,《互联网信息搜索服务管理规定》第 10 条的条文释义便是互联网信息搜索服务提供者必须对搜索结果负责,但此种监管方式难免对设计者和运营者过于严苛,不符合以效率价值为先的规制取向。与此同时,鉴于个人利益同公众利益的异质性,应要求特定设计者或运营者必须聘请监督人员。详言之,监督人员向专设监管机构负责,受专设监管机构考核、评估。其负有如下职责:其一,于智能科技产品设计之初,告知设计人员潜在的法律风险。其二,于产品制造结束,对产品进行系统评估,向监管机构提交评估报告。其三,于任意阶段发现算法错误或瑕疵,均有权要求设计者予以改进,并向监管机构报告。值得说明的是,无论是专门监管机构,还是内部监督人员,均负有保密之义务。

再次,由于智能科技违法形式的隐蔽性,在食品安全等领域广泛运用的吹哨人制度同样在智能科技规制领域具备运用空间。亦即,公众可在智能科技纠错过程中扮演重要的角色。对此,监管机构可以建立专项基金鼓励公众检测、举报智能科技的错误决策。例如,美国《公平售房法》便为消除网上售房系统的歧视,专门提供资金援助来鼓励个人、分支机构以及非公益组织测试网上售房系统。

最后,相较于监管机构和监管对象,自律组织天然具备服务功能、干预功能和协调功能,可充当监管机构的辅助管理主体。[①] 立法者宜进一步发挥自律组织中间层的功效,通过行业规范、平台规则等"软法"规制的制定,督促设计者和运营者对法律规范的遵守和对从业人员职业素养的提高。

---

① 顾功耘主编:《经济法教程(第二版)》,上海人民出版社 2006 年版,第 62 页。

(五) 规制策略:具体场景下的区别化规制

正如前述,智能科技可被拆解为数据和算法两大重要元件。对于数据,统一立法予以规制自无疑问。毕竟数据的保护和使用不局限于特定场景,针对数据的规制均可基本遵循相同的规制范式,域外多数国家和地区也均对数据保护进行了统一规定的立法。如欧盟便陆续出台了《一般数据保护条例》和《非个人数据自由流通条例》。我国的《数据安全法》《个人信息保护法》等法律规范的出台同样已彰显出了我国统一数据立法的态度。而对于算法,究竟是统一立法合适,还是分散立法合适,此是规制体系新构过程中必须回应的问题。对此,在具体场景下分开进行针对性规制可能更为适合我国现状。原因在于,其一,虽然针对算法的规制在一定程度上可被抽取出部分共性要素,但不可忽略的是,智能科技是同实践高度结合化的产物,各类智能科技之间有更多不同的个性要素。再以智能投顾为例,其在遵循算法信息披露、报备等规定的同时,也须遵守投资者适当性信息披露、投资范围、风险隔离等金融监管一般性规定。后者的遵守同样是智能投顾内嵌的代码群所决定的。其二,智能科技尚不成熟,仍处于不断发展变化的阶段,数据存储方式、处理机制、学习机制、决策配置逻辑等均可能产生巨大的技术变革,难以被统一、有效地规制。其三,分散式规制多是通过条例、规范性文件等位阶较低、时效性较强的立法文件实施的,面临技术上的变革可及时更新规制思路与规制方式,避免风险的进一步蔓延。而统一立法则必定通过位阶较高的法律等形式实现,革新成本显然过高。更为关键的是,立法者的预见性同样是有限制的,过早的统一立法反而会给智能科技的发展设置条条框框,阻碍了行业创新。即使是基于为后续发展留下制度空间的考虑,分散式立法规制也是当下更为可取的路径。此外,需要解释的是,笔者建议于规制体制上设置统一的专业算法监管部门,此与分散立法并无冲突。体制上的统一设立有助于监管资源的整合与协调,能更好保障法律依据的实施效果。此同立法体例的设置目的并行不悖。

事实上,即使是在具体场景下的专门性立法,亦不能采用一刀切的规制方式,应结合自动化程度、技术成熟程度、应用范围等诸多风险评判要素,对规制对象实施区别化规制。如根据国际自动机工程师学会提出的分类标准,自动驾驶技术可分为无自动化、驾驶支援、部分自动化、有条件自动化、高度自动化、完全自动化六类。[①] 在此情景下,随着自动化级别的提升,相关技术愈不成熟,给相对人和一般民众带来的风险愈高。一个合理的规制逻辑便是,规制强度应随着

---

① 资料来源:http://www.sohu.com/a/116000253_115873。

风险评判级别上升而递增,完全自动化技术的审批难度显然应远大于驾驶支援技术的审批难度。至于规制手段如何体现区别化,立法者至少可以在下述方面作出尝试。其一,监督程度,如是否需要陪同控制。其二,产品投入市场的前置程序,如是选择审批还是备案。其三,监管机构的动态验证强度与频率。其四,是否设立专项基金,鼓励个人、分支机构等群体主动纠错、举报。

五、结　　论

弱人工智能背景下的智能科技利大于弊,或然风险暂不应成为智能科技规制的重心。如何在引导智能科技行业发展的基础上,预防、消减智能科技所带来的实然风险更应是立法者予以考虑的现实问题。值得注意的是,既往的实践已然告诫我们,面对充斥着风险的破坏性创新,盲目设定过于宽松和过于严苛的规制范式均可能不符合监管需求,且给后续监管变革增添制度阻碍,二者皆不可取。唯有审慎的、总结性的渐进式规制模式建构才是恰当的路径选择。目前,我国针对智能科技的独特工具属性,中央层面已通过一系列法律规范进行了初步的规制探索,但"智能科技的法治建设没有完成时,只有进行时"[1],系统性、前瞻性、全局性的规制思路仍应在后续立法中跟进、贯彻。针对智能科技建构出卓有成效的规制体系不仅仅是智能科技集群发展的需要,更是国家长远发展的需要。作为人类经济社会发展的新机遇,智能科技现已成为各国战略部署的重点。一定程度上,何者能率先建构出有效的规制体系,便能把握未来全球治理的话语权。毕竟国家间竞争优势的形成关乎技术上的优势,更关乎制度上的优势。[2]

---

[1] 胡小伟:《人工智能时代算法风险的法律规制论纲》,载《湖北大学学报(哲学社会科学版)》2021年第2期。

[2] 〔美〕迈克尔·波特:《国家竞争优势》,李明轩、邱如美译,中信出版社2012年版,第19—26页。

电商平台对经营者监管义务的逻辑证成

叶嘉敏[*]

一、电商平台的负外部性与现行立法应对的不足

随着信息化时代的到来,电商平台公司不断涌现,然而在平台经济高速发展的同时,电商平台公司所具备的跨群网络负外部性也日益凸显。所谓电商平台公司具备的跨群网络负外部性,是指电商平台公司的两端用户——消费者与经营者间存在高度的信息不对称,经营者可能会利用信息不对称向消费者发布大量虚假信息,严重损害消费者的合法权益,而消费者却可能因为损害标的额微小、救济成本较大等原因不愿诉诸法律救济途径,或者因为信息不对称的缘由无法采取救济措施,因此经营者的侵权行为是传统私法规则无法规制的。

面对日益严重的电商平台公司跨群网络负外部性,国内外立法者采取对电商平台公司课以监管入驻平台经营者的义务来应对。不过电商平台公司对经营者的监管义务争议颇多,尽管我国新近出台的《电子商务法》明确了电商平台公司的监管义务,但无论是学界抑或实务界对相关条款的争议都很大,这也是该法历时 5 年历经四审才得以通过的主要原因之一。

随之而来的问题是"立法对电商平台公司课以监管义务"这一举措是否具有合法性。对电商平台公司课以监管义务的法理依据为何?出于什么样的法政策考量需要对电商平台公司课以监管义务?是否需要对现行立法中监管义务的范围、大小、归责原则、监管对象的救济方式等要素作出调整?是否有针对电商平台公司跨群网络负外部性更优化的治理范式?可以说,理论界针对这些问题的研究却并不深入。

---

* 叶嘉敏,华东政法大学 2020 级经济法博士研究生。

二、电商平台对经营者监管义务的法理来源剖析

(一) 以开放型电商平台监管义务为研究对象的原因探析

在私法主体被赋予的监管义务中,电商平台对经营者的监管义务争议颇多。对私法合同义务公法化的研究可从对电商平台监管义务的研究切入,通过探究电商平台监管义务的法理来源、赋予监管义务的法政策考量等问题,一方面致力于完善电商平台监管义务的要素,另一方面可起到对私法合同义务公法化的路径进行适当调整的功效。

根据平台与经营者关系的不同,电商平台可分为自营型电商平台与开放型电商平台,在前者的语境下,经营者与平台一体化,平台本身即是经营者;在后者的语境下,平台独立于交易方,此时才存在电商平台对经营者的监管义务。本文的研究对象为开放型电商平台,根据《电子商务法》的规定,开放型电商平台是指"在电子商务中为交易双方或者多方提供网络经营场所、交易撮合、信息发布等服务,供交易双方或者多方独立开展交易活动的法人或者非法人组织"[①]。从该表述来看,开放型电商平台独立于交易方,并未承担委托方、居间方、行纪方等主体的职能,电商平台承担的主要是提供交易场所、信息发布的职能,文中的"交易撮合"应理解为平台通过提供交易场所为交易方制造交易机会。

(二)《电子商务法》中电商平台监管义务的外延

在立法对电商平台课以的义务中,并非所有的义务都体现出电商平台对经营者的监管,部分义务设定的目的实为保障合同目的的实现而非赋予行政监管职能,该部分义务可认定为合同的附随义务[②],因此需要加以区分。在电商平台、消费者与经营者的三方合同中,电商平台违反设定的附随义务不仅需要向交易方承担违约责任,而且往往需要承担行政责任,原因在于在电子商务合同中,附随义务的违反往往意味着对一类群体合法权益的侵害,该行径可视为对公共利益的侵害;而电商平台对监管义务的违反并不一定会产生对消费者的违约责任,但可能会因不当监管对经营者产生违约责任,同时也会承担行政责任。

---

① 《电子商务法》第 9 条第 2 款规定,本法所称电子商务平台经营者,是指在电子商务中为交易双方或者多方提供网络经营场所、交易撮合、信息发布等服务,供交易双方或者多方独立开展交易活动的法人或者非法人组织。

② 附随义务是指为履行给付义务或保护当事人人身或财产上利益,于契约发展过程中基于诚信原则而产生的义务。参见王泽鉴:《契约上的不作为义务》,载《民法学说与判例研究(第八册)》,北京大学出版社 2009 年版,第 120 页。

　　《电子商务法》的规定可谓集结了法律赋予电商平台的全部义务，其全面性与体系性都达到了国内目前的最高水平，考察立法课以电商平台附随义务与监管义务的分野可从《电子商务法》的相关规定入手。从表 1 可见，《电子商务法》对电商平台课以的监管义务主要包括身份信息核验登记义务、身份与税收信息报送与提示报送义务、信息管理义务、知识产权保护义务、信用评价制度建立义务、投诉举报机制建立义务与制定交易规则义务。

表 1　《电子商务法》对电商平台课以的义务

附随义务		监管义务	
具体义务	内涵	具体义务	内涵
安全运营义务	应当采取技术措施和其他必要措施保证其网络安全、稳定运行，防范网络违法犯罪活动，有效应对网络安全事件，保障电子商务交易安全（第 30 条）	身份信息核验登记义务	应当要求申请进入平台销售商品或者提供服务的经营者提交其身份、地址、联系方式、行政许可等真实信息，进行核验、登记，建立登记档案，并定期核验更新（第 27 条）
信息保存义务	应当记录、保存平台上发布的商品和服务信息、交易信息，并确保信息的完整性、保密性、可用性（第 31 条）	身份与税收信息报送与提示报送义务	应当按照规定向市场监督管理部门报送经营者的身份信息，提示未办理市场主体登记的经营者依法办理登记，并配合市场监督管理部门，针对电子商务的特点，为应当办理市场主体登记的经营者办理登记提供便利（第 28 条）
安全保障义务	知道或者应当知道平台内经营者销售的商品或者提供的服务不符合保障人身、财产安全的要求，或者有其他侵害消费者合法权益行为，未采取必要措施的，依法与该平台内经营者承担连带责任（第 38 条）	信息管理义务	发现平台内的商品或者服务信息存在无证经营、销售违法物品情形的，应当依法采取必要的处置措施，并向有关主管部门报告（第 29 条）
信息披露义务	对平台内经营者违反法律、法规的行为实施警示、暂停或者终止服务等措施的，应当及时公示，应当以显著方式区分标记自营业务和平台内经营者开展的业务，不得误导消费者；应当根据商品或者服务的价格、销量、信用等多种方式向消费者显示商品或者服务的搜索结果；对于竞价排名的商品或者服务，应当显著标明"广告"（第 36 条、第 37 条、第 40 条）	信用评价制度建立义务	应当建立健全信用评价制度，公示信用评价规则，为消费者提供对平台内销售的商品或者提供的服务进行评价的途径，不得删除消费者对其平台内销售的商品或者提供的服务的评价（第 39 条）

（续表）

附随义务		监管义务	
具体义务	内涵	具体义务	内涵
用户信息保密义务	收集、使用其用户的个人信息，应当遵守法律、行政法规有关个人信息保护的规定（第23条）	制定交易规则义务	应当遵循公开、公平、公正的原则，制定平台服务协议和交易规则，明确进入和退出平台、商品和服务质量保障、消费者权益保护、个人信息保护等方面的权利和义务（第32条、第33条、第34条）
		知识产权保护义务	应当建立知识产权保护规则，与知识产权权利人加强合作，依法保护知识产权（第41条）
		投诉举报机制建立义务	应当建立便捷、有效的投诉、举报机制，公开投诉、举报方式等信息，及时受理并处理投诉、举报（第59条）

资料来源：中华人民共和国商务部网站。

（三）电商平台监管义务的法理来源探析

从实定法来看，电商平台的监管权力与义务是法律赋予的，但要想探析电商平台监管义务设定的合理性就必须探究电商平台监管义务的法理来源。对此，首先需要对监管义务本身进行解读，对市场主体进行监管原为行政主体的应然职责，而今在电子商务领域，电商平台作为私法主体却被赋予监管义务，可见大量的监管权力与义务由行政主体让渡给电商平台。

通常而言，监管权力的让渡主要有行政委托与行政授权两种方式，在行政委托的情境下，受托方以委托方的名义行使监管权力，且由委托方承担相应的责任；反观行政授权，获得授权的主体能以自己的名义行使监管权力，并自行承担相应的责任。电商平台监管权力的行使与责任的承担方式符合行政授权模式，且电商平台监管权力的依据为法律法规的相关规定，的确是通过法定方式取得的，符合行政授权模式的要件。因此电商平台监管权力的法理来源应为行政授权，电商平台基于行政授权需履行监管义务。

三、授权电商平台监管经营者的法政策考量
及现行立法视域下的弊端剖析

(一) 以规范主义与功能主义为分析进路的法政策考量

在电子商务中,行政主体通过行政授权方式将大量监管权力由行政主体让渡给电商平台,一方面使电商平台相对于经营者居于优势地位,另一方面也给予电商平台较为沉重的负担,此时考察行政主体授权电商平台监管经营者的政策考量就显得极为重要。

对于行政主体授权电商平台监管经营者的政策考量可从规范主义进路与功能主义进路进行剖析。在规范主义层面,由于在电商平台中,经营者与消费者群体存在严重的信息不对称,电商平台具备很强的跨群网络负外部性[1],而电商平台作为交易场所的提供者客观上引发了跨群网络负外部性,因此电商平台负有对跨群网络负外部性进行治理的义务,可对之课以适度的监管义务;此外,电商平台的营利模式与网络空间密不可分,电商平台在营利的同时同样需要对与之而来的跨群网络负外部性进行治理,这才符合法情感、正义观的基本要求。

在功能主义层面,传统的控制市场风险的模式往往是将侵权责任制度与政府规制结合[2],前者是通过民事上不利后果的警示迫使市场主体不从事违法活动,本质上是将市场风险的控制内部化,后者则为政府通过施加行政上的不利后果从外部控制市场风险。但在电子商务领域,由于跨群网络负外部性的存在,经营者违法行径众多且难以为受害者与行政主体发现[3],此时就需要引入受害者与行政主体以外的第三方主体对市场风险予以规制。而电商平台的特性决定了其可以成为治理跨群网络负外部性的第三方主体,一方面,电商平台与被规制者接触最为紧密,了解被规制者的特性与各种需求,对一小部分可能的违法者的信息更在掌控之中[4],所以在发现潜在的违法行为方面,电商平台远比行政主体更有能力,更能有效地制止诸多的违法行为;另一方面,相比行政主体,电商平台可

---

① 跨群网络负外部性是指平台一侧用户的不利行为,会导致平台另一侧用户合法权益的损害。参见叶逸群:《互联网平台责任:从监管到治理》,载《财经法学》2018 年第 5 期。

② Steven Shavell,A Model of the Optimal Use of Liability and Safety Regulation,15 *The Rand Journal of Economics* 271 (1984).

③ Ke Steven Wan,Gatekeeper Liability Versus Regulation of Wrongdoers,34 *Ohio Northern University Law Review* 483 (2008).

④ Reinier H. Kraakman,Corporate Liability Strategies and the Costs of Legal Controls,93 *Yale Law Journal* 857 (1984).

以采取更为合理的措施控制实施违法行为的经营者。^① 此外，相对于普通的违法者而言，电商平台的资产便于扣押，它们还享有一些可撤回的权力（如行政许可）^②，行政主体可通过有效监管电商平台间接地监管入驻平台的经营者。

（二）以历史沿革为视角对我国电商平台监管义务的考察

对于现行立法视域下我国电商平台的监管义务，可以历史沿革为视角，考察我国关于电商平台监管义务的立法历程，对监管的阶段、独立性、对象、主动性、归责原则等方面进行考察。

1. 监管的阶段：从事中到全面

在《互联网信息服务管理办法》（下文简称《办法》）中，平台对用户上网内容、行为只需进行实时记录，但在其后实施或修订的文件中，均开始强调平台需要对用户的身份和资质予以事前的真实性审查，并逐步拓展为伴随用户网络行为全程的统筹管理性的全面注意义务。

2. 监管的独立性：从从属到独立

《办法》规定"在管理部门要求平台采取措施时，平台应予以配合"，强调的依然是以职能部门为主体的监管，平台的监管处于从属和补充地位，但可以注意到，其后出台的文件中出现了"报告并采取措施"到"采取措施并报告"的措辞变化，同时开始对平台采取"警示、关闭账号"等处罚措施予以"授权"，这些均表明平台的监管义务已经独立和先行于管理部门。

3. 监管的对象：从明显违法行为到潜在违法行为

按照《办法》的要求，平台需要对"明显"违法行为进行审查判断，立法者意图设立的是一种较为宽容或者说合理的注意义务，而在其后的规范中，"明显"的限定不再出现，至《网络交易平台经营者履行社会责任指引》出台，平台已需要对仅有"苗头性、倾向性"的潜在违法行为进行预判，这显然已超出网络技术的过滤功能，而成为一种价值判断，这种严格的注意义务体现了一种较危险的趋势。

4. 监管的主动性：从被动到主动

《办法》中对平台参与监管的要求是发现违法后停止服务、保存证据及报告，但越来越多的文件不再满足于规定平台"发现违法行为后采取措施并报告"的被动注意义务，而是越来越倾向于要求平台内部直接建立制度化的监管流程、专职

---

① Roach Anleu, et al., Third-party policing and insurance: The case of market—based crime prevention, 22 *Law and Policy* 67 (2000).

② 参见《中华人民共和国反洗钱法》第 32 条与《互联网信息服务管理办法》第 23 条。

化的管理机构,进行主动的排查监控及违法证据收集。

5. 监管的归责原则:从过错原则到近乎无过错原则

《办法》等文件的责任条款规定平台"发现(实际知道)"违法行为未及时处理时应当承担责任,《中华人民共和国广告法》中则规定,"明知或者应知"违法不予制止的承担行政责任,此时适用的是过错责任原则。而依照《网络食品安全违法行为查处办法》《网络交易平台经营者履行社会责任指引》的规定,已不需要考虑违法行为是否实际发生或者被认知,只要平台"未设立专门管理机构"或者"未报告苗头性、倾向性问题"就足以课责,对平台的要求已严格到类似无过错责任的归责原则。

(三) 现行立法视域下我国电商平台监管义务的弊端

从历史沿革来看,我国电商平台对经营者的监管阶段由事中到全面,监管的独立性与主动性越来越强,监管的对象从明显违法行为扩展至潜在违法行为,监管的归责原则由宽松的过错原则变为严格的无过错原则。电商平台渐趋严格的监管义务产生了一系列弊端,无论对于平台本身,还是对于入驻平台的经营者与消费者,甚至对于行业创新都产生了极大的危害,可以说,这是与行政主体授权电商平台监管经营者的初衷相背离的。

首先,对几何级增长的信息进行主动筛查,需要平台不断升级软硬件配置,投入大量人力物力,成本极其高昂。一方面这会提高行业的准入门槛,抑制行业活力,另一方面平台会设法通过合同将这些成本向第三方用户转移,并最终转嫁到消费者身上。

其次,在海量数据中屏蔽违法信息难以实现,但平台却依然要为此承担无过错责任。为规避风险,平台一方面会采取过度谨慎的过滤政策,阻止大量无法判断的交易,将守法者与违法者一起逐出市场,另一方面会强化对第三方的限制,抑制 IT 创新。[①]

再者,在我国行业标准体系本身不甚健全的情况下,要求非专业执法背景的平台工作人员甄别大量专业技术性信息,不仅要判断"明显"的违法行为,还要判断"苗头性、倾向性"的违法行为,必然导致误判。

最后,电商平台与经营者订立的往往都是格式合同,合同的格式化为平台创设了单方面设立规则的条件,实际上使平台对用户形成一种"自由裁量"的评价权力。在电商平台对经营者的监管中,行政法中"正当程序原则""法无授权不可

---

① 赵鹏:《私人审查的界限——论网络交易平台对用户内容的行政责任》,载《清华法学》2016 年第 10 期。

为"等原则都失去了适用的余地。如果电商平台在订立监管条款的同时限制了被监管的经营者的救济手段,抑或未尽到充分告知实施监管制裁所基于的具体法律依据、判断违法内容的技术手段及标准、对应的具体处置措施、妥善送达等正当程序义务,或者因身份、终端软件环境等非违法原因对经营者限制或拒绝服务,那无疑会对处于被监管地位的经营者的合法权益造成极大损害。

四、实验主义治理视域下我国电商平台监管义务的比较法完善

(一)针对跨群网络负外部性以实验主义治理为进路的可行性

面对跨群网络负外部性,我国采取由行政主体授权电商平台监管经营者的治理进路,但这种治理进路可概括为行政主体具有明确的规制目标,并自认为充分理解实现该规制目标的途径与方法,在此基础上授权电商平台监管经营者,并严格设定电商平台的监管义务。从本质上而言,这依然是"科层式"治理体系[①],治理的权威依然集中于行政主体而未扩散至市场主体,面对渐趋严格的监管义务,电商平台并无太多监管的主观能动性,给平台本身、经营者、消费者与行业创新带来一系列阻碍。可以说,在电子商务领域,针对跨群网络负外部性采用"科层式"治理体系必将导致"法律规则做出不切实际的要求从而摧毁了可取的社会实践,或者因为试图在其推理中整合进社会和经济的角度而丧失了其分析框架的连贯性"[②]。

在电子商务领域,"科层式"治理体系的弊端主要在于治理的实际控制权归于行政主体。尽管行政主体授权电商平台监管经营者有良好的规范主义与功能主义法政策考量,但行政主体在给电商平台设定监管义务的时候对之不当干预过多,同时并未合理限制电商平台监管的自由裁量权,致使电商平台对经营者的监管主观能动性不高,这才出现了一系列弊端。要想在保留行政主体授权电商平台监管经营者模式的情况下解决这一系列弊端,就必须使行政主体减少对电商平台监管的不当干预,同时通过将行政法中的基本原则合理运用到平台监管条款中从而合理限制平台监管的自由裁量权,其要义在于激发电商平台对经营者合理监管的主观能动性。

① 贾开:《"实验主义治理理论"视角下互联网平台公司的反垄断规制:困境与破局》,载《财经法学》2015年第5期。

② Gunther Teubner, *After Legal Instrumentalism? Strategic Models of Post-Regulatory Law*, in Gunther Teubner eds., Dilemmas of Law in the Welfare State, De Gruyter, 1988, p. 309.

对此可引入"实验主义"治理模式,实验主义治理源于哥伦比亚大学法学院教授 Charles F. Sabel 和阿姆斯特丹大学公共政策教授 Jonathan Zeitlian 对欧盟治理政策的总结性思考和提炼。① 欧盟治理面对的基本困境是不存在支配一切的政府权威能够设置共同目标,而各国的条件和实践的多样性使得采用和执行统一规则相当困难,在这样的背景下,传统的治理方式根本无法应对多头政治和政策多样性带来的挑战,实验主义治理便应运而生。实验主义治理理论应对的是"科层式"治理模式无法应对的环境的挑战,其核心要素是承认治理的权威不仅来源于政府,同时也来源于市场主体,在此基础上,实验主义治理理论强调通过合作网络来承担并提供公共产品。② 实验主义治理模式包括"改变现状"与"共同学习"两大机制,"改变现状"机制赋予了市场主体以松动或挑战当前制度的权力③,为了合理实现"改变现状"机制,需要设计合理的法律规则调动市场主体的主观能动性;"共同学习"机制可概括为"临时性目标设置与修正的递归过程",④即在实验主义治理中,目标与规则是可变的,它们都会根据意见反馈不断修正,以此循环往复。发达的实验主义治理模式共包括四个层级的架构:第一,由行政主体设立框架性的目标和标准;第二,市场主体被赋予宽泛的自由裁量权,其可按照自己认为合适的方式追求前述框架性目标;第三,市场主体须定期向行政主体汇报政策绩效并参与同行评估,在同其他平行单位进行比较的过程中改进具体规则;第四,行政主体根据绩效结果对初定的框架性目标及标准进行修正调适。

(二) 实验主义治理模式下美国关于电商平台监管义务的立法

实验主义治理模式在美国关于电商平台监管义务的立法中已有长足的发展,相比于我国政府对电商平台的严格监管模式,美国的监管手段柔性化色彩更浓,其强调不同利益客体的不同监管强度、强调政府外部规制与平台自我规制的有机结合。美国互联网公司在技术创新与推动经济发展层面一直处于市场领先地位⑤,这与现阶段的平台责任规范密切相关。

---

① Charles F. Sabel & Jonathan Zeitlin, *Experimentalist Governance*, in David Levi-Faur eds., The Oxford Handbook of Governance, Oxford University Press, 2012, p. 169.

② 俞可平:《全球治理引论》,载《马克思主义与现实》2002 年第 1 期。

③ Charles F. Sabel, Destabilization Rights: How Public Law Litigation Succeeds, 117 *Harvard Law Review* 1016 (2004).

④ Charles F. Sabel & Jonathan Zeitlin, Learning from Difference: The New Architecture of Experimentalist Governance in the EU, 14 *European Law Journal* 271 (2008).

⑤ Seven Lindmark, *Web 2.0: Where does Europe stand?*, *Joint Research Centre*, *Institute for Prospective Technological Studies*, European Commission, 2009, p. 12.

在设定电商平台监管义务规则的历程中,美国政府监管部门与法院通过将网络平台这一新兴技术创新与传统言论媒介(包括书店、报刊亭、图书馆等)进行类比之方式,比较二者提供服务的类型与方式,逐渐摸索出以《数字千年版权法》与《交流规范法》两部法律为规则主体,对版权范畴与非版权范畴分别予以规制的模式。

1. 版权领域的电商平台监管立法沿革

在美国法语境中,版权侵权区分为直接侵权与间接侵权。直接侵权规则可见于《1976 年版权法》,是指未经版权人许可擅自实施受版权人专有权利控制的行为,其中主观过错只影响赔偿金额,而非侵权责任构成要件;间接侵权规范由法院通过司法实践而发展的普通法规则构成。[①] 通说认为,间接侵权规则包含两种责任模式:第一,替代责任。对他人侵权行为具备监督的权利与能力,且从侵权行为中获得直接且明显的经济利益;第二,帮助侵权责任。在明知他人行为构成版权侵权的情况下,客观上引诱、促进或实质性地帮助他人侵权行为的发生。[②]

在初期的互联网版权侵犯案件中,法院并没有将司法实践中的直接侵权与间接侵权界分标准应用于互联网平台责任认定,即不考虑网络服务提供者的主观过错,而是一概以直接责任的构成要件认定平台责任。在界定网络服务提供者版权侵权责任第一案 Playboy Enterprises,Inc. v. Frena(下称"Frena 案")中,法院判定被告承担直接侵权责任的基础在于,Frena 公司提供的信息存储空间中存有未经许可制作的版权作品复制件,即是对版权人享有的公开发行权、展示权之侵犯。[③]

Frena 案所体现的要求互联网平台对他人创作的版权侵权内容承担严格责任之理念,对新兴技术产业发展构成了巨大阻碍。在其后,法院通过一系列判决推翻了 Frena 案,尤以 Religious Technology Center v. Netcom On-Line Communication Services,Inc.(下称"Netcom 案")著名。法院在该案中推翻 Frena 案的理由为:其一,网络服务供给者仅仅为促进互联网功能之发挥的技术运行机制,要求其为互联网上的所有行为承担责任是不合理亦无效率的;其二,网络服务提供者在没有基于自己的意志实施复制、发行、展示等行为的情况下,不可能

---

① Jonathan Band & Matthew Schruers, Safe Harbors Against Liability Hurricane: The Communications Decency Act and the Digital Millennium Copyright Act, 20 *Cardoz Arts & Ent. L. J.* 295 (2002).

② Melville B. Nimmer & David Nimmer, *Nimmer on Copyright*, pp. 12-68.

③ Playboy Enterprises, Inc. v. Frena, 839 F. Supp. 1152, 1156(M. D. Fla. 1993).

构成直接侵权,只有在知晓侵权内容而不及时删除时构成帮助侵权。① 这一判决实质将直接侵权与间接侵权的责任界分引入互联网平台责任判定领域,对网络服务提供者、著作权人、侵权人及网络用户四方的利益平衡具有重要意义。但 Netcom 案毕竟是地区法院判决,为促进自身利益发展,网络服务提供者积极游说,推动国会以成文法回应网络环境下的著作权纠纷。由此,《数字千年版权法》得以颁行。

《数字千年版权法》的立法资料表明,国会立法意图在于纠正 Frena 案为网络服务提供者设定的直接侵权责任,法典化 Netcome 案的判决原理。② 概括而言,《数字千年版权法》为提供接入、传输、缓存、信息定位等服务的互联网平台规定的免责条件包括:(1)网络服务供给者对信息内容不知情;(2)在接到满足法定格式的权利人通知后,立即删除、屏蔽相关侵权信息或断开链接(即"避风港"规则);(3)网络服务提供者实际采取了对反复侵权人取消账户或访问权限的政策,并向网络用户明示该项政策。③

2. 非版权领域的电商平台监管立法沿革

在国会通过正式立法回应规制需求前,网络服务供给者的性质与责任一直处于法律实践中的模糊地带,法院倾向于将传统诽谤法中第三方责任规则类推适用于网络服务供给者的责任认定。根据不同媒介对其传播内容的不同影响与控制程度,由判例构成的普通法诽谤侵权责任规则包含三种第三方责任模式。第一,出版者责任——对他人创作内容绝对负责。因为印刷媒体与广播媒体对其主动出版与传播的内容行使重要的编辑控制与选择发行的权力,因此与信息创作者对内容承担同样的责任。④ 第二,经销商责任——对他人创作内容相对负责。经销商在为他人创作的信息提供被动传播渠道的情况下,可以通过"出售或者不出售决定"对传播的内容行使一定的控制权,因而在其知道或应当知道诽谤信息存在却仍然决定出售时承担侵权责任。⑤ 第三,通讯公司无责任。因为电话、电报等通讯公司对其传送的内容不施加控制权,且需要以无差别地服务所有顾客为宗旨,法院通常判定通讯公司对其传送他人创作之诽谤内容不承担任何责任。⑥

---

① Religious Technology Center *v*. Netcom On-Line Communication Services, Inc., 907 F. Supp. 1361, 1372(N. D. Cal. 1995).

② H. R. Rep. No. 105-551, pt. 1, p. 11(1998).

③ 17 U. S. C. § 512 (1998).

④ Restatement(Second) of Torts § 578&·cmt. b, 581(2) (1977).

⑤ Restatement(Second) of Torts § 581(1) (1977).

⑥ Anderson v. N. Y. Tel. Co., 320 N. E. 2d 647, 649(N. Y. 1974) (Gabrielli, J., concurring).

在针对互联网媒介提起的第一起诽谤侵权诉讼中——Cubby,Inc. v. CompuServe,Inc(下称"Cubby 案"),法院认定被告 CompuServe 公司并不是诽谤信息本身的出版者,而是诽谤信息的存储数据库,其功能类似于网络图书馆,因而适用诽谤侵权责任中的经销商责任,即只有在被告 CompuServe 公司明知或者应当知道诽谤信息存在于其数据库时才承担责任。[①] 但在 Stratton Oakmont v. Prodigy Services Co 案中(下称"Stratton 案"),针对网络服务供给者的性质及责任认定,纽约州最高法院作出了较 Cubby 案完全相反的判决。法院认为,由于被告 Prodigy 公司使用技术及人力措施对他人创作的内容进行了一定程度的编辑,类似于报刊发行商或图书出版社,因而适用诽谤侵权责任中的出版者责任,即网络服务平台对其用户发布的侵权内容承担严格责任。[②]

随着互联网技术的逐渐发展与普及,监管部门开始认识到,互联网作为新兴传播媒介,不能简单归类于传统第三方责任主体的任一种类。其一,不同于普通传播媒介,互联网的平台架构及编辑、过滤技术会对传播内容造成一定的影响;其二,相比于出版者与经销商,互联网平台承载的海量信息大大增加了第三方注意义务的行使成本,事先监控机制亦可能对自由表达造成一定的寒蝉效应。

司法实践形成的相互矛盾的普通法规则,以及 Stratton 案所确立的严格责任规则对互联网技术创新的阻遏效应,促使国会以制定法形式回应互联网新兴媒介的责任规范需求。1996 年颁布的《交流规范法》,明确网络服务供给者不应当被视为违法内容的出版者或发言者,其对用户创作的内容的传播或行使的一些基本的编辑行为不承担出版者责任。[③]

《交流规范法》在另一方面又强调,网络服务提供者对其基于善意管理人意志,为提高自我规制能力而发展的过滤与封锁等技术手段及相应的规制结果,不承担法律责任。[④] 该条款实质是国会在回应网络科技中自由与秩序价值博弈之时,尝试以"激励—诱导"的规制手段构建一种"政府规制"与"平台自我规制"的合作规制机制。

《交流规范法》与《数字千年版权法》分别颁布于 1996 年、1998 年,当时互联网的发展仍处于 Web1.0 时代,网络服务提供者的角色仍以被动性(内容的传播与变动由网络用户发起)、工具性(服务提供者仅提供技术和通道支持)和中立性

---

① Cubby, Inc. v. CompuServe, Inc, 776F. Supp. 135, 139-140(S. D. N. Y. 1991).

② Stratton Oakmont, Inc v. Prodigy Services Co, 23 Media L. Rep. 1794, 1798-1799(N. Y. Sup. Ct. 1995).

③ 47 U. S. C. § 230 (f) (2).

④ 47 U. S. C. § 230 (c) (2).

（服务提供者不改变标准技术，不干涉权利保护措施）为特征。① 面对制度供给不足的困境，美国政府监管部门与法院在具体规制实践中进行了积极探索，由于科技进步赋予平台监控的成本—收益优势愈加凸显，功能主义规制路径开始在美国互联网平台责任界定中发挥越来越大的影响，政府监管部门通过行政约谈等柔性执法方式，法院通过逐步限缩《交流规范法》以及避风港规则的适用范围②，赋予互联网平台越来越多的主动监控义务。

（三）我国电商平台监管义务的比较法完善

我国电商平台监管立法要想从"科层式"治理模式转变为"实验主义"治理模式，需要在采纳实验主义治理进路的同时，借鉴吸收美国法的立法模式。具体而言，对于我国电商平台监管义务的完善可从审查主动性、审查对象、比例原则的行使、被监管者权益的保障、归责原则、适时调整六个方面着手。

1. 恢复以被动审查为主的监管审查

目前我国关于电商平台监管义务的立法趋势是不断增强监管审查的主动性，越来越倾向于要求平台内部直接建立制度化的监管流程、专职化的管理机构，主动进行排查监控及违法证据收集，严苛的主动审查义务给电商平台增加了极大的监管成本，进而产生了一系列弊端。对此应根据实验主义治理的原理，减轻电商平台的主动审查义务，从而激发电商平台基于维护自身市场形象的监管主观能动性。可借鉴美国《数字千年版权法》《交流规范法》与 Netcom 案、Cubby 案等重要案例，课以电商平台被动审查商品有关信息的义务，即在知道或应知商品存在违法信息时才具有监管义务。

尽管随着监管技术的进步，审查信息的成本会逐渐降低，但在目前阶段，主动审查信息对于电商平台而言依然成本高昂。美国近来虽增强了电商平台主动审查义务，但电商平台依然以被动审查为主，因此我国应恢复以被动审查为主的电商平台审查模式。事实上我国在版权领域早已确立"避风港"原则，但在非版权领域电商平台还需回归以被动审查为主的审查模式。

2. 取消对潜在违法行为与疑难违法性的审查

随着《网络交易平台经营者履行社会责任指引》出台，电商平台已需要对仅有"苗头性、倾向性"的潜在违法行为进行预判，这显然已超出网络技术的过滤功能，而成为一种价值判断；同时电商平台被课以对所有相关违法行为进行审查的"一刀切"式审查要求，此举使得非专业的电商平台审查人士面对潜在违法行为

---

① Mary LaFrance, Copyright Law(in a Nutshell) 286 (Thomson West. Press 2008).

② 资料来源：https://www.jdsupra.com/legalnews/the-decline-and-fall-of-section-230-36910/。

与疑难违法行为的审理时,难免会产生误判。

根据实验主义治理进路的要求,需要调动电商平台治理的主观能动性,且要合理限制电商平台的自由裁量权,因此当前对潜在违法行为与疑难违法性的审查要求应予以取消,对疑难违法行为的审查权应收归专业的行政主体,待到电商平台审查人士的专业性达到对疑难违法行为的审查要求时,才可将对疑难违法性的审查权授权给电商平台。事实上,在美国无论是《数字千年版权法》还是《交流规范法》都对电商平台课以较低的审查标准,即只有电商平台"知道或应当知道"违法行为时才有监管义务,不存在对潜在违法行为与疑难违法行为的审查必要性。

3. 对电商平台的监管条款课以比例原则

尽管从法理上而言电商平台对经营者的监管权力是通过行政授权获取的,具有很强的正当性,但实际上电商平台的监管权力是通过与经营者订立合同条款确立的,势必会限制经营者的权利或者施加较重的义务,对传统意思自治的合同法原则产生极大的冲击。此时就需要合理调和电商平台与经营者间的利益冲突,就产生了比例原则的适用空间。传统上比例原则可分为适当性原则、必要性原则与狭义比例原则三个子原则。适当性原则又称为妥当性原则,是指公权力行为的手段必须具有适当性,能够促进所追求的目的的实现;必要性原则又称为最小损害原则,它要求公权力行为者所运用的手段是必要的,手段造成的损害应当最小;均衡性原则又称狭义比例原则,要求公权力行为的手段所增进的公共利益与其所造成的损害成比例。比例原则已成为当今美国、德国等国家评价公权力行使正当性最重要的准则。①

比例原则的适用在电商平台监管方面具备很强的正当性,电商平台面对海量未知的网络用户,适当地免除己方责任或限制用户权利有一定的必要性,如果不属于给付严重失衡的非正义条款,不能盲目否定其效力。其实,比例原则在电商平台监管方面的适用也是实验主义治理的应有之义,要想调动电商平台监管的主观能动性,就必须合理发挥电商平台监管的自由裁量权,比例原则的引入可以合理扩张电商平台的监管权力,便于其完成监管经营者违法行为的使命。

4. 以行政法基本原则的落实保障被监管经营者的合法权益

电商平台通过将监管义务纳入与经营者的合同中来行使对经营者的监管权

---

① 刘权:《目的正当性与比例原则的重构》,载《中国法学》2014年第4期。

力,尽管这种对经营者的监管本质上是行政权力的行使,但由于电商平台的监管并无行政法基本原则的配套,被监管经营者的合法权益往往得不到充分保障。电商平台在订立监管条款的同时可能会限制被监管的经营者的救济手段,抑或未尽到充分告知实施监管制裁所基于的具体法律依据、判断违法内容的技术手段及标准、对应的具体处置措施、妥善送达等正当程序义务,或者因身份、终端软件环境等非违法原因限制或拒绝服务。

实验主义治理模式要求各方主体通过合作治理共同提供公共产品,进而提升公共利益,而被监管经营者群体的合法权益显然为公共利益的一部分,可以说,维护被监管经营者的合法权益是实验主义治理进路的必然要求。对此,需要将行政法基本原则的考量纳入电商平台的监管条款中,具体而言,在电商平台监管条款中可引入美国教授 Arnold M. Zack 提出的"正当程序协议"概念,"正当程序协议"在美国互联网平台立法中已有一定体现。[①] 该概念要求每一份合同中都必须包含完整的程序性公正的内容,包括:(1) 程序条款。完整规定涉及用户权利义务时平台充分告知、合理指示、内容说明、妥善送达等正当程序义务。(2) 信息公开条款。明确说明平台实施监管制裁所基于的具体法律依据,平台判断违法内容的技术手段及标准、对应的具体处置措施等。(3) 用户权利条款。明确用户的同意权、异议权、陈述权、诉权及赔偿请求权等。(4) 不歧视条款。确保用户不会因身份、终端软件环境等非违法原因被平台限制或拒绝服务。其中程序条款与信息公开条款是"正当法律程序原则"的体现,信息公开条款是"行政公开原则"的要求,用户权利条款体现了"尊重和保障人权原则",不歧视条款则为"越权无效原则"精神的体现。

5. 以过错原则为电商平台违反监管义务的行政归责原则

依照《网络食品安全违法行为查处办法》《网络交易平台经营者履行社会责任指引》的规定,已不需要考虑违法行为是否实际发生或者被认知,只要平台"未设立专门管理机构"或者"未报告苗头性、倾向性问题"就足以课责,对平台的要求已严格到类似无过错责任,这为电商平台施加沉重负担的同时也极大地限制了行业发展。

根据实验主义治理的要求,电商平台需具备监管的主观能动性,在无过错归责原则的情况下电商平台监管顾虑很多,其主观能动性难以调动,此时过错原则

[①] Arnold M. Zack, Due Process Protocol: Getting There and Getting over It, 11 *Employee Rights and Employment Policy Journal* 257 (2007).

可纳入电商平台监管归责原则考量之中。事实上,美国《交流规范法》《数字千年版权法》和 Cubby 案、Netcom 案等重要案例都对电商平台确立了过错责任的行政归责原则,以过错责任作为电商平台违反监管义务的归责原则的确可以在不给电商平台课以沉重负担的同时起到激发其监管的主观能动性的功效。

6. 适时合理调整电商平台监管义务

在实验主义治理模式下,各治理主体的治理义务并非一成不变,电商平台的监管义务也不例外,随着监管技术的进步、监管成本的降低以及监管专业水平的提升,电商平台会被课以更多的主动审查义务,会被授予层级更高的经营者疑难违法行为的审查权,这些情况在美国电商平台监管立法例沿革中均有展现。

五、余　　论

私法合同义务公法化是指立法直接为私法主体设定合同义务,该义务旨在行使行政监管权力,电商平台对经营者的监管义务可谓私法合同义务公法化的一个缩影。通过对电商平台监管义务来源的探究、法政策考量的考察、我国现行法规中电商平台监管义务存在问题与解决路径的发掘,可见在私法合同义务公法化中,公法化的义务在法理上是行政主体授权产生的,私法主体享有监管权力的同时必然负有监管义务。这种监管权力的授予是有规范主义与功能主义分析路径考量的,但实践中往往会出现行政主体对私法主体课以严苛监管义务的情形,这会产生一系列弊端。为了解决这些问题,可采取实验主义治理的逻辑进路,恢复私法主体以被动审查为主的监管审查,取消私法主体对潜在违法行为与疑难违法性的审查,对私法主体的监管条款课以比例原则,以行政法基本原则的落实保障被监管者的合法权益,以过错原则为私法主体违反监管义务的行政归责原则,同时适时合理调整私法主体的监管义务。